Lilia Sfaxi ep. Youssef

Conception de systèmes répartis sécurisés à base de composants

Lilia Sfaxi ep. Youssef

Conception de systèmes répartis sécurisés à base de composants

Les canevas CIF et DCIF

Presses Académiques Francophones

Mentions légales / Imprint (applicable pour l'Allemagne seulement / only for Germany)
Information bibliographique publiée par la Deutsche Nationalbibliothek: La Deutsche Nationalbibliothek inscrit cette publication à la Deutsche Nationalbibliografie; des données bibliographiques détaillées sont disponibles sur internet à l'adresse http://dnb.d-nb.de.
Toutes marques et noms de produits mentionnés dans ce livre demeurent sous la protection des marques, des marques déposées et des brevets, et sont des marques ou des marques déposées de leurs détenteurs respectifs. L'utilisation des marques, noms de produits, noms communs, noms commerciaux, descriptions de produits, etc, même sans qu'ils soient mentionnés de façon particulière dans ce livre ne signifie en aucune façon que ces noms peuvent être utilisés sans restriction à l'égard de la législation pour la protection des marques et des marques déposées et pourraient donc être utilisés par quiconque.

Photo de la couverture: www.ingimage.com

Editeur: Presses Académiques Francophones est une marque déposée de
Südwestdeutscher Verlag für Hochschulschriften GmbH & Co. KG
Heinrich-Böcking-Str. 6-8, 66121 Sarrebruck, Allemagne
Téléphone +49 681 37 20 271-1, Fax +49 681 37 20 271-0
Email: info@presses-academiques.com

Produit en Allemagne:
Schaltungsdienst Lange o.H.G., Berlin
Books on Demand GmbH, Norderstedt
Reha GmbH, Saarbrücken
Amazon Distribution GmbH, Leipzig
ISBN: 978-3-8381-7056-5

Imprint (only for USA, GB)
Bibliographic information published by the Deutsche Nationalbibliothek: The Deutsche Nationalbibliothek lists this publication in the Deutsche Nationalbibliografie; detailed bibliographic data are available in the Internet at http://dnb.d-nb.de.
Any brand names and product names mentioned in this book are subject to trademark, brand or patent protection and are trademarks or registered trademarks of their respective holders. The use of brand names, product names, common names, trade names, product descriptions etc. even without a particular marking in this works is in no way to be construed to mean that such names may be regarded as unrestricted in respect of trademark and brand protection legislation and could thus be used by anyone.

Cover image: www.ingimage.com

Publisher: Presses Académiques Francophones is an imprint of the publishing house
Südwestdeutscher Verlag für Hochschulschriften GmbH & Co. KG
Heinrich-Böcking-Str. 6-8, 66121 Saarbrücken, Germany
Phone +49 681 37 20 271-1, Fax +49 681 37 20 271-0
Email: info@presses-academiques.com

Printed in the U.S.A.
Printed in the U.K. by (see last page)
ISBN: 978-3-8381-7056-5

Dédicace

Finir une thèse, c'est un peu comme marier son enfant : il a beau être sorti de la maison, on continue à y penser et à penser à son bien-être.

Alors merci à tous ceux qui m'ont aidé à l'élever et à le nourrir, qui ont été là pendant mes périodes de fatigue, de déprime ou de bonheur. Merci à tous ceux que je porte secrètement ou ouvertement dans mon cœur et qui me le retournent sans aucune restriction.

A mes parents, qui ont continué à penser à mon bien-être. Que Dieu vous garde le plus longtemps possible, et vous préserve de toutes les difficultés de la vie. Dieu seul sait comme je vous aime, même si je ne le montre pas assez souvent.

A mon mari, sans qui je ne serai pas où j'en suis. Tu es ce qui m'est arrivé de meilleur, et très sincèrement, le choix le plus intelligent que j'ai fait de ma vie !

A ma petite sœur, que j'aime plus que tout. Je te souhaite tout le bonheur du monde, car tu le mérites.

A mon petit frère, mon soleil. Je suis fière de toi, de ce que tu es et de ce que deviens.

A mes tantes : Aziza, Boutheina, Gihene, Malek et Monia. Je dis toujours que j'ai le bonheur d'avoir non pas une mère, mais SIX, avec tout ce que ça apporte de joie, mais aussi de pression ! Merci d'avoir été là pour moi, à tous moments, et j'espère vous rendre aussi fières de moi que je suis fière de vous.

A ma nouvelle famille : Habib, Souad, Imen, Wajih, Ines et Amenallah. Merci de m'avoir adopté, de m'avoir aimé et de m'avoir soutenue.

A tous les membres des familles SFAXI, SOHLOBJI et YOUSSEF.

A mes amis d'enfance, d'adolescence, de jeunesse, d'hier et d'aujourd'hui.

A ma Tunisie.

Remerciements

Je tiens à exprimer mes remerciements à toutes les personnes qui ont plus ou moins directement contribué à l'accomplissement de cette thèse.

J'aimerai d'abord remercier mes directeurs de thèse : le Pr. Riadh ROBBANA de l'université de Carthage pour ses conseils, sa présence continuelle et son aide précieuse, autant du côté scientifique que du côté humain ; et le Pr. Yassine LAKHNECH de l'université de Grenoble de m'avoir fait confiance et accueilli au sein de son équipe. Je le remercie pour ses conseils et son aide.

J'aimerai remercier ma co-encadrante, Dr Takoua ABDELLATIF de m'avoir guidé, conseillé et suivi. Son grand sérieux, sa compétence et sa rigueur m'ont beaucoup aidé, tout au long de cette thèse.

Je remercie également Pr. Mohamed MOALLA, directeur du laboratoire LIP2, de son engagement, son aide et ses conseils.

Merci à Pr. Khaled BSAIES, professeur à la Faculté des Sciences de Tunis, de m'avoir fait l'honneur de présider mon jury de thèse. Je remercie Pr. Belhassen ZOUARI, professeur à la SupCOM et Pr. Mohamed MOSBAH, professeur à l'Institut Polytechnique de Bordeaux d'avoir accepté d'être les rapporteurs de mes travaux de thèse. Je les remercie aussi pour leurs conseils en vue de l'amélioration de ce manuscrit.

Merci à Pr. Didier DONSEZ, professeur à l'Université de Grenoble d'avoir accepté de faire partie de mon jury de thèse.

Je profite aussi de cet espace pour exprimer mes remerciements à toutes les personnes que j'ai côtoyées pendant ces années de thèse, notamment les membres respectifs du laboratoire Verimag et du laboratoire LIP2. Je remercie particulièrement Mme Sandrine MAGNIN du laboratoire Verimag et Mme Alice Corazzini de l'école doctorale MSTII d'avoir montré beaucoup de patience avec moi, et d'avoir facilité grandement mes communications à distance avec les deux établissements.

Un grand merci à toute ma famille, à mon mari et à mes amis de simplement avoir été là pour moi.

Table des matières

Contribution : Modèles et Outils pour l'Application Statique et Dynamique de la Non-Interférence   62

Évaluation et Validation   86

Liste des Figures

Liste des Tableaux

Introduction Générale

Tout l'intérêt de l'art se trouve dans le commencement.
Après le commencement, c'est déjà la fin.

[Pablo Picasso]

Introduction Générale

Dans cette ère de calcul massif, de services informatiques sur internet et de l'informatique en nuage (ou *cloud computing*), les systèmes distribués sont de plus en plus populaires. Ces systèmes sont composés d'un ensemble de machines indépendantes qui agissent −de manière transparente à l'utilisateur− comme un système unique. Ils offrent beaucoup d'avantages : un gain non négligeable en puissance de calcul, en capacité de stockage et en performance, grâce à un traitement parallèle, et une grande extensibilité, car ils peuvent croître progressivement selon le besoin. Cependant, leur flexibilité et évolutivité soulèvent des problèmes supplémentaires, dont notamment la sécurité. En effet, Lamport définit ces systèmes comme étant des systèmes "*qui vous empêchent de travailler quand une machine dont vous n'avez jamais entendu parler tombe en panne.*" Étant donné qu'une information dans un système distribué peut être manipulée, échangée, dupliquée et modifiée par des entités qui évoluent dans des environnements hétérogènes et parfois peu fiables, il est impératif de trouver un moyen de contrôler leur utilisation de manière transparente et surtout peu importune pour l'utilisateur.

Cependant, à l'exception des procédure de contrôle d'accès souvent intuitives, il est rare de trouver une stratégie de sécurité bien établie et claire dans le développement des logiciels distribués. Pourtant, ces logiciels manipulent des informations ou assurent des services souvent sensibles qui requièrent une attention particulière. Il est donc déconseillé aux concepteurs de se contenter de mécanismes de sécurité peu rigoureux.

Les mécanismes de sécurité classiques sont la plupart du temps axés sur les politiques de contrôle d'accès et l'utilisation de primitives cryptographiques. Cependant, ces mécanismes ne permettent pas de mettre en œuvre certaines propriétés de sécurité plus avancées, notamment la non-interférence. La non-interférence est une propriété définie initialement par Goguen et Meseguer[Goguen82], qui assure que les données sensibles n'affectent pas le comportement publiquement visible du système. Cette propriété permet le suivi de l'information dans le système, et l'application de la confidentialité et de l'intégrité de bout en bout. Par exemple, une politique de contrôle d'accès peut requérir que seuls les utilisateurs ayant les droits en lecture appropriés peuvent lire un fichier f ; alors que la non-interférence exigera qu'aucun des utilisateurs n'ayant pas le niveau de sécurité approprié ne peut avoir une quelconque information sur le contenu du fichier f, même indirectement. Une définition formelle de la non-interférence sera présentée dans la section III.1.1, partie I.

Les mécanismes de contrôle de flux d'information (CFI)[Denning77, Goguen82, Bell75, Biba77] sont devenus classiques pour résoudre le problème de non-interférence. Le contrôle de flux d'information se base sur le suivi de la propagation de l'information dans le système, en attribuant des étiquettes de sécurité aux différents canaux de communication du système. Une étiquette représente un niveau de sécurité déterminé et permet de classer les différents canaux de communication selon leur niveau de restriction. Considérons un système qui traite des données provenant des canaux d'entrée et qui les diffuse en utilisant des canaux de sortie. Nous attribuons des étiquettes à ces canaux, par exemple l'étiquette *High* pour les canaux manipulant des informations sensibles ou secrètes, et *Low* pour les canaux manipulant des informations publiques. La propriété de non-interférence implique que, pendant l'exécution, les données provenant de canaux d'entrée de niveau *High* ne doivent pas circuler vers des canaux de sortie de niveau *Low*, car en observant le comportement des sorties publiques, un attaquant peut déduire la valeur des entrées sensibles.

La recherche sur les politiques de contrôle de flux d'information en général a débuté depuis les années 70, et celle sur la non-interférence au début des années 80. Néanmoins, les solutions proposées ne sont pas encore exploitées dans des systèmes réels et n'ont pas vraiment abouti à des produits dans l'industrie, cela étant dû au fait que l'implémentation de la non-interférence reste difficile à mettre en œuvre pour des systèmes réels[Zdancewic04]. Les systèmes récemment construits, basés sur la modification des systèmes d'exploitation (comme Flume [Krohn07], HiStar [Zeldovich06] et Asbestos[Efstathopoulos05]) ou l'utilisation d'annotations dans les programmes comme le langage JIF[Myers00] ne sont pas très efficaces pour la construction de systèmes sécurisés. En effet, les approches dynamiques au niveau du système d'exploitation ne permettent pas de suivre les flux internes des applications, puisqu'elles n'observent que les entrées et sorties des processus. Étant donné qu'elles considèrent les flux d'information à un niveau de granularité assez grossier, elles peuvent provoquer des sur-approximations à l'origine de faux-positifs : le système peut détecter des interférences alors qu'elles n'existent pas.

D'un autre côté, l'approche statique du contrôle de flux, basée sur les langages typés comme JIF, permet un contrôle de flux d'information à grain plus fin. Toutefois, ces langages sont compliqués à utiliser : les développeurs sont obligés de propager les étiquettes manuellement dans tout le code. Ils doivent surtout être à même de savoir attribuer les étiquettes adéquates à toutes les variables intermédiaires, méthodes, exceptions, etc. En pratique, nous avons besoin d'attribuer des niveaux de sécurité à quelques données et non à la totalité du code. De plus, la configuration des politiques de sécurité est en général effectuée par les administrateurs des systèmes et non par les développeurs ; ces politiques doivent par conséquent être indépendantes du code.

Il serait donc intéressant de combiner ces deux approches tout en palliant leurs inconvénients : créer un intergiciel (*middleware*) qui puisse vérifier la non-interférence des applications distribuées à la compilation et à l'exécution, en réalisant un contrôle de flux d'information à grain très fin, et ce tout en fournissant un mécanisme qui permette d'appliquer la politique de sécurité aux différents éléments du système à un haut niveau d'abstraction, et indépendamment du code fonctionnel.

Cela peut être grandement facilité par un choix judicieux du modèle de représentation des systèmes distribués qui puisse garantir à la fois la dynamicité, la modularité, la transparence et l'interopérabilité de ces types de systèmes. De plus, une séparation nette entre les nœuds permettra de les configurer séparément. Le modèle le plus approprié pour cela est le modèle à base de composants CBSE (*Component-based Software Engineering*).

Ce modèle décrit les nœuds du système par des composants distincts, ayant chacun une interface pour communiquer avec le monde extérieur, et échangeant des messages via des canaux de communication bien définis. L'utilisation du modèle à base de composants facilite l'intégration de composants hétérogènes dans le même système, et favorise l'utilisation de composants déjà existants ou dont l'implémentation est une boîte noire pour l'utilisateur.

La vérification de la non-interférence étant basée sur le contrôle de flux d'information, son application à des composants permet de distinguer deux types de flux : les flux **internes**, représentés par les circuits d'acheminement des information à l'intérieur d'un composant, et les flux **externes** circulant via les canaux de communication entre les composants. La différence principale entre ces deux flux, c'est qu'un flux externe doit prendre en considération le réseau parfois peu sûr dans lequel il circule, contrairement au flux interne, à l'abri à l'intérieur du composant. Mais les différences s'arrêtent là. Pour ces deux types de flux, la propriété de non-interférence s'applique de la même manière : si nous ne voulons pas que les sorties publiques révèlent des informations sur les entrées secrètes, il faut empêcher les données secrètes de transmettre des informations aux données publiques, et ce *pour chaque flux d'information*, qu'il soit interne ou externe.

L'application de cette contrainte permet de fournir des garanties solides que la confidentialité et l'intégrité des information sont maintenues dans le système de bout en bout. Toutefois, garantir que nous pouvons réaliser un système parfaitement non-interférent est tout simplement impossible, et parfois même indésirable. Cela est dû à plusieurs raisons[Zdancewic03] :

– Parfois, la politique désirée autorise intentionnellement une petite quantité de flux d'information sous réserve de certaines contraintes. Par exemple, Alice peut vouloir divulguer ses données privées à Bob une fois qu'il ait payé pour les avoir, mais pas avant.

– La politique peut exiger que l'information soit gardée secrète pour une période de temps bien déterminée. Par exemple, un service de vente aux enchères en ligne doit publier la valeur de l'offre gagnante une fois l'enchère terminée.

– La cadence avec laquelle une information est intentionnellement révélée peut être considérée trop lente pour être une menace à la sécurité. Par exemple, une fonction de vérification de mot de passe d'un système d'exploitation gère les mots de passe confidentiels, mais même l'interdiction d'accès révèle une petite quantité d'information sur le mot de passe correct. Or cette fuite d'information peut être considérée négligeable, et donc autorisée.

– La non-interférence est la politique désirée, mais l'analyse du programme n'est pas capable de justifier la sécurité de certaines opérations. Par exemple, la fonction de chiffrement d'une librairie de cryptographie prend des données confidentielles et les rend publiques, mais elle garantit la confidentialité de l'information.

Pour permettre ces quelques infractions (légales) à la non-interférence, il faut fournir un mécanisme qui puisse relaxer les contraintes de la politique, souvent jugée trop stricte.

D'autre part, les systèmes distribués utilisent très souvent des composants existants, parfois importés à partir d'autres systèmes sous forme de boîtes noires. Ces composants, qu'on appelle *patrimoniaux*, peuvent constituer de sérieuses failles à la sécurité du système, car rien ne prouve qu'ils respectent la politique de sécurité du système. Il serait donc souhaitable, voire indispensable, de penser à une solution qui fasse en sorte de respecter la confidentialité du code des composants patrimoniaux, tout en contrôlant leur comportement et vérifiant s'il respecte la politique de sécurité désirée.

C'est en prenant en considération ces différents aspects que nous avons réalisé les solutions CIF (*Component Information Flow*) et DCIF (*Distributed CIF*). CIF offre un ensemble d'outils pour simplifier la configuration et la vérification des propriétés de sécurité pour les systèmes distribués et automatiser leur implantation à la compilation. DCIF est un canevas qui vérifie la non-interférence de ces systèmes à l'exécution. Dans notre approche, nous considérons des systèmes à base de composants répartis sur des machines interconnectées par un réseau qui n'est pas de confiance. L'objectif de CIF et DCIF, c'est qu'un attaquant ne puisse pas inférer ou influencer les valeurs des informations des interfaces de plus haut niveau de sécurité que lui, auxquelles il n'a pas accès directement. La configuration de la politique de sécurité est appliquée au système à un haut niveau d'abstraction et en dehors du code de l'application. Ainsi, non seulement le développeur n'a pas à mélanger l'aspect sécurité avec son code fonctionnel, mais un même code fonctionnel peut être configuré avec des politiques différentes. Les outils vérifient qu'aucun problème d'interférence n'existe et génèrent les composants cryptographiques qui mettent en œuvre la configuration de la sécurité de haut niveau. Il est également possible de relaxer la propriété de non-interférence de manière quasi-automatique.

Ce manuscrit utilise plusieurs notions que nous devons définir au préalable.

Donnée, information et flux d'information Une **donnée** est un élément brut, qui n'a pas encore d'interprétation ni de contexte. Les données en langage de programmation sont représentées par les variables et les objets.

Une **information** est par définition une donnée interprétée, mise en contexte. Elle crée ainsi une valeur ajoutée pour son récepteur. Par exemple, la variable *mdp* avec sa valeur "azerty" est une donnée. Entrer cette valeur comme étant un mot de passe pour accéder à une application en fait une information dont la connaissance par autrui peut présenter certains dangers pour son propriétaire.

Un **flux d'information** est l'acheminement d'une information d'une donnée à une autre. Ces données peuvent être des variables simples, des attributs ou des ports d'un composant. Le suivi du flux d'information permet de voir quelles sont les différentes entités qui ont eu la possibilité de voir ou de modifier cette information. Cela nous permet de ne pas nous arrêter au niveau de la donnée, mais de suivre l'information en elle même. La concaténation du mot de passe *mdp* avec l'identifiant *login* et sa copie dans une autre variable *loginMdp* représente un flux d'information des données *mdp* et *login* vers *loginMdp*.

Politique, propriété et mécanisme de sécurité D'après l'ITSEC (*Information Technology Security Evaluation Criteria*), une **politique de sécurité** est "l'ensemble des lois, règles et pratiques qui régissent la façon dont l'information sensible et les autres ressources sont gérées, protégées et distribuées à l'intérieur d'un système spécifique". Elle permet de déterminer les objets à sécuriser et identifier les menaces à prendre en compte.

Pour construire une politique de sécurité, il faut définir un ensemble de **propriétés de sécurité** qui doivent être satisfaites par le système. Par exemple, "une information classifiée

6

ne doit pas être transmise à un utilisateur non habilité à la connaître" est une propriété de sécurité.

La politique de sécurité permet de définir l'ensemble des autorités, des ressources et des droits. Affecter des étiquettes de sécurité aux données représente la politique de sécurité désirée pour vérifier la propriété de non-interférence.

Un **mécanisme de sécurité** est le moyen utilisé pour mettre en œuvre la propriété de sécurité. Par exemple, la protection par mot de passe est un mécanisme utilisé pour appliquer la propriété de contrôle d'accès.

Les acteurs du système   Dans les systèmes que nous concevons, nous considérons plusieurs types d'acteurs qui interagissent et agissent sur le système. Nous distinguons notamment :

- **Architecte du système** : On l'appelle également **concepteur** du système. Il est chargé de la conception et de la réalisation du plan de construction du système.
- **Développeur** : Cet acteur est responsable de la mise en œuvre du plan conçu par l'architecte en élaborant les algorithmes dans un langage de programmation choisi.
- **Déployeur** : Cet acteur est chargé du déploiement de l'application dans un environnement donné.
- **Administrateur** : C'est le responsable de la configuration et de la mise à jour du système. Il doit avoir une connaissance assez évoluée sur le fonctionnement du système, sur les différents acteurs qui l'utilisent et sur les points faibles qui le caractérisent. C'est l'administrateur qui, entre autres, affecte les contraintes de sécurité au système, applique dessus les mécanismes de sécurité, le teste et intervient si des problèmes ultérieurs interviennent.
- **Attaquant** : Un attaquant peut être tout utilisateur ou application qui utilise l'application protégée et a accès à certaines de ses interfaces en fonction de son niveau de sécurité. Un attaquant peut même être un composant du système qui désire agir sur des informations de niveau de sécurité plus restrictif que le sien. En revanche, il est supposé que l'attaquant ne possède pas la capacité d'inférer de l'information à partir de canaux cachés résultant du temps d'exécution des programmes ou de l'observation de variables internes au programme.

Chacun de ces rôles peut être interprété par une ou plusieurs personnes, et une personne peut assurer plus qu'un rôle. Cependant, pour les systèmes que nous ciblons, la difficulté majeure représente le fait que le développeur de l'application et l'administrateur soient des personnes distinctes. Pour éviter ce problème, nous proposons une plateforme permettant de séparer complètement les aspects de sécurité des aspects fonctionnels, et de permettre l'application des contrôles de sécurité a posteriori par l'administrateur.

Ce manuscrit est composé essentiellement de quatre parties :

– La première partie permet de présenter **le contexte et la problématique** de notre travail, à savoir l'application de la non-interférence statique et dynamique aux systèmes distribués. Nous commençons dans cette partie par présenter les systèmes distribués, les menaces de sécurité auxquelles ils sont sujets, et les mécanismes de sécurité classiques utilisés pour annihiler ces menaces. Nous présentons ensuite le modèle orienté composants que nous allons utiliser pour représenter ce type de systèmes, puis la propriété de non-interférence que nous désirons y appliquer. Nous terminons par citer les difficultés présentes pour appliquer cette propriété sur les systèmes distribués.

– La deuxième partie cite les travaux intéressants et relatifs à notre domaine de recherche dans **l'état de l'art**. Nous avons défini deux grands volets à étudier : les solutions existantes pour résoudre les problèmes de sécurité dans les systèmes distribués, et les solutions d'application de la non-interférence. Nous terminons chaque sous-partie par un comparatif entre les différentes solutions.

– La troisième partie introduit notre **contribution**, notamment les canevas CIF et DCIF. Nous y présentons les architectures de ces solutions, leurs principes et leurs fonctionnements.

– La quatrième partie est une **évaluation** de notre travail. Elle présente en premier lieu un ensemble d'études de cas que nous détaillons pour montrer la faisabilité de notre approche. Elle contient également une évaluation des performances pour le prototype CIF, qui estime le surcout provoqué par l'ajout de l'aspect sécurité au système. Elle se termine enfin par une vérification formelle de notre approche, en appliquant la technique le réécriture pour montrer que notre solution assure bien la non-interférence au niveau du code des composants.

Les travaux de cette thèse ont été publiés dans [Sfaxi10, Sfaxi11, Abdellatif11, Sfaxi11a]. [Sfaxi10] et son extension [Sfaxi11], présentent les outils CIF, appliqués au modèle orienté composants Fractal et au modèle d'étiquettes décentralisé DLM. [Abdellatif11] présente l'architecture des outils CIF, appliqués à la spécification SCA et au modèle à base de jetons, et étayé par une étude de performances. [Sfaxi11a] présente le comportement des outils, et détaille en particulier le comportement de l'algorithme CIFIntra pour des types d'interférences plus variées.

Première partie
Contexte et Problématique : Non-Interférence dans les Systèmes Distribués

Un problème sans solution est un problème mal posé.

[Albert Einstein]

Chapitre I

Sécurité dans les systèmes distribués

Les systèmes distribués ont la particularité de lier plusieurs machines qui cohabitent dans un environnement hétérogène et peu fiable. De plus, leur bon fonctionnement dépend des messages qu'ils se partagent sur le réseau. Il est donc primordial de considérer leur sécurité. Nous présentons dans ce chapitre les menaces de sécurité les plus connues dont souffrent ces systèmes et montrons les différents mécanismes de sécurité existants.

1 Les systèmes distribués

Les systèmes distribués (ou systèmes répartis), en opposition aux systèmes centralisés, sont composés de plusieurs machines indépendantes, ayant des mémoires physiques distinctes, connectées entre elles en réseau et communiquant via ce réseau. Du point de vue de l'utilisateur, aucune différence n'est perceptible entre un système distribué et un système centralisé. Cela dit, ces systèmes permettent de garantir des propriétés qui ne sont pas disponibles dans un système centralisé, comme par exemple la **redondance**, qui permet de pallier les fautes matérielles ou de rendre un même service disponible à plusieurs acteurs sans perte de temps ; la **performance**, garantie par la mise en commun de plusieurs unités de calcul permettant de réaliser des traitements parallélisables en un temps plus court ; et la **protection des données**, qui ne sont pas disponibles partout au même moment, mais dont seules certaines vues sont exportées.

Un système distribué est généralement séparable en plusieurs modules entièrement autonomes, chacun responsable de son propre fonctionnement. Cette autonomie permet d'une part d'utiliser des technologies, plateformes ou langages hétérogènes dans chacun de ces modules, et d'autre part de les exécuter simultanément et garantir ainsi une programmation concurrente.

Cependant, les systèmes distribués sont sujets à plusieurs risques, dus aux points de défaillance qu'ils possèdent en plus des systèmes centralisés, comme par exemple le réseau non sécurisé, les trafics, les nœuds eux-mêmes, etc.

Nous présentons dans les sections suivantes les différentes menaces de sécurité que peuvent rencontrer les systèmes distribués ainsi que les différents mécanismes utilisés pour les éviter.

2 Menaces de sécurité pour les systèmes distribués

Les menaces de sécurité les plus connues pour les systèmes distribués sont causées par des attaques en réseau dont nous citons les plus fréquentes :

DDoS (*Distributed Denial of Service*) Le déni de service distribué est une attaque qui rend le service indisponible pour les utilisateurs en le submergeant de trafic inutile. Cette attaque est provoquée par plusieurs machines à la fois (contrairement au DoS, qui lui est perpétré par un seul attaquant), et est difficile à contrer ou éviter.

MITM (*Man In The Middle*) Cette attaque de l'Homme du Milieu est une forme d'espionnage dans laquelle l'attaquant réalise des connexions indépendantes avec les victimes et relaie les messages entre elles, en leur faisant croire qu'elles sont entrain de discuter entre elles. L'attaquant peut ainsi intercepter tous les messages circulant entre les victimes et en injecter de nouveaux, en se faisant passer respectivement par l'une des victimes auprès de l'autre.

Usurpation d'adresse IP (*IP Spoofing*) C'est une attaque où l'attaquant personnifie une autre machine en envoyant des messages avec son adresse IP.

Reniflement de paquets (*Packet Sniffing*) C'est une attaque où l'attaquant intercepte et enregistre le trafic circulant sur le réseau.

Attaque par rejeu (*Replay Attack*) C'est une attaque de l'Homme du Milieu où l'attaquant répète ou retarde une transmission de données valide. Elle peut être utile pour l'attaquant dans le cas où, par exemple, il désire se faire passer pour un utilisateur en sauvegardant son mot de passe crypté utilisé dans un premier échange comme preuve d'identité, et le renvoyant dans un autre échange.

Ces attaques sont assez fréquentes dans les systèmes d'exploitation, et leur avènement peut s'avérer quelque peu dangereux pour le système, surtout si les données manipulées sont critiques, comme des données bancaires ou des informations personnelles. Pour les éviter ou les contrer, nous devons veiller à assurer certaines propriétés de sécurité. Nous citons dans cette partie les propriétés les plus importantes.

3 Propriétés de sécurité usuelles

Les propriétés de sécurité les plus connues pour les systèmes distribués sont les suivantes :

Authentification Cette propriété représente la procédure permettant au système distribué de vérifier l'identité d'une entité, que ce soit un utilisateur ou une machine faisant partie ou pas du système, afin d'autoriser son accès à des ressources. Elle permet donc de valider l'authenticité de l'entité en question.

Confidentialité Cette propriété permet de protéger une information dont l'accès est limité aux seules entités admises à la connaître.

Intégrité Cette propriété implique que l'altération de l'information ne peut se faire que dans un cadre volontaire et légitime.

Disponibilité Cette propriété garantit l'aptitude du système à remplir une fonction dans les conditions définies d'horaires, de délai et de performance.

Non répudiation Cette propriété permet d'assurer que l'information ne pourra pas être plausiblement désavouée.

D'autres propriétés plus élaborées sont définies dans la littérature, telle que la propriété de non-interférence [Goguen82] que nous voulons appliquer à nos systèmes. Nous allons l'étudier plus en détails dans le chapitre III, partie I.

4 Mécanismes de sécurité pour les systèmes distribués

Pour pouvoir protéger les systèmes distribués des attaques citées ci-dessus, des mécanismes de sécurité sont définis. Nous les citons dans cette partie.

4.1 Contrôle d'accès

Le contrôle d'accès est un mécanisme de sécurité visant à protéger les ressources physiques en vérifiant si une entité qui demande l'accès à cette ressource a les droits nécessaires pour le faire.

Pour assurer le contrôle d'accès, le système doit fournir à la fois un mécanisme d'**authentification**, qui permet à une entité d'être reconnue par le système (un mot de passe ou une carte, par exemple), et un mécanisme d'**autorisation**, qui permet d'associer à une entité un ensemble de droits sur une ressource.

D'après [Nikander99], le contrôle d'accès inclut le concept de **matrice de contrôle d'accès**, où les colonnes portent les noms des sujets (entités actives), les lignes ceux des objets, et chaque cellule inclut les actions que le sujet est autorisé à réaliser sur l'objet. En pratique, la matrice de contrôle d'accès est un élément abstrait. L'information qui y est incluse est généralement représentée séparément ligne par ligne, sous la forme d'ACLs (*Access Control Lists*), ou colonne par colonne sous la forme de **capacités**(*capabilities*).

4.2 Primitives cryptographiques

Les systèmes distribués ayant cette particularité d'évoluer dans un environnement souvent non fiable, toutes les données échangées entre les nœuds doivent être sécurisées au niveau applicatif. Cette sécurisation pendant le transport implique que (1) les données secrètes ne doivent pas être visibles par un attaquant, (2) l'intégrité des données doit être préservée, dans le sens où les données ne doivent pas être modifiées pendant le transport par des entités tierces et (3) le récepteur de la donnée doit pouvoir vérifier que cette donnée provient bien de l'entité qui prétend l'avoir envoyé. Pour pouvoir garantir ces propriétés, des mécanismes cryptographiques sont généralement utilisés.

Fonction de hachage (*Cryptographic hash*)

Une fonction de hachage est une fonction qui assure l'intégrité d'un message. Elle prend en entrée un message et génère un bloc de bits, de longueur arrivant à plusieurs centaines de bits, qui représente l'**empreinte numérique** du message (*message digest*). Si le message est modifié, même légèrement, par une tierce personne par exemple, un changement significatif est opéré dans l'empreinte (idéalement, 50% de l'empreinte change pour un bit changé dans le message initial).

Plusieurs algorithmes de hachage sont définis. Les deux algorithmes suivants sont les plus utilisés :

– MD5 (*Message Digest 5*) : inventée par Ronald Rivest en 1991, cette fonction est un standard qui produit des empreintes de 128 bits. Le MD5 est une extension plus sécurisée du MD4.

– SHA-1 (*Secure Hash Algorithm-1*) : conçue par la *National Security Agency* (NSA), cette fonction est publiée par le gouvernement des États Unis comme étant un standard fédéral de traitement de l'information. Elle produit un résultat de 160 bits.

Chiffrement

Les empreintes numériques peuvent être utilisées pour assurer l'intégrité d'un message, mais pas la confidentialité. Pour cela, nous avons besoin d'un **chiffrement numérique**. On définit trois types de chiffrement : le chiffrement symétrique, le chiffrement asymétrique et le chiffrement par clef de session.

Chiffrement symétrique   Le chiffrement symétrique se fait de la manière suivante : Alice et Bob ont chacun une clef partagée qu'ils sont les seuls à connaître. Ils se mettent d'accord pour utiliser un algorithme cryptographique commun, qu'on appelle *cipher*. Quand Alice veut envoyer un message à Bob, elle chiffre le message originel (le **texte en clair**) pour créer un **cryptogramme**. Elle envoie ensuite le cryptogramme à Bob, qui le reçoit et le déchiffre avec sa clef secrète pour recréer le message en clair originel. Si Chuck est entrain d'épier leur communication, il ne peut voir que le cryptogramme. Ainsi, la confidentialité du message est préservée.

Il est possible de chiffrer bit par bit ou bloc par bloc. Les blocs ont typiquement une taille de 64 bits. Si le message n'est pas un multiple de 64, le dernier bloc (le plus court) doit alors être rempli avec des valeurs aléatoires jusqu'à atteindre les 64 bits (ce concept s'appelle *padding*). Le chiffrement bit par bit est plus utilisé pour les implémentations matérielles.

La force du chiffrement à clef privée est déterminée par l'algorithme de cryptographie et la longueur de la clef.

Il existe plusieurs algorithmes pour le chiffrement à clef privée, dont :

- DES (*Data Encryption Standard*) : inventé par IBM en 1970 et adopté par le gouvernement américain comme standard. C'est un algorithme à blocs de 56 bits.

- **TripleDES** : Utilisé pour gérer les failles des clefs à 56 bits en accroissant la technologie DES en faisant passer le texte en clair à travers l'algorithme DES 3 fois, avec deux clefs différentes, donnant ainsi à la clef une force réelle de 112 bits. Connu également sous le nom de DESede (pour *encrypt, decrypt and encrypt*, les trois phases par lesquelles il passe).

- AES (*Advanced Encryption Standard*) : remplace DES comme standard américain. Il a été inventé par Joan Daemen et Vincent Rijmen et est connu également comme l'algorithme de Rinjdael. C'est un algorithme à blocs de 128 bits avec des clefs de longueur 128, 192 ou 256 bits.

- **Blowfish** : Développé par Bruce Shneider. C'est un algorithme à longueur de clef variable allant de 32 à 448 bits (multiples de 8), et utilisé surtout pour une implémentation sur les logiciels pour les microprocesseurs.

- PBE (*Password Based Encryption*) : algorithme qui utilise le mot de passe comme clef de chiffrement. Il peut être utilisé en combinaison avec une variété d'empreintes numériques et d'algorithmes à clef privée.

Chiffrement asymétrique   Le chiffrement symétrique souffre d'un inconvénient majeur : comment partager la clef entre Alice et Bob ? Si Alice la génère, elle doit l'envoyer à Bob ; cependant, c'est une information sensible qui doit être chiffrée. Toutefois, aucune clef n'a été échangée pour réaliser ce chiffrement.

Le chiffrement asymétrique, inventé dans les années 70, a résolu le problème du chiffrement des messages entre deux parties sans accord préalable sur les clefs. Dans ce type de chiffrement, Alice et Bob ont chacun deux paires de clefs différentes : une clef est secrète et ne doit être partagée avec quiconque, et l'autre est publique, et donc visible par tout le monde.

Si Alice veut envoyer un message secret à Bob, elle chiffre le message en utilisant la clef **publique** de Bob et le lui envoie. Bob utilise alors sa clef privée pour déchiffrer le message. Chuck peut voir les deux clefs publiques ainsi que le message chiffré, mais ne peut pas déchiffrer le message parce qu'il n'a pas accès aux clefs secrètes.

Les clefs (publique et secrète) sont générées par paire et sont plus grandes que les clefs de chiffrement privées équivalentes. Il n'est pas possible de déduire une clef à partir de l'autre.

Les deux algorithmes suivants sont utilisés pour le chiffrement à clef publique :

- RSA (*Rivest Shamir Adleman*) : décrit en 1977 par Ronald Rivest, Adi Shamir et Leonard Adleman, et breveté par le MIT (*Massachusets Institute of Technology*) en 1983. C'est l'algorithme de chiffrement à clef publique le plus populaire. Il est très utilisé dans le commerce électronique et l'échange de données sur Internet en général.

- **Diffie-Hellman** : techniquement connu comme un algorithme à *key-agreement* : il ne peut pas être utilisé pour le chiffrement, mais pour permettre aux deux parties de déduire une clef secrète en partageant des informations sur un canal public. Cette clef peut ensuite être utilisée pour le chiffrement symétrique.

Chiffrement à clef de session Le chiffrement à clef publique est lent (100 à 1000 fois plus lent que le chiffrement à clef privée), c'est pourquoi une technique hybride est généralement utilisée en pratique. L'une des parties génère une clef secrète, appelée clef de session, qu'elle chiffre avec la clef publique de l'autre partie pour la lui envoyer. Ensuite, le chiffrement symétrique est utilisé pour chiffrer le message en utilisant la clef de session échangée.

Signature

Le problème avec le chiffrement est surtout de prouver que le message provient bien de l'expéditeur qui prétend l'avoir envoyé. Chuck pourrait envoyer une requête à Bob en se faisant passer pour Alice : c'est l'attaque MITM que nous avons défini dans la section I.2, partie I.

Ce problème peut être résolu en utilisant la **signature digitale**. C'est un modèle utilisé pour prouver qu'un message provient bien d'une partie donnée. Une manière d'implémenter une signature digitale est d'utiliser le processus inverse au chiffrement asymétrique. Au lieu de chiffrer le message avec la clef publique et le déchiffrer avec la clef privée, la clef privée est utilisée par l'expéditeur pour **signer** le message et le destinataire utilise la clef publique de l'expéditeur pour le déchiffrer. Comme seul l'expéditeur connait la clef privée, le destinataire peut être sûr que le message provient réellement de lui.

En réalité, seule l'empreinte numérique (au lieu de tout le message) est signée par la clef privée. Ainsi, si Alice veut envoyer à Bob un message signé, elle génère l'empreinte du message et la signe avec sa clef privée. Elle envoie le message (en clair) ainsi que l'empreinte signée à Bob. Bob déchiffre l'empreinte signée avec la clef publique d'Alice, calcule l'empreinte à partir du message en clair et vérifie que les deux empreintes sont identiques. Si c'est le cas, Bob est assuré que c'est Alice qui a envoyé le message.

Remarquons ici que la signature digitale ne permet pas de chiffrer le message, ainsi les techniques de chiffrement doivent être utilisées conjointement avec les signatures si la confidentialité est également nécessaire.

Certificats

L'utilisation de la signature digitale permet de prouver qu'un message a été envoyé par une partie donnée, mais comment s'assurer que la clef publique utilisée comme étant celle d'Alice n'est pas réellement celle d'Amanda ? Ce problème peut être résolu en utilisant un **certificat digital**, qui permet d'empaqueter une identité avec la clef publique et qui est signé par une troisième partie appelée **autorité de certification** (CA pour *Certificate Authority*).

Une autorité de certification est un organisme qui vérifie l'identité (dans le sens identité physique réelle) d'une partie et signe la clef publique et l'identité de cette partie avec sa clef privée. Le destinataire d'un message peut obtenir le certificat digital de l'expéditeur et le vérifier (ou le déchiffrer) avec la clef publique de la CA, préalablement connue par toutes les parties. Cela prouve que le certificat est valide et permet au destinataire d'extraire la clef publique de l'expéditeur pour vérifier sa signature et lui envoyer un message chiffré.

4.3 Délégation

La délégation est un mécanisme de sécurité qui permet à un sujet de déléguer ses permissions et droits à un autre sujet. Quand une entité est approuvée pour la délégation, elle peut représenter l'autre entité et faire appel à des services pour son compte. La délégation est utile si on veut optimiser le nombre d'identités stockées, ou éviter d'avoir un recours systématique à l'autorité de certification.

Il existe deux types de délégation :

– Délégation au niveau de l'**authentification** : Elle est définie si un mécanisme d'authentification fournit une identité différente de l'identité valide de l'utilisateur, à condition que le propriétaire de l'identité effective a déjà autorisé l'autre utilisateur à utiliser sa propre identité.

– Délégation au niveau du **contrôle d'accès** : Elle est réalisée quand un utilisateur délègue certaines de ses permissions à un autre pour accéder à une ressource.

La délégation a été implémentée de plusieurs manières dans la littérature. Nous citons par exemple [Welch03], qui définit la délégation comme étant l'autorisation donnée à un utilisateur d'affecter dynamiquement une nouvelle identité X509 à une entité et de lui déléguer ainsi quelques uns de ses droits. Les utilisateurs créent un certificat de type *proxy* en délivrant un certificat X509 signé par ses propres créances au lieu d'avoir affaire à une autorité de certification. Les certificats proxy peuvent construire des domaines de confiance dynamiquement, en supposant que deux entités qui utilisent des certificats proxy délivrés par la même autorité se font confiance.

[Nikander99] atteste que la délégation veut dire "attribuer à quelqu'un le pouvoir d'agir en tant que représentant". Cela peut faire changer la matrice de contrôle d'accès. La délégation est réalisée grâce à un certificat SPKI (*Simple Public Key Infrastructure*)[1], représenté par 5 champs : C = (I,S,D,A,V)

– **Émetteur** (*I* pour *Issuer*) : l'autorité qui a créé et signé le certificat. Représentée par sa clé publique ou son *hash*.

– **Sujet** (*S pour Subject*) : Partie pour qui le certificat est délivré.

– **Autorité** (*A* pour *Authority*) : Contenu sémantique spécifique à l'application représentant l'autorité.

– **Délégué ?** (*D* pour *Delegated ?*) : Est-ce que cette autorité dans le certificat peut être déléguée à quelqu'un d'autre ?

– **Validité** (*V* pour *Validity*) : Quand est-ce que le certificat est valide ? (période, URL d'un service de vérification en ligne...)

L'émetteur délègue le droit *A* au sujet *S*. Si *S* est une clé publique et si *D* est vrai, alors *S* peut déléguer ce droit à quelqu'un d'autre. La validité de la délégation est limitée par *V*. Le système d'exploitation des nœuds représente la seule source d'autorité primaire du système. La personne ou système qui installe le système d'exploitation pour la première fois a la possibilité de créer des délégations initiales de cette autorité (équivalent à établir un compte administrateur avec un mot de passe).

Conclusion

Tous les mécanismes de sécurité que nous avons présenté visent à assurer une bonne communication entre les différents nœuds d'un système distribué en sécurisant le transport des messages. Cependant, les risques de divulgation d'informations ne se limitent pas aux canaux de communication, mais peuvent parfois survenir au niveau d'un nœud lui-même. L'idée serait donc de garantir la sécurité à la fois entre les nœuds et à l'intérieur d'un même nœud. C'est pour cette raison qu'il est important d'utiliser une représentation explicite pour les systèmes distribués qui puisse implémenter séparément les nœuds et les canaux de communication, tout en répondant aux exigences de modularité, dynamicité et sécurité de ce type de systèmes. Le modèle CBSE semble le plus approprié pour cette tâche.

---

1. **SPKI** : Spécification qui fournit un certificat d'autorisation, associant à une clef publique l'ensemble de droits et privilèges auxquels son propriétaire peut prétendre.

Chapitre II

Systèmes à base de composants

Nous présentons dans ce chapitre l'ingénierie à base de composants que nous proposons d'utiliser pour faciliter la détection et la correction de la non-interférence dans les systèmes distribués. Nous présentons ensuite deux modèles orientés composants que nous avons utilisé dans nos prototypes, Fractal et SCA.

1 CBSE : Ingénierie logicielle à base de composants

CBSE (*Component-based software engineering*) est une branche de l'ingénierie logicielle permettant de favoriser la séparation des préoccupations selon les fonctionnalités disponibles dans un système logiciel donné, et ce grâce à sa décomposition en **composants**.

Un composant est une unité de composition qui peut être déployée indépendamment et assemblée avec d'autres composants. Grâce à leur modularité, les composants simplifient le développement et la gestion des systèmes distribués.

Plusieurs travaux ont montré le rôle du composant dans l'automatisation de la gestion des systèmes distribués [Abdellatif07, Beisiegel05, Broy98]. Broy et al. définissent les composants comme étant des entités qui doivent (1) encapsuler des données, (2) être implantables dans la plupart des langages de programmation, (3) être hiérarchiquement entrelacés, (4) avoir des interfaces clairement définies et (5) pouvoir être incorporés dans des canevas (*frameworks*).

L'architecture est décrite dans un langage de description d'architecture ADL (*Architecture Description Language*). Le système est ensuite automatiquement déployé sur les hôtes distribués. Chaque composant peut être configuré séparément grâce aux **interfaces de configuration** (ou **attributs**) qui permettent de donner des valeurs aux attributs du composant.

Nous distinguons pour chaque composant les **ports serveurs**, qui reçoivent des informations d'autres composants, des **ports clients**, qui émettent des informations sous forme de messages. De plus, les composants sont faiblement couplés, ce qui veut dire que les connexions entre les différents composants -qu'on appelle **liaisons**- peuvent être établies de différentes manières, indépendamment du code du composant. Une liaison est établie entre un port client et un port serveur.

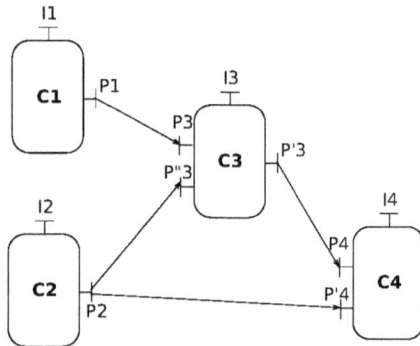

Figure I.II.1 – Exemple d'un système à base de composants

La figure I.II.1 présente un exemple d'un système à base de composants. C_1, C_2, C_3 et C_4 sont des composants. Chaque composant C_i admet deux types d'interfaces : les interfaces de contrôle I_i permettant de configurer le composant et les ports de communication P_i permettant l'envoi de messages d'un composant à un autre. Les ports de communication peuvent être connectés par des liaisons explicites. Dans cet exemple, C_1 est relié à C_3, ce qui veut dire que C_1 peut envoyer des données à C_3 via port P_1, et que C_3 le reçoit via son port P_3.

Il existe deux types de ports : des ports **clients** qui envoient des requêtes et des ports **serveurs** qui les reçoivent. Par exemple, dans le composant C_3, P_3 est un port serveur et $P'3$ est un port client. Par convention, les ports serveurs sont représentés à gauche du composant, et les ports clients à sa droite. Un port client peut être relié à plusieurs ports serveurs, comme par exemple le port P_2 aux ports P'_4 et $P"_3$. Cela implique que la même requête est envoyée à C_3 et C_4.

2 Exemples de modèles à base de composants

L'ingénierie à base de composants a été utilisée dans plusieurs travaux pour définir un modèle pour la construction des systèmes. Les modèles qui nous intéressent sont ceux qui permettent la séparation nette de l'architecture et de l'implémentation dans des structures différentes. Plusieurs modèles correspondent à cette description, nous avons choisi deux modèles pour nos prototypes : Fractal et SCA.

2.1 Fractal

Fractal a été réalisé par l'INRIA et l'unité R&D de France Telecom en juin 2002. Fractal est un modèle de composants logiciels modulaire et extensible pour la construction de systèmes répartis hautement adaptables et reconfigurables. Il est utilisé pour implémenter, déployer et reconfigurer les systèmes et applications.

Un composant Fractal est formé de deux parties : un **contrôleur**, également appelé *membrane* et un **contenu**. La figure I.II.2 montre un exemple simple d'un système modélisé avec Fractal.

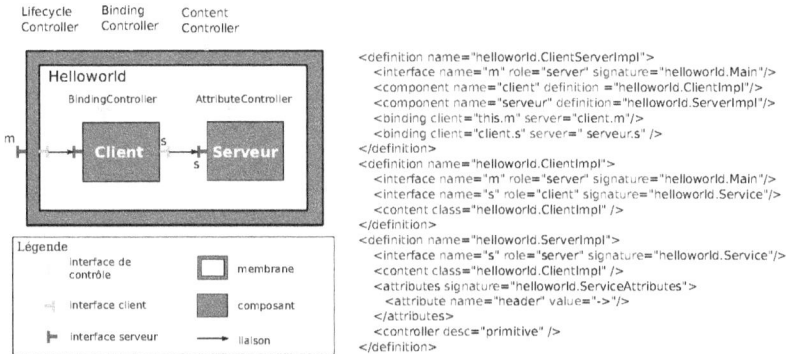

Figure I.II.2 – Exemple d'une architecture et d'un ADL Fractal

Contenu

Le contenu d'un composant est composé d'un nombre fini d'autres composants, appelés *sous-composants*, qui sont sous le contrôle du contrôleur du composant conteneur. Le modèle

Fractal est ainsi récursif. Un composant qui expose son contenu est appelé **composite**. Un composant qui n'expose pas son contenu mais qui a au moins une interface de contrôle est appelé **composant primitif**. Un composant sans interface de contrôle est appelé **composant de base**.

Contrôleur

Le contrôleur d'un composant peut avoir des interfaces *externes*, accessibles de l'extérieur du composant ou *internes*, accessibles uniquement à partir des sous-composants. Une interface **fonctionnelle** est une interface qui correspond à une fonctionnalité fournie (interface *serveur*) ou requise (interface *client*) d'un composant, alors qu'une interface **de contrôle** est une interface serveur qui correspond à un aspect non fonctionnel.

Les interfaces de contrôle sont répertoriées en plusieurs catégories :

- *AttributeController* : Interface responsable de la gestion des attributs d'un composant. Un **attribut** est une propriété configurable d'un composant, généralement de type primitif, et utilisé pour configurer l'état d'un composant.
- *BindingController* : Interface responsable de la gestion des liaisons des interfaces fonctionnelles à d'autres composants.
- *ContentController* : Interface responsable de la gestion des sous-composants d'un composite.
- *LifeCycleController* : Interface responsable de la gestion de l'exécution d'un composant, son démarrage, arrêt, ajout et suppression de sous-composants, liaisons ou attributs, de manière dynamique.

Liaison

Une liaison est un chemin de communication entre des interfaces de composant. Le modèle Fractal distingue entre les liaisons **primitives** et les liaisons **composites**. Une liaison primitive est une liaison entre une interface client et une interface serveur d'un même espace d'adressage. Une liaison composite est un chemin de communication entre un nombre aléatoire d'interfaces de composants et de types de langages. Ces liaisons sont représentées par un ensemble de liaisons primitives et de composants de communication (appelés aussi *connecteurs*).

22

2.2 SCA : Architecture de services à base de composants

SCA (**S**ervice **C**omponent **A**rchitecture)[1] est le produit d'un effort entre plusieurs entreprises telles que BEA, IBM, Oracle et Sun, devenue un standard OASIS. Elle offre un ensemble de spécifications visant à simplifier la construction de systèmes orientés service, indépendamment de leurs implémentations et en utilisant des composants qui implémentent une logique métier. Le but de SCA est de simplifier la création, l'implémentation et le déploiement de services dans l'architecture SOA (*Service-Oriented Architecture*) en faisant abstraction des détails des communications sous-jacentes.

Modèle de composition

L'entité principale d'un modèle SCA est le composant, qui implémente une certaine logique métier et qui peut être assemblé en différentes configurations. Un composant est une instance d'une implémentation configurée ; il offre ses *services*, requiert des *références* d'autres composants et définit des *propriétés*. Il spécifie la manière dont il communique avec un autre composant via des *liaisons*. Le modèle de composition SCA aide à assembler récursivement des composants à granularité fine et étroitement couplés pour former d'autres composants à grosse granularité appelés des *composites*. La figure I.II.3 représente un exemple d'un système à base de composants modélisé avec les notations graphiques du standard SCA, ainsi qu'un extrait du fichier *composite* qui décrit l'architecture du système grâce au langage ADL de SCA.

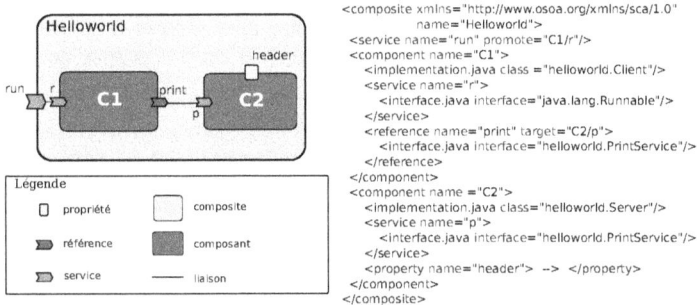

Figure I.II.3 – Exemple d'une architecture SCA

---

1. **SCA** : http ://www.osoa.org/display/Main/Service+Component+Architecture+Home

Implémentations

Les éléments SCA définis ci-dessus, c.-à-d. les références, services, propriétés et liaisons, doivent être utilisés de manière transparente à l'utilisateur. Plusieurs implémentations sont proposées par les fournisseurs et les projets open-source. Nous en citons deux : Tuscany [2] et Frascati [3].

Tuscany est considérée comme étant l'implémentation de référence de SCA. Elle offre une infrastructure permettant de développer et d'exécuter facilement des applications SCA, en fournissant un support pour différentes technologies (tel que web20 et OSGi) et plusieurs types d'implémentations (tel que Spring, BPEL et Java). Elle cible à réduire le coût de développement en utilisant des protocoles configurables séparés de la logique métier.

Frascati [Seinturier09] est une plateforme pour les applications SCA qui étend le modèle de composants avec des capacités réflexives permettant l'intégration dynamique des propriétés non-fonctionnelles des composants grâce à des *intercepteurs*. Le but principal du modèle Frascati est de résoudre les problèmes de gestion et de configuration de la plateforme SOA.

Les Politiques (*Policies*)

Les **politiques** [Beisiegel07] sont utilisées dans SCA pour représenter les aspects non-fonctionnels de l'application, tel que le recueil de données (*logging*), la supervision (*monitoring*) et la sécurité. Le modèle SCA les représente en termes d'**intentions** (*intents*) et de **paramètres de politique** (*policy sets*).

Les *intents* décrivent les besoins abstraits des composants, services et références. Les *policy sets* sont utilisés pour implanter les caractéristiques énoncées dans les *intents* en appliquent des politiques particulières à un composant ou à une liaison d'un service ou d'une référence, tout en spécifiant les détails techniques.

Les politiques qui nous concernent sont les politiques de sécurité. Les mécanismes de sécurité disponibles avec le modèle SCA sont principalement le contrôle d'accès, l'authentification, la confidentialité et l'intégrité. Un *intent* spécifie les besoins de sécurité de manière abstraite, tel que par exemple la *confidentialité*, sans préciser comment la fournir. Cet *intent* est associé à un artéfact SCA (référence ou service, par exemple) et relié à une WS-Policy à travers les *policy sets*, pour spécifier explicitement les besoins techniques de la politique, comme par exemple la méthode de chiffrement requise pour assurer la confidentialité.

---

2. **Tuscany** : http ://tuscany.apache.org/
3. **Frascati** : frascati.ow2.org/

Conclusion

Nous avons comme objectif dans notre travail d'utiliser le paradigme orientés composants pour faciliter l'application et la vérification d'une propriété de contrôle de flux d'information, appelée la non-interférence. Le chapitre suivant définit cette propriété ainsi que les mécanismes permettant de l'appliquer sur les systèmes réels.

Chapitre III

La non-interférence

Nous présentons dans ce chapitre la propriété de sécurité ciblée par notre travail, la **non-interférence**, une propriété qui a suscité l'intérêt de plusieurs travaux de recherche. Nous présentons d'abord une définition formelle de cette propriété qui nous a paru appropriée pour les types de systèmes que nous ciblons. Nous expliquons ensuite les formats d'étiquettes de sécurité utilisées pour appliquer les niveaux de sécurité aux différents éléments manipulés par le système.

1 La non-interférence

La non-interférence est un modèle pour le contrôle de flux d'information (CFI) définie par Goguen et Meseguer [Goguen82], qui assure que les données sensibles n'affectent pas le comportement publiquement visible du système. Cette propriété de sécurité permet le suivi de l'information dans le système, et l'application de la confidentialité et de l'intégrité de bout en bout. Nous présentons dans ce qui suit une définition formelle de cette propriété.

1.1 Définition formelle de la non-interférence

Il existe plusieurs définitions de la non-interférence dans l'état de l'art [Goguen82, Rushby92, Malecha10, Myers06]. Pour notre contexte, la définition de [Malecha10] nous paraît la plus adéquate, car elle est applicable aussi bien pour un programme que pour un ensemble de composants communiquant via le réseau. Dans ce travail, la non-interférence se ramène à un problème d'**indiscernabilité** (*indistinguishability*) entre plusieurs états de la mémoire, le réseau étant abstrait à une mémoire partagée.

Considérons le vocabulaire suivant :

– s : programme

– L : ensemble de niveaux de sécurité dans le programme

– $\subseteq_L$ un ordre partiel sur L, il définit les informations qui peuvent circuler entre les niveaux de sécurité. Une information est autorisée à circuler d'un niveau p à un niveau q si et seulement si $p \subseteq_L q$. On dit alors que le niveau q est *au moins aussi restrictif que* le niveau p. $\perp \in L$ représente le niveau de sécurité le plus bas : $\perp \subseteq_L p, \forall p \in L$

– $\phi = (L, \subseteq_L)$: la politique de sécurité

– $\bigcup_L$: opérateur de jointure. Pour les niveaux de sécurité p et q, il existe $p \bigcup_L q \in L$ qui a pour limite supérieure à la fois p et q.

– $\sigma[x \mapsto v]$: mémoire. Représente une configuration associant une variable x à une valeur v.

– Γ : environnement de variables, représente un sous-ensemble de variables, dont un observateur à un niveau de sécurité $o \in L$ peut observer les valeurs.

  • $\Gamma \vdash \sigma_1 \approx_o \sigma_2$: pour toutes les variables x que le niveau de sécurité o peut observer, on a : $\sigma_1(x) = \sigma_2(x)$. On dit que σ_1 et σ_2 sont **indiscernables** par rapport à o.

  • On dit aussi que "Γ protège x au niveau o" si x n'est observable à aucun niveau de sécurité moins restrictif que o.

– $\phi \vdash s, \sigma \to^* v, \sigma'$: fermeture transitive de la sémantique opérationnelle à petits pas, indiquant que pour la politique de sécurité ϕ et avec la configuration σ, le programme s est évalué à la valeur v et à la mémoire σ'.

Un programme s satisfait la propriété de non-interférence pour un niveau de sécurité o sous l'environnement Γ si, pour toutes les politiques de sécurité ϕ, pour toutes les configurations σ, pour toutes les variables h telles que Γ protège h à un niveau o' avec $o' \nsubseteq_L o$ et pour toutes les valeurs $v1$ et $v2$ du même type :

Théorème 1. *si* $\phi \vdash s, \sigma[h \mapsto v_1] \to^* v'_1, \sigma'_1$ *et* $\phi \vdash s, \sigma[h \mapsto v_2] \to^* v'_2, \sigma'_2$
alors $\Gamma \vdash \sigma'_1 \approx_o \sigma'_2$ *et* $v'_1 = v'_2$

Ainsi, si un attaquant peut observer des données jusqu'à un niveau de sécurité o, alors une modification d'une variable de niveau de sécurité plus haut est indiscernable pour cet attaquant.

Cette définition induit en fait que les résultats (ou sorties) observables à un niveau o doivent être indépendants des entrées à des niveaux plus restrictifs que o.

Nous pouvons généraliser cette définition au cas des systèmes répartis. Un système réparti est constitué d'un ensemble de processus distribués sur des sites qui communiquent grâce à un réseau de communication. Chaque processus p est caractérisé par un ensemble d'entrées I et de sorties O auxquels sont associés des niveaux de sécurité $l \in L$. Ainsi, pour chaque processus p, la modification des valeurs des entrées ayant un niveau de sécurité o' doit être indiscernable pour tout attaquant capable d'observer des sorties à un niveau o, si $o' \not\sqsubseteq_L o$, ce qui implique que les sorties d'un processus doivent être indépendantes de l'ensemble de ses entrées dont le niveau de sécurité est plus restrictif. Dans le cas des systèmes distribués à base de composants, un processus est considéré comme étant une instance de composant.

1.2 Exemples d'interférence dans le code

La violation de la propriété de non-interférence peut se manifester de plusieurs manières dans le code d'un composant. Nous présentons trois exemples illustrant des fuites de sécurité dans un programme. Supposons dans ce qui suit que les variables h, h_1 et h_2 représentent des données sensibles, alors que les variables l, l_1 et l_2 représentent des données publiques.

Flux explicite

Considérons une instruction d'affectation simple : $l := h$. L'information circule d'une entrée privée h vers une sortie publique l. Ceci représente le cas d'un flux **explicite** illégal.

Flux implicite

Pour le deuxième exemple, considérons l'instruction suivante :

$$\text{si } h \text{ alors } l := vrai \text{ sinon } l := faux\,;$$

La valeur de la sortie publique l révèle celle de l'entrée privée h. La variable publique l a été modifiée dans un contexte de niveau de sécurité *High*, ce qui représente un exemple d'un flux **implicite** illégal. Les flux implicites circulent dans des canaux cachés (*covert channels*) et ne peuvent être gérés correctement par un mécanisme purement dynamique tel que le contrôle d'accès, apparenté à la classe EM (pour *Execution Monitoring*) définie par [Schneider00].

Référencement

Le troisième exemple concerne le cas particulier des langages orientés objet. Le mécanisme de référencement (*aliasing*) des objets peut créer un problème d'interférence. Un même objet peut être référencé par plusieurs variables de niveaux de sécurité différents. Considérons l'exemple suivant inspiré de [Amtoft06] : soit la variable privée h_1 qui référence un objet o contenant un attribut i public (initialisé à 0), et soient deux variables publiques l_1 et l_2. Soit l'instruction suivante :

$$\textbf{si} \quad (h_2 > 0) \quad \textbf{alors} \ \{$$
$$h_1 := l_1 \,;$$
$$\} \ \textbf{sinon} \ \{$$
$$h_1 := l_2 \,;$$
$$\}$$
$$h_1.i := 40 \,;$$

A première vue, ces instructions ne contiennent pas de flux explicites illégaux, car la circulation de l'information se fait des données publiques vers les données privées, ni de flux implicites, car seule une variable privée (h_1) a été modifiée dans un contexte privé. Cependant, comme h_1, l_1 et l_2 sont des objets, alors, suite à ces instructions, si $h_2 > 0$ alors les variables h_1 et l_1 référencent le même objet, sinon ce sont h_1 et l_2 qui référencent le même objet. Ainsi, puisque l'attribut i est public, alors en observant sa valeur dans l_1 et l_2 on peut déduire le signe de h_2 : si $l_1.i = 40$, alors h_1 et l_1 référencent le même objet, donc h_2 est positif, et si $l_2.i = 40$ alors h_1 et l_2 référencent le même objet, donc h_2 est négatif. Ainsi, pour empêcher ces problèmes dus au référencement, il faut s'assurer que **les attributs publics d'un objet (i dans notre exemple) ne soient pas modifiés à partir d'une référence privée (h_1)**. Partant du même principe, un appel de méthode $h_1.m()$ ne doit pas modifier des variables publiques si h_1 est privé.

Dans ce travail, nous nous restreignons à ces trois types d'interférences. Nous ne couvrons pas les autres aspects avancés de canaux cachés, tels que les canaux temporels et l'exploitation des ressources partagées.

2 Étiquettes de sécurité

Les **étiquettes de sécurité** (*labels*) sont utilisées pour annoter les variables du programme dans le but de contrôler le flux d'information dans les programmes. L'étiquette d'une variable contrôle la manière dont la donnée stockée dans cette variable peut être utilisée. La clé pour protéger la confidentialité et l'intégrité est d'assurer que, quand la donnée circule dans le système, ses étiquettes deviennent de plus en plus restrictives. Si le contenu d'une variable affecte

celui d'une autre variable, c'est qu'il existe un flux d'information de la première vers la seconde : ainsi, l'étiquette de la seconde variable doit être au moins aussi restrictive que celle de
la première.

Il existe plusieurs modèles d'étiquettes dans la littérature. Nous allons en présenter trois,
que nous retrouvons respectivement dans [Myers00, Krohn07, Khair98]. Le modèle d'étiquettes
et son attribution aux différentes parties du système définit la politique de sécurité du système.

2.1 DLM : Modèle d'étiquettes décentralisé

Cette section décrit le modèle d'étiquettes décentralisé (DLM : *Decentralized Label Model*)
[Myers00]. Ce modèle est dit "décentralisé" car les politiques de sécurité ne sont pas définies par
une autorité centrale, mais contrôlée par les différents participants au système. Le système doit
ensuite se comporter de manière à respecter ces politiques de sécurité. Cette particularité est
possible grâce à la notion de "propriété" des étiquettes utilisées pour annoter les données. Cette
notion autorise chaque participant à *rétrograder* le niveau de sécurité de ses données, mais pas
celles des autres.

Les entités principales de ce modèle sont les **autorités** (*principals*), dont on veut protéger les
informations secrètes, et les **étiquettes** (*labels*), qui représentent la manière dont les autorités
expriment leurs contraintes.

Autorités

Les autorités représentent les entités qui possèdent, modifient et publient les informations.
Ils représentent les utilisateurs, groupes ou rôles. Un processus a le droit d'agir au nom d'un
ensemble d'autorités.

Quelques autorités ont le droit d'agir pour d'autres. Quand une autorité A peut agir pour
une autre autorité A', A possède tous les pouvoir et privilèges potentiels de A'. La relation *agit
pour* est réflexive et transitive, et permet de définir une hiérarchie ou un ordre partiel entre les
autorités.

La relation A *agit pour* A' est notée $A \succeq A'$. Elle permet la délégation de tous les pouvoirs
d'une autorité (A') à une autre (A).

La gestion de la hiérarchie des autorités peut également être faite de manière décentralisée.
La relation $A \succeq A'$ peut être ajoutée à la hiérarchie tant que le processus qui se charge de
l'ajout a suffisamment de privilèges pour agir pour l'autorité A'. Aucun privilège n'est nécessaire
concernant A car cette relation donne plus de pouvoirs à A.

Étiquettes

Les autorités expriment leurs contraintes de sécurité en utilisant des étiquettes pour annoter les programmes et les données. Une étiquette est composée de deux majeures parties : une étiquette de confidentialité et une étiquette d'intégrité. Chacune de ces étiquettes contient un ensemble d'éléments qui expriment des besoin de sécurité définis par des autorités. Un élément d'étiquette a deux parties : un **propriétaire** et un ensemble d'autorités, qui représentent des **lecteurs** dans une étiquette de confidentialité et des **écrivains** dans une étiquette d'intégrité.

L'objectif d'un élément d'étiquette est de protéger les données privées du propriétaire de l'élément. Il est alors appelé **politique d'utilisation de la donnée**. Ainsi, une donnée est étiquetée avec un certain nombre de *politiques* énoncées par les autorités propriétaires de la donnée.

Étiquettes de confidentialité Une étiquette de confidentialité exprime le niveau de secret désiré par le propriétaire d'une donnée en citant la liste les **lecteurs** potentiels. Les lecteurs sont les autorités auxquelles cet élément permet de consulter la donnée. Ainsi, le propriétaire est la source de la donnée et les lecteurs sont ses destinataires possibles. Les autorités qui ne sont pas listées comme lecteurs n'ont pas le droit de consulter les données.

Un exemple d'étiquette est :

$$L_C = \{o_1 \to r_1, r_2; o_2 \to r_2, r_3\} \tag{III.1}$$

Ici, o_1, o_2, r_1 et r_2 sont des autorités. Le point-virgule sépare deux politiques (éléments) de l'étiquette L_C. Les propriétaires de ces politiques sont o_1 et o_2 et les lecteurs des politiques sont respectivement $\{r_1, r_2\}$ et $\{r_2, r_3\}$. La signification d'une étiquette est que chaque politique dans l'étiquette doit être respectée pendant que la donnée circule dans le système, de manière à ce que chaque information étiquetée ne soit divulguée que suite à un consensus entre TOUTES les politiques. Un utilisateur peut lire les données seulement si *l'autorité représentant cet utilisateur peut agir pour un lecteur de chaque politique dans l'étiquette*. Ainsi, seuls les utilisateurs dont les autorités peuvent agir pour r_2 peuvent lire les données étiquetées par L. La même autorité peut être le propriétaire de plusieurs politiques ; les politiques restent renforcées indépendamment l'une de l'autre dans ce cas.

Étiquettes d'intégrité Les politiques d'intégrité sont duales aux politiques de confidentialité. Comme les politiques de confidentialité protègent contre les données lues de manière impropre, même si elles traversent ou sont utilisées par des programmes qui ne sont pas de confiance, les politiques d'intégrité protègent les données contre une modification inappropriée. Une étiquette d'intégrité garde la trace de toutes les sources qui ont affecté sa valeur, même si ces sources l'affectent indirectement. Elles empêchent les données non fiables d'avoir un effet sur les données de confiance stockées.

La structure d'une politique d'intégrité est identique à celle d'une politique de confidentialité. Elle a un propriétaire, l'autorité pour laquelle la politique est appliquée, et un ensemble d'**écrivains**, des autorités qui sont autorisées à modifier la donnée. Une étiquette d'intégrité peut contenir un ensemble de politiques d'intégrité avec différents propriétaires. Un exemple d'étiquette est : $L_I = \{o_1 \leftarrow w_1, w_2; o_2 \leftarrow w_2, w_3\}$ avec o_1 et o_2 les propriétaires de la politique, et w_1, w_2 et w_3 les écrivains.

Intuitivement, une politique d'intégrité est une garantie de qualité. Une politique $\{o \leftarrow w_1, w_2\}$ est une garantie fournie par l'autorité o que seuls w_1 et w_2 sont capables de modifier la valeur de la donnée. L'étiquette d'intégrité la plus restrictive est celle qui ne contient aucune politique : $\{\}$. C'est l'étiquette qui ne fournit aucune garantie sur le contenu de la valeur, et peut être utilisée comme donnée d'entrée uniquement quand le destinataire n'impose aucune exigence d'intégrité. Quand une étiquette contient plusieurs politiques d'intégrité, ces politiques sont des garanties indépendantes de qualité de la part des propriétaires de ces politiques. En utilisant une étiquette d'intégrité, une variable peut être protégée contre des modifications impropres.

Par exemple, supposons qu'une variable a une politique unique $\{o \leftarrow w_1, w_2\}$. Une valeur étiquetée $\{o \leftarrow w_1\}$ peut être introduite dans cette variable car cette valeur a été affectée uniquement par l'autorité w_1 et l'étiquette de la variable autorise w_1 à la modifier. Si la valeur était étiquetée $\{o \leftarrow w_1, w_3\}$, l'écriture ne serait pas autorisée, car la valeur a été affectée par w_3, une autorité qui n'est pas mentionnée comme étant un écrivain légal dans l'étiquette de la variable. Cela serait uniquement permis si $w_3 \succeq w_2$. Enfin, considérons une valeur étiquetée $\{o \leftarrow w_1; o' \leftarrow w_3\}$. Dans ce cas, l'écriture est permise, car la première politique atteste que o croit que seul w_1 a altéré la valeur. Le fait que la seconde politique existe de la part de o' n'affecte pas la légalité de l'écriture dans la variable ; c'est une garantie supplémentaire de qualité.

2.2 Modèle d'étiquettes à base de jetons

Le modèle suivant, inspiré de [Krohn07, Zeldovich06], représente les étiquettes sous la forme d'un ensemble de jetons (*tags*). Un jeton est un terme opaque qui, sorti de son contexte, n'a pas de signification précise, mais qui est attribué aux données pour leur associer une certaine catégorie de confidentialité ou d'intégrité. Une étiquette l appartenant à un ensemble L de niveaux de sécurité, contient ainsi deux ensembles : S (pour $\textbf{S}ecrecy$) qui représente le niveau de confidentialité et I (pour $\textbf{I}ntegrity$) qui représente le niveau d'intégrité. On note alors $l = \{S; I\}$. Dans ce qui suit, nous nous basons sur ce modèle pour illustrer les relations d'ordre entre les étiquettes.

Confidentialité Associer un jeton j de confidentialité ($j \in S$) à une donnée implique que cette donnée contient une information privée de niveau de confidentialité j. Pour révéler le contenu d'une donnée, le système doit obtenir l'accord pour chacun des jetons de confidentialité qui ornent cette donnée.

Intégrité Le niveau d'intégrité d'une donnée représente une garantie de l'authenticité de l'information dans cette donnée. Il permet au destinataire de s'assurer que la donnée qui lui a été envoyée n'a pas été modifiée par des parties non fiables. Attribuer un jeton i d'intégrité ($i \in I$) à une donnée représente une garantie supplémentaire pour cette donnée.

Relation d'ordre L'ensemble des étiquettes dans un système est régi par la relation d'ordre partielle "peut circuler vers" (*can flow to*), représentée par le symbole $\subseteq$. Cette relation ordonne les étiquettes de la moins restrictive vers la plus restrictive.

La relation "peut circuler vers" peut être décomposée en deux sous-relations :
- $\subseteq_C$: Cette relation ordonne les niveaux de confidentialité
- $\subseteq_I$: Cette relation ordonne les niveaux d'intégrité

Définition 1 (Relation d'ordre). Soient deux étiquettes $l_1 = \{S_1; I_1\}$ et $l_2 = \{S_2; I_2\}$. On dit que :

$$l_1 \subseteq l_2 \text{ si et seulement si } S_1 \subseteq_C S_2 \text{ et } I_1 \subseteq_I I_2$$

Définition 2 (Confidentialité). Soient S_1 et S_2 deux niveaux de confidentialité, formés chacun d'un ensemble de jetons.

$$S_1 \subseteq_C S_2 \text{ si et seulement si } \forall j_1 \in S_1, \exists j_2 \in S_2 \text{ tel que } j_1 = j_2$$

Définition 3 (Intégrité). Soient I_1 et I_2 deux niveaux d'intégrité, formés chacun d'un ensemble de jetons.

$$I_1 \subseteq_I I_2 \text{ si et seulement si } \forall i_2 \in I_2, \exists i_1 \in I_1 \text{ tel que } i_1 = i_2$$

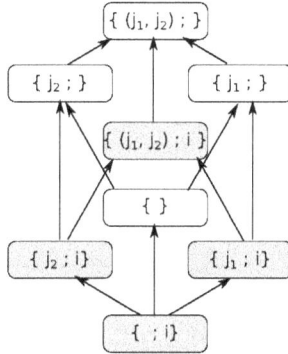

Figure I.III.1 – Exemple d'un treillis de sécurité [Zeldovich06]

Théorème 2 (Réunion). *Soient deux étiquettes* $l_1 = \{S_1; I_1\}$ *et* $l_2 = \{S_2; I_2\}$. *On définit* $l = \{S; I\}$, *la réunion de* l_1 *et* l_2, *par :*

$$l = l_1 \bigcup l_2 \Leftrightarrow S = S_1 \bigcup S_2 \ et \ I = I_1 \bigcap I_2$$

Corollaire. si l_1 et l_2 sont des étiquettes de L, alors $l_1 \bigcup l_2 \in L$, tel que :

$$\forall l \in L, \ si \ l \subseteq l_1 \ et \ l \subseteq l_2 \ alors \ l \subseteq l_1 \bigcup l_2$$

Théorème 3 (Transitivité). *Soient deux étiquettes* l_1 *et* l_2.

$$Si \ l_1 \subseteq l_2 \ et \ l_2 \subseteq l_3 \ alors \ l_1 \subseteq l_3$$

Théorème 4 (Réflexivité). *Soient deux étiquettes* l_1 *et* l_2.

$$l_1 \subseteq l_2 \ et \ l_2 \subseteq l_1 \Leftrightarrow l_1 = l_2$$

La relation d'ordre $\subseteq$ permet de définir un **treillis de sécurité**, qui ordonne l'ensemble des étiquettes d'un système de la moins restrictive (en bas du treillis) vers la plus restrictive (en haut du treillis). Le treillis nous permet ainsi de voir l'acheminement autorisé du flux d'information : une information ne peut circuler que vers des cibles plus restrictives, dont les étiquettes sont positionnées plus haut dans le treillis de sécurité.

La figure I.III.1 (extraite de [Zeldovich08]) représente un exemple de treillis, où deux niveaux de confidentialité (j_1 et j_2) et un niveau d'intégrité (i) sont définis. Les cellules grisées représentent les étiquettes qui incluent le niveau d'intégrité i. Les flèches allant d'une étiquette

34

l_1 vers une étiquette l_2 indiquent qu'un flux d'information allant d'une donnée étiquetée l_1 vers une donnée étiquetée l_2 est autorisé.

La relation $\subseteq$ est une relation **réflexive**. Sur la figure I.III.1, les flèches allant d'une étiquette vers elle-même ne sont pas représentées.

Si deux étiquettes l_1 et l_2 ne sont pas reliées par une flèche dans le treillis et aucun chemin ne permet d'aller de l'une à l'autre (comme par exemple les étiquettes $\{j_1;\}$ et $\{j_2;i\}$ dans la figure I.III.1), on dit qu'elles sont **incomparables**, et on note :

$$l_1 \nsubseteq l_2 \text{ et } l_2 \nsubseteq l_1$$

2.3 Modèle d'étiquettes distribué

Dans [Khair98], les étiquettes de sécurité contiennent deux parties :
* **Niveau** Les niveaux de sécurité attribués à chaque utilisateur, donnée et site sont définis après une première étude qui résulte en une classification des droits des utilisateurs, la sensibilité des données et le degré de confiance des sites.
* **Catégorie**
  - La catégorie d'un utilisateur dépend de sa position dans la hiérarchie des rôles (URH : *User Role Hierarchy*). La catégorie la plus haute qui correspond à la racine de l'arbre URH contient toutes les sous-catégories et rôles définis dans l'application.
  - La catégorie des données dépend de leur utilisation et correspond aux besoins de certaines catégories d'utilisateurs.
  - La catégorie d'un site dépend de son utilisation (quelles catégories d'utilisateurs l'utilisent et quelles catégories de données a-t-il besoin d'utiliser), et de son type (autonome, connecté à internet, mobile, stationnaire...).

Affectation des étiquettes de sécurité aux utilisateurs L'affectation des étiquettes à chaque rôle se fait en commençant à partir de la racine et allant vers le dernier niveau avant les feuilles de l'arbre URH. Une *catégorie* est affectée au rôle de l'utilisateur, puis un *niveau* leur est attribué selon la confiance donnée à cet utilisateur ainsi qu'à son niveau de responsabilité.

Affectation des étiquettes de sécurité aux objets On commence d'abord par attribuer les ensembles de données aux feuilles de l'arbre URH correspondant aux données qui ont besoin d'être accédées par les rôles. Le concepteur utilise les exigences d'accès à l'information comme guide pour assurer que les privilèges adéquats sont donnés. La procédure est répétée jusqu'à atteindre la racine. Les étapes sont les suivantes :

- Attribuer les ensemble de données en commençant par les rôles sous une catégorie d'utilisateurs.
- Déplacer les données partagées par tous les rôles d'utilisateurs vers leur catégorie d'utilisateur commune.
- Déplacer les données partagées par toutes les catégories d'utilisateurs vers leur super-catégorie, et répéter l'opération jusqu'à atteindre la racine.
- Attribuer une étiquette aux données contenant la catégorie du nœud ou de la feuille déjà attribués dans l'arbre URH, et leur donner comme niveau de sécurité le plus bas niveau d'habilitation (*clearance*) des rôles d'utilisateurs contenus dans la catégorie.
- Répéter ce processus pour toutes les données de chaque rôle et de chaque catégorie d'utilisateur.

Dans le but de vérifier la sécurité au niveau de cette étape, une classification de la sensibilité des données peut être réalisée. Cette classification dépend du contenu et du contexte de la donnée.

Dans le cas où les niveaux diffèrent, l'architecte de la sécurité doit vérifier et décider quel niveau affecter. En complétant cette étape, le concepteur obtient une identification initiale des privilèges de chaque nœud URH et une étiquette initiale affectée à chaque ensemble de données.

Affectation des étiquettes de sécurité aux sites   L'étiquette de sécurité de chaque site est dérivée de la fonction des paramètres physiques et opérationnels du site, ainsi que du type de la connexion et sa catégorie de mobilité.

La catégorie d'un site dépend de son utilisation, c.-à-d. la catégorie des utilisateurs ayant un accès direct au site. Le niveau de sécurité du site dépend de plusieurs paramètres relatifs au site, tel que la vulnérabilité du système d'exploitation et du système de gestion de la base de données, de l'environnement physique et de la nature du site, etc. La vulnérabilité du système d'exploitation et du système de gestion de la base de données peut être évaluée en utilisant des critères et méthodes d'évaluation nationales ou internationales de la sécurité. La mobilité du site est également une caractéristique très significative, puisque les vulnérabilités diffèrent dans le cas d'un système mobile et d'un système stationnaire.

Conclusion

La non-interférence est une propriété de sécurité stricte qui permet de contrôler le flux d'information et d'interdire ainsi toute divulgation d'information directe ou indirecte susceptible de menacer la confidentialité ou l'intégrité des données. Son application sur les systèmes distribués est d'autant plus ardue que ces systèmes ont la particularité d'être dynamiques, indépendants et de coexister dans un environnement peu sûr. Il existe un certain nombre de difficultés à cette tâche, que nous énumérons dans la partie suivante.

Chapitre IV

Problématique : Application de la non-interférence aux systèmes distribués dynamiques

Dans ce chapitre, nous montrons les difficultés qui se posent pour assurer le contrôle de flux dans les systèmes distribués et pour appliquer ce contrôle dans les systèmes rééls.

1 Contrôle de flux d'information et systèmes distribués

Les approches de sécurité standard pour les systèmes distribués, que nous avons citées ci-dessus, sont basées essentiellement sur les politiques de contrôle d'accès qui contrôlent l'exécution des actions sur les objets individuels [Hutter06]. Cependant, les politiques de contrôle d'accès souffrent du problème de **Cheval de Troie** ou d'autres fuites d'information utilisant des canaux cachés. Cela est dû au fait qu'aucun contrôle n'est fait sur l'utilisation d'une donnée une fois délivrée au service autorisé. Le calcul inapproprié de l'information confidentielle et les appels à des services tiers peut divulguer des secrets à d'autres entités qui ne sont pas autorisées à lire cette information. Le contrôle du flux d'information obligatoire peut résoudre certains de ces problèmes en étiquetant chaque information et service avec un niveau de sécurité déterminé.

Plusieurs travaux ont traité la problématique de la non-interférence qui a été appliquée aux systèmes centralisés et distribués. Les solutions de contrôle de flux d'information pour les systèmes centralisés sont surtout basées sur l'analyse de flux, réalisée avec des langages **typés sécurité**, qui entremêlent la politique de sécurité avec le code fonctionnel de l'application, et permettent ainsi de créer des systèmes non-interférents par construction. Ces langages ont l'avantage de traiter le flux d'information à un niveau de granularité très fin, mais souffrent de certains inconvénients : les contraintes de sécurité et le comportement fonctionnel du système ne sont pas séparés, ce qui implique que, d'une part, le développeur doit être suffisamment calé en sécurité pour appliquer ces contraintes lui-même sur le code, et d'autre part, qu'il doit subir une phase d'apprentissage assez lourde pour prendre en main le nouveau langage.

Les solutions distribuées pour la vérification de la non-interférence sont composées de deux catégories : la première catégorie est composée de solutions qui traitent le flux d'information à un niveau de granularité assez grossier, ce qui risque d'autoriser certaines fuites d'information dues aux flux implicites, par exemple. Les solutions de la deuxième catégorie travaillent certes à un niveau plus fin, mais proposent de répartir le système après l'application des contraintes de sécurité, en le divisant en modules non-interférents mutuellement. Le problème c'est que les systèmes créés par ces solutions sont distribués selon les contraintes de sécurité, pas selon les contraintes fonctionnelles.

Ces solutions de contrôle de flux d'information réalisent un contrôle statique qui se fait à la compilation. En effet, le but principal de notre travail est de réaliser des systèmes distribués à base de composants sécurisés **par construction**. Cependant, une fois le système compilé et prêt à l'exécution, il est important de réfléchir au maintien de cette sécurité pendant l'exécution, car les applications que nous réalisons sont des applications distribuées, donc hautement dynamiques. Les composants sont en continuelle évolution et rien ne garantit que la structure du système reste figée dans le temps : en effet, l'ajout d'un nouveau composant ou le remplacement d'un composant suite à une panne sont des opérations tout à fait usuelles. Il est donc important que ces évolutions soient prises en considération dans l'étude de la non-interférence.

2 Implémentation de la non-interférence dans les systèmes réels

Même si le domaine de la non-interférence est largement étudié, surtout récemment, son application aux systèmes à grande échelle reste ardu. En effet, selon [Zdancewic04], plusieurs problèmes font que le contrôle des flux d'information n'est pas appliqué :

- La sécurité est en général définie relativement à un certain niveau d'abstraction, et il existe toujours des attaques qui violent cette abstraction.
- Il est difficile d'implémenter un système "pratique" pour le renforcement des politiques de flux d'information. Ce système doit faciliter l'intégration avec les infrastructures existantes.

– La non-interférence est une propriété très restrictive qui n'est pas toujours voulue par les
concepteurs du système.

C'est pour ces raisons qu'une solution pour la non-interférence utilisable dans les systèmes
réels doit être **flexible**, **intégrable** et **facilement applicable**, en particulier pour les personnes
peu expertes en sécurité. Elle doit également pouvoir assurer d'autres propriétés de sécurité avec
la non-interférence.

En effet, l'application de la non-interférence sur les systèmes complexes est une tâche ardue,
car l'information peut prendre plusieurs formes et circuler sur plusieurs types de canaux, ce
qui rend son suivi difficile. Le contrôle du flux d'information doit également être mélangé à
d'autres types de mécanismes de sécurité, car les systèmes distribués en général font face à
plusieurs menaces extérieures dues à l'interaction de leurs entités dans des réseaux peu fiables.
L'utilisation des systèmes à base de composants peut donc s'avérer judicieuse pour faciliter
la détection des interférences, grâce à leur modularité et aux interfaces distinctes reliant leurs
composants. Cependant, ce type de systèmes n'a pas été exploité pour réaliser cette tâche dans
l'état de l'art.

Conclusion

Dans cette partie, nous avons introduit le contexte de notre travail, qui se divise principalement en deux volets : la sécurité des systèmes distribués, et l'étude de la propriété de
non-interférence. La problématique principale consiste à appliquer cette propriété sur ces types
de systèmes.

Nous présentons dans ce qui suit l'état de l'art sur le sujet. Nous l'avons divisé en deux
catégories : Les solutions existantes pour assurer la sécurité des systèmes répartis, et les outils,
modèles et langages utilisés pour le contrôle de flux d'information.

Deuxième partie
Etat de l'Art

On ne peut évaluer ses compétences
dans un domaine que l'on ne connaît pas.

[Jean-Louis Etienne]

Chapitre I

Solutions de sécurité pour les systèmes distribués

Plusieurs solutions existent dans l'état de l'art pour résoudre divers problèmes de sécurité pour les systèmes distribués. La plupart de ces solutions sont basées sur la séparation des préoccupations, en séparant le traitement de la sécurité dans des modules ou services distincts. Nous présentons dans cette partie deux types de solutions :

– Les solutions basées sur la configuration de la sécurité à un haut niveau d'abstraction, en particulier au niveau du modèle.
– Les solutions offrant des modules distincts pour l'application des mécanismes de sécurité pendant l'exécution.

1 Configuration de la sécurité à haut niveau d'abstraction

Plusieurs solutions se basant sur la configuration de la sécurité à haut niveau ont été développées. Ces travaux, comme le nôtre, s'appuient sur une configuration séparée du code pour décrire les propriétés non fonctionnelles comme la sécurité et génèrent les codes appropriés. Nous en citons principalement deux : SecureUML et JASON.

1.1 SecureUML

[Basin06] définissent *SecureUML*, une solution orientée modèle qui fait partie de l'approche MDS(*Model Driven Security*). C'est un langage de modélisation de la sécurité qui étend UML pour représenter les besoins de contrôle d'accès, qui généralisent la notion de contrôle d'accès à base de rôles (RBAC[1] pour *Role-Based Access Control*). À partir d'une description en *SecureUML*, des infrastructures RBAC pour des applications sont automatiquement générées, utilisant les mécanismes de sécurité des plateformes cibles choisies, dont les EJBs (*Enterprise Java Beans*), les *Enterprise Services for .NET* et les *Java Servlets*.

1.2 JASON

[Chmielewski08] définissent JASON, un canevas muni d'un compilateur permettant de simplifier l'application des politiques de sécurité aux services. Le programmeur utilise des annotations Java pour représenter les politiques de sécurité dans son code et les outils du canevas génèrent le code de sécurité adéquat. Le programmeur peut se concentrer simplement sur l'application métier, alors que le canevas JASON s'occupe de générer le code cryptographique nécessaire. JASON supporte plusieurs politiques de sécurité, dont la confidentialité, l'intégrité et RBAC.

2 Modules et services de sécurité

Pour résoudre les problèmes de sécurité à l'exécution, plusieurs solutions incluent l'ajout de modules et services ciblés pour la sécurité du système. Pour la séparation des préoccupations, chaque module de sécurité est défini à l'extérieur des modules fonctionnels.

2.1 Service d'authentification

Ce service, défini par [Welch03] comme étant un service de calcul des créances *Credential Processing Service*, s'occupe des détails du calcul et validation des éléments d'authentification. Il traite du formatage et du calcul des jetons d'authentification pour les échanges avec le service cible. Il soulage l'application et son environnement d'accueil du besoin de comprendre les détails des différents mécanismes.

---

1. **RBAC** : Politique de sécurité consistant à définir un ensemble de rôles pour les utilisateurs et à attribuer les permissions aux rôles plutôt que directement aux utilisateurs.

Dans [Nikander99], ce service est représenté par une couche d'authentification qui peut créer, modifier et supprimer les associations et contextes de sécurité dynamiques entre les autorités. Il est mis en œuvre grâce au protocole de gestion des clefs et de la sécurité internet (ISAKMP pour *Internet Security And Key Management Protocol*). ISAKMP est un protocole permettant d'établir des associations de sécurité et des clefs de cryptographie dans un environnement internet. Il fournit un canevas pour l'authentification et l'échange de clefs et est conçu pour être indépendant du protocole d'échange de clefs (les protocoles IKE (*Internet Key Exchange*) ou KINK (*Kerberized Internet Negotiation of Keys*) peuvent être utilisés par exemple).

2.2 Systèmes basés sur le contrôle d'accès

2.2.1 CAS : Community Authorization Service

[Welch03] définit CAS (*Community Authorization Service*) comme étant un service qui évalue les règles de la politique concernant la décision d'autoriser les actions entreprises, en se basant sur des informations sur le demandeur, la cible et la requête. Ce service autorise une politique flexible et expressive à être créée en prenant en considération plusieurs utilisateurs d'une même organisation virtuelle (VO pour *Virtual Organization*). Il permet à une VO d'exprimer la politique qui lui a été délivrée par les fournisseurs de la ressource dans la VO.

Dans le but de se connecter et d'utiliser une ressource, l'utilisateur doit réaliser les actions suivantes :

– Il s'authentifie à CAS et reçoit les assertions exprimant la politique de la VO en termes d'utilisation des ressources.
– Il présente l'assertion à la ressource de la VO avec la requête d'utilisation
– En évaluant si la requête sera autorisée, la ressource vérifie la politique locale et la politique de la VO exprimée dans l'assertion CAS.

2.2.2 PolicyMaker

[Blaze99] présente PolicyMaker, un moteur de gestion de confiance qui adresse le problème d'autorisation directement, plutôt que de le traiter indirectement via l'authentification et le contrôle d'accès. Dans le PolicyMaker, les créances et les politiques sont des assertions représentées comme des paires d'autorité source et de programme décrivant la nature de l'autorité à accorder et des parties à qui elle est accordée.

Les assertions peuvent être :

– Des assertions de politiques : *source = POLICY*. L'ensemble des assertions de politiques fournies au PolicyMaker représente la "racine de confiance" qui définit la décision sur la requête.

– Des assertions de créances : *source = clef publique de l'autorité émettrice*. Ces assertions doivent être signées par leurs émetteurs et ces signatures sont vérifiées avant l'utilisation des créances.

Avec PolicyMaker, c'est l'application qui est responsable de toutes les vérifications crypto-graphiques des signatures sur les créances et les requêtes.

Le module de gestion de la confiance reçoit comme entrée le triplet (r,C,P), disant que l'ensemble des créances C contient une preuve que la requête r se conforme avec la politique P.

2.2.3 Keynote

[Blaze99] présente KeyNote, un moteur qui suit les mêmes principes que le PolicyMaker et a comme objectif la standardisation et la facilité d'intégration. Il attribue plus de responsabilité au module de gestion de la confiance que le PolicyMaker et moins à l'application appelante. Ainsi, la vérification de la signature cryptographique est réalisée par le moteur de gestion de confiance. Les créances et politiques doivent être écrits dans un langage d'assertion spécifique

L'application appelante passe à un évaluateur KeyNote :

1. Une liste de créances, politiques et clés publiques.

2. Un environnement d'action : une liste de paires attribut/valeur, construits par l'application appelante et contenant toutes les informations considérées appropriées à la requête et nécessaires pour la décision de confiance.

Le résultat de cette évaluation est une chaine de caractères propre à l'application, passé à l'application (comme la chaine "autorisé", par exemple).

Les assertions KeyNote sont structurées de manière à ce que le champ *Licencees* définisse explicitement l'autorité ou les autorités auxquelles un pouvoir est délégué, et que le champ *Conditions* représente le test sur les variables d'environnement d'action.

2.2.4 Service de gestion de la confiance et des politiques

Dans [Nikander99], cette couche permet aux utilisateurs et administrateurs de définir explicitement :

1. Quels nœuds sont de confiance pour quelles opérations ?

45

2. Comment est-ce que les utilisateurs sont autorisés à accéder aux ressources ?

3. Quel type de protection est requis de la connexion entre agents ?

Les données sont représentées comme des certificats stockés dans le dépôt des certificats. Les certificats contrôlent et facilitent les opérations du protocole d'authentification. Ce module fournit les contextes de sécurité initiaux. Un contexte de sécurité est une collection de variables de sécurité tel que les clefs symétriques ou asymétrique, les règles de politique et les créances, partagées par deux ou plus de parties. En créant un nouveau contexte de sécurité, l'authenticité, la confidentialité et l'intégrité de l'information doivent être assurées.

Ce module est implémenté via SPKI (*Simple Public Key Infrastructure*). Une autorité a au moins une clé de cryptographie privée en sa possession, et au moins une clé publique qui agit comme étant son identité. Normalement, chaque clé publique représente un rôle appliqué par l'autorité.

2.3 Systèmes à base de composants sécurisés

2.4 SCA

La spécification SCA (présentée dans la section II.2.2, partie I), offre une technique pour attribuer les contraintes de sécurité à haut niveau aux systèmes à base de composants, en sécurisant les liaisons entre les composants fonctionnels. En effet, cette spécification offre la possibilité aux concepteurs de spécifier la politique de sécurité à appliquer à la liaison au niveau du modèle, grâce aux *intents* et aux *policy sets*.

2.4.1 CRACKER

Une extension de Think [2] [Fassino02] pour la constructions de systèmes sécurisés, nommée CRACKER [Lacoste08] a été développée. C'est une architecture de contrôle d'accès à base de composants. L'accès à un composant par un acteur est soumis à l'**autorisation** d'un contrôleur spécifique de ce composant. Cette autorisation est en fonction d'un contexte, des identifiants du composant et des acteurs en question. L'architecture CRACKER définit deux composants principaux :

---

2. **Think** : Projet lancé en 1998 par France Télécom R&D pour développer un canevas logiciel pour la construction de noyaux de systèmes d'exploitation à base de composants. C'est l'implémentation en C du modèle Fractal.

- *Reference Monitor* (**RM**) : Module implémenté dans la membrane du composant, qui intercepte les appels entrants et appelle le *policy manager* du système pour autoriser ou refuser l'accès au composant contrôlé.
- *Policy Manager* (**PM**) : C'est le gestionnaire de la politique d'accès. Il implémente la matrice de contrôle d'accès (*acteurs/composants*) et fournit une interface utilisée par les RM lors de l'autorisation d'un accès, et des interfaces pour l'administration du système.

2.4.2 CAmkES

CAmkES [Kuz07], une architecture à base de composants pour le développement de systèmes embarqués à micro-noyau, offre un mécanisme de contrôle d'accès en se basant sur le modèle de **capacité** fourni par le système d'exploitation L4/Iguana [Heiser05].

CAmkES utilise le concept de *Configuration Specification* pour représenter la liste des capacités correspondant à une connexion (ou *liaison* entre deux composants). Ces capacités représentent les autorisations données à chaque interface du composant pour accéder aux méthodes d'autres interfaces (correspondant aux *ports* du composant).

Une fois la stratégie de sécurité définie, son application est faite à l'exécution par Iguana, qui fournit les outils nécessaires pour cela.

2.5 Modules cryptographiques

2.5.1 Gestion de clefs

DKMS (*Distributed Key Management System*)[3] offre un service de gestion des certificats et des clefs symétriques et asymétriques. Il permet de gérer plusieurs serveurs à partir d'une console unique : la station de travail DKMS. Elle est connectée aux serveurs équipés d'engins cryptographiques et hébergeant les certificats ou clefs. L'un des serveurs détient un dépôt de clefs DKMS centralisé utilisé pour sauvegarder toutes les clefs et tous les certificats.

Voltage[4] emploie une architecture de gestion de clefs à base d'identité. Les clefs sont munies de noms, représentant une *identité* qui peut être utilisée pour référencer facilement la clef appropriée. Les noms sont de la forme *identifiant@domaine* et peuvent représenter un utilisateur, un groupe ou même une politique complexe. Ce modèle de nommage est utilisé pour le chiffrement, où le nom peut être mathématiquement converti en clef publique, de même que

---

3. **IBM Distributed Key Management System** : http ://www-03.ibm.com/security/products/prod_dkms.shtml
4. **Voltage** : http ://www.voltage.com/technology/key-management.htm

pour le chiffrement symétrique où le nom est utilisé pour dériver la clef symétrique. Voltage utilise un modèle d'authentification qui permet aux utilisateurs, systèmes et applications d'être authentifiés en utilisant presque n'importe quel mécanisme.

[Seitz03] décrit un ensemble de schémas pour le stockage de clefs cryptographiques en utilisant la gestion de clefs sécurisée. Dans ces travaux, un serveur de clefs doit être utilisé dans le cas où les permissions sur les ressources sont évaluées à l'exécution. Pour améliorer la disponibilité des clefs de cryptographie, les auteurs proposent de distribuer les clefs sur plusieurs serveurs. Pour réduire la vulnérabilité, ils proposent de distribuer une même clef sur plusieurs serveurs de clefs.

2.5.2 Conversion de créances

[Welch03] définit un service qui permet de faire le relai entre différents domaines de confiance en convertissant les créances entre les racines ou mécanismes de confiance. Il convertit les créances existantes au format ou mécanisme approprié.

2.5.3 Mise en correspondance des identités

[Welch03] définit un service qui prend en entrée une identité d'un utilisateur dans un domaine et qui retourne son identité dans un autre. Par exemple, il donne le nom Kerberos associé à l'identité X509.

3 Étude comparative entre les solutions pour la sécurité des systèmes distribués

Le tableau I.1 permet de comparer les différentes solutions que nous avons présentées selon les critères qui, à notre avis, sont importants pour représenter la politique de sécurité dans les systèmes distribués :

Configuration des propriétés de sécurité à haut niveau Ce critère permet à l'administrateur de représenter ses contraintes et de spécifier sa politique sans entrer dans les détails d'implémentation du système. Nous remarquons ici que la plupart des solutions permettent la configuration de la sécurité à haut niveau, en utilisant des listes ou des annotations pour affecter les contraintes de sécurité. Seul JASON ne le permet pas, puisque l'administrateur doit annoter tout le code, même les variables intermédiaires, ce qui peut s'avérer ardu.

48

Génération de code cryptographique   Ce critère est important car il est parfois difficile pour le programmeur d'écrire à la main le code nécessaire pour réaliser les opérations de cryptographie, surtout que ce code est en général redondant. Il serait donc intéressant de le générer automatiquement selon certaines configurations exprimées au préalable. D'après le tableau comparatif, peu de solutions proposent la gestion automatique du code de cryptographie.

Séparation des préoccupations   Ce critère consiste en la possibilité de séparer la configuration de sécurité du code fonctionnel. Cette séparation est utile si le concepteur du système et l'administrateur sont deux personnes différentes. Ainsi, chacun d'entre eux gère la partie qui le concerne, et la solution s'occupe de les faire coïncider. La plupart des solutions proposent de séparer l'implémentation de la sécurité dans des modules externes, sauf les solutions de sécurité à base de modèle (JASON et SecureUML) qui intègrent la configuration de sécurité directement dans l'implémentation.

Reconfiguration dynamique   La reconfiguration dynamique est un critère très important à considérer, puisque les systèmes que nous ciblons, soit les systèmes distribués, sont hautement dynamiques. La solution de sécurité ciblée doit donc garantir que la modification de l'architecture du système pendant l'exécution ne va pas nuire aux propriétés de sécurité définies à la compilation. La reconfiguration dynamique n'est pas prise en compte par toutes les solutions.

Tableau I.1 – Tableau comparatif des solutions de sécurité pour les systèmes distribués

	Configuration haut niveau	Génération de code crypto.	Séparation des préoccupations	Reconfiguration dynamique
JASON		X		
SecureUML	X			
SCA	X	X	X	X
CRACKER	X		X	X
CAmkES	X		X	X
CAS	X		X	X
PolicyMaker	X		X	
Keynote	X	X	X	

Nous remarquons dans le tableau précédent que la seule solution qui permette de satisfaire les quatre critères présentés est la spécification SCA. En effet, cette solution permet une configuration de la sécurité à un haut niveau en allouant des intentions aux interfaces des composants ; ces intentions sont ensuite traduites par l'implémentation sous-jacente en code cryptographique assurant ces intentions définies à haut niveau. La politique de sécurité est spécifiée

49

dans un fichier de configuration séparé appelé *definitions.xml*, ce qui permet une séparation des préoccupations. Enfin, SCA permet la reconfiguration dynamique, car toute connexion avec un nouveau composant doit satisfaire les intentions définies aux deux bouts de la liaison. Cependant, SCA ne permet pas d'assurer le contrôle de flux d'information, comme le reste des solutions proposées d'ailleurs.

Conclusion

Les solutions de sécurité appliquées aux systèmes distribués que nous avons présentées dans ce chapitre permettent de satisfaire plusieurs critères nécessaires pour garantir la construction et exécution d'applications sécurisées. Cependant, en plus des propriétés d'authentification, confidentialité et intégrité usuellement abordées, il faudrait appliquer un contrôle de flux rigoureux. Nous présentons donc dans le chapitre suivant les solutions présentes dans la littérature pour appliquer le contrôle de flux d'informations et en particulier la propriété de non-interférence.

Chapitre II

Systèmes de contrôle de flux d'information

Dans ce chapitre, nous répartissons les solutions de contrôle de flux en deux types : les solutions garantissant un contrôle de flux d'information **statique**, c'est à dire uniquement à la compilation, et les solutions garantissant un contrôle de flux **dynamique**, ou pendant l'exécution. Nous énumérons plusieurs solutions existantes dans la littérature, en les comparant selon plusieurs critères, dont la granularité ou le support de modules patrimoniaux.

1 Solutions de vérification statique de la non-interférence

L'analyse de flux d'information consiste en une analyse statique du code source d'un programme *avant* son exécution, de manière à assurer que toutes les opérations qu'il réalise respectent la politique de sécurité du système [Simonet03]. Cela implique le suivi de chaque flux d'information du système et la vérification de sa légitimité.

Cette analyse de flux a surtout été appliquée sur les systèmes centralisés, mais certains travaux l'ont adapté aux systèmes distribués.

1.1 Solutions centralisées

1.1.1 JIF : Java Information Flow

JIF[1] [Myers00] est une extension du langage de programmation Java basée sur le langage JFlow [Myers99]. Il ajoute une analyse statique du flux d'information pour une vérification

---

1. **JIF** : www.cs.cornell.edu/jif/

améliorée de la sécurité. Le but principal de JIF est d'empêcher les informations d'être utilisées de manière impropre.

JIF étend Java en ajoutant des étiquettes (suivant le modèle d'étiquettes décentralisé présenté dans la section III.2.1, partie I) qui expriment des restrictions sur la manière dont l'information peut être utilisée. En utilisant ces annotations, le compilateur JIF (basé sur le compilateur Polyglot[Nystrom03]) analyse le flux de l'information dans les programmes et détermine si les politiques de sécurité pour la confidentialité ou l'intégrité de l'information sont renforcées par le programme.

Si un programme JIF est correctement typé, le compilateur le traduit en code Java qui peut être compilé avec un compilateur Java standard, puis exécuté avec une machine virtuelle Java standard.

JIF définit plusieurs notions, que nous décrivons brièvement dans ce qui suit.

Types étiquetés Dans JIF, chaque valeur a un type étiqueté qui consiste en deux parties : un type Java ordinaire (int par exemple), et une étiquette qui décrit la manière dont la valeur peut être utilisée. Par exemple :

$$int\{Alice \rightarrow\}\ x = 2;$$

représente la déclaration et l'initialisation de la variable x avec le type étiqueté $int\{Alice \rightarrow\}$. La variable x est donc un entier public, dont le propriétaire est l'autorité $Alice$.

Compteur programme Chaque point dans le programme admet une étiquette appelée compteur programme (ou pc pour *program counter*). Pour chaque point du programme donné, pc est une limite supérieure sur les informations qui peuvent être déduites par le fait de savoir que l'exécution a atteint ce point. De manière équivalente, pc peut être considéré comme une limite supérieure des étiquettes de toutes les valeurs qui ont fait que le flux de contrôle du programme permette d'atteindre ce point du programme.

Méthodes La déclaration des méthodes dans JIF étend la syntaxe Java en ajoutant plusieurs annotations pour le contrôle de flux d'information et la gestion des autorités. Dans la déclaration d'une méthode JIF, la valeur de retour, les arguments et les exceptions peuvent être annotés avec une étiquette. Il existe également deux étiquettes optionnelles dans la déclaration d'une méthode :

- **L'étiquette de début** (*begin label*) : spécifie une limite supérieure à la valeur du pc à l'invocation de la méthode. Il permet à l'information sur le pc de l'appelant d'être utilisée pour vérifier statiquement l'implémentation et empêcher ainsi la création de flux implicites à l'intérieur de la méthode.

– **L'étiquette de fin** (*end label*) : spécifie la valeur du *pc* au point de terminaison de la méthode, et représente une limite supérieure sur l'information qui peut être apprise en observant si la méthode se termine normalement ou si elle génère des exceptions.

Étiquettes et autorités dynamiques Même si le contrôle du flux d'information est fait la plupart du temps à la compilation, JIF permet également d'en renforcer une partie à l'exécution grâce aux étiquettes et autorités dynamiques. Une étiquette ou autorité dynamique peut être utilisée comme paramètre dans une classe, dont la valeur est déterminée à l'exécution, au moment de l'instanciation d'un objet de cette classe.

Exemple L'extrait de code II.1 représente la version JIF de la classe *Vector* de Java [2].

Listing II.1 – Extrait de la classe *Vector.jif*

```
public class Vector[label L] extends AbstractList[L] {
   private int{L} length;
   private Object{L}[]{L} elements;
   public Vector() ...
   public Object elementAt(int i):{L;i}
        throws IndexOutOfBoundsException {
     ...
     return elements[i];
   }
   public void setElementAt{L}(Object{L} o, int{L} i) ...
   public int{L} size() {
     return length;
   }
   public void clear{L}() ...
   ...
}
```

La classe *Vector* est une classe générique en ce qui concerne le paramètre (étiquette) **L**, ce qui permet aux vecteurs d'être utilisés pour stocker des informations sur n'importe quelle étiquette. La méthode *setElementAt* a une étiquette de début $\{L\}$, placée entre le nom de la méthode

---

2. Extrait du **manuel de référence de JIF**, http ://www.cs.cornell.edu/jif/doc/jif-3.3.0/manual.html, version du 01/02/2009

et la liste d'arguments. Cette étiquette assure que la méthode peut être appelée à partir d'une autre méthode seulement si le *pc* de la méthode appelante n'est pas plus restrictif que $\{L\}$. Il assure également que la méthode peut uniquement modifier des données dont l'étiquette est au moins aussi restrictive que $\{L\}$ (tel que la variable *elements*). Ces deux restrictions combinées assurent qu'il n'y aura pas de flux d'information implicite via l'invocation de la méthode. Les paramètres formels o et i de la méthode *setElementAt* portent l'étiquette $\{L\}$, ce qui veut dire que $\{L\}$ est une limite supérieure sur les étiquettes des paramètres effectifs. L'étiquette de fin de la méthode *elementAt*, $\{L; i\}$ veut dire aue le *pc* résultant de la terminaison normale de la méthode est au moins aussi restrictif que le paramètre L et que l'étiquette de l'argument i à la fois. Cette étiquette de fin est nécessaire car, quand l'exception *IndexOutOfBoundsException* est lancée, la variable *elements* et l'argument i sont divulgués. Ainsi, la connaissance du chemin de terminaison de la méthode peut donner des informations sur le contenu de ces deux variables.

Plusieurs travaux ont été réalisés sur le langage JIF. [Zdancewic03] définit un système de type pour représenter le langage JIF. [Myers06, Chong06] étudient la propriété de robustesse de JIF, qui permet d'assurer que la décision de rétrogradation de l'information n'est pas influencée par un attaquant. [Chong07] définit un canevas qui utilise JIF pour construire des applications web avec contrôle de flux d'information et [Zdancewic02] décrit une technique pour construire des systèmes distribués non-interférents.

Nous nous sommes inspirés du système de type de JIF pour déterminer le comportement du compilateur pour la vérification intra-composant de la non-interférence. Nous expliquons dans la section I.1.2, partie III comment est-ce que le compilateur Polyglot est utilisé pour propager les étiquettes dans le code d'un composant.

1.1.2 FlowCaml

Flow Caml [Simonet03] est une extension du langage Objective Caml pour le suivi du flux d'information dans le code. Il permet d'écrire des programmes et de vérifier automatiquement qu'ils respectent certaines politiques de sécurité. Les types simples sont annotés grâce à des étiquettes de sécurité et le système vérifie, grâce à une inférence de type, que les flux d'information dans le programme respectent la politique de sécurité spécifiée, sans avoir besoin d'annoter tout le code source.

1.2 Solutions distribuées

Les solutions présentées auparavant concernent principalement les systèmes centralisés, et ne traitent pas les problèmes que peut poser la distribution du programme sur un réseau non fiable. Certaines de ces solutions, comme JIF, ont été étendues pour s'adapter aux systèmes distribués.

1.2.1 JIF/Split

[Zdancewic02] décrit JIF/Split, une implémentation du concept de **partitionnement sécurisé des programmes**, une technique à base de langage permettant de protéger les données confidentielles durant le calcul dans les systèmes distribués contenant des hôtes mutuellement hostiles. Les politiques de confidentialité et d'intégrité peuvent être exprimées en annotant les programmes avec des types de sécurité qui contraignent le flux d'information, en utilisant le modèle DLM.

L'outil JIF/Split permet de partitionner automatiquement ce programme −initialement centralisé− pour créer automatiquement un ensemble de sous-programmes non-interférents. Ces programmes peuvent ainsi être exécutés de manière sécurisée sur des hôtes hétérogènes. Les sous-programmes résultants mettent en œuvre collectivement le programme originel, avec en plus la satisfaction des exigences de sécurité des autorités participantes sans avoir besoin d'une machine universellement sûre.

1.2.2 Compilateur de [Fournet09]

[Fournet09] ont récemment présenté la même approche que JIF/Split, mais le compilateur renforce en plus la sécurité des communications en ajoutant des mécanismes cryptographiques. Ce compilateur est construit pour un langage impératif simple avec des annotations de sécurité et du code distribué lié à des bibliothèques cryptographiques concrètes.

Le compilateur présenté ici est structuré en quatre étapes. La première est le *partitionnement*, elle permet de découper le code séquentiel en un ensemble de sous-programmes en suivant les annotations appliquées par le concepteur de sécurité. La deuxième étape est le *contrôle de flux* qui permet de protéger le programme contre un ordonnanceur malicieux, en générant du code qui garde la trace de l'état de ce programme. L'étape de *réplication* transforme un programme distribué basé sur une mémoire partagée en un programme où les variables sont répliquées à chaque nœud du système. Finalement, la dernière étape est la *cryptographie*, qui insère des opérations de cryptage pour protéger ces réplications et génère un protocole initial pour distribuer leurs clefs.

1.2.3 Fabric

Fabric [Liu09] est une plateforme pour la construction de systèmes distribués sécurisés qui favorise le partage sécurisé de ressources entre nœuds hétérogènes qui ne se font pas nécessairement confiance. Les nœuds sont répartis en nœuds de stockage (*storage nodes*), de dissémination (*dissemination nodes*) et de calcul (*worker nodes*). Ces nœuds partagent un ensemble d'objets Fabric, qui sont similaires à des objets Java et qui ont chacun une étiquette de sécurité immuable, suivant le modèle d'étiquettes décentralisé DLM.

La plateforme fournit un outil de déploiement renforcé avec la réplication pour la tolérance aux pannes. Le langage Fabric est une extension de JIF pour la programmation distribuée, avec un support pour les transactions et pour l'appel de méthode distant.

1.2.4 Solution de [Alpizar09]

[Alpizar09] présente un langage impératif abstrait simple pour les systèmes distribués, qui permet de dissimuler les protocoles de communication et les opérations cryptographiques entre les processus. Ce langage définit des mécanismes pour :

- Envoyer et recevoir des données,
- Classifier les données selon leur niveau de sécurité,
- Définir la propriété de non-interférence.

Le système distribué est représenté par un ensemble de **processus** exécutant des programmes sur des nœuds différents. Chaque processus a ses propres **mémoires** et est capable d'envoyer (primitive *send*) et de recevoir (primitive *receive*) des messages provenant d'autres processus grâce à des **canaux de communication** distincts.

Les données sont classifiées selon un treillis de sécurité simplifié, limité aux niveaux de sécurité H (pour *High*, représentant les données privées) et L (pour *Low*, représentant les données publiques). À chaque donnée est associée une étiquette de sécurité, représentant son niveau de confidentialité (le niveau d'intégrité n'étant pas pris en considération dans ce travail).

Les canaux de communication utilisés pour la transmission de données doivent satisfaire les contraintes suivantes :

- Chaque canal doit avoir une classification de sécurité. Pour pouvoir transmettre des données avec différents niveaux de confidentialité, des canaux séparés doivent être définis pour chaque classification.
- Chaque canal doit avoir un processus source et un processus cible bien spécifiés. Ainsi, chaque canal peut être affecté d'un type de la forme : $\tau ch_{i,j}$ avec τ représentant le niveau de sécurité, i le processus source et j le processus cible.

– Les processus ne doivent pas être capables de tester si un canal contient des données, car cela pourrait autoriser une fuite d'information grâce aux *canaux temporels*. En effet, la connaissance du temps nécessaire pour qu'une étape d'exécution ait lieu peut être une donnée précieuse responsable d'une fuite d'information.

– À chaque *receive* doit correspondre un *send* sur le même canal, car la réception est bloquante. Le contraire n'est, par contre, pas obligatoire ; chaque canal a donc besoin d'un **tampon** de taille illimitée pour stocker les messages sortants en attente d'être reçus.

Pour appliquer la non-interférence sur ce langage, les auteurs utilisent uniquement les restrictions de Denning [Denning77] qui contrôlent le flux d'information illégal dans deux types d'instructions uniquement :

– Une affectation $l := e$ n'est pas autorisée si l est une variable publique alors que l'expression e contient des variables privées.

– Une affectation à une variable publique n'est pas autorisée si elle est faite dans un bloc **if** ou **while** dont la garde (expression conditionnelle) contient des variables privées.

De plus, pour sécuriser l'échange de données dans un réseau qui n'est pas de confiance, la cryptographie asymétrique est utilisée.

Ce travail prouve que tout système distribué respectant les contraintes précédentes est non-interférent, car deux ensembles d'entrées L-équivalentes (c.-à-d. dont les données de niveau L sont équivalentes) produisent des sorties indistinguables au niveau L.

Les solutions proposées ci-dessus offrent une vérification de la non-interférence en utilisant l'analyse de flux, mais ne permettent pas (ou peu) de réaliser cette vérification pendant l'exécution. En effet, les langages et outils proposés sont uniquement déployés à la compilation. Nous proposons dans la partie suivante des solutions existantes pour la vérification dynamique de la non-interférence.

2   Solutions de vérification dynamique de la non-interférence

Le contrôle de flux d'information statique permet de créer des systèmes non-interférents par construction. Cependant, les systèmes distribués sont sujets à une modification continue pendant l'exécution. En effet, dans certains cas, des données voient leurs niveaux de sécurité changer selon le contexte de leur utilisation. Dans d'autres cas, c'est l'architecture du système qui évolue, certains composants pouvant migrer ou tomber en panne. Dans ces cas, l'application doit adapter son comportement à ces changements : la configuration de sécurité doit être re-vérifiée.

Nous présentons ci-dessous des solutions présentes dans l'état de l'art, proposant des langages ou plateformes pour la vérification dynamique de la non-interférence.

2.1 Contrôle de flux d'information dans les systèmes d'exploitation

Certains systèmes d'exploitation ont été définis pour assurer le contrôle du flux d'information entre les processus, tel que Flume [Krohn07], HiStar [Zeldovich06] et Asbestos [Efstathopoulos05], et ce en associant des étiquettes de sécurité aux processus et messages. Ces systèmes utilisent le contrôle de flux d'information distribué DIFC (*Distributed Information Flow Control*) pour contrôler la manière dont les données circulent entre les entités d'une application et le monde extérieur. Ils permettent aux utilisateurs de sécuriser les applications existantes en associant des étiquettes aux processus et messages et en régulant la communication et le changement d'étiquettes de ces processus. Ils visent surtout à minimiser la quantité du code auquel on doit faire confiance, et permettent aux utilisateurs de spécifier des politiques de sécurité précises sans limiter la structure des applications.

2.2 Solutions distribuées

2.2.1 DStar

[Zeldovich08] présente DStar, un système qui fournit une protection au niveau du système d'exploitation sur des machines mutuellement hostiles en utilisant le contrôle de flux d'information distribué DIFC. Pour spécifier les permissions, il associe les étiquettes aux processus et aux messages. Pour communiquer entre les machines, DStar introduit un *exporteur* par machine, le seul processus qui puisse communiquer avec d'autres processus à travers le réseau et qui vérifie que l'échange d'information entre les processus distants n'enfreint pas les restrictions de sécurité définies dans les étiquettes.

DStar a été développé pour tourner sur plusieurs systèmes d'exploitation, dont HiStar, Flume et Linux. L'inconvénient principal de DStar est que, s'il s'exécute sur un système d'exploitation ne supportant pas la DIFC tel que Linux, il doit faire confiance à tous les logiciels qui tournent dessus.

2.2.2 SmartFlow

Le projet SmartFlow [Eyers09] cherche à développer un intergiciel extensible et distribué utilisant la DIFC pour sécuriser les systèmes à base d'évènements. Les systèmes à base d'évènements sont des systèmes qui transmettent des **évènements** entre des composants logiciels et services faiblement couplés, en partant d'un émetteur d'évènements (*agent*) vers un consommateur d'évènements (*sink*). Un évènement peut être défini comme un changement significatif d'état pour un objet.

SmartFlow définit un intergiciel basé sur les évènements qui intègre de manière sécurisée les systèmes hétérogènes et fournit un canevas pour gérer automatiquement les extensions middleware. SmartFlow permet d'affecter des étiquettes aux données et aux processus et de contrôler ainsi leur consultation ou altération.

2.2.3 Composition de services web

La composition des services web est le processus permettant de créer un service composite à partir de services web existants plus simples. [Hutter06] propose une méthodologie pour contrôler la sécurité des données dynamiquement calculées dans les services web composés, en utilisant les techniques de contrôle de flux d'information. Chaque donnée est équipée d'un type spécifiant sa classification par rapport à plusieurs catégories de sécurité : cette classification détermine l'accessibilité de la donnée par les services web individuels.

Pour prouver que le système ne viole pas la politique de sécurité définie, ce travail expose un langage de programmation typé simplifié, étendu avec des appels aux services web et utilisant le calcul de type (*type calculus*) pour propager les types de données.

Chaque donnée est équipée d'un type qui spécifie sa classification selon des catégories de sécurité définies par l'utilisateur. Ainsi, les services web peuvent seulement être utilisés dans la composition si et seulement s'ils ont l'habilitation nécessaire pour manipuler l'information qu'ils reçoivent en exécutant le service. De plus, le calcul de toute donnée publique doit toujours être indépendant des données privées. Quand une nouvelle donnée est produite, elle est automatiquement étiquetée selon les classifications des données utilisées pour la calculer.

3 Étude comparative entre les solutions de contrôle de flux d'information

Le tableau II.1 permet de comparer les solutions précédentes selon les critères nécessaires pour un contrôle du flux d'information efficace et facile à appliquer. Ces critères sont, essentiellement :

Dynamicité Le contrôle du flux d'information est-il assuré pendant la reconfiguration dynamique du système ? La dynamicité est un critère très important dans les systèmes distribués dont l'architecture subit plusieurs changements pendant l'exécution. Ainsi, Flume, DStar et SmartFlow sont des solutions dynamiques, alors que les autres assurent le contrôle de flux d'information à la compilation uniquement, avec une petite touche de dynamicité pour les solutions basées sur JIF, qui ajoutent les notions d'étiquettes et autorités dynamiques.

Granularité Le contrôle de flux d'information peut se faire à la granularité de la variable, de l'objet ou du processus. Plus la granularité est petite, plus le contrôle est précis, mais son application ardue. Ainsi, seules les solutions de contrôle de flux d'information pour les systèmes d'exploitation tel que Flume réalisent le contrôle à gros grains, car ils affectent les étiquettes de sécurité aux processus et messages. Par contre, toutes les solutions basées sur l'analyse de flux d'information dans le code assurent un contrôle à grain très fin. Il est cependant à noter que FlowCaml est la seule solution qui permette d'assurer un contrôle à grain très fin en utilisant une annotation à haut niveau, puis une inférence de type pour propager automatiquement les étiquettes dans le code. Les autres solutions utilisant un contrôle de flux à grain très fin exigent que le développeur affecte les étiquettes manuellement à toutes les entités (variables, objets...) utilisées dans le code.

Support de modules patrimoniaux Le support des modules patrimoniaux indique le niveau de flexibilité de la solution. Ainsi, les solutions qui n'autorisent pas la prise en compte automatique des modules réalisés par autrui et importés dans le système posent problème quant à leur facilité d'utilisation et leur adaptabilité aux systèmes existants. Ainsi, seul SmartFlow est applicable à des systèmes patrimoniaux hétérogènes. Les autres solutions obligent le développeur à utiliser un langage ou une plateforme particulière.

Support de la cryptographie Ce critère indique si la solution propose un support automatique pour les mécanismes de cryptographie nécessaires pour le transport des données à travers les réseaux non sécurisés. Une solution qui ne gère pas la couche de cryptographie se décharge de son application sur le développeur du système.

Systèmes cibles Ce critère nous indique si la solution proposée prend en compte les contraintes posées par les systèmes distribués, ou si elle est applicable uniquement pour les systèmes centralisés. De plus, elle précise si la solution a pour cible des systèmes particulier, comme par exemple SmartFlow qui sécurise uniquement les systèmes à base d'évènements.

D'après les résultats relevés, aucune de ces solutions ne peut satisfaire tous les critères à la fois. Nous remarquons surtout que dynamicité est souvent négligée au dépend de la granularité.

Tableau II.1 – Tableau comparatif des solutions de CFI

	Dynamicité	Granularité	Support sys. patrimoniaux	Support crypto.	Systèmes cibles
JIF	statique (+ étiq. dyn.)	très fine	non	non	centralisé
FlowCaml	statique	très fine (inférence de type)	non	non	centralisé
JIF/Split	statique (+ étiq. dyn.)	très fine	non	non	distribué
[Fournet09]	statique	très fine	non	oui	distribué multi-thread
Fabric	statique (+ étiq. dyn.)	fine	non	oui	distribué
Flume	dynamique	grosse	non	non	centralisé
DStar	dynamique	fine	non	oui	distribué
SmartFlow	dynamique	fine	oui	non	distribués à base d'évènements

En effet, il est assez délicat de gérer un flux d'information à grain très fin pour les systèmes distribués, si l'aspect dynamique du système doit être pris en considération. D'autre part, très peu de solutions supportent les systèmes patrimoniaux existants, car le contrôle de flux, surtout à grain fin, est très proche du code ; il faut donc réfléchir à une solution qui permette d'appliquer ce contrôle a posteriori si le code du module est disponible (ce qui n'est pas toujours le cas).

Conclusion

L'objectif principal de notre travail est d'assurer la non-interférence à granularité fine pour des systèmes distribués dynamiques, avec support pour les composants patrimoniaux et en facilitant le plus possible les techniques d'affectation de la politique de sécurité. Dans cette optique, aucune des solutions que nous avons présenté ci-dessus n'est suffisante. C'est pour cette raison que nous proposons de réaliser un modèle à base de composants générique, muni des outils d'automatisation nécessaires pour le contrôle de flux d'information à la compilation et à l'exécution.

Troisième partie

Contribution : Modèles et Outils pour l'Application Statique et Dynamique de la Non-Interférence

*Tout le génie que je peux avoir est simplement
le fruit de la réflexion et du travail.*

[Alexander Hamilton]

Chapitre I

CIF : Outils de vérification statique de la non-interférence

Nous présentons dans ce chapitre CIF, un ensemble d'outils que nous proposons pour assurer la non-interférence à la compilation. Ces outils permettent la vérification du flux d'information de manière automatique, et ce à deux niveau : au niveau du composant lui-même et entre les différents composants du système.

1 Sécuriser un système à base de composants avec CIF

CIF (*Component Information Flow*) est un ensemble d'outils pour la configuration, la vérification et la génération de code pour les systèmes à base de composants. Ces systèmes sont représentés selon un modèle répondant aux contraintes décrites dans la section II.1, partie I. Nous présentons dans ce qui suit la configuration de la sécurité sur les systèmes cibles, puis détaillons les outils nécessaires pour automatiser le processus de vérification de la non-interférence à la compilation.

1.1 Configuration de sécurité

Pour le contrôle de flux d'information, les architectures à base de composants facilitent le suivi du flux d'information grâce aux liaisons explicites entre les composants. Dans CIF, les étiquettes de sécurité sont attribuées aux **attributs**, aux **ports serveurs** (entrées) ainsi qu'aux **ports clients** (sorties) de chaque composant. L'attribution des niveaux de sécurité aux différents éléments d'un composant est réalisée dans un fichier de configuration séparé du code et

Fichier ADL SCA	Fichier Policy

`<composite name="C" xmlns="...">`
`  <component name="C1">`
`    <reference name="P"  target="C2/P' ">`
`        <interface.java interface="security.Pltf"/>`
`    </reference>`
`    <property name="M"> My Message </property>`
`    <implementation.java class="security.C1Impl" />`
`  </component>`
`  <component name="C2">`
`    <service  name="P' ">`
`        <interface.java interface ="security.Pltf"/>`
`    </service>`
`  </component>`
`</composite>`
	`<policy targetComposite="C">`
	`  <component name="C1">`
	`    <port name="P"  label="{S;I}" />`
	`    <attribute name="M"  label="{Sm;Im}"/>`
	`    <capabilities>`
	`        <capability> cap1 </capability>`
	`    </capabilities>`
	`  </component>`
	`  <component name="C2">`
	`    <port  name="P' " label="{S';I'}" />`
	`  </component>`
	`  <library name="java.lang.Math">`
	`    <method name="sqrt>`
	`        <param index="1" varLabel="x"/>`
	`        <return varLabel="x"/>`
	`    </method>`
	`  </library>`
	`</policy>`

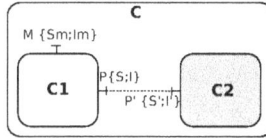

Figure III.I.1 – Configuration des paramètres de sécurité dans le fichier Policy

de l'ADL, appelé **Policy**. En effet, la politique de sécurité doit être définie indépendamment de l'architecture et du code fonctionnel du système car les rôles de développeur et d'administrateur du système ne sont généralement pas attribués à la même personne.

La figure III.I.1 représente un système distribué très simple formé de deux composants : un composant client C_1 et un composant serveur C_2. C_1 envoie un message à C_2 via le port client P, et C_2 le reçoit sur son port P'. C_1 a un attribut M dont la valeur est attribuée dans le fichier ADL, écrit pour notre exemple dans le langage ADL SCA. Le composant C_2 est représenté par un rectangle grisé, car c'est un composant patrimonial (*legacy*), ce qui veut dire dans notre cas qu'il est vu par le développeur du système comme une boîte noire, complètement opaque, sauf pour ses ports externes et ses attributs. Néanmoins, ces composants patrimoniaux sont de confiance ; nous considérons que leur code implante les spécifications prévues.

Composition du fichier Policy

Dans le fichier de configuration *Policy*, le concepteur attribue des étiquettes de sécurité aux différents ports et attributs des composants du système. Il peut également étiqueter une bibliothèque importée, utilisée dans le code du composant. Attribuer une étiquette à une bibliothèque consiste à détailler les étiquettes des méthodes de cette bibliothèque utilisées dans le code.

Dans la figure III.I.1, nous donnons un exemple de bibliothèque importée : *java.lang.Math*. Nous utilisons sa méthode *sqrt* dans le code du composant C_1. Nous partons de l'hypothèse que le développeur connait le comportement de la méthode *sqrt* et qu'il a confiance dans le fait qu'elle ne divulgue pas ses informations, ou bien juge que la fuite d'information possible n'aura pas d'impact sur la sécurité de son code. Dans ce cas, il peut ajouter une entrée dans le fichier *Policy* indiquant, comme dans l'exemple, que si la méthode a comme paramètre une variable d'étiquette x, alors elle retournera une valeur portant la même étiquette. Ainsi, le développeur n'aura pas à annoter toutes les méthodes qu'il utilise, mais à indiquer à haut niveau les relations entre les entrées et les sorties de ces méthodes. Dans le cas où il dispose du code de la bibliothèque utilisée, il pourra, bien entendu, vérifier son comportement en utilisant l'outil CIFIntra (voir la section I.2.2, partie III). Cette propriété est très importante en pratique, car elle permet d'importer dans le code d'un composant une bibliothèque de confiance dont nous ne disposons que du binaire.

De plus, le concepteur peut attribuer des **capacités** à un composant, appelées *capabilities* dans le fichier *Policy*. Ces capacités sont utilisées pour associer à chaque composant les privilèges de rétrogradation auxquels il a droit, et l'autoriser ainsi à relâcher les contraintes sur le système en permettant automatiquement certaines interférences. La rétrogradation est expliquée plus en détails dans la section I.2.2.3, partie III.

Signification de l'annotation des ports

Concernant les ports, annoter le port client P du composant C_1 avec l'étiquette $\{S; I\}$ et le port serveur P' du composant C_2 avec $\{S'; I'\}$ implique que :

- Du point de vue de la confidentialité, avoir le niveau S pour le port P veut dire que C_1 voudrait que le message qu'il envoie à travers P garde le niveau de confidentialité S. Attribuer le niveau de confidentialité S' au port P' veut dire que le composant C_2 garantit que le niveau de confidentialité S' est préservé dans le programme.
- Du point de vue de l'intégrité, avoir le niveau I pour le port P veut dire que le composant C_1 garantit que le message qu'il envoie à travers P a le niveau d'intégrité I. Attribuer le niveau d'intégrité I' au port P' veut dire que C_2 exige que le message qu'il reçoit sur P' ait au moins une intégrité égale à I'.

Pour respecter la propriété de non-interférence, nous devons suivre le flux d'information. Grâce au modèle orienté composants que nous utilisons, nous distinguons deux types de flux différents : un flux d'information entre les composants circulant dans un réseau qui n'est pas toujours fiable, et un flux d'information dans le code du composant. Nous traitons chacun de ces flux à part.

1.2 Sécurité intra-composant

La sécurité intra-composant est vérifiée pour chaque composant dont le code est disponible, en appliquant le générateur de code intra-composant sur son implémentation. Cet outil aura pour tâche de vérifier que le code d'un composant ne comporte pas d'interférences illégales selon les contraintes spécifiées par le concepteur de sécurité dans le fichier *Policy*. Il permet de propager les étiquettes dans le code en affectant les étiquettes adéquates aux variables intermédiaires et en vérifiant en même temps le flux d'information circulant entre les différentes variables. Le comportement du générateur est décrit plus en détails dans la section I.2.2, partie III.

1.3 Sécurité inter-composant

La liaison entre un port source P et un port destination P' n'est autorisée que si $label(P) \subseteq label(P')$. Ainsi, la contrainte principale de la non-interférence citée dans la section III.2, partie I est respectée, à savoir que les données sont uniquement envoyées vers des cibles plus restrictives. Pour assurer la sécurité du transport des messages, les étiquettes doivent être implantées dans le système cible en introduisant des primitives cryptographiques. CIF insère les composants de sécurité qui interceptent les données sortantes (respectivement entrantes) d'un composant fonctionnel pour chiffrer et/ou signer (respectivement déchiffrer et/ou vérifier) les messages. Dans notre implémentation, nous utilisons un chiffrement asymétrique fortement sécurisé et une signature digitale pour mettre en œuvre respectivement les besoins de confidentialité et d'intégrité.

2 Les outils CIF

CIF peut s'appliquer sur n'importe quel système modélisé avec un langage orienté composants qui répond aux exigences suivantes :
  - *La séparation de l'architecture et de l'implémentation* : grâce à la définition d'un fichier ADL en XML pour l'architecture et d'une implémentation en langage impératif, notamment Java.

- *Des ports de communication explicitement liés* : tous les composants doivent avoir des ports de communication bien distincts, reliés explicitement avec des liaisons qui répondent à des protocoles hétérogènes.
- *Des composants faiblement couplés* : les liaisons entre les différents composants peuvent être établies de différentes manières, indépendamment du code du composant.
- *Liaisons uni-directionnelles* : on doit distinguer entre une requête et sa réponse, qui peuvent avoir des contraintes de sécurité différentes.

L'architecture de CIF est faite d'une manière **modulaire**, ce qui le rend **extensible** pour supporter plusieurs modèles de composants et leurs ADL, ainsi que pour intégrer de nouveaux types de modèles d'étiquettes.

CIF dispose principalement de deux outils : l'outil **CIFIntra** pour la vérification du code de chaque composant et **CIFInter** pour la vérification et la sécurisation des liaisons entre les composants. Ces deux outils ont besoin de manipuler des données XML à partir du fichier ADL et du fichier Policy. Pour faciliter leur extraction et utilisation, nous définissons l'API **CIForm**.

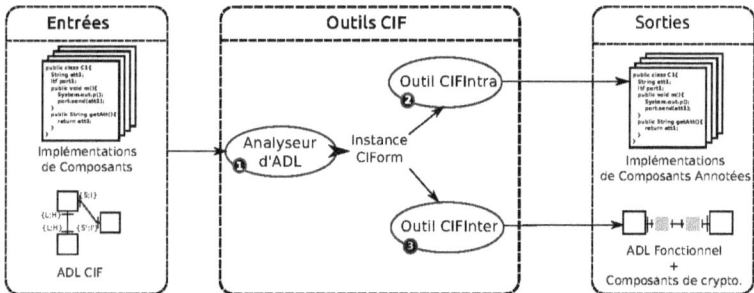

Figure III.I.2 – Étapes de compilation d'un système avec CIF

La figure III.I.2 montre les différentes étapes suivies par les outils CIF pour vérifier la non-interférence d'un système distribué à base de composants. Comme entrée, les outils CIF disposent d'un ensemble de fichiers sources contenant le code d'implémentation des différents composants, ainsi que d'un ensemble de fichiers XML (appelés ici *ADL CIF*) contenant le (ou les) fichiers ADL de description d'architecture ainsi que le fichier *Policy* décrivant la politique de sécurité.

Les outils CIF commencent par analyser les fichiers ADL grâce au module *Analyseur d'ADL* qui va générer une instance CIForm. Cette instance sera ensuite transmise aux moteurs CIFIntra et CIFInter. CIFIntra génère un ensemble de fichiers Java annotés avec des étiquettes de sécurité, et CIFInter génère de nouveaux fichiers ADL contenant les composants cryptographiques insérés entre les composants fonctionnels. Ces différentes étapes seront explicitées dans les parties qui suivent.

2.1 CIForm : CIF Intermediate Format

CIForm (*CIF Intermediate Format*) est un modèle objet (ou API pour *Application Programming Interface*) que nous avons créé pour faciliter la manipulation de l'information donnée dans les fichiers de description d'architecture et de la configuration de sécurité (ADL et *Policy*). La figure III.I.3 représente l'architecture du générateur.

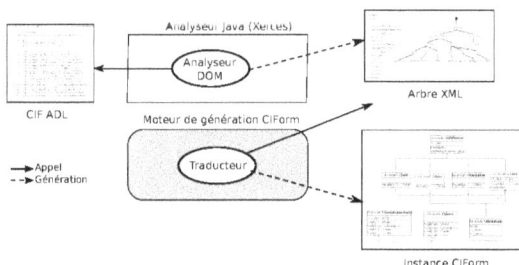

Figure III.I.3 – Outil de génération CIForm

Remarque. Dans cette figure (ainsi que toutes les figures des outils CIF), les blocs grisés représentent des modules que nous avons réalisés et les blocs blancs des modules existants.

L'API CIForm définit un ensemble de classes Java qui décrivent les éléments nécessaires pour la description d'un système à base de composants sécurisé. Il permet de sauvegarder l'ensemble des composants, leurs liaisons, leurs attributs, les protocoles de communication et les politiques de sécurité de manière indépendante du modèle à base de composants utilisé par le concepteur de l'application. En effet, il existe une seule API CIForm, alors que les modèles orientés composants sont nombreux. Par contre, nous définissons un traducteur CIForm pour chaque modèle. Dans notre prototype, nous avons défini un traducteur CIForm pour Fractal, et un traducteur CIForm pour SCA. Le *Moteur de génération CIForm* peut être étendu pour définir d'autres traducteurs, dans le cas où le concepteur de sécurité désire utiliser un nouveau modèle orienté composants. Le fait que CIForm soit unique permet de réaliser facilement cette extension, sans altérer le fonctionnement des autres modules de CIF.

Le générateur CIForm analyse le fichier ADL et le fichier Policy (que nous représentons par le terme *ADL CIF*) donnés par l'utilisateur et extrait toutes les informations sur l'architecture et la configuration de sécurité du système orienté composants. Le générateur utilise un analyseur *Xerces pour Java* pour créer l'arbre XML, et un traducteur qui le parcourt et extrait toutes les informations sur la hiérarchie des composants, les ports, attributs, fichiers sources et étiquettes. Une instance CIForm est alors créée, stockant récursivement tous les composants en commençant par l'élément composite initial. Le programmeur peut alors extraire toutes les informations nécessaires à partir des objets créés en utilisant les méthodes fournies dans les classes CIForm.

La classe la plus importante dans CIForm est la classe **Label**. C'est une classe qui définit le format de l'étiquette de sécurité, et qui dépend du modèle d'étiquettes utilisé. Dans notre prototype, nous avons implémenté cette classe pour deux modèles d'étiquettes : le modèle d'étiquette décentralisé présenté dans la section III.2.1, partie I et le modèle d'étiquettes à base de jetons centralisé présenté dans la section III.2.2, partie I. Dans le reste du code, cette classe est utilisée d'une manière unifiée, quel que soit le modèle d'étiquettes utilisé : pour déclarer une nouvelle étiquette, nous utilisons un constructeur qui prend en paramètre la chaîne de caractères représentant l'étiquette comme elle est définie dans le fichier *Policy*, et pour le suivi du flux d'information, une seule méthode est utilisée : $label_1.leq(label_2)$. Cette méthode *leq* (pour *less or equal than*) retourne *vrai* si $label_1 \subseteq label_2$ et *faux* sinon. Ainsi, si l'administrateur désire utiliser un nouveau modèle d'étiquettes, il lui suffit d'étendre la classe *Label* et de réécrire la méthode *leq*, et tout le reste du code peut rester identique.

En lançant le moteur de génération de CIForm, une instance CIForm est créée, représentant l'architecture de l'application et la politique de sécurité définis. Cette instance sera utilisée conjointement par les moteurs de vérification inter- et intra-composant définis dans ce qui suit.

2.2 Vérification intra-composant

2.2.1 Vérification par propagation d'étiquette : CIFIntra

L'outil CIFIntra (*CIF for Intra-component verification*) parcourt le code pour chercher des flux d'information illégaux. Il utilise le compilateur *Polyglot* [Nystrom03] pour analyser le code Java initial et propager les étiquettes à travers les instructions. Polyglot est un compilateur extensible visant à créer des extensions de langage sans duplication de code et à créer des compilateurs pour des langages similaires à Java. La figure III.I.4 représente l'architecture de l'outil CIFIntra.

Nous utilisons le générateur d'AST (arbre de syntaxe abstraite ou *Abstract Syntax Tree*) de Polyglot pour analyser le code Java d'un composant (étape 1 dans la figure 3) et générer un AST (étape 2) qui sera transmis au moteur CIFIntra.

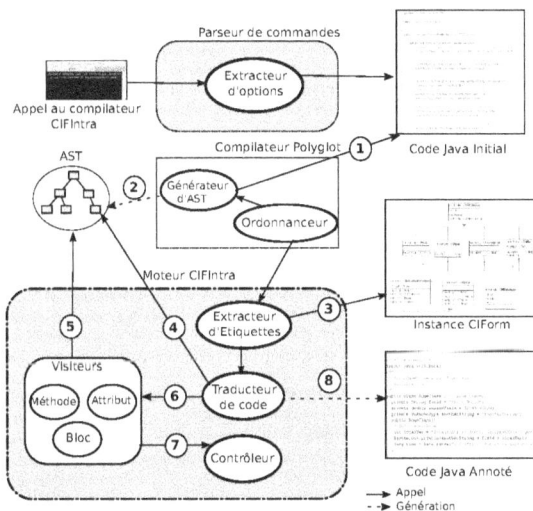

Figure III.I.4 – Architecture du générateur CIFIntra

CIFIntra extrait les étiquettes à partir des objets CIForm (étape 3) grâce à l'unité d'extraction d'étiquettes. Dans l'implémentation, un composant est représenté par une classe Java, les attributs et ports clients sont représentés par des attributs Java et les ports serveurs par des méthodes Java. Une fois ces attributs et méthodes identifiés dans le code, leurs étiquettes leur sont affectées par l'extracteur d'étiquettes et sont considérées comme **immuables**, contrairement aux étiquettes **générées**, qui sont affectées aux variables intermédiaires selon leur utilisation dans le code et qui peuvent être modifiées selon l'algorithme présenté ci-dessous.

2.2.2 Comportement du compilateur

On définit la fonction *label* qui, appliquée à une variable, retourne son étiquette et appliquée à une expression, renvoie l'union des étiquettes de toutes ses variables. Le niveau de sécurité du contexte en cours est représenté par l'étiquette *pc* (compteur programme).

Cas d'un flux explicite Pour chaque affectation de la forme $x := y$ (y étant une variable ou une expression), nous devons vérifier que $label(y) \subseteq label(x)$. Dans le cas contraire, et si $label(x)$ n'est pas immuable, x sera alors surclassée, pour avoir la nouvelle étiquette :

$$label(x) := label(x) \bigcup label(y) \bigcup pc$$

Par contre, si $label(x)$ est immuable, deux contraintes doivent être satisfaites :

1. $label(y) \subseteq label(x)$

2. $pc \subseteq label(x)$

   Dans le cas particulier où x est un attribut d'objet de la forme $o.f$, il existe un risque de fuite d'information suite au référencement, comme expliqué dans la section III.1.2, partie I. Cela implique qu'une contrainte supplémentaire doit être vérifiée :

3. $label(o) \subseteq label(f)$

Si l'une de ces conditions n'est pas vérifiée, le compilateur déclare alors la présence d'une interférence.

Dans le cas d'un appel de méthode de la forme $o.m(effs)$, avec $effs$ un ensemble de paramètres effectifs, nous considérons qu'il existe un flux explicite allant des paramètres effectifs $effs$ vers les paramètres formels $forms$ déclarés dans la méthode. Chaque paramètre formel doit être au moins aussi restrictif que le paramètre effectif qui lui est associé. Si la méthode est définie comme ayant une étiquette immuable, alors un appel de m avec des paramètres effectifs plus restrictifs que les paramètres formels qui leur sont respectivement associés conduit à une interférence.

D'autre part, dans la déclaration de la méthode m, nous devons nous assurer que :

1. Pour toute variable x dont la valeur a été modifiée dans m, $pc \subseteq label(x)$

2. Pour tout attribut $o.f$ dont la valeur a été modifiée dans m, $label(o) \subseteq label(f)$

Cas d'un flux implicite Les flux implicites représentent des fuites indirectes d'information dans le code qui peuvent faire deviner les valeurs des données secrètes à partir des changements des données publiques. Prenons par exemple l'instruction :

$$si\ (h == vrai)\ alors\ l := vrai\ sinon\ l := faux\,;$$

Il est clair que cette instruction équivaut à une affectation $l := h$. Ainsi, dans le cas où $label(h) \not\subseteq label(l)$, ce type d'instruction provoque une interférence. Ce type de flux peut être détecté dans le cas où la valeur d'une variable est modifiée dans un bloc dont le contexte est plus restrictif.

Pour traiter les flux implicites, le système maintient le pc à jour. Il l'initialise d'abord à $\bot$ (représentant le niveau de sécurité le plus bas). Pour chaque nouveau bloc de contrôle de la forme : $(si\ (e)\ alors\ S_1\ sinon\ S_2)$ ou $(tant\ que\ (e)\ répéter\ S_1)$, avec e une expression et S_1 et S_2 deux ensembles d'instructions, les actions suivantes sont réalisées :

1. $ancienPc = pc\,; pc = pc \bigcup label(e)$

2. Récursivement, l'algorithme est déroulé sur S_1 et S_2 en prenant en considération le nouveau pc

3. $pc = ancienPc$

Dans le cas de blocs imbriqués, la valeur du compteur programme pc change au niveau de chaque bloc pour réunir la valeur de l'ancien pc et l'étiquette de l'expression conditionnelle du bloc. Le pc est remis à sa valeur initiale à la sortie de chaque bloc.

Cas d'un flux dû à une exception déclarée Les exceptions en Java peuvent être considérées comme des cas particuliers de sorties. Dans notre algorithme, nous traitons les cas des exceptions récupérées dans un bloc $try/catch$. Dans les autres cas d'exceptions déclarées, nous considérons que chaque composant a un port virtuel supplémentaire noté P_{exp} et étiqueté $\perp$, par lequel s'acheminent toutes les exceptions non récupérées. Pour vérifier la non-interférence, CIFIntra vérifie qu'aucune information secrète n'est divulguée par le port P_{exp}, directement ou indirectement.

Ainsi, chaque lancement explicite d'une exception qui n'est pas traité par un bloc $catch$, avec l'instruction $throw(exp)$ ou bien avec l'appel d'une méthode qui lève une exception, doit être exécuté dans un contexte de bas niveau, c'est-à-dire qu'une valeur du pc plus restrictive que $\perp$ produit une interférence.

Dans le cas des exceptions non déclarées (*unchecked exceptions*) et qui ne sont pas traitées dans un bloc $catch$, nous considérons les exceptions les plus usuelles. Ainsi, dans chacun des cas suivants, CIFIntra déclare une interférence :

1. A l'accès à un élément d'un tableau de la forme $t[i]$ et si $label(t) \not\sqsubseteq label(P_{exp})$ ou $label(i) \not\sqsubseteq label(P_{exp})$: risque d'une *ArrayIndexOutOfBoundsException*

2. A l'accès à un objet de la forme $o.f$ ou $o.m(...)$ et si $label(o) \not\sqsubseteq label(P_{exp})$: risque d'une *NullPointerException*

3. A la division par une variable de la forme x/y, ou même directement par un zéro et si $label(x) \not\sqsubseteq label(P_{exp})$ ou si $label(y) \not\sqsubseteq label(P_{exp})$: risque d'une *ArithmeticException*.

4. Au transtypage (*casting*) explicite d'un objet de la forme $(C)o$ et si $label(o) \not\sqsubseteq label(P_{exp})$: risque d'une *ClassCastException*.

Dans le cas d'un bloc de la forme (try $\{S_1\}$ catch(exp) $\{S_2\}$ finally $\{S_3\}$) :

1. Si S_1 contient une instruction $throw(exp)$ ou appelle une méthode qui déclare une exception avec l'instruction $throws(exp)$, dans un contexte pc_1, alors dans le bloc $catch$ qui lui est associé, la valeur du $pc = pc_1$.

2. Pour le bloc *finally*, étant donné qu'il est exécuté dans le cas d'une exception ou dans le cas d'une terminaison normale, son pc est la réunion de l'ancien pc et de la réunion des étiquettes des variables qui risquent de produire des exceptions.

Le compilateur procède à la vérification des instructions une à une de manière séquentielle. Il peut modifier le niveau de sécurité d'une variable dont l'étiquette est générée, si elle est utilisée dans un contexte plus restrictif. A chaque changement d'étiquette, le compilateur vérifie que ce changement ne provoque pas de flux illégaux dans les instructions qui le précèdent. Il revérifie donc le code du composant à chaque fois qu'une étiquette est modifiée.

2.2.3 Utilisation du module Contrôleur

Le comportement du compilateur peut s'avérer dans certains cas assez restrictif. Cela est dû au fait qu'il est impossible de trouver des systèmes réels sans aucune interférence entre les données privées et les données publiques. C'est pour cela qu'une interférence qui est détectée par le compilateur CIFIntra peut s'avérer utile voire obligatoire pour le bon fonctionnement du système. Un exemple très connu d'interférence est celui d'une opération d'authentification. Une interférence est facilement détectée entre la donnée privée (le mot de passe) et la donnée publique (authentification réussie ou non) dont la valeur dépend de celle du mot de passe. Ce type d'interférences doit être toléré pour que le système puisse fonctionner. Une amélioration de l'algorithme en tenant compte de la propriété de sensibilité au flux (*flow sensitivity*) [Amtoft06, Hunt06, Russo10] pourrait relâcher certaines contraintes.

Pour éviter ce problème, nous utilisons la notion de rétrogradation [Sabelfeld09]. Pour l'appliquer, un module **Contrôleur** est appelé à chaque fois qu'une interférence est détectée(voir la figure III.I.4). Ce module vérifie d'abord s'il peut résoudre l'interférence à son niveau sans intervention de l'utilisateur. Cela implique rétrograder le niveau de sécurité de la (ou les) variable(s) responsable(s) de l'interférence. La capacité du contrôleur à rétrograder le niveau de sécurité d'une donnée dépend des **capacités** (*capabilities*) de chaque composant, définies au niveau du fichier *Policy*, comme indiqué dans la section I.1.1, partie III. Une capacité représente la possibilité qu'a un composant d'ajouter ou supprimer des droits. Chaque composant a un ensemble de capacités, qui définissent son aptitude à rétrograder une information. L'expression des capacités dépend du modèle d'étiquettes utilisé. Par exemple, si nous utilisons le modèle d'étiquettes à base de jeton (section III.2.2, partie I), $t+$ représente la capacité d'un composant à ajouter un jeton t à ses étiquettes.

Si la capacité du composant indique qu'il a la possibilité de dégrader le niveau de la donnée responsable de l'interférence, le contrôleur autorise l'interférence et demande au compilateur de continuer son travail. Sinon, le contrôleur affiche un message pour indiquer à l'administrateur l'endroit où l'interférence a été détectée. L'administrateur du système a ainsi la possibilité d'autoriser ou d'interdire l'interférence.

2.2.4 Génération du code annoté

Le **traducteur de code** (étape 8) génère un fichier Java annoté (à la manière d'un fichier *JIF*) que l'administrateur pourra consulter pour vérifier le résultat de la propagation des étiquettes. Le but principal de ce fichier est de permettre le débogage du compilateur CIFIntra. Il n'est pas compilable.

2.2.5 Gestion des composants patrimoniaux par construction de liaisons internes

La gestion des composants patrimoniaux est une nouveauté proposée par notre plateforme pour autoriser les concepteurs à utiliser des boîtes noires dans leurs systèmes, sans craindre qu'elles n'enfreignent la politique de sécurité désirée par le concepteur.

Chaque composant patrimonial devra être accompagné d'un document représentant ses **liaisons internes**. Ces liaisons représentent les relations entre les entrées du composant (les ports serveur et les attributs) et ses sorties (les ports clients). Cela nous permettra de représenter le système sous la forme d'un ensemble de liaisons, qu'il suffira de suivre pour voir l'évolution du flux d'information. La figure III.I.5 illustre un exemple de système avec les liaisons internes et externes.

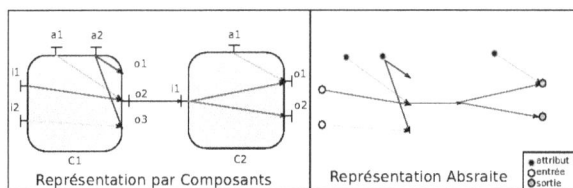

Figure III.I.5 – Liaisons internes

Une liaison est établie entre une entrée et une sortie d'un composant si et seulement s'il existe un flux d'information allant de l'entrée vers la sortie. Un flux de données est représenté par la fonction *depends(o,i)* qui indique que la sortie *o* dépend de l'entrée *i*.

Nous avons réalisé un outil de construction des liaisons internes, que nous avons appelé **IBP** (pour *Internal Binding Plotter*). Grâce à cet outil, le développeur du composant patrimonial n'a pas besoin de dévoiler le code de son composant au concepteur du système cible : il peut juste fournir une attestation certifiée montrant les liaisons internes de son composant, appelée **IBA** (pour *Internal Binding Artifact*). Le concepteur du système cible appliquera les étiquettes aux ports d'entrée et de sortie, et l'outil CIFIntra procédera à la vérification de la non-interférence, en utilisant les liaisons internes, de la manière suivante :

– Soit o un port de sortie du composant. Le port o est relié, selon son IBA, au port d'entrée i et à l'attribut a. Cela veut dire qu'il existe un flux d'information allant de i vers o et de a vers o.

– Pour que la sortie o soit non-interférente, il faut que

$$L(i) \subseteq L(o) \quad et \quad L(a) \subseteq L(o)$$

IBP est basé sur le compilateur Polyglot. Il utilise les visiteurs pour parcourir l'arbre de syntaxe abstraite, et chercher les dépendances entre les différentes variables.

Les variables sont divisées en trois types différents :

– *Entrées* : représentant les ports d'entrée du composant ainsi que ses attributs

– *Sorties* : représentant les ports de sortie du composant

– *Variables intermédiaires* : représentant les autres champs ainsi que les variables locales de la classe.

L'outil prend en entrée le fichier ADL contenant la liste des entrées et sorties, ainsi qu'un fichier Java contenant le code du composant. Il parcourt ensuite le code instruction par instruction, et construit les dépendances entre les variables. Les conditions de dépendance sont représentées par l'annexe A, partie IV.

Une fois toutes les dépendances construites, l'outil les parcourt de nouveau de manière récursive pour éliminer les variables intermédiaires et ne laisser que les variables immuables, soit les entrées et les sorties des composants.

2.3 Vérification inter-composants

L'outil CIFInter(*CIF for Inter-component verification*), dont l'architecture est décrite dans la figure III.I.6, réalise deux tâches : (1) vérifier pour chaque liaison si la donnée circule dans la bonne direction, c'est à dire, du port le moins restrictif vers le plus restrictif et (2) mettre en œuvre la confidentialité et l'intégrité des données envoyées en générant automatiquement des composants cryptographiques entre les composants fonctionnels.

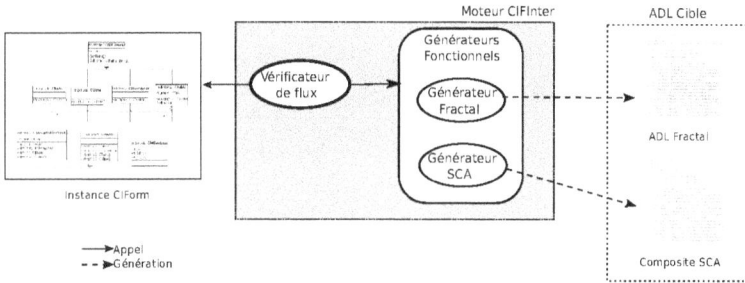

Figure III.I.6 – Architecture du générateur CIFInter

2.3.1 Contrôle de flux d'information pour les liaisons

La première étape est réalisée par le **vérificateur de flux d'information**. Cette unité parcourt les objets CIForm et vérifie pour chaque liaison que l'étiquette du port client est moins restrictive que celle du port serveur. Cela est fait en faisant appel à la méthode *leq* définie dans la classe *Label* de CIForm dans le but de comparer les étiquettes.

Si $label(p_{client}).leq(label(p_{serv}))$, alors le flux d'information ne présente pas d'interférence. Sinon, une exception de type *LabelException* est lancée, indiquant à l'utilisateur la liaison qui génère l'erreur. Si la vérification se termine sans exception, le vérificateur passe la main aux **générateurs fonctionnels**.

2.3.2 Insertion des composants cryptographiques

L'objectif des générateurs est de modifier le fichier qui décrit l'architecture du système en y insérant des composants cryptographiques entre les composants fonctionnels. Ces composants se chargent du chiffrement et de la signature des messages échangés. Pour l'instant, nous utilisons l'algorithme RSA pour le chiffrement et MD5/RSA pour la signature, mais dans des travaux futurs, le choix des algorithmes pourra être configurable dans le fichier Policy.

Nous avons réalisé les transformations CIF-Fractal et CIF-SCA, mais les générateurs peuvent être étendus à d'autres langages orientés composants, basés sur la séparation de l'architecture et du comportement.

Nous définissons un composant cryptographique par composant fonctionnel. Ce composant va intercepter toutes les communications sortantes et entrantes du composant fonctionnel associé qui nécessitent un chiffrement ou une signature. Le code de chaque composant cryptographique est généré automatiquement par le compilateur CIFInter. Ce compilateur se base sur un modèle de classe que nous avons prédéfini, qu'il va modifier et adapter selon les différentes interfaces nécessaires pour chaque composant et selon les opérations de cryptographie qu'il doit appliquer dessus. Nous présentons ce modèle (appelé *SecurityImplTemplate*) dans l'annexe B, partie IV.

L'annexe D, partie IV présente les primitives cryptographiques fournies par le langage Java, qui ont été utilisées dans notre implémentation.

Conclusion

Nous avons présenté dans ce chapitre la contribution principale de notre travail, soit la vérification de la non-interférence à la compilation pour les systèmes distribués à base de composants. Nous avons montré la chaîne d'outils CIF qui permet d'automatiser la vérification de la non-interférence en partant d'une spécification de haut niveau, et de générer les primitives cryptographiques nécessaires pour le transport des messages dans un réseau non sécurisé. Nous avons également présenté notre solution pour les composants patrimoniaux, qui consiste en la fourniture des différentes liaisons internes des composants hérités, sans avoir besoin de divulguer leurs codes.

Cependant, les outils CIF permettent de réaliser des systèmes sécurisés par construction, mais ne garantissent pas la préservation de la politique de sécurité pendant l'exécution, si le système subit des changements au niveau de son architecture. Nous proposons dans le chapitre suivant une plateforme pour l'application dynamique de la non-interférence à des systèmes à base de composants déjà sécurisés avec CIF.

Chapitre II

DCIF : Modèle de vérification dynamique de la non-interférence

DCIF (*Dynamic Component Information Flow*) est un canevas orienté composants pour la construction de systèmes distribués sécurisés à la compilation et à l'exécution. Il définit deux types de composants : des **composants fonctionnels** qui représentent l'application distribuée et les **composants de gestion**, qui permettent d'assurer des propriétés non fonctionnelles, en particulier la sécurité.

Nous définissons un ensemble de termes que nous utiliserons dans la suite :

- *Nœud* : un nœud représente une machine. Les connexions entre des composants d'un même nœud sont sûres, il n'ont donc pas besoin de cryptographie.
- *Domaine* : un domaine est un ensemble de composants qui se font mutuellement confiance, et qui communiquent via un réseau sûr, qui n'a donc pas besoin de mécanisme pour sécuriser les données échangées. Un domaine contient un ensemble de nœuds.

1   Architecture de DCIF

La figure III.II.1 représente l'architecture de DCIF. Nous détaillons dans ce qui suit les différents composants de sécurité que nous avons défini.

Global Manager (GM) : Le gestionnaire global est un composite qui regroupe l'ensemble des composants non fonctionnels, dont les composants de sécurité. À la base, il existe un seul GM partagé et centralisé, mais pour certaines applications, il peut être dupliqué sur plusieurs nœuds pour des besoins de disponibilité et de sécurité.

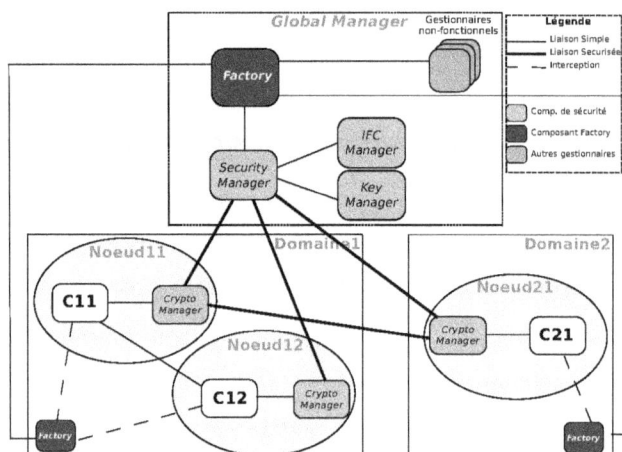

Figure III.II.1 – Architecture de DCIF

Factory : Le Factory (*l'usine*) est un composant responsable de toutes les opérations de mise à jour de l'architecture du système. Il existe deux types de composants Factory : **local** et **global**. Le Factory local est propre à chaque domaine, et intercepte les opérations de mise à jour des composants du domaine. Il les transmet ensuite au Factory global, qui prend les décisions adéquates.

Key Manager(KM) : Le gestionnaire de clefs est le composant responsable de la sauvegarde et de la gestion de l'ensemble des clefs cryptographiques du système. Chaque domaine et chaque composant fonctionnel ont une clef cryptographique distincte, toutes stockées dans le KM.

Information Flow Control Manager (IFCM) : Le gestionnaire de flux d'information est le composant responsable du contrôle de flux d'information du système. Il stocke l'ensemble des étiquettes de sécurité des différents ports et attributs, leurs capacités, ainsi que les certificats IBA des liaisons internes générés à la compilation pour chaque composant patrimonial du système (voir section I.2.2.5, partie III). Il se charge de la vérification de la propriété de non-interférence pour chaque opération de mise à jour dynamique.

L'IFCM permet également de prendre des décisions de **rétrogradation** des informations. Ces décisions sont basées sur deux concepts :

– *Capacités* : ce sont les capacités liées à chaque composant, comme expliqué dans la section I.2.2.3, partie III. Il définissent la possibilité d'un composant à rétrograder le niveau de sécurité d'une information.

– *Liste de confiance* : Cette liste représente, pour chaque composant, l'ensemble des composants en qui il a confiance. Cette liste est maintenue par l'IFCM pour valider l'établissement automatique des liaisons entre composants de confiance.

Crypto Manager (CM) : le gestionnaire des opérations cryptographiques est le composant responsable du chiffrement et de la signature des messages à destination de composants dans des domaines différents. Il est propre à chaque nœud.

Security Manager (SM) : Le gestionnaire de sécurité est le composant principal de gestion de la sécurité du canevas. Il se charge de tous les transferts entre les composants KM, IFCM, CM et Factory.

La figure III.II.2 détaille l'architecture interne du composant IFCM.

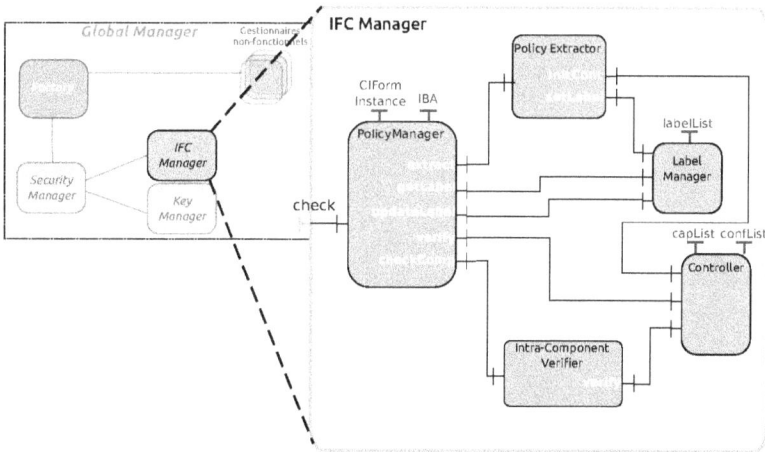

Figure III.II.2 – Contenu du composant de gestion des flux d'information

L'IFCM contient cinq sous-composants :

Policy Manager : C'est le sous-composant principal qui orchestre les communications entre les autres sous-composants. Il permet de réaliser les opérations principales de vérification de flux. Il définit une interface serveur *check* reliée au Security Manager et cinq interfaces clientes :

- **extract** : Cette interface est chargée de l'extraction des informations à partir des fichiers *Policy* fournis par le système. Le résultat retourné est une instance de CIForm stockée dans l'attribut *CIForm instance*.
- **getLabel** : Cette interface permet de retourner l'étiquette d'une entité donnée.
- **updateLabel** : Cette interface permet de modifier l'étiquette d'une entité.
- **verify** : Cette interface permet de vérifier si une interférence est autorisée ou pas en consultant les listes des capacités et des composants de confiance via le contrôleur.
- **checkComp** : Cette interface permet de vérifier la propriété de la non-interférence dans le code d'un composant donné.

Le Policy Manager stocke également tous les certificats IBA des composants patrimoniaux du système.

Policy Extractor : Ce composant est responsable de l'extraction des informations à partir des fichiers *Policy* fournis par le système. Il envoie ensuite les étiquettes extraites grâce à son interface **setLabel** et les capacités via l'interface **setCap**, puis retourne au Policy Manager une instance de CIForm contenant l'architecture du système.

Label Manager : Ce composant associe à chaque élément du système cible son étiquette. Il les stocke dans l'attribut *labelList*.

Controller : Ce composant permet de décider si une interférence est autorisée ou non en consultant la liste des capacités (**capList**) et la liste de confiance (**confList**) du composant responsable de l'interférence.

Intra Component Verifier : Ce composant réalise la vérification intra-processus décrite dans la section I.2.2, partie III. Il est appelé au déploiement, ainsi qu'à l'arrivée d'un nouveau processus. Si ce composant détecte une interférence, il envoie une demande de vérification au contrôleur via son interface **verify**.

2 Mise en place du canevas et scénario d'exécution

2.1 Mise en place du canevas

On définit une clef symétrique par domaine et une clef symétrique par composant fonctionnel. Au démarrage, le KM contient l'ensemble des clefs de tous les domaines, ainsi que de tous les composants. Chaque composant CM d'un nœud N stocke la clef du domaine auquel il appartient, ainsi que toutes les clefs des composants du nœud N.

Toute liaison entre un composant C_1 d'un domaine D_1 et un composant C_2 d'un domaine D_2 doit passer par les CM des nœuds N_1 et N_2 auxquels appartiennent C_1 et C_2.

2.2 Envoi et réception de messages

Pour envoyer un message d'un composant C_1 à un composant C_2 du même domaine, aucune protection n'est nécessaire : le message est envoyé directement. Mais si les deux composants sont dans des domaines différents, le message doit être protégé contre d'éventuelles attaques externes du réseau. Il doit donc passer par les composants de cryptage CM_1 et CM_2.

CM_1 (le *Crypto Manager* du nœud N_1 de C_1) vérifie s'il a déjà établi une liaison sécurisée avec C_2. Si c'est le cas, cela veut dire que la clef privée commune à C_1 et C_2 est stockée dans CM_1. Le message est donc chiffré avec cette clef, et envoyé à CM_2, qui va le déchiffrer et le transférer à C_2.

Si cette connexion est la première entre C_1 et C_2, CM_1 consulte le SM pour avoir la clef symétrique de C_2. SM transmet la requête à KM, qui va générer une clef privée pour la connexion entre C_1 et C_2 et la renvoie au SM. Cette clef sera envoyée à CM_1 et CM_2 pour pouvoir autoriser une nouvelle communication entre C_1 et C_2. SM chiffre la clef de session avec la clef du domaine D_1 (resp. D_2) et l'envoie à CM_1 (resp. CM_2), qui va la déchiffrer, et l'utiliser pour le chiffrement et la signature (respectivement déchiffrement et vérification) du message à envoyer. CM_1 envoie donc le message chiffré et signé à CM_2. À la réception du message, CM_2 le vérifie et le déchiffre, puis le transmet à C_2.

2.3 Reconfiguration dynamique

Ajout d'un composant Quand un nouveau composant C d'un nœud N et d'un domaine D va être ajouté au système, le Factory global vérifie s'il appartient à un nœud déjà défini dans le système. Si le nœud n'est pas reconnu, le Factory local au domaine D génère un CM pour le nouveau nœud. Une fois le CM défini, une clef symétrique pour C est générée par le KM, et envoyée à CM, chiffrée avec la clef de D.

Avant l'insertion du composant dans le système, le Factory envoie au IFCM les informations sur ce composant pour qu'il procède à une vérification intra-composant. Le IFCM envoie les fichiers *Policy* au composant *Policy Extractor*, qui va stocker les étiquettes du nouveau composant dans le *Label Manager* et ses capacités dans le *Controller*, puis procède à une vérification du code du composant en appelant le composant *Intra-Component Verifier*. Ce dernier procède à la propagation des étiquettes dans le code du composant. Dans le cas où le composant est patrimonial, un certificat IBA est fourni avec le fichier *Policy* et est envoyé au *Intra-Component Verifier* qui va vérifier si le composant satisfait la politique de sécurité désirée. Si une interférence est détectée, le composant Contrôleur est appelé pour vérifier, selon les capacités des composants, si elle est autorisée ou pas.

Suppression d'un composant Quand un composant C d'un nœud N et domaine D est supprimé, le Factory envoie au SM pour l'en informer. Le SM transfert la requête au KM, qui va supprimer la clef de C de la base de données.

De plus, le IFCM supprime les étiquettes relatives à ce composant en appelant l'interface *updateLabel* du composant *Policy Manager*. Ce dernier modifie également l'instance CIForm pour mettre à jour l'architecture du système.

Remplacement d'un composant Le remplacement d'un composant par un autre peut être réalisé suite, par exemple, à la détection d'un composant fautif par le *Fault Manager*, composant non-fonctionnel défini dans le GM [1]. Quand le composant fautif est identifié, une demande est envoyée au Factory pour qu'il réalise son remplacement.

Remplacer un composant équivaut à deux opérations d'ajout et de suppression successives décrites plus haut.

Migration d'un composant Quand un composant migre d'un nœud à un autre, cela équivaut à une opération de suppression du composant du nœud source suivie d'une opération d'ajout de ce composant dans le nœud destination.

Ajout d'une liaison Quand une liaison doit être établie dynamiquement entre un composant $C_1(N_1,D_1)$ et un composant $C_2(N_2,D_2)$, le composant Factory envoie au composant SM les détails de la requête, en associant à chaque interface son étiquette de sécurité qu'il extrait du fichier *Policy*.

Les liaisons peuvent avoir deux états : *établie* si la restriction de non-interférence est respectée, ou *en attente* sinon. Le IFCM implémente la politique de sécurité du système : il peut soit décider de rétrograder certaines étiquettes de sécurité, soit demander au composant Factory de reconfigurer l'architecture de manière à ce que les liaisons qui violent la propriété de non-interférence soient mises *en attente*.

---

1. L'implémentation du composant *Fault Manager* ainsi que de tous les autres composants non-fonctionnels est hors de propos dans notre travail.

Le IFCM vérifie si la liaison demandée respecte la règle de non-interférence, à savoir que $\ell(client) \subseteq \ell(serveur)$. Pour cela, il extrait les deux étiquettes des extrémités de la liaison grâce à l'interface *getLabel* du *Policy Manager*. Ce dernier les compare : Si aucune interférence n'est détectée, l'interface serveur *check* retourne *true*, ce qui implique que la liaison peut être établie. Si la liaison n'est pas autorisée, le *Policy Manager* procède à l'appel du contrôleur via l'interface *verify*. Le contrôleur consulte d'abord la liste des capacités de C_1 : est-ce que C_1 est en mesure de rétrograder l'étiquette affectée à son port ? Si ce n'est pas le cas, il consulte en deuxième lieu la liste de confiance : est-ce que C_1 fait confiance à C_2 ? Si c'est le cas, une liaison peut être établie même si elle ne respecte pas la propriété de non-interférence.

Si le IFCM autorise la liaison, le composant Factory procède à son établissement. Si C_1 et C_2 sont dans le même domaine, une liaison directe est établie entre C_1 et C_2. Sinon, le Factory intercale les composants CM_1 et CM_2 entre C_1 et C_2 pour permettre le chiffrement et la signature de la donnée avant son envoi.

Modification d'une étiquette de sécurité La configuration de sécurité initiale peut être modifiée (reconfigurée) grâce à l'aspect dynamique offert par le composant contrôleur. Ainsi, pour chaque reconfiguration des étiquettes, le système doit vérifier de nouveau la validité de la nouvelle configuration de sécurité et mettre à jour l'architecture du système selon cette nouvelle configuration. La modification de l'architecture porte surtout sur les liaisons entre les interfaces. C'est-à-dire, lorsqu'il y a un risque de fuite de données, la liaison entre les deux interfaces concernées est mise en attente. Également, on peut avoir le cas où la liaison était initialement en attente, et suite aux changements des étiquettes, il n'y a plus de risque de fuite ce qui fait que Factory établit la liaison. Ainsi, chaque fois qu'une étiquette est modifiée par l'interface *updateLabel*, le *Policy Manager* procède à la vérification de l'impact de ce changement sur le reste du système en parcourant l'instance CIForm. Ce changement peut donc provoquer des suppressions ou des ajouts de liaisons, qui sont notifiés au Factory.

Mise à jour d'un composant La mise à jour d'un composant existant se manifeste soit par la modification d'une ou plusieurs de ses étiquettes de sécurité (cf. le cas précédent), soit par la modification de son comportement. Dans ce cas, le composant Factory intercepte tout changement dans le code du composant, et envoie une demande de vérification au IFCM, qui fait appel au composant *Intra-component Verifier*. Ce dernier vérifie la propriété de non-interférence dans le code. Toute interférence détectée est envoyée au Contrôleur pour vérification.

Conclusion

Le canevas de vérification dynamique de la non-interférence DCIF permet d'assurer que la politique de sécurité définie à la compilation est préservée à l'exécution également, face à des changements dynamiques de l'architecture du système. Cela est réalisé grâce à un ensemble de composants non fonctionnels qui automatisent le processus de vérification de flux et de génération du code cryptographique de manière transparente à l'utilisateur.

Nous présentons dans la partie suivante une partie d'évaluation, qui comporte un ensemble d'études de cas permettant d'illustrer avec des exemples concrets l'application des solutions montrées dans ce travail, ainsi qu'une évaluation des performances des outils CIF et un début d'étude formelle pour l'outil CIFIntra.

Quatrième partie
Évaluation et Validation

Le vrai génie réside dans l'aptitude à
évaluer l'incertain, le hasardeux,
les informations conflictuelles.

[Winston Churchill]

Chapitre I

Études de Cas

Nous présentons dans ce chapitre plusieurs études de cas que nous avons implémenté. Nous avons choisi des applications qui diffèrent par leurs types et leurs comportements, et avons montré comment est-ce que notre solution propose de résoudre les problèmes posés par chacune d'entre elles :

– **La bataille navale** : cet exemple, initialement écrit en JIF, a été réécrit en Fractal et sécurisé avec CIF. C'est un exemple de référence qui montre l'utilisation du modèle d'étiquettes DLM.

– **La réservation de billet d'avion** : Cet exemple montre l'application de CIF aux systèmes utilisant les services web.

– **La clinique de chirurgie esthétique** : Cette étude de cas a été implémentée pour montrer l'application des outils CIF sur les systèmes à échelle réelle, en utilisant le modèle d'étiquettes à jetons et la spécification SCA.

– **Le calendrier partagé** : Cette application montre l'utilisation de DCIF pour la planification d'une réunion, et son utilité pour protéger la confidentialité des informations pendant l'exécution.

1 Jeu de la bataille navale

Le jeu de la bataille navale est extrait de [Myers06] et initialement développé en JIF. Nous avons reproduit ce système sous forme de composants et réécrit avec le modèle Fractal. Nous utilisons pour cette application le DLM (décrit dans la section III.2.1, partie I) pour représenter les niveaux de sécurité.

Description du système

Le jeu de bataille navale fait intervenir au moins deux joueurs et un coordinateur. Chaque joueur possède une grille (*Board*) secrète contenant un nombre fixé n de bateaux dont les coordonnées sont choisies au début du jeu. Chaque joueur essaie de deviner les coordonnées des bateaux de l'adversaire. Le vainqueur est celui qui aura deviné toutes les coordonnées de son adversaire en premier. Un coordinateur garde une copie des grilles des deux joueurs pour s'assurer qu'aucun des deux n'a modifié la position des bateaux en cours du jeu. Afin de contrôler le jeu, le coordinateur sert d'intermédiaire dans l'envoi des requêtes (coordonnées proposées par les joueurs) et les réponses (variables booléennes disant si les tentatives ont réussi ou échoué).

Nous représentons dans la figure IV.I.1 le système correspondant au scénario décrit ci-dessus.

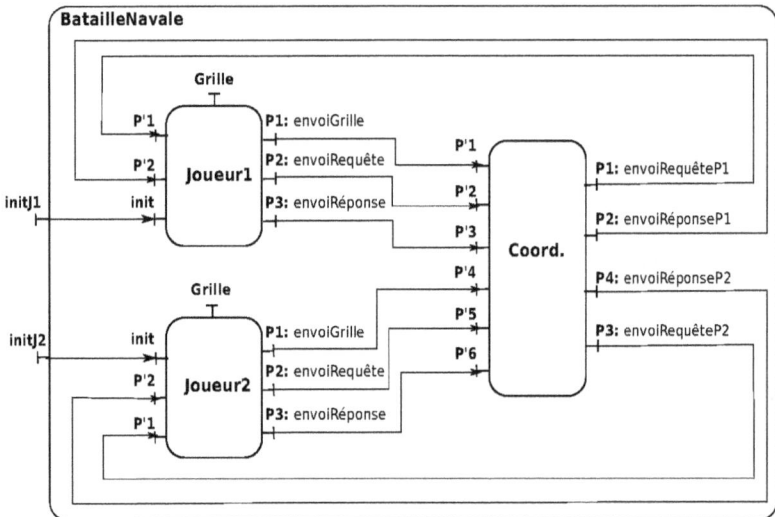

Figure IV.I.1 – Architecture du jeu de la bataille navale

Le protocole de communication se fait de la manière suivante :

- Chaque joueur crée une grille pleine où il dispose ses bateaux à sa guise et une grille vide qu'il utilisera pour enregistrer les réponses de son adversaire. Il envoie ensuite sa grille au coordinateur via le port *P1* (*envoiGrille*).
- Le jeu commence :

o Le premier joueur (*Joueur1*) envoie sa requête via le port *P2* (*envoiRequête*) au coordinateur.

o Le coordinateur transmet la requête au second joueur (*Joueur2*) via le port *P3* (*envoiRequêteP2*).

o Le *Joueur2* exécute la requête, met à jour sa grille et envoie la réponse au coordinateur via le port *P3* (*envoiRéponse*).

o Le coordinateur vérifie la justesse de la réponse, met à jour sa copie de la grille du *Joueur2* et transmet la réponse au *Joueur1* via le port *P2* (*envoiRéponseP1*). Si le joueur 2 a triché, le coordinateur arrête le jeu.

o *Joueur1* reçoit la réponse à sa requête, et met à jour ses données sur sa copie de la grille du *Joueur2*.

– Réciproquement pour le *Joueur2*.

– Le jeu continue ainsi jusqu'à ce que l'un des joueurs trouve tous les bateaux de son adversaire.

Attribution des niveaux de sécurité

Les différentes autorités de notre système sont le *Coordinateur*, *Joueur1* et *Joueur2*. Chacune de ces autorités est représentée par un composant.

Les niveaux de sécurités seront attribués :

1. Aux attributs des composants : Notamment l'attribut *grille* de chacun des composants *Joueur1* et *Joueur2*.

2. Aux ports clients et serveurs des composants, qui servent pour l'envoi des grilles ainsi que des différentes requêtes et réponses tout au long du jeu.

L'attribution des niveaux de sécurité se fait selon l'usage que le concepteur désire accorder à chacune des autorités pour la manipulation des données. Dans cet exemple, nous considérons que :

– Le port *init* attribué à chaque joueur sert à démarrer la partie en envoyant le nombre de bateaux à construire. Ce nombre n'étant pas confidentiel et ne portant l'empreinte d'aucune autorité, son niveau de sécurité est {}.

– Une grille est la propriété du joueur (x) qui l'a créée. Nous supposons que, initialement, aucune autre autorité n'a la possibilité de consulter cette grille. En envoyant la grille, le niveau de confidentialité est alors ($J_x \rightarrow *$)

– Les requêtes et réponses sont les propriétés du joueur (x) qui les initie. Elles peuvent être consultées par le Coordinateur et l'adversaire (3-x). Quand le joueur (x) envoie une requête ou une réponse au coordinateur via un port client, le niveau de confidentialité est alors $(J_x \to C, J_{(3-x)})$.

– Du point de vue de l'intégrité, toutes les données envoyées par un joueur (x) sont garanties comme portant son empreinte seulement, personne d'autre ne l'ayant modifié jusque là. Tout envoi partant d'un joueur vers le coordinateur a le niveau d'intégrité $(J_x \leftarrow)$.

– En recevant la grille d'un joueur, le coordinateur désire y appliquer des modifications, en y indiquant, par exemple, quelles sont les coordonnées qui ont été jouées. En recevant la grille sur un port serveur en provenance d'un joueur (x), le niveau d'intégrité est donc $(J_x \leftarrow C)$.

– Quand le coordinateur transmet les requêtes et réponses aux joueurs appropriés, ces données doivent garder le même niveau de sécurité. Un port qui envoie d'une requête ou d'une réponse d'un joueur (x) vers son adversaire (3-x) de la part du coordinateur a le niveau de sécurité $\{J_x \to C, J_{(3-x)}; Jx \leftarrow \}$.

Ces hypothèses nous permettent de répartir les étiquettes comme représenté dans la figure IV.I.2.

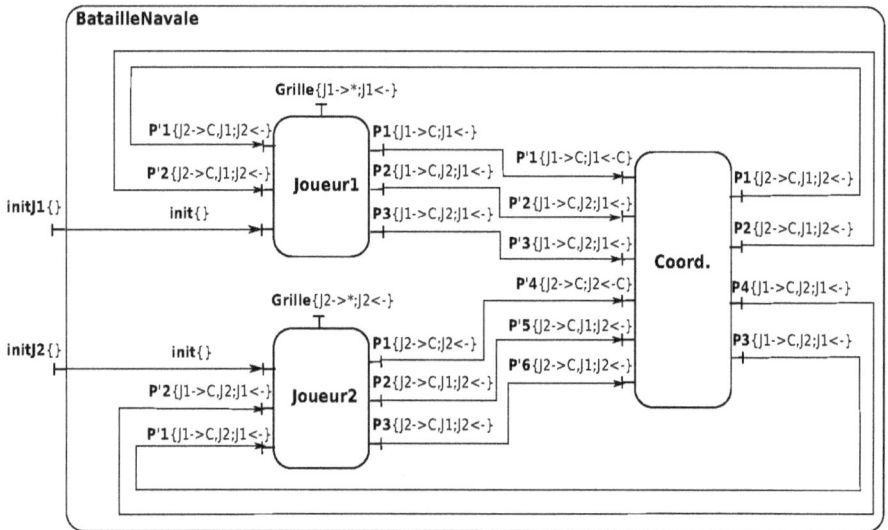

Figure IV.I.2 – Attribution des étiquettes de sécurité aux interfaces des composants du jeu de la bataille navale

Application de CIFIntra

Le code I.1 montre un extrait du fichier *Policy*.

Listing I.1 – Extrait du fichier *Policy* pour l'exemple de la bataille navale

```xml
<policy targetComposite="Battleship">
  <component name="Joueur1" instanceForIntraGen="true">
    <port name="P1" label="{J1->C ; J1<-C}" />
    <port name="init" label="{ }" />
    <attribute name="Grille" label="{J1->* ; J1<- }" />
    <capabilities><capability> C+ </capability></capabilities>
    ...
  </component>
  <component name="Coord">
    <port name="P'1" label="{J1->C ; J1<-C}" />
    ...
  </component>
  ...
</component>
```

Nous remarquons la présence de l'attribut *Grille* étiqueté $\{J_1 \to *; J_1 \leftarrow\}$. Cette grille doit être envoyée au coordinateur via le port P_1. Dans cet exemple, nous exécutons le générateur de code intra-composant sur le code du composant *Joueur*, qui est écrit dans une implémentation en Java de Fractal, appelée Julia [1]. Ce code sera étiqueté en utilisant les étiquettes de l'instance *Joueur1*, car l'attribut *instanceForIntraGen* est mis à *vrai*. En effet, dans les modèles orientés composants, nous pouvons créer plusieurs instances à partir d'une même définition de composant. Par exemple, nous définissons un seul composant *Joueur* à partir duquel nous générons deux instances *Joueur1* et *Joueur2*, puisque ces deux joueurs se comportent de la même manière et ont la même structure, ce qui veut dire que leur code d'implémentation est le même. Ainsi, la propagation des étiquettes dans le code peut être faite soit en utilisant les étiquettes de *Joueur1* soit celles de *Joueur2* (au choix). Grâce à l'attribut *instanceForIntraGen* de l'élément *component* dans le fichier *Policy*, nous avons choisi de propager les étiquettes relatives au *Joueur1*. Si cette même étiquette est mise à *vrai* pour le *Joueur2* également, le compilateur CIFIntra génèrera ainsi deux fichiers annotés, pour chacun des joueurs respectivement.

Le code I.2 représente un extrait du code généré par l'outil CIFIntra. Nous montrons dans ce qui suit comment est-ce que la propagation d'étiquette marche pour cet exemple.

---

1. **Julia** : Fractal Composition Framework Reference Implementation. http ://fractal.ow2.org/julia/

Listing I.2 – Code de la classe *Joueur* généré par CIFIntra

```
1   public class Joueur implements JoueurAttributes, JoueurInterface {
2     private Grille {J1->*;J1<-} grille;
3     private EnvoiGrilleItf {J1->C;J1<-} P1;
4
5     public void init(int{} nbBateaux) {
6       int{} numCouverts = 0;
7       for (int j=1; j< nbBateaux+1; j++) {
8         numCouverts += j;
9       }
10      final Bateau[{J1->*;J1<-}] {J1->*;J1<-} maStrategie = {
11            new Bateau(new Coordonnee(1,1),1,true),
12            new Bateau(new Coordonnee(1,3),2,false) };
13      int{J1->*;J1<-} i = 0;
14      for (int{} compt = numCouverts; compt>0 && grille!= null;) {
15        try{
16          Bateau {J1->*;J1<-} nouvPiece = maStrategie[i++];
17          if (nouvPiece!=null && nouvPiece.longueur>compt){
18            nouvPiece = new Bateau(nouvPiece.pos, compt,
19                        nouvPiece.estHorizontal);
20          }
21          grille.ajoutBateau(nouvPiece);
22          compt -= (nouvPiece == null ? 0 : nouvPiece.longueur);
23        }catch (ArrayIndexOutOfBoundsException ignore){
24        }catch (IllegalArgumentException ignore){ }
25      }
26      P1.envoiGrille(grille);
27    }
28  }
```

La première chose que le générateur de code fait est d'attribuer les étiquettes **immuables** aux ports et attributs du composant. Ceci est fait en parcourant le code du composant et en cherchant les attributs et méthodes dont les noms correspondent aux noms des interfaces et attributs définis dans l'instance CIForm. Cela nous permet dans cet exemple d'attribuer les étiquettes $\{J_1 \to *; J_1 \leftarrow\}$ à l'attribut *grille*, $\{J_1 \to C; J_1 \leftarrow\}$ à l'attribut P_1 et $\{\}$ au paramètre de la méthode *init*.

Par la suite, le compilateur parcourt le code pour vérifier les flux d'information entre les différentes variables et pour allouer des étiquettes de sécurité aux variables intermédiaires de manière adéquate. Il va donc tout d'abord chercher les instructions qui manipulent l'attribut *grille* : on peut retrouver une instruction à la ligne 21. Cette instruction permet d'ajouter un nouveau bateau à la grille. La méthode *ajoutBateau* va ajouter l'objet *nouvPiece* à la liste de bateaux définis dans la classe Grille par l'attribut *bateaux*. Cet attribut n'étant pas immuable, puisque la classe Grille n'est pas un composant, son étiquette doit être calculée selon son utilisation dans le code. Ici, l'attribut *bateaux* de la classe Grille va être modifié à travers l'objet *grille*. Or, d'après le problème de référencement décrit dans la section I.1.2, partie III, les attributs d'un objet ne doivent pas être modifiés à partir de références plus restrictives. Ainsi, l'attribut *bateaux* doit avoir au moins l'étiquette $\{J_1 \rightarrow *; J_1 \leftarrow\}$. Puisque la variable *nouvPiece* lui est affectée, elle va donc avoir cette même étiquette.

D'un autre côté, à la ligne 26, la grille est envoyée via le port P_1, ce qui est illustré en Java par son passage en paramètre à une méthode de P_1. Ce passage en paramètre implique que l'objet P_1 est modifié par la variable *grille*, et donc selon la loi de non-interférence, cette variable ne doit pas être plus restrictive que lui. Or, si on compare les étiquettes de *grille* ($\{J_1 \rightarrow *; J_1 \leftarrow\}$) et de P_1 ($\{J_1 \rightarrow C; J_1 \leftarrow\}$), nous remarquons que :

$$\{J_1 \rightarrow *; J_1 \leftarrow\} \nsubseteq \{J_1 \rightarrow *; J_1 \leftarrow\}$$

Ainsi, la grille, qui a un niveau de confidentialité $\{J_1 \rightarrow *\}$ est envoyée via un port dont le niveau de confidentialité est moins restrictif ($\{J_1 \rightarrow C\}$), car il autorise au coordinateur de consulter le message reçu via P_1 alors que la grille est strictement confidentielle. En remarquant cette interférence, le compilateur fait appel au module Contrôleur, qui décide si cette interférence est autorisée ou pas. Le contrôleur consulte alors la liste de capacités du composant Joueur et remarque qu'il a la possibilité d'ajouter l'autorité C à ses étiquettes, grâce à la capacité C+. Il va donc autoriser la rétrogradation de la grille.

Le compilateur continue son traitement, jusqu'à ce que le code I.2 soit généré.

Application de CIFInter

Cette partie comporte d'abord la vérification du flux d'information inter-composants puis la génération de la description en ADL.

CIFInter vérifie en premier les interfaces reliées et compare leurs étiquettes. Par exemple, il compare les étiquettes du port *Joueur1.P₁* et *Coord.P₁′* pour voir si le message, qui circule de P_1 vers P_1', se dirige bien vers un port au moins aussi restrictif. Comme :

$$label(Joueur1.P_1) = \{J1 \rightarrow C; J1 \leftarrow\} \subseteq label(Coordinateur.P_1') = \{J1 \rightarrow C; J1 \leftarrow C\}$$

ainsi, la liaison est autorisée.

La deuxième étape est l'insertion des composants cryptographiques. La grille, envoyée par le joueur au coordinateur, doit être chiffrée avec la clef publique du coordinateur, et signée, avant d'être envoyée. Dans ce cas, personne d'autre que le coordinateur ne sera capable de la consulter, et le coordinateur pourra s'assurer qu'elle n'a été modifiée par personne d'autre que le joueur.

Un composant cryptographique est alors inséré en amont de chaque composant fonctionnel, interceptant les données entrantes et sortantes. Dans notre exemple, toutes les interfaces nécessitent une opération de cryptographie, sauf l'interface *init*.

2 Réservation de billet d'avion par services web

Dans cet exemple, nous appliquons les outils CIF pour contrôler le secret des données dynamiquement créées dans une application de service web classique. Chaque donnée est équipée d'une étiquette spécifiant sa classification par rapport aux différentes catégories de sécurité.

Dans notre exemple, une telle étiquette englobera le degré de confidentialité de la destination. Considérons la situation suivante (inspirée de [Hutter06]) : un client utilisant les services web pour voyager en France. Vivant à Paris, il doit aller à Grenoble pour une mission secrète et veut garder son voyage confidentiel. En utilisant une interface graphique, il informe son service de réservation de ses intentions. Ce service web décompose le problème en service de voyage et en service de paiement. Le service de réservation contacte le service de voyage pour avoir la liste des différents vols disponibles et obtient en retour une information de vol spécifique ainsi que les prix correspondants. Ensuite, le service de réservation choisit un service de paiement qui réalisera le paiement du vol sélectionné.

La figure IV.I.3 illustre une représentation du système distribué. Suivant une architecture de composants de service SCA, chaque service est encapsulé dans un composant, dénommés respectivement R, T et P pour les services de réservation, de voyage et de paiement. Les composants sont reliés par deux sortes de liaisons selon le type de données échangées : une liaison permettant l'échange de données publiques, et une liaison *sécurisée* permettant l'échange de données secrètes. Le composant R, par exemple, a deux ports : *P1* avec une étiquette $\{R \to T, R \leftarrow T\}$ et *P2* avec une étiquette $\{R \to\perp, R \leftarrow T\}$ (avec $\perp$ représentant l'autorité la plus faible) qui peuvent être respectivement reliés aux ports *P'1* du composant T pour les données confidentielles, et à *P'2* du composant T pour les données publiques.

Dans notre scénario, tous les ports des composants sont configurés pour assurer l'intégrité des données, c'est à dire que deux propriétés doivent être assurées : celui qui envoie le message

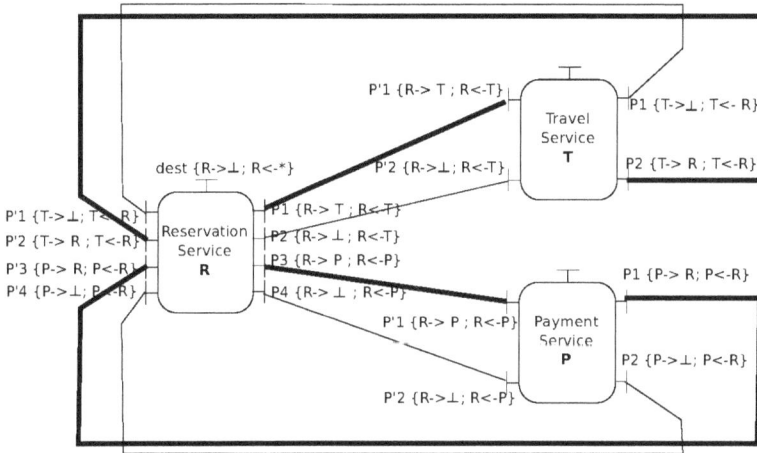

Figure IV.I.3 – Application de service web pour une réservation d'avion

est celui qu'il prétend être, et un message ne peut pas être modifié par un attaquant. Pour faire face à ces menaces, la spécification *WS-Security*[2] applique une combinaison de signatures et de jetons de sécurité pour démontrer et vérifier l'intégrité d'un message. Les signatures vérifient l'origine du message et les jetons de sécurité autorisent le traitement du message basé sur les créances associées au message. Les messages avec une signature invalide ou des jetons manquants sont rejetés. La spécification décrit la manière dont telles informations sont exprimées dans un format XML et dont elles sont incluses dans des enveloppes SOAP. Un ensemble de composants insérés permettent de signer ou chiffrer les messages. Le composant *sign* implémente l'authentification et les mécanismes d'autorisation en incluant les jetons correspondants dans l'entête de sécurité du message. Le choix entre de simples jetons (nom d'utilisateur/mot de passe en clair, nom d'utilisateur/empreinte numérique du mot de passe), des jetons binaires (certificats X.509, Kerberos) ou des jetons XML (Assertions SAML, XrML (*eXtensible Rights Markup Language*), XCBF (*XML Common Biometric Format*)) peut être configuré à travers les interfaces de contrôle et dépendent du contexte de l'application et de la qualité de service requise.

Puisque la destination de Grenoble est confidentielle, les données de réservation sont envoyées à travers le port *P1* du composant *R* : cela implique le chiffrement et la signature du

---

2. **OASIS Web Site** : http ://www.oasis-open.org/

message. La liste de vols, incluant leurs dates et prix renvoyés par le service de voyage, est envoyée sur le port *P1* du composant correspondant car elle est considérée comme étant confidentielle. Puisque le prix du vol est intuitivement une information publique, le développeur pourrait l'envoyer sur le port public *P2* du service de paiement. Toutefois, en utilisant les outils automatiques de CIF, il est facile de détecter que l'étiquette attribuée à la variable *prix* est confidentielle, car cette donnée est calculée à partir d'une information confidentielle, qui est le type du vol. En effet, si un attaquant peut voir le prix du billet, il peut facilement deviner la destination du voyage, qui est confidentielle. Ainsi, la configuration sûre serait d'envoyer ce message sur un port confidentiel, soit *P1*, du service de paiement.

Cet exemple montre qu'en utilisant les outils CIF, la confidentialité d'une information renforce automatiquement la confidentialité des données calculées dynamiquement par les différents services web en planifiant le voyage.

3 Clinique de chirurgie esthétique

Description du système

Nous avons appliqué les outils CIF sur un système à base de composants existants. Ce système est réalisé en suivant la spécification SCA et représente les services offerts par une clinique de chirurgie esthétique. La figure IV.I.4 représente les différents composants de ce système.

La clinique contient un ensemble de départements internes, comme par exemple l'administration ou le département de chirurgie. Ces départements sont considérés comme des domaines de confiance, représentés à l'intérieur de composites, chacun contenant un ensemble de sous-composants représentant des entités qui réalisent une certaine activité.

Le composant principal qui communique avec le patient est le composant *Réception*. Il orchestre les communications entre l'ensemble des départements et retourne à la fin le résultat au patient.

Le processus de réservation suit les étapes suivantes : (0) Saisie des informations par le patient, (1) Envoi des informations aux laboratoires, (2) Analyse des tests sanguins et radios et envoi du résultat à la réception, (3) Étude du dossier par le praticien (4) Consultation du département de chirurgie, (5) Affectation de la salle d'opération, du chirurgien et de l'anesthésiste (6) Consultation de l'administration, (7) Réservation de la chambre pour le patient, (8) Calcul du montant et paiement et (9) Enregistrement de statistiques pour le laboratoire.

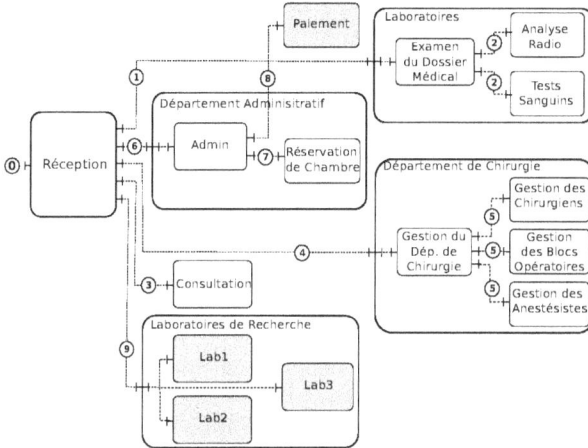

Figure IV.I.4 – Architecture de l'application de clinique de chirurgie esthétique

Les risques de sécurité

Supposons que les données qui circulent entre les composants peuvent être **personnelles** (nom, adresse, ...), **médicales** (identifiant du patient, date et type de l'opération...) ou **financières** (numéro de carte de crédit...). Chaque composant du système a accès à un certain type d'information. Le composant *Réception* a accès aux informations personnelles, médicales et financières, puisqu'il est le seul à communiquer avec le patient. Le composant *Administration* utilise également les données personnelles, médicales et financières, car il est impliqué dans les processus de paiement et de réservation de chambre. Le composant de *Paiement* utilise des données personnelles et financières. Le composant de *Réservation de chambre* a accès aux données personnelles et médicales, car il a besoin du nom du patient, ainsi que de la date de l'opération. Les *Laboratoires de recherche* ont besoin d'informations médicales pour les statistiques, mais aussi d'informations personnelles pour s'assurer que les données qu'ils reçoivent ne sont pas dupliquées. Enfin, le reste des composants (*Chirurgie*, *Consultation* et *Laboratoires d'analyse*) ont accès aux informations médicales uniquement.

En échangeant les informations, le système doit assurer que les contraintes précédentes soient respectées. Autrement dit, si un composant est habilité à consulter uniquement une catégorie de données, il ne doit pas être capable de déduire la valeur de celles appartenant à une autre catégorie. Cependant, dans le scénario détaillé ci-dessus, une *violation de confidentialité* peut être détectée.

Le composant *Paiement* reçoit de la part du composant *Administration* le montant à payer, en même temps que le numéro de carte de crédit, le nom et l'adresse du patient. Le problème réside dans le fait que le montant de l'opération est déduit des informations médicales du patient, ce qui permettrait au composant Paiement de deviner le type de l'opération esthétique que fait le patient.

Dans le scénario, nous détectons également une *violation d'intégrité*. Le composant *Laboratoire d'analyse radio*, par exemple, reçoit un dossier contenant l'historique médical du patient. Ce dossier est la propriété du patient et ne doit donc pas être modifié par qui que ce soit sauf lui. Toutefois, le composant *Laboratoire d'analyse radio* calcule les résultats de l'analyse en les déduisant du contenu de ce dossier. Dans ce cas, la clinique doit être explicitement autorisée à modifier des informations déduites à partir de données propres au patient.

Les mécanismes de sécurité classiques utilisés pour les systèmes distribués (contrôle d'accès, chiffrement, signature) ne peuvent pas résoudre à eux seuls ces types de problèmes, car on traite désormais de problèmes liés au contrôle de flux d'information, qui exige un suivi de l'information de bout en bout. En effet, si nous supposons que les procédures de contrôle d'accès nécessaires sont appliquées pour chaque composant et que les messages sont protégés durant le transport grâce à des fonctions cryptographiques adéquates, rien ne garantit que le comportement interne de chaque composant respecte les restrictions initiales du propriétaire de la donnée. Ce que nous avons vraiment besoin de faire est de garder la trace de l'information au delà du premier port qui le reçoit. Dans la section qui suit, nous montrons comment sécuriser l'application de la clinique esthétique avec CIF et expliquons la manière dont la violation de confidentialité décrites ci-dessus est détectée.

Sécuriser l'application avec CIF

Nous considérons un ensemble d'hypothèses de sécurité pour notre application :

- Quelques procédures de sécurité classiques sont assurées, comme par exemple l'authentification de l'utilisateur au niveau du composant *Réception*.
- Les composants patrimoniaux, comme le composant Paiement et les laboratoires de recherche, sont de confiance. Ils affichent leurs étiquettes de sécurité et mettent réellement en œuvre le niveau de sécurité qu'ils prétendent fournir.
- Nous considérons que le réseau dans un même domaine est sûr et qu'ainsi, aucune action cryptographique n'est nécessaire pour l'échange de données privées dans le même domaine.

– Nous supposons que les clés cryptographiques sont préalablement installées dans les machines des composants.

Modèle d'étiquettes

Nous utilisons pour cette étude de cas le modèle d'étiquettes à base de jetons décrit dans la section III.2.2, partie I.

Le niveau de confidentialité des données peut être déterminé par l'utilisation des jetons p (pour *personnel*), m (pour *médical*) et f (pour *financier*). Si une donnée est étiquetée m et p, par exemple, cela veut dire qu'elle contient en même temps des informations médicales et personnelles. Dans ce cas, aucune information ne peut aller de cette donnée vers une autre donnée qui a le jeton m uniquement, car l'information personnelle dans la première va être divulguée à la seconde. Ce qui veut dire que $\{m\} \subseteq_C \{(m, p)\}$.

En ce qui concerne l'intégrité, nous considérons deux types de jetons : un jeton pa (pour *patient*), associé aux données qu'un patient peut modifier et un jeton c (pour *clinique*) associé aux données que tout composant appartenant à la clinique peut modifier. Supposons qu'une donnée a les jetons d'intégrité pa et c. Cela veut dire que cette donnée peut être modifiée soit par l'un soit par l'autre, mais également qu'elle est certifiée par les deux. Aucune information ne doit lui parvenir d'une donnée qui a uniquement le jeton pa, par exemple, car l'information qui était uniquement modifiable par le patient (comme par exemple le numéro de carte de crédit) devient modifiable par la clinique également, ce qui est considéré comme une atteinte à l'intégrité. Nous pouvons ainsi affirmer que $\{;(pa, c)\} \subseteq_I \{;pa\}$.

Configuration de sécurité

Le composant *Réception* contient un ensemble d'attributs représentant toutes les données initiales du patient. Il envoie ces données au composant *Administration*, via un port client étiqueté $\{(m, p, f);(pa; c)\}$. Le composant *Administration* envoie le montant de l'opération, le nom du patient et le numéro de la carte de crédit au composant *Paiement*, qui est un composant patrimonial. Ces données sont envoyées via un port étiqueté $\{(p, f);(pa, c)\}$, car nous avons confiance que le composant *Paiement* va préserver les données personnelles et financières du patient.

La figure IV.I.5-a montre un extrait du fichier ADL et du fichier Policy de l'application de la clinique, ainsi que du fichier ADL généré qui décrit les composants fonctionnels et les composants de cryptographie.

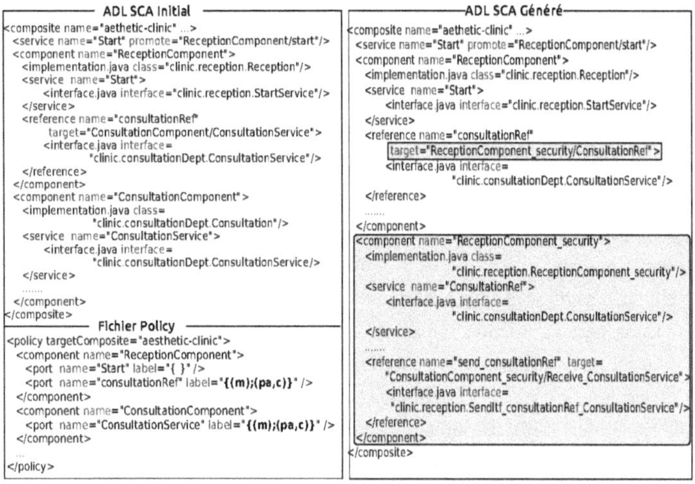

a- Fichiers ADL et Policy Initiaux   b- Fichier ADL SCA Généré

Figure IV.I.5 – Extrait de l'ADL CIF initial et de l'ADL SCA généré

Application de CIFIntra

La figure IV.I.6 montre le fichier de débogage illustrant la propagation des étiquettes dans le code du composant *Administration*. Les étiquettes immuables sont représentées en caractères gras, alors que les étiquettes générées sont soulignées.

Le montant total de l'opération est une variable interne et sa valeur dépend de celle du type de l'opération, de la paie du chirurgien, du type de la chambre réservée (individuelle ou partagée) etc. Toutes ces informations sont étiquetées $\{(m, p, f); (pa, c)\}$, car elles ont été envoyées via un port portant cette étiquette. Comme ces données transmettent leur information à la variable *amount*, l'étiquette de cette dernière doit être au moins aussi restrictive que $\{(m, p, f); (pa, c)\}$. Ainsi, $label(amount) = \{(m, p, f); (pa, c)\}$.

Plus loin dans le code, ce montant doit être envoyé au composant *Paiement*, en même temps que le numéro de la carte de crédit, le nom et l'adresse du patient, via un port client portant l'étiquette $\{(p, f); (pa, c)\}$.

La réunion des étiquettes de toutes les informations à envoyer est :$\{(m, p, f); (pa, c)\}$, qui est plus restrictive que l'étiquette du port *paymentRef* via lequel elles sont acheminées, soit $\{(p, f); (pa, c)\}$. Cette interférence est détectée par l'outil CIFIntra. L'administrateur peut alors choisir d'autoriser l'interférence, ou de l'interdire et chercher une solution pour la corriger ou

```
package clinic.adminDept.impl;                              Légende
...                                                         Etiquettes de conf. :   p: personal
public class Administration implements AdministrationService{              f:  financial
    private RoomReservationService{(m);(pa,c)} roomReservationRef;         m: medical
    private PaymentService{(f,p);(pa,c)} paymentRef;        Etiquettes d'intégrité : pa: patient
    ...                                                                              c:  clinic
    public void sendPatientInformation ( CreditCard{(m,p,f);(pa,c)} cc,
                          Operation{(m,p,f);(pa,c)} opType,
                          SurgeonInfo{(m,p,f);(pa,c)} surgeon,
                          RoomInfo{(m,p,f);(pa,c)} room,
                          AnesthetistInfo{(m,p,f);(pa,c)} anes,
                          BlocInfo{(m,p,f);(pa,c)} bloc){
        float amount{(m,p,f);(pa,c)} = surgeon.getWage() + opType.getCost()
                       + room.getPrice() + anes.getWage() + bloc.getPrice();
        paymentRef.performPayment ( cc, amount);
    }
    ... Interférence détectée ici, car la variable amount est envoyée
}       via le port paymentRef, dont l'étiquette est moins restrictive
```

Figure IV.I.6 – Extrait du fichier de débogage du composant Administration

l'éviter. Dans notre cas, nous supposons que l'administrateur juge cette interférence dangereuse pour le patient et décide de la corriger en changeant l'étiquette du port *paymentRef* pour la rendre plus restrictive.

Application de CIFInter

L'étape suivante est d'appliquer l'outil CIFInter sur le système. En comparant les étiquettes des ports clients et serveurs associés, l'outil détecte une interférence entre le port *paymentRef* du composant *Administration* qui porte l'étiquette $\{(m,p,f);(pa,c)\}$, et le port serveur associé du composant *Paiement*, dont l'étiquette est restée à $\{(p,f);(pa,c)\}$. Cela implique qu'un flux d'information illégal a lieu : le composant *Paiement* garantit la préservation des informations personnelles et financières, mais pas des informations médicales. C'est pour cela que le concepteur doit modifier l'étiquette du port serveur du composant *Paiement*, puis *relancer l'outil CIFIntra* pour vérifier que les liaisons internes du composant Paiement, décrites dans son IBA, préservent le jeton m nouvellement ajouté à l'entrée du composant.

Une fois cette vérification réalisée, l'outil CIFInter est lancé une dernière fois pour que ses générateurs fonctionnels insèrent les composants de sécurité qui vont assurer le chiffrement et/ou la signature des messages sortants ainsi que le déchiffrement et/ou la vérification des messages entrants. La figure IV.I.5-b montre un extrait de la description SCA résultante. Les éléments surlignés en gris représentent les parties insérées dans le fichier ADL résultant par le compilateur CIFInter.

4 Calendrier partagé

L'application décrite dans cette partie permet à deux utilisateurs de fixer une date pour une réunion de manière quasi-automatique. Cette application à base de composants sera sécurisée en utilisant DCIF, avec le modèle d'étiquettes à base de jetons décrit dans la section III.2.2, partie I. Nous supposons dans notre exemple que tous les composants sont dans le même domaine pour nous délivrer de toutes les opérations cryptographiques.

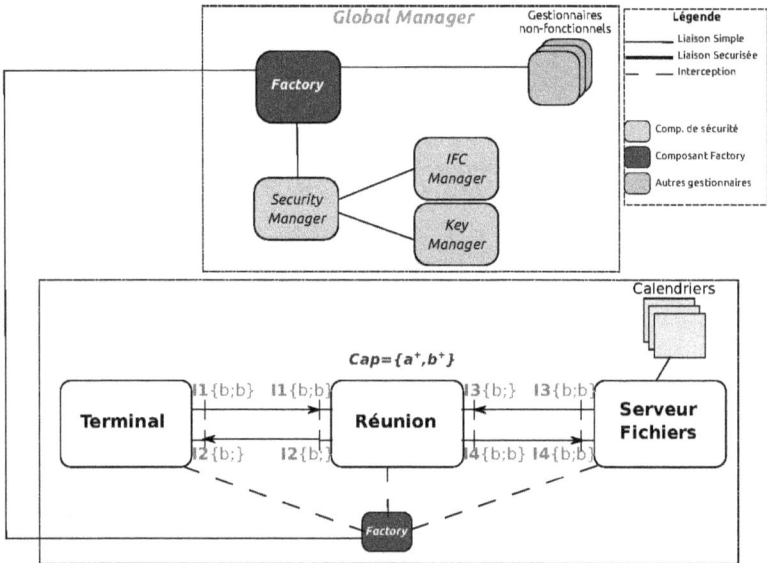

Figure IV.I.7 – Application de calendrier partagé sécurisée avec DCIF

La figure IV.I.7 présente l'architecture de l'application. Le composant *Terminal* fournit une interface aux utilisateurs pour qu'ils interagissent avec l'application. Le composant *Réunion* est en charge de la vérification de la disponibilité des utilisateurs à partir de leurs calendriers respectifs quand une nouvelle réunion est proposée. Enfin, le composant *ServeurFichiers* contient le code qui accède aux calendriers des utilisateurs. Le terminal peut indiquer au composant *Réunion* les requêtes des utilisateurs via son interface cliente *I1*, et recevoir sa réponse via l'interface serveur *I2*. Le composant *Réunion*, d'autre part, consulte le composant *ServeurFichiers* pour avoir des information sur les calendriers des utilisateurs en utilisant son interface $I4$, et le serveur de fichiers lui renvoie la réponse via l'interface $I3$[3].

Considérons le scénario suivant : le utilisateurs Alice et Bob gardent leurs calendriers privés respectifs dans leurs fichiers privés *Cal_Alice* et *Cal_Bob*. Bob veut programmer une réunion avec Alice, il suggère ainsi quelques dates et attend une réponse de sa part. Le composant *Réunion* examine ces suggestions, en considérant les informations lues à partir des fichiers *Cal_Alice* et *Cal_Bob*, puis informe le terminal si ces réunions sont possibles ou pas. Si Bob est un utilisateur malicieux, il peut déduire des informations sur le calendrier d'Alice en testant plusieurs propositions de réunions ce qui peut conduire à un problème d'interférence. Le challenge ici est de permettre au composant *Réunion* de combiner les données privées d'Alice et Bob sans divulguer des informations, à moins qu'Alice ne choisisse de révéler ses données privées à Bob, si elle le considère comme utilisateur de confiance.

Au déploiement ou à la reconfiguration, le Factory consulte le IFCM pour vérifier la validité des composants et liaisons. Pour cela, nous définissons les jetons a et b, représentant respectivement les données secrètes d'Alice et de Bob. Si un niveau de confidentialité contient le jeton a, par exemple, cela veut dire qu'il contient des informations secrètes d'Alice. Si un niveau d'intégrité contient l'étiquette a, cela veut dire que cette information est teintée par l'utilisateur Alice.

Dans le scénario précédent, la configuration initiale des étiquettes est mise de sorte que l'utilisateur connecté (Bob, par exemple) puisse consulter son propre calendrier, ce qui veut dire que la liaison entre l'interface *Terminal.I2* (portant l'étiquette $\{b;\}$) et l'interface *Réunion.I2* (portant la même étiquette) est établie, puisqu'aucun risque de révéler les données privées n'est présent. Ainsi, l'utilisateur peut avoir une réponse pour chacune de ses requêtes et exploiter ainsi le contenu de son calendrier. De plus, les capacités du composant *Réunion* ont définies pour $Cap = \{a^+, b^+\}$, car nous considérons que ce composant peut autoriser l'ajout d'une teinte supplémentaire à une information, mais interdit d'enlever une teinte existante. On suppose également ici que la liste de confiance est vide, c'est à dire que, pour commencer, aucun utilisateur ne fait confiance à un autre. De plus, initialement, chaque calendrier de l'utilisateur x porte l'étiquette $\{x; x\}$.

Supposons maintenant que Bob veut proposer une réunion à Alice. Le composant *ServeurFichiers* va consulter le calendrier d'Alice. Par conséquent, les interfaces de ce composant doivent

---

3. Par souci de lisibilité, les interfaces communicantes sont placées l'une en face de l'autre sur la figure, au lieu de placer les interfaces serveur à gauche et les interfaces clientes à droite des composants. Les sens de communication sont indiqués par des flèches.

avoir des étiquettes au moins aussi restrictives que celles du calendrier d'Alice. Ainsi :

$$Label(ServeurFichiers.I3) = Label(ServeurFichiers.I4) = \{a; a\}$$

Puisque l'interface *ServeurFichier.I3* est liée à *Réunion.I3*, sa modification entraîne la vérification de *Réunion.I3*, pour voir si la liaison reste valide ou pas. Puisque :

$$Label(ServeurFichiers.I3 = \{a; a\}) \ et \ Label(Réunion.I3 = \{b; \})$$

alors une violation de la confidentialité est détectée, car $\{a; a\} \not\subseteq_C \{b; \}$.

Suite à la détection de cette violation, le IFCM doit consulter les capacités du composant *Réunion* pour vérifier si une rétrogradation de l'interface *Réunion.I3* est possible. Cela revient à vérifier si le jeton a peut être ajouté au niveau de confidentialité de cette interface, de manière à ce qu'elle accepte les données privées d'Alice. Nous remarquons que le composant *Réunion* a la capacité a^+, il peut donc rétrograder le niveau de son interface *I3* vers $\{a, b; \}$.

Ceci étant fait, aucune violation de confidentialité ou d'intégrité n'est détectée, et la liaison, devenue valide, est établie. Autoriser cette liaison veut dire que le composant *Réunion* est autorisé à manipuler et transférer des données privées d'Alice.

Puisque chaque changement d'étiquettes entraîne une re-vérification des composants, le composant *Intra-Component Verifier* du IFCM va propager les nouvelles étiquettes dans le code du composant *Réunion*, ce qui induit le changement des étiquettes des interfaces de sortie (*I2* et *I4*) du composant *Réunion*, car les informations acheminées par ces interfaces dépendent directement des valeurs lues par l'interface d'entrée *I3*. D'où, nous obtenons les configurations suivantes :

$$Label(Réunion.I2) = Label(Réunion.I4) = \{a, b; \}$$

Selon les règles de la non-interférence, la liaison entre *Réunion.I2* et *Terminal.I2* devient invalide car $\{a, b; \} \not\subseteq_C \{b; \}$. De même pour la liaison entre *Réunion.I4* qui porte l'étiquette $\{a, b; \}$ avec *ServeurFichiers.I4* qui porte l'étiquette $\{a; a\}$, qui est invalide car $\{a, b; \} \not\subseteq \{a; a\}$.

Le IFCM consulte ensuite les capacités du composant *Réunion* et vérifie s'il a la possibilité de rétrograder les données privées de Bob (pour les écrire dans le fichier privé d'Alice) ou rétrograder celles d'Alice (pour les afficher à Bob dans le Terminal). Or, cela n'est pas possible, car le composant *Réunion* n'a pas les capacités a^- ni b^-. De plus, la liste de confiance étant vide, rien ne permet de dire si l'utilisateur Alice fait confiance à l'utilisateur Bob pour l'autoriser à consulter ses données, et vice versa. Par conséquent, la violation de confidentialité persiste, et ces liaisons sont mises *en attente*. L'application protège ainsi les données privées d'Alice, et empêche Bob d'avoir une idée sur la disponibilité d'Alice pour la date qu'il a proposé. Il doit donc attendre qu'Alice se connecte pour qu'elle lui envoie sa réponse.

Conclusion

Dans cette partie, nous avons illustré l'utilisation des outils CIF et DCIF par divers exemples, qui diffèrent par leurs types, leurs modèles orientés composants et leurs modèles d'étiquettes. Ces exemples ont servi à montrer l'utilité et la faisabilité de notre approche et son application sur des cas concrets. Cependant, aussi utile soit-il, tout mécanisme de sécurité entraîne en général un coût supplémentaire en termes de performances. La partie suivante nous permet d'évaluer le surcoût entraîné par la vérification de la non-interférence avec l'outil CIF.

D'autre part, il est important de montrer que les outils que nous avons réalisé permettent de garantir réellement la non-interférence pour l'ensemble du système distribué. Nous montrons deux techniques de vérification formelles que nous appliquons sur nos outils pour montrer que CIF produit bien un système non-interférent.

Chapitre II

Évaluation des performances

Dans ce chapitre, nous évaluons les outils CIF en termes de taille de code, de coût de compilation, de coût de configuration et de surcout à l'exécution. L'évaluation est réalisée sur un Macintosh Intel Core 2 Duo 2GHz, avec 4GB de RAM, utilisant MacOSX 10.5.8. Tous les exemples sont conçus avec le standard SCA en utilisant l'implémentation Frascati. L'évaluation a été réalisée avec le profileur de code YourKit [1] pour l'estimation des temps de compilation et le plugin Eclipse Software Metrics [2] pour l'estimation de la taille du code. Pour chaque étape d'évaluation, nous vérifions les résultats obtenus sur l'application de la clinique de chirurgie esthétique, car elle peut nous aider à avoir une idée sur le coût des outils CIF sur une application réaliste.

1 Implémentation et taille de code

Les outils CIFIntra et CIFInter sont réalisés en Java 1.6. Pour CIFIntra, nous étendons le compilateur Polyglot pour l'analyse et la génération du code. Pour CIFInter, nous utilisons l'analyseur DOM fourni dans l'API *javax.xml*, pour parcourir et générer des documents XML. La taille totale du code de CIF est de 4917 LoC (Lines of Code). Le générateur CIForm comprend 928 LoC, l'outil CIFInter 1422 LoC dont le tiers est dédié à la classe du générateur et CIFIntra 2567 LoC, partitionnés assez équitablement entre l'ensemble des classes visiteurs.

---

1. **YourKit Java Profiler** : http ://www.yourkit.com/
2. **Software Metrics Eclipse Plugin** : http ://metrics.sourceforge.net

2 Coût de la configuration

La configuration consiste à attribuer des étiquettes aux différentes parties du système (attributs et ports). Nous avons repris le code d'une application de bataille navale [Myers06] développée avec JIF. Nous avons réécrit le système sous forme de composants. Nous obtenons ainsi trois composants : le coordinateur du jeu et deux joueurs. Chaque communication entre ces trois partis se fait grâce à des liaisons et à travers des ports. Nous avons utilisé le modèle Fractal pour représenter le système. La configuration de la sécurité a nécessité l'attribution de 11 étiquettes appliquées au niveau des ports et attributs dans le fichier Policy, contre 143 étiquettes réparties sur toute l'implémentation dans le code initial écrit en JIF, sans compter les instructions de rétrogradation ou d'attribution d'autorité [Myers00]. Avec CIF, il n'est pas nécessaire d'annoter toutes les variables, ce qui simplifie grandement la configuration de la sécurité. De plus, cette configuration a l'avantage d'être complètement séparée du code et de l'architecture de l'application.

3 Coût de la compilation

3.1 Coût de la compilation de CIFIntra

La complexité de notre outil de génération intra-composant peut être évaluée par le nombre de passages sur le code d'implémentation. Pour propager les étiquettes dans le code du composant, ce dernier est scanné autant de fois que les étiquettes générées changent. En effet, le compilateur s'arrête quand il détecte une interférence, ou bien quand il atteint un état stable où les étiquettes ne changent plus.

Chaque fois que l'étiquette d'une variable change, l'outil revérifie que ce changement n'affecte pas le reste du code. Le nombre de passages sur le code augmente considérablement avec la taille du code, bien sûr, mais surtout avec le nombre et l'utilisation des variables intermédiaires. Cela est dû au fait que l'un des rôles de CIFIntra est d'assigner des étiquettes à ces variables. Le code doit donc être scanné autant de fois que nécessaire pour étiqueter convenablement la variable. Prenons par exemple la portion de code suivante (a étant une variable locale, b et c sont des attributs) :

$$while(true)\{b = a; a = c; \}$$

Supposons que $label(c) \nsubseteq label(b)$. Le premier passage du compilateur trouvera que a n'a pas d'étiquette et lui assignera celle de c (car si $a = c$, alors $label(a)$ doit être au moins aussi restrictif que $label(c)$) et continuera sans lancer d'exception, même s'il est clair pour le lecteur que c'est un cas d'interférence, car à la seconde itération de la boucle, b prendra la valeur de c, ce qui est interdit. C'est pourquoi le compilateur doit faire deux passages sur cette portion : dans la seconde, il détectera que l'affectation $b = a$ est illégale, car un flux d'information est transmis de a vers b alors que $label(a) \nsubseteq label(b)$.

Le nombre de passages dépend également du nombre de blocs imbriqués. En effet, les blocs doivent être scannés récursivement pour vérifier que le compteur programme devient uniquement de plus en plus restrictif, évitant ainsi les flux implicites.

Nous pouvons déduire à première vue que cet algorithme termine, car (1) le nombre d'étiquettes à modifier est fini, (2) les valeurs des étiquettes changent de manière incrémentale (du moins vers le plus restrictif) et (3) les étiquettes sont plafonnées par une borne supérieure, qui est celle de l'étiquette la plus restrictive du treillis selon le modèle défini par l'utilisateur.

3.2   Temps d'exécution de CIFInter

Nous avons développé deux benchmarks (représentés dans la figure IV.II.1) pour un test de montée en charge :
- **Bench1** : Une simple application formée d'un nombre variable de composants minimalistes connectés. Différentes dispositions sont testées et, puisque l'architecture du système n'a aucun impact sur le temps d'exécution de CIFInter, nous présentons les résultats avec des composants connectés en série, échangeant un message de taille 10K. Une simple liaison locale relie deux composants successifs et induit à chaque fois l'insertion de composants cryptographiques (pour le chiffrement et la signature).
- **Bench2** : Une application composée de deux composants, un client et un serveur, connectés avec un nombre variable de liaisons.

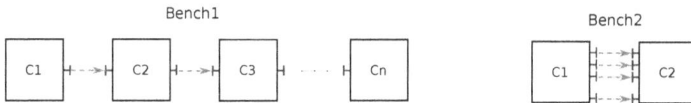

Figure IV.II.1 – Illustration des deux benchmarks utilisés pour les tests de montée de charge

Nous mesurons avec ces deux benchmarks le temps nécessaire pour la vérification du fichier Policy, pour l'encapsulation des composants cryptographiques et la génération du nouveau fichier ADL fonctionnel. Pour faire varier le nombre de composants et de liaisons de manière significative, nous avons réalisé un programme qui permet de générer automatiquement les fichiers ADL de ces benchmarks, selon un nombre de composants variable pour le Bench1 et de liaisons variable pour le Bench2.

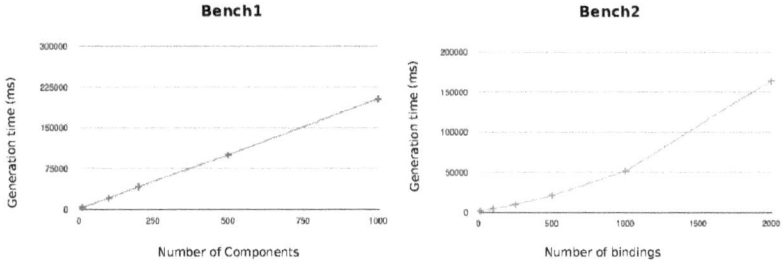

Figure IV.II.2 – Courbes représentant la montée en charge pour les deux benchmarks utilisés

Quand le nombre de composants augmente, les temps de vérification et de génération de CIFInter augmentent de manière linéaire, avec un temps de compilation qui reste acceptable (jusqu'à 220 secondes pour 1000 composants). Le temps de compilation varie également de manière proportionnelle au nombre de liaisons. En effet, un composant cryptographique commun pour toutes les liaisons est généré et pour chaque liaison, une interface appropriée est ajoutée (pour 500 liaisons, nous mesurons 20 secondes pour l'exécution de CIFInter).

3.3 Coût de la compilation pour l'application de la clinique

Le temps de compilation nécessaire pour réaliser une vérification intra-composant pour le composant Réception (150 LoC) est évalué à 1992 ms. Mais même si ce temps de compilation varie selon la taille de la classe et le nombre de variables, il reste acceptable, car la génération est réalisée une seule fois au déploiement.

En ce qui concerne CIFInter, le temps de compilation pour la vérification des liaisons et la génération du composant de cryptographie est estimé à 4838 ms, avec à peu près 75% du temps pour la génération de l'implémentation des composants cryptographiques. Comme un seul composant cryptographique est associé à chaque composant fonctionnel, l'implémentation dépend du nombre de ports clients/serveurs de ce composant fonctionnel, qui envoie/reçoit des messages nécessitant un chiffrement ou une signature.

4 Surcoût sur le temps d'exécution

Le choix de la méthode cryptographique utilisée pour la signature et le chiffrement des messages a clairement un impact sur la performance de l'application. Dans notre prototype, tous les messages sont considérés comme des objets Java, chiffrés avec la classe *SealedObject* de l'API *security* de Java, avec l'algorithme asymétrique RSA et une taille de clé de 2048 bits. Pour la signature, l'algorithme utilisé est MD5/RSA, avec la classe *SignedObject*. La performance du système résultant peut être améliorée si le concepteur choisit d'utiliser, par exemple, un cryptage symétrique au lieu de l'asymétrique actuellement utilisé ; elle peut être améliorée encore plus si des composants matériels sont utilisés pour la génération et le partage de clefs. Cette optimisation est orthogonale à notre travail sur le framework CIF.

Dans le cas de l'application de la clinique, l'ajout de 6 composants cryptographiques induit un surcoût de 20% : pour le scénario décrit dans le chapitre section I.3, partie IV, le temps d'exécution augmente de 6400 ms sans cryptographie à 7675 ms avec cryptographie.

Dans CIF, la séparation de la sécurité du code fonctionnel permet l'optimisation et la modification des protocoles cryptographiques sans toucher au code fonctionnel, mais peut induire un surcoût sur le temps d'exécution. Nous avons mesuré ce surcoût et avons trouvé qu'il était négligeable comparé au coût de la cryptographie. En effet, comme les composants cryptographiques insérés sont des composants locaux, le surcoût induit est équivalent à celui d'un appel de méthode.

Le tableau II.1 récapitule l'ensemble des valeurs que nous avons relevées.

Tableau II.1 – Évaluation des performances

	Application				Tools		
	Before CIF	After CIF	Scale		CIForm	CIFIntra	CIFInter
LoC	1068	4475	x 4,19	LoC	928	2567	1422
Components	13	26	x 2	HotSpots	Label	Visitors	Comp. gen.
Exec Time	6400ms	11175ms	x 1,74	Exec Time	1164ms	1992 ms	4838 ms
Memory	35 MB	43 MB	x 1,22	Memory	23 MB	14,2 MB	28 MB

Conclusion

L'étude de performances réalisée montre que le surcoût de la vérification de la non-interférence à la compilation n'est pas très important, et que c'est la cryptographie qui pénalise le plus les performances du système.

Un autre aspect de l'évaluation doit être abordé, c'est la vérification formelle de la non-interférence. Nous présentons dans le chapitre suivant des techniques de vérification que nous appliquons sur notre canevas CIF.

Chapitre III

Étude Formelle

Nous proposons dans ce chapitre une méthode pour montrer que la propagation des étiquettes dans le code d'un composant, l'une des contribution les plus importantes dans notre solution, produit bien un composant non-interférent. Pour cela, nous utilisons les systèmes de réécriture. Nous appliquons la technique utilisée par [Alba-Castro09], pour montrer comment est-ce qu'on peut prouver que le code généré par CIFIntra est bien non-interférent.

1 Logique de Réécriture

La logique de réécriture [Klop92, Dershowitz89, Meseguer92] présente un ensemble de méthodes pour la manipulation et la transformations des expressions, valeurs, propriétés et méthodes. Elle se base sur le remplacement d'un ensemble de termes par un autre dans une formule. Les systèmes de réécriture (TRS pour *Term Rewriting System*) offrent une syntaxe et une sémantique simples pour faciliter l'analyse mathématique pour la spécification des protocoles de sécurité, la résolution de contraintes, les systèmes de transition, la transformation de programmes, etc.

Une **signature** dans la logique de réécriture est une théorie équationnelle (Σ, E) où Σ est une signature équationnelle et E un ensemble de Σ-équations.

La réécriture permet de construire des classes d'équivalence de **termes** modulo E. Un terme $t \in \mathcal{T}$ est un élément d'une équation pouvant être **clos** (contenant uniquement des symboles fonctionnels) ou **ouvert** (contenant des symboles fonctionnels et des variables).

Soit une signature (Σ, E), les phrases de la logique de réécriture sont des séquences de la forme : $[t]_E \longrightarrow [t']_E$, où t et t' sont des Σ-termes pouvant contenir des variables et $[t]_E$ montre la classe d'équivalence de t modulo les équations E.

La théorie de réécriture comprend 4 tuples : (Σ, E, L, R) :

- (Σ, E) : La théorie équationnelle modulo laquelle on réécrit.
- L : Un ensemble d'étiquettes (*Labels*).
- R : Un ensemble de règles étiquetées pouvant être conditionnelles (*Rules*).

On peut définir une règle de réécriture comme suit :

Définition 4 (Règle de réécriture). Pour deux termes l et r de l'ensemble de termes $\mathfrak{T}$ tel que $Var(l) \subseteq Var(r)$, $l \longrightarrow r$ est une règle de réécriture.

> *Exemple.* La règle de réécriture $g(x) \longrightarrow f(a, f(b, x))$ avec x une variable, nous permet de réécrire le terme $g(a + b)$ en $f(a, f(b, a + b))$.

Définition 5 (Pas de réécriture). Pour un système de réécriture donné R, on note $t \longrightarrow_R t'$ un **pas de réécriture** avec une des règles de R.

On note $t \overset{l \rightarrow r}{\longrightarrow} t'$ si c'est la règle de réécriture $l \longrightarrow r$ qui est utilisée.

Définition 6 (Atteignabilité). $t \longrightarrow *_R t'$ décrit le fait que t' est **atteignable** par réécriture à partir de t avec un nombre fini d'étapes.

> *Exemple.* Soit le système de réécriture suivant :
> $R = \{f(x, g(d)) \longrightarrow f(c, g(d)), g(x) \longrightarrow x, c \longrightarrow d, f(x, x) \longrightarrow x\}$.
> En appliquant la logique de réécriture sur le terme $f(b, g(c))$, on obtient :
>
> $$f(b, g(c)) \qquad \overset{c \rightarrow d}{\longrightarrow} \qquad f(b, g(d))$$
> $$\overset{f(x, g(d)) \rightarrow f(c, g(d))}{\longrightarrow} \quad f(c, g(cd))$$
> $$\overset{c \rightarrow d}{\longrightarrow} \qquad f(d, g(d))$$
> $$\overset{g(x) \rightarrow x}{\longrightarrow} \qquad f(d, d)$$
> $$\overset{f(x, x) \rightarrow x}{\longrightarrow} \qquad d$$
>
> On en déduit ainsi que d **est atteignable à partir de** $f(x, g(d))$ et on note :
>
> $$f(x, g(d)) \longrightarrow *_R d.$$

2 Réécriture et protocoles de sécurité

Les systèmes de réécriture peuvent être utilisés pour vérifier certaines propriétés de sécurité, telles que la confidentialité[Denker98], l'authentification [Ogata04], la non-répudiation [Li07] et plus récemment la non-interférence [Alba-Castro09, Alba-Castro10].

Un problème de sécurité peut, en général, se réduire à un problème d'atteignabilité en réécriture, qui est un problème **indécidable**, c'est à dire qu'on ne peut ni le prouver, ni prouver sa négation.

Des méthodes par approximations peuvent alors être utilisées, ce qui peut transformer l'algorithme de vérification en semi-algorithme. On peut ainsi définir l'ensemble des configurations interdites, représentant les états du système qui présentent un risque de sécurité, et déterminer si oui ou non ces configurations sont atteignables.

Prenons par exemple l'ensemble des configurations accessibles $\mathcal{R}^*(D)$, où $\mathcal{R}^*$ est la clôture transitive et réflexive de $\mathcal{R}$ et D un ensemble de configurations de départ. Soit $\mathcal{A}$ un ensemble de configurations interdites. Si on a $\mathcal{R}^*(D) \cap \mathcal{A} = \emptyset$, alors aucune configuration de $\mathcal{A}$ n'est atteignable, et donc la propriété de sécurité est vérifiée. Cependant, en ce qui concerne la vérification des protocoles de sécurité, le langage $\mathcal{R}^*(D)$ ne termine pas, et l'ensemble des termes initiaux D peut être infini [Genet09].

Cependant, il est possible d'appliquer des restrictions sur le langage $\mathcal{R}$ pour un ensemble de termes initiaux défini, pour aboutir à un ensemble de termes atteignables. Cela nous amène à proposer des approximations de $\mathcal{R}^*(D)$ pour semi-décider si la propriété est vérifiée ou pas.

Nous appliquons pour notre travail un système de réécriture défini par [Alba-Castro09] pour vérifier la propriété de non-interférence sur les systèmes écrits en Java. Nous utilisons pour cela le langage Maude.

3 Maude

Maude [1] [Clavel07] est un langage de réécriture développé par SRI International. Il supporte à la fois la logique équationnelle et la logique de réécriture pour un grand nombre d'applications.

Une spécification Maude a deux parties :
- Une partie composée d'**équations** décrivant la structure et les propriétés des états d'un système, en utilisant des **modules fonctionnels** représentés comme suit :
$$\textbf{fmod } nom\_module \textbf{ is } \ldots \textbf{endfm}$$

---

1. **Maude** : http ://maude.cs.uiuc.edu/

– Une partie composée de **règles** spécifiant la manière dont le système peut changer dans le temps, et cela en utilisant des **modules systèmes** représentés comme suit :

mod *nom_module* is ...endm

3.1   Modules fonctionnels

Les types de données abstraits (ADT pour *Abstract Data Types*) sont spécifiées dans Maude grâce aux modules fonctionnels. Ils représentent les différents éléments ainsi que les opérations sur ces éléments. On en distingue quatre types : les **importations** (*imports*), les **types** (*sorts*), les **déclarations d'opérateurs** (*opdecls*) et les **équations** (*eqns*). Ils sont ordonnés comme suit dans les modules fonctionnels.

> **fmod** *nom_module* **is**
>   <imports>   ***réutilisation, modularité*
>   <sorts>   ***types et sous-types de données*
>   <opdecls>   ***noms et arités des opérations*
>   <eqns>   ***comment calculer les fonctions*
> **endfm**

Types (*sorts*)   Grâce à l'ADT *sort*, on peut déterminer les types de données et les ordonner par sous-types (*subsorts*).

> **fmod** Animaux **is**
>   . . .
>   **sort** Animal .
>   **subsort** Dog < Animal .
>   **sorts** Terrier Hound .
>   **subsorts** Terrier Hound < Dog .
>   . . .
> **endfm**

Déclaration d'opérateurs (*opdecl*)   Les opérations peuvent être définies entre les types grâce au mot clef "*op*". Une déclaration d'opérateur a la forme suivante :

> **op** *nom_opérateur* : *types_arguments* -> *type_résultat* [*attributs*] .

115

– Le nom de l'opérateur peut être soit sous forme de **préfixe**, tel que l'opérateur d'addition *+(x,y)* :

> **op** + : Nat Nat **->** Nat .

Nat étant le type *entiers naturels* ; ou alors sous la forme **mixfix**, tel que l'opérateur d'addition *x+y* :

> **op** _+_ : Nat Nat **->** Nat .

– Les attributs sont utilisés pour désigner des fonctions particulières telle que :

* **[ctor]** : désigne un constructeur
* **[assoc]** : désigne un opérateur associatif
* **[comm]** : désigne un opérateur commutatif
* **[id** :*terme*] : désigne le terme *nul* de l'opérateur (résultant en une identité).

– Les opérateurs peuvent être surchargés :

> **op** _+_ : Nat Nat **->** Nat .
>
> **op** _+_ : Integer Integer **->** Integer .

Équations (*eqns*)   Les équations fournissent l'interpréteur de Maude avec un certain nombre de règles pour simplifier une expression. La syntaxe utilise le mot clef "*eq*", suivi par deux expressions séparées par le symbole "=". Voici un exemple :

> **fmod** PEANO-NAT-ADD **is**
>> **sort** Nat .
>> **op** 0 : Nat [ctor] .
>> **op** s : Nat **->** Nat [ctor] .
>> **op** _+_ : Nat Nat -> Nat .
>> **eq** s(M) + N = s(M+N) .
>
> **endfm**

Commande de réduction (*red*)   La commande de réduction *red* calcule la valeur d'un terme en utilisant les équations de la gauche vers la droite jusqu'à ce qu'aucune équation ne puisse être appliquée.

> *Maude* > load PEANO-NAT-ADD.maude
> *Maude* > red s(0) + s(s(0)) .
> *Maude* > **result** Nat : s(s(s(0)))

Pour voir toutes les étapes de la réduction, on tape la commande :

Maude > set trace on .

Importation de modules (*import*) Un module M peut importer d'autres modules (sous-modules) en utilisant trois modes différents :
- *protecting* : utiliser seulement sans modifier.
- *extending* : étendre uniquement avec des constructeurs.
- *including* : modifier les comportements des ADT et des règles de déduction.

> **fmod** PEANO-NAT-MULT **is**
> > **protecting** PEANO-NAT-ADD .
> > **op** _*_ : Nat Nat -> Nat .
> > **vars** M N : Nat .
> > **eq** N * 0 = 0 .
> > **eq** N * s(M) = N + (N * M) .
> **endfm**

Équations conditionnelles (*ceq*) Les équations conditionnelles exécutent une réduction si et seulement si la condition se réduit à *vrai*.

> **ceq** N - M = 0 **if** M > N .
> **eq** max (M,N) = **if** N > M **then** N **else** M **fi** .

3.2 Modules système

La partie dynamique d'un système est spécifiée grâce aux *règles de réécriture*. Elles permettent de définir un ensemble de règles de calcul sur les ADT spécifiés par la partie fonctionnelle.

> **mod** *nom_module* **is**
> > ***partie fonctionnelle*
> > <imports>   ***réutilisation, modularité*
> > <sorts>   ***types et sous-types de données*
> > <opdecls>   ***noms et arités des opérations*
> > <eqns>   ***comment calculer les fonctions*
> >
> > ***partie dynamique*

                  <**rules**>   ***règles de réécriture*
      endm

Règles de réécriture *rl*   Une règle de réécriture déclare la relation entre les états et les transitions. Elles sont irréversibles. Ces règles sont définies par l'une de ces formes :

        rl[*id*] : *term_gauche* => *term_droite* .
        crl[*id*] : *term_gauche* => *term_droite* **if** *cond* .

Une règle s'applique à un terme T s'il existe une substitution S (association de variables à des termes) tel que S(*terme_gauche*) est un sous-terme de T et S(*cond*) se réécrit *vrai*. Dans ce cas, T peut être réécrit en remplaçant le sous-terme adéquat par l'instance de *terme_droite* correspondante.

Commande de réécriture *rew*   La commande de réécriture peut simuler au plus n pas d'un comportement possible à partir d'un état initial t :

        Maude > rew [n] t .

Le nombre de pas maximum [n] peut être omis si le système termine. Voici un exemple illustrant l'utilisation de la réécriture.

      mod COMPTER-CIGARETTES **is**
          protecting Nat .
          sort Etat .
          op c : Nat -> Etat [ctor] .
          op b : Nat -> Etat [ctor] .
          op _ _ : Etat Etat -> Etat [ctor assoc comm] .
          vars W X Y Z : Nat .
          rl[fumer] c (X) => b(X + 1) .
          rl[nouvelle] b(W) b(X) b(Y) b(Z) => c(W + X + Y + Z) .
      endm

      ** Commande de réécriture
      Maude > rew [100] c(0) c(0) c(0) c(0) c(0) c(0) c(0)
                        c(0) c(0) c(0) c(0) c(0) c(0) c(0) c(0) c(0) .

** Résultat
Maude > b(21)

4 Vérification de la non-interférence avec un système de réécriture

[Alba-Castro09] définit une extension de la sémantique de Java avec les flux d'information en utilisant le langage Maude. Il utilise une version abstraite et à états finis de la sémantique opérationnelle du flux d'information pour vérifier le programme. Il produit à la suite de cette vérification un certificat de non-interférence, qui est un ensemble de preuves de réécriture qui peuvent être facilement vérifiées par un moteur de réécriture standard.

4.1 La Sémantique de la logique de réécriture de Java

Syntaxe La spécification de la sémantique opérationnelle de Java est une théorie de réécriture composée de 424 équations et 7 règles. Elle est représentée par le triplet :

$$\Re_{Java} = (\Sigma_{Java}, E_{Java}, R_{Java})$$

Où :

- Σ_{Java} est une signature triée représentant la structure statique du programme Java
- $E_{Java} = \Delta_{Java} \uplus B_{Java}$ est un ensemble d'axiomes équationnels, avec B_{Java} des axiomes tel que l'associativité, la commutativité et l'unité, et Δ_{Java} l'ensemble des équations déterministes de Σ_{Java}
- R_{Java} est un ensemble de règles de réécriture de Σ_{Java} représentant les caractéristiques concurrentes du programme Java.

Règles de Réécriture Soit u et v des états du programme, et $r \in R_{java} \cup \Delta_{Java}$. La représentation

$$u \rightarrow^r_{Java} v$$

implique que u est **réécrit** en v en utilisant r.

L'extension à cette représentation à plusieurs étapes de réécriture est notée :

$$u \rightarrow^*_{Java} v$$

Théorème 5. $u \rightarrow^*_{Java} v$ **ssi** *il existe* $u_1, \ldots, u_k$ *tel que*

$$u \rightarrow_{Java} u_1 \rightarrow_{Java} u_2 \ldots u_k \rightarrow_{Java} v$$

Types : *State* et *Value* La théorie de réécriture $\Re_{Java}$ est définie comme ensemble de termes d'un état concret *State* avec les attributs *in, out, mem* et *store*. Ils définissent une structure paramétrique par rapport à un type générique *Value*, qui définit toutes les valeurs possibles retournées par les fonctions Java ou sauvegardées en mémoire.

Les continuations La sémantique de Java utilise le principe des **continuations**. Les continuations permettent de maintenir le contrôle du contexte de chaque processus tout en spécifiant explicitement la prochaine étape à réaliser pas le processus.

Soit la continuation : $e \longrightarrow k$. Une fois l'expression e évaluée, son résultat est passé au reste de la continuation (k). Prenons par exemple l'opération d'addition en Java. Elle est représentée par des continuations comme suit :

```
eq k((E + E') -> K ) = k((E,E') -> (+ -> K)) .
eq k((int(I), int(I')) -> (+ -> K)) = k(int(I + I') -> K) .
```

k représente un symbole montrant une continuation dans un processus. `->` permet de concaténer les continuations et l'opérateur + est fourni sous deux formes : avec une arité égale à 2, pour représenter l'addition dans Maude, et avec une arité égale à 0 pour représenter un symbole de continuation utilisé pour empiler l'action d'addition.

Nous montrons également dans l'exemple suivant l'instruction *if/then/else*, qui sera modifiée par la suite pour intégrer le contrôle de flux d'information :

```
eq k((if E S else S' fi) -> K) = k(E -> (if(S,S') -> K) .
eq k(bool(true) -> (if(S,S') -> K)) = k(S -> K) .
eq k(bool(false) -> (if(S,S') -> K)) = k(S' -> K) .
```

4.2 Logique de réécriture pour le contrôle de flux d'information de Java

JML : Langage de spécification des niveaux de sécurité Pour attribuer les annotations de sécurité aux éléments d'un programme en Java, [Alba-Castro09] utilise JML (*Java Modeling Language*), un langage de spécification d'interface permettant de décrire des informations statiques dans les modules Java en utilisant des **préconditions** (grâce à la clause *requires*), des

postconditions (clause *ensures*), des **invariants** (clause *invariant*) et des **assertions** (clause *assert*).

Les classes de sécurité dans le programme sont affectées aux éléments de stockage de manière statique, en utilisant les clauses décrites ci-dessus de la manière suivante :

- La clause **ensures** est utilisée pour indiquer le niveau de confidentialité attendu par l'utilisateur d'une méthode.
- La clause **requires** permet d'indiquer les niveaux de confidentialité des paramètres d'entrée d'une méthode.
- La clause **assert** permet d'indiquer les niveaux de confidentialité des variables locales.

La non-interférence La non-interférence est la propriété de sécurité ciblée dans ce travail. Le but des outils décrits dans [Alba-Castro09] est de vérifier que les variables avec un niveau de confidentialité fixé n'influent pas sur les sorties de niveau de confidentialité plus bas.

La non-interférence est représentée par la relation $< L, \subseteq >$, avec L l'ensemble des étiquettes et $\subseteq$ la relation "*peut circuler vers*" ; ainsi que la fonction d'étiquetage $Lab : Var \rightarrow L$ qui associe à une variable dans Var une étiquette dans L.

Les niveaux de confidentialité utilisés sont *Low* et *High* avec $Low \subseteq High$. On définit également l'opérateur de jointure $\bigcup$ comme suit :

- $Low \bigcup Low = Low$
- $X \bigcup Y = High$ sinon.

Le modèle d'étiquettes utilisé dans ces travaux est un modèle simplifié, qu'on peut facilement généraliser au modèle d'étiquettes désiré en redéfinissant la relation $\subseteq$ et la relation $\bigcup$ entre les différentes étiquettes, pouvant ainsi englober plusieurs niveaux de sécurité, ainsi que la propriété d'intégrité. Dans l'annexe C, partie IV, nous présentons une proposition de définition du type Label pour le modèle d'étiquettes à jetons présenté dans la section III.2.2, partie I.

Nous présentons dans ce qui suit deux exemples de flux d'information illégal représenté dans un programme simple. Le premier représente un flux explicite (une affectation) et le second un flux implicite (un bloc *if*).

Exemple (Flux explicite illégal).

```
public int mE1 (int h, int l){
        l = h;
        return l;
}
/*@ requires h == High && l == Low;
  @ ensures \result == Low;
@*/
```

Exemple (Flux implicite illégal).

```
public int mE2 (int h, int l){
        if (h > 2) l = 0;
        return l;
}
/*@ requires h == High && l == Low;
  @ ensures \result == Low;
@*/
```

4.3 Sémantique de Java étendue au contrôle de flux d'information

Pour représenter le contrôle de flux d'information, la sémantique de Java doit être étendue de manière à attribuer à une donnée son étiquette aussi bien que sa valeur. Le domaine *Value* va ainsi être étendu à *Value* x *LValue*, avec *LValue* représentant l'ensemble des étiquettes possibles dans le modèle, soit dans ce cas les valeurs *High* et *Low*. Ainsi, on associe à une variable le couple $< Value, LValue >$ pour représenter à la fois sa valeur et son niveau de sécurité. On définit également le constructeur *lenv* permettant de sauvegarder le niveau global de sécurité. Il permet ainsi de maintenir le compteur programme (*pc*) à jour.

L'exemple suivant montre comment est-ce que l'instruction *if/then/else* a été réécrite pour ajouter le contrôle de flux d'information.

Exemple (Instruction *if/then/else* réécrite).

```
-- Évaluer l'expression booléenne
-- et garder l'étiquette du contexte courant
eq k((if E S else S' fi) -> K) lenv(LEnv)
   = k(E -> if(S, S') -> restoreLEnv(LEnv) -> K) lenv(LEnv)
-- Mettre à jour l'étiquette du contexte
eq k(< bool(true), LValue > -> (if(S, S') -> K)) lenv(LEnv)
   = k(S -> K) lenv(LEnv join LValue) .
eq k(< bool(false), LValue> -> (if(S, S') -> K)) lenv(LEnv)
   = k(S' -> K) lenv(LEnv join LValue) .
-- Restaurer l'ancienne étiquette de contexte
eq k(restoreLEnv(LEnv) -> K) lenv(LEnv') = k(K) lenv(LEnv)
```

4.4 Sémantique de réécriture abstraite de Java

Dans le but de vérifier des systèmes volumineux, on définit des *abstractions*. L'idée est de considérer un système fini qui abstrait les caractéristiques du système infini initial auquel nous nous intéressons, de transformer la propriété que nous désirons prouver dans ce nouveau système et d'y appliquer la vérification par réécriture. Le système abstrait devrait être suffisamment explicite pour que la propriété s'y applique, et en même temps d'une taille restreinte pour être couvert par la vérification.

[Alba-Castro09] définit une abstraction de la logique de réécriture de Java par :

$$\Re_{Java\#} = (\Sigma_{Java\#}, E_{Java\#}, R_{Java\#})$$

où : $E_{Java\#} = \Delta_{Java\#} \uplus B_{Java\#}$

La relation de réécriture associée est alors symbolisée par : $\rightarrow_{Java\#}$

Cette représentation est une extension de la théorie de réécriture originelle $\Re_{Java}$ avec une abstraction du domaine de valeurs à LValue = {Low, High}, ce qui veut dire que les vraies valeurs des données sont négligées. Grâce à cette abstraction, plusieurs pas de calcul de $\longrightarrow_{Java^E}$ sont remplacés par un seul pas de calcul abstrait de $\longrightarrow_{Java\#}$, ce qui reflète le fait que plusieurs comportements distincts sont compressés en un seul état abstrait.

La sémantique de réécriture de Java étendue aux flux d'information définie dans la sous-section section III.4.3, partie IV est abstraite de manière à ce que :

1. Chaque paire $< Value, LValue >$ dans les équations et règles est approximée par le deuxième élément $LValue$

2. Les équations ne pouvant pas être prouvées confluentes [2] après la transformation sont transformées en règles pour refléter les réécritures possibles d'un état abstrait.

4.5 Certification

La méthodologie décrite par [Alba-Castro09] permet de générer un **certificat de sûreté** qui consiste en un ensemble de preuves de réécritures abstraites de la forme :

$$l_1 \longrightarrow_{Java\#}^{r_1} t_2 \ldots \longrightarrow_{Java\#}^{r_{k-1}} t_k$$

Elles décrivent implicitement les états du programme qui peuvent être atteints à partir d'un état initial donné. Puisque ces preuves correspondent à l'exécution de la sémantique abstraite de Java, qui est fournie au programmeur, le certificat peut être vérifié par n'importe quel moteur de réécriture standard. Il suffit de vérifier que chaque pas de réécriture abstrait dans le certificat est valide et qu'aucune chaîne n'a été négligée.

Conclusion

Les systèmes de réécriture peuvent être utilisés dans notre plateforme pour vérifier la propagation des étiquettes dans le code de chaque composant. Grâce au certificat de sûreté, les différentes étapes utilisées pour la vérification peuvent être suivies.

---

2. La **confluence** de deux chemins implique que, même s'ils divergent d'un ancêtre commun, ces chemins finissent par se joindre à un successeur commun.

Conclusion et Perspectives

La vie est l'art de tirer des conclusions
suffisantes de prémisses insuffisantes.

[Samuel Butler]

Conclusion Générale et Perspectives

L'application de la non-interférence sur un système distribué à un niveau de granularité fin demeure difficile, et ce à cause de la dynamicité de ces systèmes, de leurs architecture complexe, de l'hétérogénéité de leurs nœuds, leur utilisation de modules patrimoniaux qui peuvent être présentés sous la forme de boîtes noires... De plus, la vérification de la non-interférence requiert un contrôle de flux d'information, qui n'est pas toujours évident pour les systèmes volumineux, et qui peut s'avérer ardu à utiliser pour un développeur.

Nous avons cité plusieurs travaux de l'état de l'art qui se rapprochent de notre thématique et les avons répertorié en deux catégories : les solutions offrant des modules indépendants pour assurer la sécurité dynamique des systèmes distribués, et les solutions appliquant le contrôle de flux d'information aux applications.

Les premières solutions proposent des modules qui gèrent la sécurité du système réparti à l'exécution. Tout comme DCIF, ces modules ont la particularité de séparer l'implémentation de la sécurité du code fonctionnel et permettent l'application et la vérification dynamique de la politique spécifiée à la compilation. Cependant, aucun d'entre eux ne permet de faire un contrôle du flux d'information du système.

La deuxième catégorie de solutions offre plusieurs intergiciels pour appliquer le contrôle de flux d'information sur les systèmes. Nous les avons répertorié en solutions statiques et solutions dynamiques.

Solutions statiques Les solutions statiques proposent de réaliser une analyse de flux d'information, qui permet d'inférer les dépendances des informations entre les variables du programme, et vérifier ainsi que le programme ne contient pas de flux d'information illégaux. La solution principale sur laquelle nous nous sommes basés est JIF, qui propose un système de type et un compilateur pour écrire un code non-interférent à la compilation.

126

L'inconvénient principal de JIF est que le concepteur de l'application doit écrire tout le code de son application en utilisant les annotations. Cela implique principalement deux choses : que les contraintes de sécurité sont entremêlées avec les contraintes fonctionnelles et présentées dans le même code, mais également que le concepteur a la tâche ardue d'attribuer des étiquettes de sécurité à toutes les variables de son système, même les variables intermédiaires, et faire en sorte que ses annotations respectent la politique de sécurité désirée sans être trop restrictives ni trop lâches.

Les outils que nous définissons permettent de remédier à ces inconvénients en fournissant au concepteur de l'application (1) un modèle lui permettant de décrire la politique de sécurité de son système à un haut niveau d'abstraction en affectant les étiquettes de sécurité uniquement aux interfaces des composants, et (2) un outil permettant de propager ces étiquettes dans le code, pour les attribuer aux variables intermédiaires et vérifier que la configuration initiale est non-interférente.

Une autre solution présente un intérêt à nos yeux : c'est FlowCaml. Ce système simplifie grandement l'application du contrôle de flux d'information au système en utilisant l'inférence de type pour automatiser la propagation des étiquettes. Mais, contrairement à notre approche, le langage utilisé est un langage fonctionnel pour des systèmes centralisés, et l'annotation manuelle est faite à un niveau d'abstraction plus bas que le nôtre, puisque le programmeur doit annoter les différentes entrées des fonctions, alors que nous réalisons l'annotation au niveau des composants (représentés par une classe, donc un ensemble de fonctions), pour ensuite la propager aux différents objets et variables définis.

Plusieurs solutions statiques sont également proposées pour les systèmes distribués, certaines sont des extensions de JIF, tel que JIF/Split et Fabric. L'inconvénient principal de JIF/Split —outre le fait que l'annotation du programme initial est faite à la main— est que le partitionnement de l'application est fait en suivant des contraintes de sécurité, contrairement à notre approche qui démarre avec un code initialement partitionné selon les contraintes fonctionnelles de l'architecte du système, puis applique dessus la politique de sécurité. Fabric, de son côté, exige que les systèmes doivent être entièrement écrits dans le langage Fabric et ne supportent pas l'utilisation de composants patrimoniaux, ce qui rend l'application de cette solution aux systèmes existants assez ardue. Pour ces deux solutions, les opérations de cryptographie qui permettent d'assurer la communication entre les différents nœuds qui exécutent les sous-programmes ne sont pas gérées et doivent donc être prises en main par le développeur lui-même.

Le compilateur de Fournet résout ce problème car les opérations de cryptographie sont prises en compte automatiquement par le système. Néanmoins, là également, le partitionnement du système en nœuds est fait en fonction des étiquettes de sécurité, ce qui pourrait ne pas correspondre aux besoins fonctionnels de l'architecte du système. De plus, tout le code est annoté manuellement.

D'autre part, la solution offerte par [Alpizar09] est intéressante pour prouver la non-interférence dans les systèmes répartis utilisant un langage similaire au leur. Cependant, ce langage est simpliste, et ne couvre pas tous les cas complexes que nous trouvons dans un programme écrit en Java. De plus, ce système n'est pas implémenté.

Solutions dynamiques Certaines solutions dynamiques proposent d'appliquer la non-interférence au niveau du système d'exploitation. Ces travaux peuvent être complémentaires au nôtre. En effet, nous faisons l'hypothèse que l'infrastructure est sécurisée (système, machines, etc) et nous focalisons sur la sécurisation des applications. Les solutions précédentes, en contrepartie, ciblent la sécurisation de l'infrastructure et laissent la responsabilité de la sécurité du code applicatif au développeur, elles peuvent donc représenter des bases fiables sur lesquelles appliquer notre intergiciel. Cependant, elles engendrent des problèmes de performance et sont compliquées à généraliser à d'autres types de systèmes d'exploitation que ceux considérés. Dans notre travail, l'utilisateur choisit la granularité avec laquelle il considère le contrôle de flux d'information ; par exemple, seuls les ports d'entrée/sortie sont considérés pour les composants patrimoniaux de confiance et non pas la totalité du code. Cette caractéristique peut aider à améliorer considérablement la performance du système puisque le contrôle de flux d'information est utilisé seulement si nécessaire. De plus, nous renforçons le contrôle de flux d'information par des mécanismes cryptographiques entre les composants distants.

D'autres solutions de contrôle de flux d'information dynamique sont présentées, notamment DStar qui assure principalement la communication sécurisée et sans interférences entre des processus sur des nœuds différents, ce qui équivaut plus généralement à la partie "vérification inter-processus" de notre travail. De plus, sur une même machine, un même exporteur est utilisé pour toute communication avec le monde extérieur, ce qui est beaucoup moins flexible que l'utilisation de ports spécifiques et distincts, portant chacun une étiquette bien définie restreignant sa communication.

Nous présentons également quelques solutions qui s'appliquent à des types de systèmes particuliers, comme les systèmes à base d'évènements pour SmartFlow, ou des protocoles de communication particuliers comme les services web. Notre travail s'abstrait de ces systèmes pour créer une solution générique pour tous types de systèmes à base de composants distincts.

CIF Au vu de ces solutions, nous avons construit CIF, qui offre un moyen simple et pratique d'attribuer des étiquettes de sécurité au système à un haut niveau d'abstraction grâce à un fichier *Policy*, et qui offre un ensemble d'outils permettant de saisir ces informations à partir de ce fichier, de l'appliquer au système distribué construit au préalable, et de réaliser la propagation des étiquettes dans le code de chaque composant. D'autre part, la non-interférence est vérifiée entre les composants en comparant les étiquettes d'entrée et de sortie, et les composants de cryptographie sont automatiquement générés.

Les avantages de CIF sont principalement :

- **La simplicité** : CIF permet à l'administrateur d'assigner des étiquettes aux entrées et sorties des composants, et donc à un haut niveau d'abstraction, grâce à un fichier XML qui ne demande aucun effort d'apprentissage particulier.

- **La généricité** : CIF peut être appliqué à tout système distribué à base de composants. L'utilisation du paradigme orienté composants est certes un grand avantage pour le contrôle de flux, un problème pourrait se poser néanmoins pour les applications distribuées existantes qui ne l'utilisent pas. Dans ce cas, il est possible d'abstraire ces systèmes de manière à transformer leur architecture en une architecture explicite à base de composants [Abdellatif06]. De plus, CIF peut être appliqué à tout modèle orienté composants, pour tout modèle d'étiquettes (respectant les conditions énumérées dans la section I.2, partie III).

- **La flexibilité** : CIF offre des mécanismes simples permettant d'étendre le compilateur initial pour intégrer de nouveaux modèles d'étiquettes ou de nouveaux modèles d'architecture dans le code initial de CIF, et ce sans mettre en péril son comportement principal.

- **L'automatisation** : CIF permet de propager les étiquettes dans le code à partir d'une description de politique à un niveau très abstrait. La propagation est quasi-automatique et permet d'épargner au développeur la difficulté d'écrire son code dans un langage typé-sécurité particulier.

- **La réutilisation** : CIF offre une solution pour gérer les composants patrimoniaux. Cette solution garantit la vérification de la non-interférence dans le code du composant sans porter atteinte à la confidentialité de son code. D'autre part, dans le fichier *Policy*, il est possible de configurer à haut niveau toute bibliothèque importée et spécifier ainsi ses propriétés de sécurité sans avoir à annoter son code en entier.

Cependant, les outils CIF peuvent encore être étendus, pour intégrer d'autres aspects. L'outil CIFIntra ne supporte pas encore les threads, les classes imbriquées et les exceptions non déclarées. D'autre part, le module contrôleur, qui (pour l'instant) autorise une information à être rétrogradée en considérant les capacités statiques des composants, pourrait en plus vérifier que cette rétrogradation ne va pas nuire à la sécurité globale du système [Sabelfeld09] en vérifiant par exemple la propriété de robustesse [Chong06].

Les composants de cryptographie générés implémentent pour l'instant uniquement le chiffrement asymétrique et la signature MD5. Une amélioration possible de ces travaux est de donner à l'administrateur le choix de l'algorithme de cryptographie à utiliser, le type des opérations à réaliser...

DCIF Le canevas DCIF propose d'étendre les outils CIF pour réaliser le contrôle de flux à l'exécution. En effet, tout changement dans l'architecture du système pendant l'exécution peut influer sur la politique de sécurité, dans le sens où il perturbe le flux d'information préalablement vérifié. Il est donc important de refaire un contrôle à chaque remplacement de composant, établissement d'une liaison...

Le canevas DCIF peut être très utile pour gérer l'impact des pannes sur le système. En effet, les systèmes distribués ont la vulnérabilité de leur composant le plus faible. Il est donc important, pour les systèmes critiques en particulier, de fournir un mécanisme de remplacement de composants. Ce remplacement peut se faire à tout moment de l'exécution, ce qui peut provoquer des interférences qui n'étaient pas prévues à la compilation.

Le canevas DCIF comporte un ensemble de composants de sécurité qui interagissent pour assurer la sécurisation du système. Ses principaux avantages sont :

- **La transparence** : Toute l'opération de reconfiguration de la sécurité est transparente à l'utilisateur. C'est le canevas qui, avant de remplacer ou de modifier des composants ou des liaisons, procède à la vérification de leur impact sur le reste du système, sans notifier l'utilisateur, sauf en cas de détection d'interférence qui ne peut pas être gérée par le contrôleur.
- **La modularité** : DCIF est un canevas modulaire qui respecte le paradigme orienté composants. Il permet de fournir un ensemble de composants de sécurité au préalables, et d'en générer d'autres selon les besoins (en particulier les composants de cryptographie, à la manière de CIF).
- **L'automatisation** : DCIF permet d'automatiser le processus de vérification en utilisant des déclencheurs qui détectent tout changement d'architecture (les composants *Factory*) et un composant qui orchestre la communication entre les composants de sécurité (le *Security Manager*).

L'une des perspectives de notre travail est de mettre en œuvre le canevas DCIF dans un environnement distribué réel en respectant la description définie dans le chapitre II, partie III. Pour plus de sécurité, l'implantation initiale des clefs de cryptographie pour les différents domaines et composants peut se faire en utilisant, par exemple, des composants cryptographiques matériels (TPM pour *Trusted Platform Module*)[3].

D'autre part, une preuve formelle plus élaborée peut être réalisée pour prouver que la totalité du système produit pas CIF est non-interférent, en étendant, par exemple, la solution présentée par [Alpizar09] aux systèmes écrits dans un langage orienté objet.

Notre travail peut être appliqué sur des systèmes distribués volumineux et critiques, où toute fuite d'information peut être fatale, tel que par exemple les systèmes de vote électronique[Clarkson08] qui ont la particularité d'être hautement dynamiques et dont toute fuite peut influer sur la propriété d'anonymat des participants[Moskowitz03, Chatzikokolakis08].

---

3. **TPM** : https ://www.trustedcomputinggroup.org/

Références Bibliographiques

[Abdellatif06] T. Abdellatif. *Apport des architectures à composants pour l'administration des intergiciels.* PhD thesis, 2006. 129

[Abdellatif07] T. Abdellatif, J. Kornas, and J.B. Stefani. Reengineering J2EE Servers for Automated Management in Distributed Environments. *Distributed Systems Online, IEEE*, 8, November 2007. 19

[Abdellatif11] T. Abdellatif, L. Sfaxi, R. Robbana, and Y. Lakhnech. Automating Information Flow Control in Component-based Distributed Systems. *International Symposium on Component-based System Engineering, CBSE*, 2011. 8

[Alba-Castro09] M. Alba-Castro, M. Alpuente, and S. Escobar. Automated certification of non-interference in rewriting logic. *Formal Methods for Industrial Critical Systems*, pages 182–198, 2009. 112, 114, 119, 120, 121, 123, 124

[Alba-Castro10] M. Alba-Castro, M. Alpuente, and S. Escobar. Abstract Certification of Global Non-Interference in Rewriting Logic. *Arxiv preprint arXiv :1006.4304*, pages 1–20, 2010. 114

[Alpizar09] R. Alpizar and G. Smith. Secure Information Flow for Distributed Systems. In *Formal Aspects in Security and Trust : 6th International Workshop, Fast 2009, Eindhoven, the Netherlands, November 5-6, 2009, Revised Selected Papers*, page 126, 2009. iii, 56, 128, 131

[Amtoft06] T. Amtoft, S. Bandhakavi, and A. Banerjee. A logic for information flow in object-oriented programs. In *Conference record of the 33rd ACM SIGPLAN-SIGACT symposium on Principles of programming languages*, number 1, pages 91–102. ACM, January 2006. 29, 73

[Basin06] D. Basin and J. Doser. Model driven security : From UML models to access control infrastructures. *ACM Transactions on Software*, 15 :39–91, 2006. 43

[Beisiegel05] M. Beisiegel, H. Blohm, D. Booz, M. Edwards, O. Hurley, S. Ielceanu, A. Miller, A. Karmarkar, A. Malhotra, and J. Marino. SCA service component architecture-assembly model specification. *SCA Version 0.9, November*, 2005. 19

[Beisiegel07] M. Beisiegel, D. Booz, C.Y. Chao, M. Edwards, A. Karmarkar, S. Lelceanu, A. Malhotra, E. Newcomer, S. Patil, M. Rowley, and C. Sharp. SCA Policy Framework. Technical report, IBM, Oracle, IONA, SAP, BEA, TIBCO, 2007. 24

[Bell75] D.E. Bell and L.J. LaPadula. Secure computer system : Unified exposition and Multics interpretation. *Technical Report n. ESD-TR-75-306, MITRE Corp. MTR-2997, Bedford, MA*, August 1975. 3

[Biba77] K.J. Biba. Integrity Considerations for Secure Computer Systems - Storming Media. *Technical Report. MITRE CORP BEDFORD MA*, 1977. 3

[Blaze99] M. Blaze, J. Feigenbaum, and J. Ioannidis. The role of trust management in distributed systems security. *Secure Internet*, 1999. 44, 45

[Broy98] M. Broy, A. Deimel, J. Henn, K. Koskimies, F. Plášil, G. Pomberger, W. Pree, M. Stal, and C. Szyperski. What characterizes a (software) component ? *Software-Concepts & Tools*, 19(1) :49–56, June 1998. 19

[Chatzikokolakis08] K. Chatzikokolakis, C. Palamidessi, and P. Panangaden. Anonymity protocols as noisy channels. *Information and Computation*, 206(2-4) :378–401, February 2008. 131

[Chmielewski08] L. Chmielewski, R. Brinkman, J.H. Hoepman, and B. Bos. Using JASON to secure SOA. In *Proceedings of the 2008 workshop on Middleware security*, pages 13–18, New York, New York, USA, 2008. ACM. 43

[Chong06] S. Chong and A.C. Myers. Decentralized robustness. *19th IEEE Computer Security Foundations Workshop,*, pages 242–256, 2006. 54, 129

[Chong07] S. Chong, K. Vikram, and A.C. Myers. SIF : Enforcing confidentiality and integrity in web applications. *Proceedings of 16th USENIX*, 2007. 54

[Clarkson08] M.R. Clarkson, S. Chong, and A.C. Myers. Civitas : Toward a Secure Voting System. *2008 IEEE Symposium on Security and Privacy (sp 2008)*, pages 354–368, May 2008. 131

[Clavel07] M. Clavel, S. Eker, F. Durán, P. Lincoln, N. Mart\'\i-Oliet, and J. Meseguer. *All about Maude : A High-performance Logical Framework : how to Specify, Program, and Verify Systems in Rewriting Logic*, volume 4350. Springer-Verlag New York Inc, 2007. 114

[Denker98] G. Denker, J. Meseguer, and C. Talcott. Protocol specification and analysis in Maude. In *Proc. of Workshop on Formal Methods and Security Protocols*. Citeseer, 1998. 114

[Denning77] D.E. Denning and P.J. Denning. Certification of programs for secure information flow. *Communications of the ACM*, (7) :504–513, July 1977. 3, 57

[Dershowitz89] N. Dershowitz and J.P. Jouannaud. *Rewrite systems*. May 1989. 112

[Efstathopoulos05] P. Efstathopoulos, M. Krohn, S. VanDeBogart, C. Frey, D. Ziegler, E. Kohler, D. Mazieres, F. Kaashoek, and R. Morris. Labels and event processes in the Asbestos operating system. In *Proceedings of the twentieth ACM symposium on Operating systems principles*, volume 25, page 30. ACM, 2005. 3, 58

[Eyers09] D. M. Eyers, B. Roberts, J. Bacon, I. Papagiannis, M. Migliavacca, P. Pietzuch, and B. Shand. Event-processing middleware with information flow control. In *Middleware '09 : Proceedings of the 10th ACM/IFIP/USENIX International Conference on Middleware*, pages 1–2, New York, NY, USA, 2009. Springer-Verlag New York, Inc. 58

[Fassino02] J.P. Fassino, J.B. Stefani, J.L. Lawall, and G. Muller. THINK : A Software Framework for Component-based Operating System Kernels. In *USENIX Annual Technical Conference, General Track*, pages 73–86, 2002. 46

[Fournet09] C. Fournet, G. Le Guernic, and T. Rezk. A Security-Preserving Compiler for Distributed Programs. *Proceedings of the 16th ACM conference on Computer and communications security*, pages 432–441, 2009. iii, 55, 61

[Genet09] T. Genet. *Reachability analysis of rewriting for software verification*. PhD thesis, 2009. 114

[Goguen82] J.A. Goguen and J. Meseguer. Security policies and security models. *IEEE Symposium on Security and Privacy*, page 11, 1982. 2, 3, 12, 26

[Heiser05] G. Heiser. Secure embedded systems need microkernels. *USENIX ; login*, 30 :9–13, 2005. 47

[Hunt06] S. Hunt and D. Sands. On flow-sensitive security types. In *ACM SIGPLAN Notices*, number 1, pages 79–90. ACM, January 2006. 73

[Hutter06] D. Hutter and M. Volkamer. Information flow control to secure dynamic web service composition. *Security in Pervasive Computing*, 2006. 38, 59, 94

[Khair98] M. Khair and I. Mavridis. Design of secure distributed medical database systems. *Database and Expert Systems*, 1998. 30, 35

[Klop92] J.W. Klop. Term rewriting systems. *Handbook of logic in computer science*, (3) :1–116, May 1992. 112

[Krohn07] M. Krohn, A. Yip, M. Brodsky, N. Cliffer, M.F. Kaashoek, E. Kohler, and R. Morris. Information flow control for standard OS abstractions. *ACM SIGOPS Operating Systems Review*, 2007. 3, 30, 32, 58

[Kuz07] I. Kuz, Y. Liu, I. Gorton, and G. Heiser. CAmkES : A component model for secure microkernel-based embedded systems. *Journal of Systems and Software*, 80 :687–699, May 2007. 47

[Lacoste08] M. Lacoste, T. Jarboui, and R. He. A component-based policy-neutral architecture for kernel-level access control. *Annals of telecommunications - annales des télécommunications*, 64 :121–146, November 2008. 46

[Li07] G. Li and M. Ogawa. On-the-fly model checking of fair non-repudiation protocols. In *Proceedings of the 5th international conference on Automated technology for verification and analysis*, pages 511–522. Springer-Verlag, October 2007. 114

[Liu09] J. Liu, M.D. George, K. Vikram, X. Qi, L. Waye, and A.C. Myers. Fabric : A platform for secure distributed computation and storage. In *Proceedings of the ACM SIGOPS 22nd symposium on Operating systems principles*, pages 321–334. ACM, 2009. 56

[Malecha10] G. Malecha and S. Chong. A more precise security type system for dynamic security tests. *Proceedings of the 5th ACM SIGPLAN Workshop on Programming Languages and Analysis for Security - PLAS '10*, pages 1–12, 2010. 26

[Meseguer92] J. Meseguer. Conditional rewriting logic as a unified model of concurrency. *Theoretical Computer Science*, 96 :73–155, April 1992. 112

[Moskowitz03] I.S. Moskowitz, R.E. Newman, D.P. Crepeau, and A.R. Miller. Covert channels and anonymizing networks. In *Proceeding of the ACM workshop on Privacy in the electronic society - WPES '03*, page 79, New York, New York, USA, 2003. ACM Press. 131

[Myers00] A.C. Myers and B Liskov. Protecting privacy using the decentralized label model. *ACM Transactions on Software Engineering and Methodology (TOSEM)*, 2000. 3, 30, 51, 107

[Myers06] A.C. Myers, A. Sabelfeld, and S. Zdancewic. Enforcing robust declassification and qualified robustness. *Journal of Computer Security*, 14(2) :157–196, 2006. 26, 54, 87, 107

[Myers99] A.C. Myers. JFlow : Practical mostly-static information flow control. In *Proceedings of the 26th ACM SIGPLAN-SIGACT symposium on Principles of programming languages*, number January, pages 228–241. ACM, 1999. 51

[Nikander99] P. Nikander. *An architecture for authorization and delegation in distributed object-oriented agent systems*. Citeseer, 1999. 13, 18, 44, 45

[Nystrom03] N. Nystrom, M.R. Clarkson, and A.C. Myers. Polyglot : An extensible compiler framework for Java. In *Proceedings of the 12th International Conference on Compiler Construction*, pages 138–152. Springer-Verlag, April 2003. 52, 69

[Ogata04] K. Ogata and K. Futatsugi. Rewriting-based verification of authentication protocols. *Electronic Notes in Theoretical Computer Science*, 71 :208–222, April 2004. 114

[Rushby92] J. Rushby. Noninterference, transitivity, and channel-control security policies. *Technical Report No. CSL-92-02.*, (650), 1992. 26

[Russo10] A. Russo and A. Sabelfeld. Dynamic vs. static flow-sensitive security analysis. In *Computer Security Foundations Symposium (CSF), 2010 23rd IEEE*, pages 186–199. IEEE, 2010. 73

[Sabelfeld09] A. Sabelfeld and D. Sands. Declassification : Dimensions and principles. *Journal of Computer Security*, 17(5) :517–548, 2009. 73, 129

[Schneider00] F.B. Schneider. Enforceable security policies. *Transactions on Information and System Security (TISSEC)*, 3 :30–50, 2000. 28

[Seinturier09] L. Seinturier, P. Merle, D. Fournier, N. Dolet, V. Schiavoni, and J.B. Stefani. Reconfigurable SCA applications with the frascati platform. In *2009 IEEE International Conference on Services Computing*, volume 0, pages 268–275. IEEE, 2009. 24

[Seitz03] L. Seitz, J.-M. Pierson, and L. Brunie. Key management for encrypted data storage in distributed systems. *Second IEEE International Security in Storage Workshop*, pages 20–20, 2003. 48

[Sfaxi10] L. Sfaxi, Takoua Abdellatif, Y. Lakhnech, and R. Robbana. Contrôle du flux d'information des systèmes distribués à base de composants. In *10ème Conférence Internationale sur les NOuvelles Technologies de la REpartition, NOTERE*, pages 189–196, Tozeur, Tunisia, 2010. 8

[Sfaxi11] L. Sfaxi, T. Abdellatif, R. Robbana, and Y. Lakhnech. Information Flow Control of Component-based Distributed Systems. *Concurrency and Computation, Practice and Experience, Wiley*, pages 1–6, 2011. 8

[Sfaxi11a] L. Sfaxi, T. Abdellatif, Y. Lakhnech, and R. Robbana. Sécuriser les Systèmes Distribués à base de Composants par Contrôle de Flux d'Information. *Technique et Science Informatiques (TSI)*, 30 :1–35, 2011. 8

[Simonet03] V. Simonet. The Flow Caml System. Technical report, INRIA, 2003. 51, 54

[Welch03] V. Welch, F. Siebenlist, I. Foster, J. Bresnahan, K. Czajkowski, J. Gawor, C. Kesselman, S. Meder, L. Pearlman, and S. Tuecke. Security for Grid services. In *Proceedings. 12th IEEE International Symposium on High Performance Distributed Computing, 2003.*, pages 48–57. IEEE Comput. Soc, 2003. 17, 43, 44, 48

[Zdancewic02] S. Zdancewic, L. Zheng, N. Nystrom, and A.C. Myers. Secure program partitioning. *ACM Transactions on Computer Systems (TOCS)*, 20 :328, August 2002. 54, 55

[Zdancewic03] S. Zdancewic. A type system for robust declassification. In *Proceedings of the Nineteenth Conference on the Mathematical Foundations of Programming Semantics. Electronic Notes in Theoretical Computer Science*, pages 1–16. Citeseer, 2003. 5, 54

[Zdancewic04] S. Zdancewic. Challenges for information-flow security. In *Proceedings of the 1st International Workshop on the Programming Language Interference and Dependence (PLID-04)*. Citeseer, 2004. 3, 39

[Zeldovich06] N. Zeldovich, S. Boyd-Wickizer, E. Kohler, and D. Mazieres. Making information flow explicit in HiStar. In *Proceedings of the 7th symposium on Operating systems design and implementation*, volume pages, page 278. USENIX Association, 2006. vi, 3, 32, 34, 58

[Zeldovich08] N. Zeldovich, S. Boyd-Wickizer, and D. Mazieres. Securing distributed systems with information flow control. In *Proceedings of the 5th USENIX Symposium on Networked Systems Design and Implementation*, pages 293–308. USENIX Association, 2008. 34, 58

Table des Abbréviations

RBAC   Role-Based Access Control, 42

RSA   Rivest Shamir Adleman, 15

SCA   Service Component Architecture, 22

SHA-1   Secure Hash Algorithm-1, 14

SM   Security Manager (DCIF), 80

SOA   Service-Oriented Architecture, 22

SPKI   Simple Public Key Infrastructure, 17, 46

TPM   Trusted Platform Module, 130

TRS   Term Rewriting System, 112

URH   User Role Hierarchy, 35

VO   Virtual Organization, 44

Annexes

Annexe A

Algorithme de "Internal Binding"

Types de variables

- Entrées de composants (**CI** pour *Component Inputs*)
  - ○ Entrées des composants fonctionnels
  - ○ Représentés par les attributs de composants (attributs Java) et les ports d'entrées (méthodes Java).
- Sorties de composants (**CO** pour *Component Outputs*)
  - ○ Sorties des composants fonctionnels
  - ○ Représentés par les ports de sortie (attributs Java).
- Variables intermédiaires
  - ○ Toute autre variable dans le code.
- ⇒ À la fin de l'exécution de cet algorithme, seules les dépendances des COs par rapport aux CIs sont gardées.

Compteur Programme

Le *pc* (pour *Program Counter*) est calculé pour chaque ligne de code. Il représente l'ensemble de variables desquelles l'exécution de l'instruction en cours dépend. Il est utilisé pour éviter les flux implicites.

- Initialement, le *pc* est mis à *{}*.

– Dans la définition de chaque méthode, la valeur initiale du *pc* est déterminée selon le contexte où elle est appelée. Sa valeur initiale est donc variable et elle dépend de la valeur du *pc* du contexte appelant. On la nomme *pcm*.

– Pour toute instruction qui n'est pas contenue dans un bloc, la valeur du *pc* ne change pas.

– Si une instruction est conditionnelle ou itérative, la valeur du *pc* est déterminée par la réunion des variables de l'expression conditionnelle ou itérative.

Détermination de la relation de dépendance

La relation de dépendance est calculée selon le tableau A.1. Il est à noter que :

– *depend* est une fonction transitive :

$$\textbf{Si} \;\; (x = depend(y) \;\; \textbf{et} \;\; y = depend(z)) \;\; \textbf{alors} \;\; x = depend(z)$$

– *ModifVars(Expr)* représente les variables modifiées dans l'expression *Expr*. Ces variables sont utilisées dans une affectation (comme opérande gauche) et dans les appels de méthode (comme objets appelants).

– Si une variable dépend d'une expression, elle dépend de toutes les variables de cette expression.

– En quittant un bloc ou une méthode, toutes les dépendances des variables locales à ce bloc sont calculées et seules les variables définies à l'extérieur du bloc sont gardées. Par exemple, en quittant la définition d'une méthode, seules les dépendances des variables de retour, des CO et des CI sont gardées. Les variables locales intermédiaires sont éliminées grâce à la fonction de transition définie plus haut. Par exemple. Dans la méthode :

```
int meth(boolean a){
    boolean b =!a;
    return b;
}
```

on déduit que :

o b=depend(*pcm*,a)

o return(meth) = depend(*pcm*,b)

Ce qui implique que : return(meth)=depend(*pcm*,a).

143

– Les relations de dépendance d'une méthode donnée sont calculées une seule fois. L'algorithme calcule les dépendances entre les variables de retour et/ou les CO, et les paramètres d'entrée formels et/ou les CI. Prenons par exemple la méthode suivante :

```
int meth(boolean a){
    boolean b = !a;
    return b;
}
```

○ À la sortie de la méthode, nous avons : return(meth) = depend(pcm,a)

○ À l'appel de la méthode :

```
boolean i = true;
boolean j;
int v1,v2;
...
if ( v1 == v2 ){
    j=meth(i);
}
```

Au niveau de l'instruction $j = meth(i)$, la valeur du pc est mise à {$v1$,$v2$} et le paramètre formel a est remplacé par le paramètre effectif i. Dans ce cas, pcm prend la valeur du pc, et $a = depend(i)$. Ce qui donne :

$$j = depend(pc, i) = depend(v1, v2, i)$$

144

Tableau A.1 – La relation de dépendance pour le calcul des IB

Flux Explicites			
Affectation ou initialisation	x=y Type x = y	x=depend(y)	Dans une affectation, la valeur de l'opérande de gauche dépend des opérandes de droite
Appel de méthode	Type x = meth(y)	x=depend(y) x=depend(return(meth)) pcm(meth)=pc	Dans un appel de méthode, si on peut accéder au code de la méthode, alors la dépendance de x est calculée : il est alors dépendant des variables de l'instruction *return* ainsi que des paramètres effectifs de la méthode meth.
Paramètres effectifs et formels	*Décl.* : void meth(x) *Appel* : meth(y)	x=depend(y) pcm(meth)=pc	Les paramètres formels dépendent des paramètres effectifs car leur valeur est une copie de celle des paramètres effectifs associés.
Table et compteur	T[y]=x	x=depend(y) T=depend(x)	Un élément d'une table dépend de son compteur, parce que le compteur peut révéler une information sur l'élément utilisé. Le tableau dépend de son contenu.
Initialisation d'objet	C x = new C(y)	x=depend(y) pcm(Constructeur)=pc	Un objet dépend des paramètres de ses constructeurs
Attributs d'objets	x.f1 = y x.f1 = y.f2	x=depend(y) f1=depend(y) f1=depend(f2)	Un objet dépend des variables affectées à ses attributs. Les attributs dépendent des variables qui leur sont affectées.
Méthodes d'objets	x = y.meth(z)	x=depend(y) x=depend(return(y)) return(meth)=depend(z) pcm(meth)=pc	Une variable dépend de l'instruction de retour de la méthode qui lui est affectée. Elle dépend également de l'objet à partir de quelle cette méthode est appelée. Si le code de la méthode n'est pas disponible, ses variables de retour dépendent de ses paramètres effectifs.

Flux implicites			

Condition	Cond ?Cons :Alt
	
	if Cond
	  then Cons
	  else Alt
		pc = pc $\bigcup$ Vars(Cond)
		ModifVars(Cons) = depend(pc)
		ModifVars(Alt) = depend(pc)
			Toute modification des variables du conséquent ou de l'alternative peuvent donner une idée sur la valeur de la condition. C'est pourquoi les variables modifiée à l'intérieur de l'une de ces deux structures dépendent des variables dans la condition.

Itération	while (Cond)
	    do (Loop)
	do (Loop)
	    while (Cond)
	for (Cond)
	    do (Loop)
		pc = pc U Vars(Cond)
		ModifVars(Loop) = depend(pc)
			Les variables modifiées dans le bloc *Loop* dépendent de ceux dans la condition.

Instruction "Selon "	Switch (Cond){
	    case (val) : (Case);
	    default : (Def);
	}
		pc = pc U Vars(Cond)
		ModifVars(Case) = depend(pc)
		ModifVars(Def) = depend(pc)
			Les variables modifiées dans le bloc *Case* ou *Default* dépendent de ceux dans la condition.

Opérateurs logiques	(Exp1) && (Exp2) (Exp1) || (Exp2)	pc = pc U Vars(Exp1) ModifVars(Exp2) = depend(pc) pc = pc U Vars(Exp2)	Dans les opérateurs doubles, l'évaluation de l'Exp2 dépend de la valeur de Exp1. Dans ce cas, il peut représenter un canal caché qui divulgue des informations secrète sur Exp2.

146

Annexe B

Modèle de génération des composants cryptographiques

Dans ce code, qui représente un template utilisé pour la génération du code d'implémentation des composants de cryptographie, le compilateur va remplacer les termes clefs placés entre "@" par leurs valeurs adéquates selon l'utilisation de ce composant dans le système.

Par exemple, le terme *@SecCompName@* sera remplacé par le nom de ce composant de sécurité, qui est composé du nom du composant fonctionnel associé, attaché au mot *security*. Le terme *@ServiceItfs@* contient l'ensemble des services que ce composant fournit, qui représentent les services initialement fournis par le composant fonctionnel qui nécessitent une opération cryptographique (chiffrement ou signature).

Notons que le code de cryptographie ne contient pas de termes variables, on peut donc facilement modifier l'algorithme de chiffrement ou de signature, ou même la méthode de chiffrement, pour utiliser le chiffrement symétrique au lieu de l'asymétrique, par exemple.

Le concepteur de sécurité pourra s'il le désire créer manuellement ses propres composants cryptographiques au lieu des composants générés par l'outil. Il devra les nommer et les placer de manière adéquate pour le déploiement.

Listing B.1 – Fichier SecurityImplTemplate

```
package @PackageName@;

import java.io.IOException;
```

147

```java
import java.io.Serializable;
import javax.crypto.*;
import java.security.*;

import org.osoa.sca.annotations.Reference;

@Imports@

public class @SecCompName@ implements @ServiceItfs@{

@RefDecls@

    private static PublicKey pub;
    private static PrivateKey priv;

    static{
      generateKeys();
    }

    public @SecCompName@() {
        write("@SecCompName@ started...");
    }

    @ServiceItfImplems@

    /*************** Messages textes *********************/

  public String encryptString(String messString, SendKeyItf targetKeyRef){
    byte[] message = messString.getBytes();
      Cipher c=null;
      byte[] encrypted=null;

    //Lire la clef publique du serveur
      PublicKey pubKey = targetKeyRef.getKey();

    //Créer un cryptogramme pour le chiffrement asymétrique RSA
    //Initialiser le cryptogramme pour le chiffrement avec la clef publique
    //Chiffrer le message avec le cryptogramme
    try{
        c = Cipher.getInstance("RSA/ECB/NoPadding");
        c.init(Cipher.ENCRYPT_MODE, pubKey);
        encrypted = c.doFinal(message);
```

```java
    } catch (java.security.NoSuchAlgorithmException e) {
      write_err("Create Asym Cipher - No such algorithm");
    } catch (javax.crypto.NoSuchPaddingException e) {
      write_err("Create Asym Cipher - No such padding");
    } catch (java.security.InvalidKeyException e) {
    write_err("Create Asym Cipher - Invalid key");
    } catch(javax.crypto.IllegalBlockSizeException e){
      write_err("Create Asym Cipher - Illegal block size : "+ c.
         getBlockSize());
    } catch (javax.crypto.BadPaddingException e) {
      write_err("Create Asym Cipher - Bad Padding");
    }
  return new String(encrypted);
}

public String decryptString(String encryptedString){

byte[] encrypted = encryptedString.getBytes();
  Cipher c=null;
  byte[] decrypted=null;

  //Creer un cryptogramme
//Initialiser le cryptogramme pour le dechiffrement avec la clef privee
//Dechiffrer le message avec le cryptogramme
  try{
    c = Cipher.getInstance("RSA/ECB/NoPadding");
    c.init(Cipher.DECRYPT_MODE, priv);
    decrypted = c.doFinal(encrypted);

  } catch(javax.crypto.NoSuchPaddingException e){
    write_err("Asym Cipher - No such padding");
  } catch(javax.crypto.IllegalBlockSizeException e){
    write_err("Asym Cipher - Illegal block size "+c.getBlockSize());
  } catch(javax.crypto.BadPaddingException e){
    write_err("Asym Cipher - Bad padding");
  } catch (java.security.NoSuchAlgorithmException e) {
    write_err("Asym Cipher - No such algorithm");
  } catch (java.security.InvalidKeyException e){
    write_err("Asym Cipher - Invalid key");
  }
```

```
    return new String(decrypted);

}

public String signString(String messageString){

byte[] message = messageString.getBytes();
byte[] signed=null;
Signature sig=null;


    //Obtenir et initialiser une instance de l'objet Signature
    //avec la clef privée
try{
    sig = Signature.getInstance("MD5WithRSA");
    sig.initSign(priv);
   } catch (java.security.NoSuchAlgorithmException e){
    write_err ("Signature init - Algorithm not found");
   } catch (java.security.InvalidKeyException e){
    write_err ("Signature init - Invalid Key");
   }

    // Signer la donnée

try{
    sig.update(message);
   signed = sig.sign();
   } catch (java.security.SignatureException e){
    write_err ("Signature of data - Signature?");
   }

  return new String(signed);
}


public boolean verifyString(String clearString, String signedString,
   SendKeyItf targetKeyRef){

   byte[] clear = clearString.getBytes();
   byte[] signed = signedString.getBytes();
   Signature sig=null;
```

150

```java
    PublicKey pubKey = targetKeyRef.getKey();

    // Initialiser la signature

    try{
      sig = Signature.getInstance("MD5WithRSA");
      sig.initVerify(pubKey);
    } catch (java.security.NoSuchAlgorithmException e){
      write_err("Signature init - No Such algorithm");
    } catch (java.security.InvalidKeyException e){
        write_err("Signature init - Invalid key");
    }

    // Utiliser la donnee signee
    try{
      sig.update(clear);
    } catch(java.security.SignatureException e){
      write_err("Signature update - Signature?");
    }

    // Verifier
    boolean verified = false;
    try {
        verified = sig.verify(signed);
    } catch (SignatureException se) {
      verified = false;
    }

    return verified;
}

/**************** Messages objets *********************/

public Object encryptObject(Serializable message, SendKeyItf targetKeyRef
    ) {
      Cipher c = null;
      SealedObject encrypted = null;
      // Lire la clef publique du serveur
      PublicKey pubKey = targetKeyRef.getKey();

      //Creer un cryptogramme pour le chiffrement asymetrique RSA
```

```java
    //Initialiser le cryptogramme pour le chiffrement avec la clef
       publique
    //Chiffrer le message avec le cryptogramme
    try {
        c = Cipher.getInstance("RSA");
        c.init(Cipher.ENCRYPT_MODE, pubKey);
        encrypted = new SealedObject(message, c);

    } catch (java.security.NoSuchAlgorithmException e) {
            write_err("Create Asym Cipher - No such algorithm");
    } catch (javax.crypto.NoSuchPaddingException e) {
            write_err("Create Asym Cipher - No such padding");
    } catch (java.security.InvalidKeyException e) {
            write_err("Create Asym Cipher - Invalid key");
    } catch (javax.crypto.IllegalBlockSizeException e) {
            write_err("Create Asym Cipher - Illegal block size: ");
    } catch (IOException e) {
            write_err("IO exception");
    }
    // Renvoyer le message chiffré au serveur

    return encrypted;
}


public Object decryptObject(Object encrypted) {

        Cipher c = null;
        Object decrypted = null;

    //Créer un cryptogramme
    //Initialiser le cryptogramme pour le déchiffrement avec la clef privée
    //Déchiffrer le message avec le cryptogramme
        try {
            c = Cipher.getInstance("RSA");
            c.init(Cipher.DECRYPT_MODE, priv);

            decrypted = ((SealedObject)encrypted).getObject(c);

    } catch (javax.crypto.NoSuchPaddingException e) {
            System.err.println("Asym Cipher - No such padding");
    } catch (javax.crypto.IllegalBlockSizeException e) {
```

```
            System.err.println("Asym Cipher - Illegal block size " + c.
                getBlockSize());
    } catch (IOException e) {
            System.err.println("Asym Cipher - IO Exception");
    } catch (java.security.NoSuchAlgorithmException e) {
            System.err.println("Asym Cipher - No such algorithm");
    } catch (java.security.InvalidKeyException e) {
            System.err.println("Asym Cipher - Invalid key");
    } catch (ClassNotFoundException e){
            System.err.println("Class not found");
    } catch (BadPaddingException e){
            System.err.println("Bad padding");
    }


        return decrypted;

}


  public SignedObject signObject(Serializable objectToSign) {
      SignedObject so = null;
    Signature sig = null;

      //Génération de la paire de clefs

    try {
    KeyPairGenerator keyGen = KeyPairGenerator.getInstance("RSA");

      // Génération d'un nombre aléatoire basé sur SHA de SUN

    SecureRandom random = SecureRandom.getInstance("SHA1PRNG", "SUN");
    keyGen.initialize(1024, random);

    } catch (NoSuchAlgorithmException nsae) {
    write_err("Key Gen - No such algorithm");
    } catch (java.security.NoSuchProviderException e) {
    write_err("Key Gen - Provider not found");
    }

    // Obtenir et initialiser une instance de l'objet Signature
    //avec la clef privée

    try{
        sig = Signature.getInstance("MD5WithRSA");
```

153

```
   so = new SignedObject(objectToSign, priv,sig);

 } catch (java.security.NoSuchAlgorithmException e){
   write_err ("Signature init - Algorithm not found");
 } catch (java.security.InvalidKeyException e){
   write_err ("Signature init - Invalid Key");
 } catch (java.security.SignatureException e){
   write_err ("Signature of data - Signature?");
 }catch (java.io.IOException e){
   write_err ("Signature - io problem");
 }
   return so;
}

public Object verifyObject(Object signed, SendKeyItf targetKeyRef) {
 Object verified = null;
 PublicKey pub = targetKeyRef.getKey();
   Signature sig = null;

   try{
     sig = Signature.getInstance("MD5WithRSA");
     if (((SignedObject)signed).verify(pub, sig)){
       verified = ((SignedObject)signed).getObject();
     }else{
       System.err.println("Invalid Signature!!!");
       System.exit(-1);
     }

   } catch (java.security.NoSuchAlgorithmException e){
     write_err("Verification - No Such algorithm");
   } catch (java.security.InvalidKeyException e){
     write_err("Verification - Invalid key");
   } catch (java.lang.ClassNotFoundException e) {
     write_err("Verification - Class not found");
   }catch (java.io.IOException e){
     write_err ("Verification - io problem");
   }catch (java.security.SignatureException e){
     write_err ("Verfication - signature problem");
   }

       return verified;
}
```

```
public static void generateKeys() {

    try {
        KeyPairGenerator keyGen = KeyPairGenerator.getInstance("RSA");

        SecureRandom random = SecureRandom.getInstance("SHA1PRNG", "SUN")
            ;
        keyGen.initialize(1024, random);

        // Creer une paire de clefs
        KeyPair pair = keyGen.generateKeyPair();
        priv = pair.getPrivate();
        pub = pair.getPublic();

    } catch (NoSuchAlgorithmException nsae) {
        System.err.println("--- Client Security : Key Gen - No such
            algorithm");
    } catch (java.security.NoSuchProviderException e) {
      System.err.println("--- Client Security : Key Gen - Provider not found"
        );
    }

}


public PublicKey getKey() {
    return pub;
}

/** * * Methodes utilitaires */
  private void write(String message) {
      System.out.println("--- @SecCompName@ : " + message + " ---");
}

  private void write_err(String message) {
      System.err.println("--- @SecCompName@ : " + message + " ---");
}

}
```

Listing B.2 – Fichier SendKeyItfTemplate

```
package @PackageName@;

import java.security.*;

public interface SendKeyItf {
  public PublicKey getKey();
}
```

Listing B.3 – Fichier SendItfTemplate

```
package @PackageName@;

public interface SendItf_@RefName@_@ServiceName@ {

@Implem@

}
```

Annexe C

Représentation des étiquettes dans Maude

Ceci est une proposition pour représenter les étiquettes dans Maude en utilisant le modèle d'étiquettes à base de jetons présenté dans la section III.2.2, partie I.

Listing C.1 – Représentation en Maude des étiquettes à base de jetons

```
mod LABEL is
   sorts Tag TagList Label .
   subsort Tag < TagList .

   ops a b c d e f g h i j k l m n o p q r s t u v w x y z : -> Tag .
   op nil : -> TagList .
   op _,_ : TagList TagList -> TagList [assoc prec 60 id: nil] .
   op `{_;_`} : TagList TagList -> Label .

   op confProj : Label -> TagList .
   op integProj : Label -> TagList .

   op leq : Label Label -> Bool .
   op _leqConf_ : TagList TagList -> Bool .
   op _leqInteg_ : TagList TagList -> Bool .
   op _occursIn_ : Tag TagList -> Bool .

   vars Tl Tl' : TagList . vars T T' : Tag . vars L L' : Label .
```

157

```
eq confProj({ Tl ; Tl' }) = Tl .
eq integProj({ Tl ; Tl' }) = Tl' .

eq leq(L,L') = (confProj(L) leqConf confProj(L')) and (integProj(L)
    leqInteg integProj(L')) .

eq (T) leqConf nil = false .
eq nil leqConf T = true .
eq nil leqConf nil = true .
ceq (T) leqConf (Tl') = true if T occursIn Tl' .
ceq (T,Tl) leqConf (Tl') = false if (T occursIn Tl' == false) .
crl[nextConf] : (T,Tl) leqConf (Tl') => (Tl) leqConf (Tl') if (T occursIn
    Tl') .

eq nil leqInteg (T) = false .
eq T leqInteg nil = true .
eq nil leqInteg nil = true .
ceq Tl leqInteg (T') = true if T' occursIn Tl .
ceq (Tl) leqInteg (T',Tl') = false if (T' occursIn Tl == false) .
crl[nextInteg] : (Tl) leqInteg (T',Tl') => (Tl) leqConf (Tl') if (T'
    occursIn Tl) .

eq T occursIn nil = false .
eq T occursIn (T',Tl) = if T == T' then true else T occursIn Tl fi .

endm
```

Annexe D

Primitives Cryptographiques de Java

Le langage de programmation Java comprend plusieurs aspects facilitant la programmation sécurisée.

- Pas de pointeurs, ce qui veut dire qu'un programme Java ne peut pas adresser les emplacements en mémoire arbitrairement dans l'espace d'adressage.
- Un vérificateur de *bytecode*, qui opère une fois la compilation terminée sur les fichiers *.class* et vérifie les problèmes de sécurité avant l'exécution. Par exemple, une tentative d'accéder à un élément de tableau se trouvant au delà de la taille d'un tableau sera rejetée.
- Un contrôle très précis sur l'accès aux ressources pour les applets et les applications. Par exemple, un applet peut être empêché d'accéder à un espace disque ou peut être autorisé de lire à partir d'un répertoire en particulier. Ces configurations sont définies dans un fichier *java.policy*.
- Un grand nombre de bibliothèques sont disponibles permettant d'appliquer les mécanismes cryptographiques les plus connus. Nous présentons dans ce qui suit des exemples de primitives que nous utilisons dans les composants cryptographiques insérés dans le système.

Les bibliothèques utilisées sont JCE (*Java Cryptography Extension*) et JSSE (*Java Secure Sockets Extension*).

Empreinte numérique   La classe *MessageDigest* manipule les empreintes numériques. Le code D.1 montre un exemple de son utilisation.

Listing D.1 – Exemple d'utilisation de l'empreinte numérique en Java

```
String plainText = "Texte en clair";
// Créer une empreinte numérique en utilisant l'algorithme MD5
MessageDigest messageDigest = MessageDigest.getInstance("MD5");
// Calculer et afficher l'empreinte
messageDigest.update(plainText.getBytes("UTF8"));
System.out.println(new String(messageDigest.digest(), "UTF8"));
```

Chiffrement à clef privée La classe *Cipher* manipule les algorithmes à clefs privées en utilisant une clef produite par la classe *KeyGenerator*. La portion de code D.2 montre un exemple de chiffrement en utilisant l'algorithme de chiffrement à clef privée DES.

Listing D.2 – Exemple d'utilisation du chiffrement à clef privée en Java

```
String plainText = "Texte à encoder" ;
//Génération de la clef DES
KeyGenerator keyGen = KeyGenerator.getInstance("DES"); keyGen.init(56);
Key key = keyGen.generateKey();
//Début du chiffrement
Cipher cipher = Cipher.getInstance("DES/ECB/PKCS5Padding");
cipher.init(Cipher.ENCRYPT_MODE, key);
byte[] cipherText = cipher.doFinal(plainText.getBytes("UTF8"));
//Début du déchiffrement
cipher.init(Cipher.DECRYPT_MODE, key);
byte[] newPlainText = cipher.doFinal(cipherText);
System.out.println( new String(newPlainText, "UTF8") );
```

Chiffrement à clef publique De même que pour le chiffrement à clef privée, le chiffrement à clef publique est fait en utilisant la classe *Cipher*. Mais comme le chiffrement à clef publique utilise une paire de clefs, la classe *KeyPairGenerator* est utilisée pour les générer. La portion de code D.3 montre un exemple de chiffrement avec l'algorithme RSA.

Listing D.3 – Exemple d'utilisation du chiffrement à clef publique en Java

```
String plainText = "Texte à encoder" ;
//Génération de la paire de clefs RSA
KeyPairGenerator keyGen = KeyPairGenerator.getInstance("RSA");
keyGen.initialize(1024);
KeyPair key = keyGen.generateKeyPair();
```

```java
//Début du chiffrement
Cipher cipher = Cipher.getInstance("RSA/ECB/PKCS1Padding");
cipher.init(Cipher.ENCRYPT_MODE, key.getPublic());
byte[] cipherText = cipher.doFinal(plainText.getBytes("UTF8"));
//Début du déchiffrement
cipher.init(Cipher.DECRYPT_MODE, key.getPrivate());
byte[] newPlainText = cipher.doFinal(cipherText);
System.out.println( new String(newPlainText, "UTF8") );
```

Signature digitale Java utilise la classe *Signature* pour signer et vérifier les messages. La portion de code D.4 montre un exemple de signature avec l'algorithme MD5/RSA. Comme RSA est utilisé, la génération de la paire de clefs est faite avec la classe *KeyPairGenerator* comme illustré dans le paragraphe précédent.

Listing D.4 – Exemple d'utilisation de la signature digitale en Java

```java
//Déclaration des variables
PublicKey pub;
PrivateKey priv;
byte[] message = messageString.getBytes();
byte[] signed=null;
Signature sig,sig2=null;
//Initialisation des clefs publique et privée avec KeyPairGenerator
...
//Initialisation de l'objet Signature pour signer le message
sig = Signature.getInstance("MD5WithRSA");
sig.initSign(priv);
// Signature du message
sig.update(message);
signed = sig.sign();
//Initialisation de l'objet Signature pour vérifier le message
sig2 = Signature.getInstance("MD5WithRSA");
sig2.initVerify(pubKey);
//Vérification
sig2.update(message);
boolean verified = sig.verify(signed);
```

Certificats Java fournit des certificats et des clefs publiques provenant de plusieurs CAs. Il supporte le standard *X.509 Digital Certificate*.

La plateforme Java utilise un *keystore* comme dépôt pour les clefs et les certificats. Physiquement, le *keystore* est un fichier (qui peut être chiffré) avec le nom par défaut *.keystore*. Les clefs et les certificats peuvent avoir des noms, appelés *alias* et chaque alias peu être protégé par un mot de passe unique. Le *keystore* lui-même est protégé par un mot de passe.

La plateforme Java utilise un *keytool* pour manipuler le *keystore*. Cet outil peut être utilisé pour exporter une clef dans un fichier en format X.509, qui peut être signé par une autorité de certification et réimporté dans le *keystore*.

Il existe également un *keystore* particulier utilisé pour stocker les certificats de l'autorité de certification, qui contiennent à leur tour les clefs publiques pour la vérification de la validité des autres certificats. Ce *keystore* est appelé *truststore*. Java contient un *truststore* par défaut dans un fichier appelé *cacerts*.

www.ingramcontent.com/pod-product-compliance
Lightning Source LLC
Chambersburg PA
CBHW021046210326
41598CB00016B/1118

"Where there is a will, there is a way."

Proverbe Anglais

Remerciements

Cette thèse n'aurait jamais pu voir le jour sans le soutien d'un grand nombre de personnes que je tiens à remercier pour leurs encouragements, leur générosité et leur gentillesse.

En premier lieu, je tiens à exprimer ma profonde gratitude à l'égard de mon directeur de thèse Stéphane Girard pour la confiance qu'il m'a accordé en acceptant d'encadrer ma thèse et de l'avoir si bien fait. J'aimerais également lui dire à quel point j'ai apprécié ses compétences, sa rigueur et sa clairvoyance. J'ai été extrêmement sensible à ses qualités humaines d'écoute, de disponibilité et de bienveillance. Sans compter son humour et sa simplicité. J'ai pris un très grand plaisir à travailler avec lui.

Je souhaite également remercier profondément mon co-directeur de thèse Laurent Gardes qui malgré la distance a toujours été présent. Par ses conseils avisés, ses multiples relectures et remarques pertinentes il m'a offert le meilleur encadrement possible afin de mener mes travaux de recherche. J'ai beaucoup apprécié sa gentillesse, sa disponibilité et sa patience.

Merci à tous les deux de m'avoir tant apporté aussi bien humainement que scientifiquement. Merci pour nos dicussions si enrichissantes et d'avoir toujours été disponibles pour moi. J'espère avoir été digne de la confiance que vous m'avez accordé et que nous continueront à travailler ensemble. J'ai beaucoup appris à vos côtés et je suis très honoré de vous avoir eu pour encadrants.

J'adresse aussi mes remerciements aux deux rapporteurs de ma thèse Irène Gijbels et Clément Dombry. Merci pour vos relectures attentives, vos remarques, vos conseils et pour l'intérêt que vous avez porté à mon travail. Je tiens également à remercier Clémentine Prieur d'avoir accepté de présider mon jury de thèse. Ma gratitude s'adresse également à Véronique Maume-Deschamps d'avoir accepté d'examiner ma thèse. Un grand merci à tous les membres de mon jury pour leurs remarques et les perspectives scientifiques qu'elles offrent à mes travaux. Merci à vous tous de m'avoir fait l'honneur d'avoir pris part à mon jury de thèse.

Je tiens à remercier très chaleuresement Armelle Guillou pour notre collaboration et pour m'avoir permis de présenter mes travaux.

Merci à Inria Rhône-Alpes qui m'a offert les meilleures conditions de travail qui soient pour mon doctorat. Je tiens à remercier Florence Forbes qui m'a accueilli dans cette superbe équipe de recherche qu'est Mistis et de m'avoir permis de présenter mes travaux lors de plusieurs manifestations scientifiques dans divers pays.

Mes remerciements vont également aux autres membres de l'équipe et plus particulièrement à celles et ceux avec qui j'ai partagé mon bureau : Angelika qui m'a tant aidé, El Hadji pour nos discussions mathématiques et nos travaux futurs, Marc pour ses conseils filmographiques, Gildas avec qui j'ai partagé plus qu'un bureau durant deux ans mais aussi Julie, Hessam, Eugen, Mathieu F et Vasil.

J'aimerais également remercier pour leur gentillesse et leurs encouragements : Christine avec qui j'ai commencé ma thèse, Flor, Marie-José, Laure, Farida, Senan, Nourou, Jean-Baptiste, Ludovic, Lotfi, Thomas V, Trung, Kai, Giao et Darren. Je souhaite également remercier nos assistantes Imma et Françoise pour m'avoir tant facilité la vie durant ces trois années.

Merci Juliette Blanchet pour nos discussions scientifiques sur mes travaux et tes conseils sur l'après-thèse. Merci également Charles Bouveyron de m'avoir invité à présenter mes travaux. Un immense merci à Alexandre Lekina pour ses travaux de thèse et ses nombreux documents qui m'ont beaucoup aidé. Merci Lamiae Azizi pour ton accueil à l'Inria et toute l'aide que tu as pu m'apporter.

A nos parties de babyfoot et plus encore, merci Audrey, Yohan, Fabien, Willy, Manh Toan, Éric, Benoit, Hugo, Dimitar et Thibaud. Pour ton amitié merci David L.

J'aimerais adresser un remerciement à Shakila pour sa gentillesse et son soutien quotidien.

Durant ma thèse j'ai eu l'opportunité d'intervenir dans un collège afin d'initier des élèves de sixième à la recherche en mathématiques. Ce fut l'occasion de travailler dans la classe de Françoise Lemoal que je tiens à remercier. L'intervention s'est faite en compagnie d'un autre doctorant David Salinas aujourd'hui docteur et ami.

Les conférences auxquelles j'ai pu prendre part furent l'occasion de faire des rencontres enrichissantes, merci Anne-Laure Fougères, Cécile Mercadier, Anne Sabourin, Anne-Catherine Favre, Marianne Clausel, Jean-Noël Bacro, Thomas Opitz, Philippe Naveau, Abdelaati Daouia, Philippe Garat et Mathieu Ribatet. Un grand merci à Gilles Stupfler pour ses conseils et sa sympathie.

J'adresse une pensée toute particulière à mes anciens professeurs : Françoise Truc, Julie Dugdale, Corinne Berzin, Catherine et Gérard d'Aubigny, Karim Benhenni, Abdel Abdali, Jean-Michel Billiot, Alain Latour et Azzam Hassan.

Je souhaiterais exprimer ma profonde gratitude envers mes anciens professeurs qui furent également mes collègues durant mon monitorat et qui sont aujourd'hui des amis Rémi Drouilhet et Jean-François Coeurjolly.

Mes remerciements à Franck Corset et à Éric Fontenas pour m'avoir soutenu et conseillé sur l'orientation à donner à ma carrière. Je remercie Alexandre et Meryam pour ces bons moments passés ensemble à Bruxelles.

A mes amis connus en classes préparatoires : Thibault S, Arnold, Fabrice, Baptiste, Tarik et Gauthier. A mes amis de Licence et de Master : Aurore, Alexandra, Claire Thibaut J, et Akrame. Merci Stéphanie pour tes nombreux conseils sur l'après-thèse.

Merci Jérôme L pour ces trois années d'études passées ensemble et nos si nombreux fous rires.

Je remercie Olivier Renaud, Paolo Ghisletta et Julien Chanal qui m'ont donné la chance de rejoindre leur équipe Mad en tant que Post-doctorant. Une pensée à mes nouvelles partenaires de bureau : Emilie pour sa bonne humeur quotidienne et Eda pour sa gentillesse et pour avoir été si conciliante pour les Tds pendant la préparation de ma soutenance de thèse.

Merci à mon ami Thomas A pour nos nombreuses sorties à vélo et nos montées des quatre seigneurs et pour toutes nos discussions. A mes amis de toujours : Robin, Fif, Mc, Kevin, Mathieu B et Rémi B-M merci.

Merci Mathieu R d'avoir été là avec ta joie de vivre tous les jours à l'Inria du début de mon stage jusqu'à ma soutenance de thèse. Merci du fond du coeur pour ton soutien et pour ton aide mon ami.

A nos nombreuses randonnées et pour m'avoir fait découvrir et aimer la montagne, merci Florian et Camille d'être mes amis.

Merci Vincent d'avoir rythmé mes étés de thèse par nos sorties de VTT et en particulier pour nos traversées de la Chartreuse et du Vercors. Même si ma thèse fut rude par moment merci d'avoir été présent Rémi L.

A mes amies, amis et proches : Marie-Joe et Armand, Nahid et Taghi, Léon et Tina, Susana, Jacqueline, Charles et Michel, Rodney et Francie, Michelle et Jean-Pierre, Jean-Pierre et Dane, Christian et Pascal, Bérénice, Constance, Marie, Charline, Géraud, Giuseppe, Jérôme M, Damien, Olga et Pierrick, Ezequiel, Cyrille, Nicolas, Colin, Antoine, Guilhem, Sébastien, Pierre, Micka, Long et Selim merci.

J'aimerais remercier ma famille de Tunisie et d'Espagne qui m'a apporté son soutien. A mes oncles et tantes et en particulier à Azzedine et Taoufik, à mes cousines et cousins. A Lola, Pilar et Josep. A Volga.

Aux deux personnes sans qui ce travail n'aurait pu se réaliser et à qui je dois tout, mes parents. Merci Papa pour m'avoir montré la voie à suivre en m'initiant à la beauté des mathématiques et pour ta patience. Merci Maman pour ton éducation, ton aide de tous les instants et ton soutien inconditionnel. Merci pour votre amour et pour l'exemple que vous êtes pour moi.

Je dédie cette thèse à mes anciens et futurs étudiants et plus particulièrement à Alexia et Lucas.

Résumé

Cette thèse s'inscrit dans le contexte de la statistique des valeurs extrêmes. Elle y apporte deux contributions principales. Dans la littérature récente en statistique des valeurs extrêmes, un modèle de queues de distributions a été introduit afin d'englober aussi bien les lois de type Pareto que les lois à queue de type Weibull. Les deux principaux types de décroissance de la fonction de survie sont ainsi modélisés. Un estimateur des quantiles extrêmes a été déduit de ce modèle mais il dépend de deux paramètres inconnus, le rendant inutile dans des situations pratiques. La première contribution de cette thèse est de proposer des estimateurs de ces paramètres. Insérer nos estimateurs dans l'estimateur des quantiles extrêmes précédent permet alors d'estimer des quantiles extrêmes pour des lois de type Pareto aussi bien que pour des lois à queue de type Weibull d'une façon unifiée. Les lois asymptotiques de nos trois nouveaux estimateurs sont établies et leur efficacité est illustrée sur des données simulées et sur un jeu de données réelles de débits de la rivière Nidd se situant dans le Yorkshire en Angleterre. La seconde contribution de cette thèse consiste à introduire et estimer une nouvelle mesure de risque appelé Conditional Tail Moment. Elle est définie comme le moment d'ordre $a \geq 0$ de la loi des pertes au-delà du quantile d'ordre $\alpha \in]0, 1[$ de la fonction de survie. Estimer le Conditional Tail Moment permet d'estimer toutes les mesures de risque basées sur les moments conditionnels telles que la Value-at-Risk, la Conditional Tail Expectation, la Conditional Value-at-Risk, la Conditional Tail Variance ou la Conditional Tail Skewness. Ici, on s'intéresse à l'estimation de ces mesures de risque dans le cas de pertes extrêmes c'est-à-dire lorsque α tend vers 0 lorsque la taille de l'échantillon augmente. On suppose également que la loi des pertes est à queue lourde et qu'elle dépend d'une covariable. Les estimateurs proposés combinent des méthodes d'estimation non-paramétrique à noyau avec des méthodes issues de la statistique des valeurs extrêmes. Le comportement asymptotique de nos estimateurs est établi et illustré aussi bien sur des données simulées que sur des données réelles de pluviométrie provenant de la région Cévennes-Vivarais.

Abstract

This thesis can be viewed within the context of extreme value statistics. It provides two main contributions to this subject area. In the recent literature on extreme value statistics, a model on tail distributions which encompasses Pareto-type distributions as well as Weibull tail-distributions has been introduced. The two main types of decreasing of the survival function are thus modeled. An estimator of extreme quantiles has been deduced from this model, but it depends on two unknown parameters, making it useless in practical situations. The first contribution of this thesis is to propose estimators of these parameters. Plugging our estimators in the previous extreme quantiles estimator allows us to estimate extreme quantiles from Pareto-type and Weibull tail-distributions in an unified way. The asymptotic distributions of our three new estimators are established and their efficiency is illustrated on a simulation study and on a real data set of exceedances of the Nidd river in the Yorkshire (England). The second contribution of this thesis is the introduction and the estimation of a new risk measure, the so-called Conditional Tail Moment. It is defined as the moment of order $a \geq 0$ of the loss distribution above the quantile of order $\alpha \in (0,1)$ of the survival function. Estimating the Conditional Tail Moment permits to estimate all risk measures based on conditional moments such as the Value-at-Risk, the Conditional Tail Expectation, the Conditional Value-at-Risk, the Conditional Tail Variance or the Conditional Tail Skewness. Here, we focus on the estimation of these risk measures in case of extreme losses *i.e.* when α converges to 0 when the size of the sample increases. It is moreover assumed that the loss distribution is heavy-tailed and depends on a covariate. The estimation method thus combines nonparametric kernel methods with extreme-value statistics. The asymptotic distribution of the estimators is established and their finite sample behavior is illustrated both on simulated data and on a real data set of daily rainfalls in the Cévennes-Vivarais region (France).

Table des matières

Introduction générale

"La loi des grands nombres et la distribution gaussienne, fondements de l'étude statistique des grandeurs moyennes, échouent à rendre compte des événements rares ou extrêmes. Pour ce faire, des outils statistiques plus adaptés existent ... mais ne sont pas toujours utilisés !"

Rama Cont

Dans la nuit du 31 janvier au 1er février 1953, de très fortes tempêtes traversant la mer du Nord balayèrent les côtes flamandes et néerlandaises d'ouest en est. Après que plusieurs digues eurent cédé, les provinces néerlandaises de la Hollande et de la Zélande furent particulièrement touchées. Les conséquences de ce raz-de-marée furent désastreuses. On dénombra plus de 2 500 morts, 47 000 habitations inondées et 10 000 détruites, 200 000 hectares de terres inondées, 30 000 têtes de bétail noyées, environ 9% des fermes des Pays-Bas inondées et plus de 400 brèches dans les digues.

A la suite de cette tempête, le gouvernement néerlandais décida la mise en place du "plan Delta" pour se prémunir contre une nouvelle inondation. Il fallut construire un nouveau réseau de digues renforcées de plus de 500 km le long de la côte de la mer du Nord.

Un comité composé de nombreux scientifiques, parmi lesquels des statisticiens, se réunit afin d'étudier le phénomène et proposer ainsi des recommandations sur les hauteurs des digues. Il fallut prendre en compte des facteurs économiques (coût de construction, coût des inondations,...), des facteurs physiques (rôle du vent sur la marée,...), mais aussi les hauteurs de marées enregistrées lors des précédentes

1

inondations. En 1953, les inondations avaient entraîné une montée des eaux à 3.85 mètres au-dessus du niveau de la mer, soit largement en-deçà des 4 mètres atteints le 1er novembre 1570, soit 382 ans auparavant.

Le but était de construire des digues assez grandes, de telle sorte qu'aucune vague ne les dépasse dans un horizon de 10 000 ans. Autrement dit, il convenait de déterminer quelle serait la hauteur de la plus grande vague dans un horizon de temps de 10 000 ans.

La difficulté résidait dans le fait que, pour calculer la hauteur des digues et donc la hauteur maximale d'une vague qui n'a jamais eu lieu, le comité d'experts devait se baser sur les informations des années précédentes ; or il n'y avait que très peu de données disponibles en particulier pour des événements de cette ampleur.

FIGURE 1: Vues aériennes d'Oude Tonge, au nord de la Zélande, le 3 février 1953, après le raz-de-marée. Source : Wikipédia.

Le 4 octobre 1986 marqua l'achèvement du plan Delta aux Pays-Bas. Il s'agit du plus grand chantier de génie civil de tous les temps. Il permit de relier toutes les îles côtières de la province de Zélande par des digues.

Après calcul, le comité d'expert estima que ces digues devraient mesurer au moins 5 mètres, estimation fondée sur l'utilisation de techniques statistiques empruntées à la théorie des valeurs extrêmes qui constitue le sujet de la présente thèse.

De la nécessité d'une théorie

Il est d'un grand intérêt de se prémunir contre les risques extrêmes, qu'ils résultent d'une crise financière, d'un accident nucléaire ou d'une catastrophe naturelle, compte tenu des répercussions humaines, économiques et financières que ces derniers peuvent avoir.

Les inondations de 1570 et de 1953 peuvent nous conduire à nous interroger sur une possible récurrence de ces événements. Le but serait d'être en mesure de prédire l'apparition de tels phénomènes, leurs impacts et le retour de ces derniers. Pour cela, il convient de définir précisément ce qu'est un événement extrême.

Un événement extrême est un événement qui a une faible probabilité de se produire mais qui, lorsqu'il se produit, prend de très petites ou de très grandes valeurs et a un grand impact. On notera la différence avec un événement rare qui, par définition, est un événement dont la probabilité d'occurence est faible. Le fait qu'un événement soit rare n'implique pas qu'il soit extrême ; il est dépourvu de la notion de quantifiabilité (petites ou grandes valeurs). A l'inverse, tout événement extrême est rare au sens où il a une faible probabilité de se produire.

De la difficulté d'estimer des événements extrêmes

Les mathématiques, et plus particulièrement la théorie probabiliste, nous offre des outils très puissants permettant de prédire le hasard et donc de le contrôler. La discipline reliant cette théorie aux événements de tous les jours est la statistique. Cette dernière a pour but d'utiliser les données disponibles afin d'en retirer le maximum d'informations et de modéliser au mieux la loi du hasard régissant le phénomène.

De fait, les événements extrêmes se prêtent difficilement à la modélisation puisque par définition les données sont peu nombreuses et peuvent même être inexistantes. L'information la plus précise est celle contenue dans les valeurs les plus extrêmes observées. A l'inverse, on dispose d'un grand nombre d'observations pour les événements plus fréquents. La difficulté réside dans le fait de prédire des événements extrêmes à l'aide d'événements fréquents. On doit donc, à partir de peu de données, construire un modèle nous permettant d'extrapoler et de prédire un événement sans commune mesure.

La théorie des valeurs extrêmes fournit une base mathématique probabiliste rigoureuse sur laquelle il est possible de construire des modèles statistiques permettant de prévoir l'intensité et la fréquence de ces événements extrêmes. Selon Kotz et Nadarajah [125] et Reiss [145], les premiers développements de cette théorie sont attribués à Nicolas Bernoulli en 1709. Fuller fut probablement le premier à en faire application en 1914.

De nombreux domaines d'applications

La théorie des valeurs extrêmes trouve à s'appliquer dans de nombreux domaines tels qu'en fiabilité [64], en métallurgie [16] et en astrophysique [44]. Elle intéresse également les sciences de l'environnement, avec la modélisation de grands feux de forêts [2] ainsi que la climatologie [153] et la météorologie [31, 35, 85].

Dans un premier article, Einmahl et Magnus [66] proposèrent une application aux temps limites de records en athlétisme ; dans un second, ils s'intéressèrent plus particulièrement à l'estimation du temps minimal possible sur 100m [67].

Aarssen et de Haan [1] proposèrent des résultats afin de calculer l'âge limite possible de l'être humain. Pour d'autres exemples d'applications, se référer au livre de Reiss et Thomas [146]. Au sujet de la mise en garde d'une mauvaise utilisation de la théorie des valeurs extrêmes, on citera Bouleau [23].

Le domaine d'application historique reste l'hydrologie [49, 107, 156], notamment suite aux travaux de Jules Emile Gumbel en 1954 [108] et son ouvrage [109] en 1958. Plus récemment l'utilisation de la théorie des valeurs extrêmes a été vivement recommandée par le rapport Flood Study Report NERC [137] afin de modéliser les lois de probabilités des maxima annuels de précipitations et de crues. Ce rapport, établi en 1975, utilise et teste de nombreux outils statistiques issus de la théorie des valeurs extrêmes sur un très grand nombre de jeux de données de crues de rivières et de pluviométrie en Grande-Bretagne.

Deux autres principaux domaines d'applications sont l'actuariat afin de se prémunir contre des sinistres ayant un grand impact [18, 26, 148, 152] et la finance [70–73, 133].

"With globalisation increasing, you will see more crises. Our whole focus is on extremes now–what is the worst that can happen to you in any situation– because we never want to go through that again."

John Meriweather

Il existe également quelques articles de vulgarisation scientifique visant à introduire la problématique et les applications de la théorie des valeurs extrêmes. Citons notamment Matthews [131] qui donne une très bonne vue d'ensemble. En finance, se référer notamment aux articles de Cont [37, 38], mais également au livre de Taleb [160] et à son article [161].

Enfin, à l'usage de statisticiens intéréssés par la théorie des valeurs extrêmes, on conseillera vivement la lecture des ouvrages de Coles [34] et Beirlant *et al.* [16].

Organisation de la thèse Cette thèse s'organise en trois chapitres.

- Le chapitre 1 présente un état de l'art en théorie des valeurs extrêmes, et plus particulièrement sur l'estimation des quantiles extrêmes qui est la problématique de cette thèse. Tout d'abord, on se limitera au cas univarié réel, où l'on présentera les principaux résultats et définitions de la théorie des valeurs extrêmes utiles dans nos travaux. Après avoir introduit le comportement du maximum d'un échantillon dans la Partie 1.1, on présentera les deux principaux outils servant à modéliser le comportement des valeurs extrêmes : la loi des valeurs extrêmes Partie 1.2 et la loi des excès Partie 1.3. On s'intéressera ensuite à la caractérisation des domaines d'attraction dans la Partie 1.4. Enfin on rappellera les différentes méthodes d'estimation de quantiles extrêmes Partie 1.5. Dans la dernière Partie 1.6 on se penchera sur le cas univarié réel en présence d'une covariable. On passera en revue la littérature sur l'estimation des quantiles extrêmes dans ce contexte de régression avec covariable qui a été peu abordé.

- Le chapitre 2, s'intéresse à une nouvelle famille de lois introduite par Gardes *et al.* [88]. Un estimateur des quantiles extrêmes y est proposé, mais il dépend d'un paramètre inconnu, le rendant inutile dans des situations pratiques. On commencera dans la Partie 2.1 par une introduction motivant nos travaux. On rappellera ensuite dans la Partie 2.2 le cadre d'étude et le modèle de Gardes *et al.* [88]. Puis l'on présentera nos contributions théoriques dans la Partie 2.3.

Ces contributions consistent dans un premier temps à proposer un estimateur de ce paramètre inconnu. A la suite de quoi cela nous permettra d'estimer des quantiles extrêmes. Les lois asymptotiques de nos estimateurs sont établies et leur efficacité est illustrée dans la Partie 2.4 sur des données simulées et sur un jeu de données réelles. Ce dernier provient du rapport Flood Study Report NERC [137] et consiste en des crues de la rivière Nidd en Grande Bretagne. On finira par donner des perspectives dans la Partie 2.5. En dernier lieu, la Partie 2.6 exposera les preuves de nos résultats théoriques. Les contributions de ce chapitre ont fait l'objet de l'article El Methni *et al.* [69] paru en 2012.

- Au chapitre 3, on commencera dans la Partie 3.1 par une introduction sur la notion de mesure de risque où l'on motive nos travaux. On introduira ensuite dans la Partie 3.2 une nouvelle mesure de risque que l'on appellera le Conditional Tail Moment. Estimer le Conditional Tail Moment permet d'estimer toutes les mesures de risque basées sur les moments conditionnels telles que la Value-at-Risk, la Conditional Tail Expectation, la Conditional Value-at-Risk, la Conditional Tail Variance, ou la Conditional Tail Skewness. Ici, on s'intéressera à l'estimation de ces mesures de risque dans le cas de pertes extrêmes. On supposera aussi que la loi des pertes est à queue lourde et qu'elle dépend d'une covariable. Nos méthodes d'estimation combinent des méthodes d'estimation non-paramétrique à noyau avec des méthodes issues de la statistique des valeurs extrêmes. Dans la Partie 3.3 on établira le comportement asymptotique de nos estimateurs. On illustrera dans la Partie 3.4 ces comportements sur des données simulées où l'on mettra en place une procédure nous permettant de choisir les paramètres de nos estimateurs. Enfin on appliquera cette procédure et nos estimateurs à un jeu de données réelles pluviométriques provenant de la région Cévennes-Vivarais se situant dans le sud de la France. On donnera quelques perspectives dans la Partie 3.5. Les preuves de nos résultats théoriques se trouvent dans la dernière Partie 3.6. Les contributions de ce chapitre ont fait l'objet du rapport de recherche El Methni *et al.* [68] soumis pour publication.

La conclusion de ce mémoire exposera les perspectives à donner à nos travaux.

Chapitre 1

Présentation de la théorie des valeurs extrêmes univariées

Résumé

Dans ce chapitre, on regroupe des définitions et des résultats sur la théorie des valeurs extrêmes dans le cas univarié réel. Après avoir introduit le comportement du maximum dans la Partie 1.1, on présentera les deux principaux outils servant à modéliser le comportement des valeurs extrêmes d'un échantillon : la loi des valeurs extrêmes Partie 1.2 et la loi des excès Partie 1.3. On s'intéressera ensuite à la caractérisation des domaines d'attraction dans la Partie 1.4. Enfin, on rappellera les différentes méthodes d'estimation de quantiles extrêmes Partie 1.5. Dans la dernière Partie 1.6, on présentera la théorie des valeurs extrêmes univariées en présence d'une covariable et en particulier l'estimation de quantiles extrêmes conditionnels.

Sommaire

1.1 Introduction au comportement du maximum d'un échantillon

"There is always going to be an element of doubt, as one is extrapolating into areas one doesn't know about. But what extreme value theory is doing is making the best use of whatever data you do have about extreme phenomena."

Richard Smith

La théorie des valeurs extrêmes a pour but d'étudier et de caractériser le comportement des valeurs extrêmes d'un échantillon de variables aléatoires. On souhaite estimer des petites probabilités ou des quantités dont la probabilité d'observation est très faible, c'est-à-dire proche de zéro. Ces quantités sont appelées quantiles ; on parle de quantile extrême lorsque l'ordre du quantile (probabilité d'observation) converge vers zéro quand la taille de l'échantillon tend vers l'infini.

Ces quantiles extrêmes se situent dans les queues de distributions des lois de probabilité. Ainsi, à l'inverse de l'approche statistique classique qui s'intéresse au comportement moyen et à la variabilité des phénomènes autour de la moyenne, on s'intéresse ici au comportement des queues de distributions. Que pouvons-nous dire du comportement du maximum ou du minimum d'un phénomène si la loi de probabilité qui le régit n'est pas connue ?

Comme évoqué dans l'introduction générale, un exemple d'application historique est l'hydrologie. En effet, si l'on dispose d'un échantillon de hauteurs d'eau annuelles d'un cours d'eau, on peut se poser plusieurs questions intéressantes sur les événements extrêmes. En particulier :

(1) Quelle est la hauteur d'eau qui est atteinte ou dépassée pour une faible probabilité donnée ?

(2) Pour une "grande" hauteur d'eau fixée, qu'elle est la probabilité d'observer une hauteur d'eau qui lui sera supérieure ?

La théorie des valeurs extrêmes permet de répondre à ce type de questions.

Plaçons-nous dans un cadre statistique et considérons n variables aléatoires réelles $Y_1, \ldots, Y_n$ indépendantes et identiquement distribuées (*i.i.d.*) de fonction de répartition $F(y) = \mathbb{P}(Y \leq y)$. Rangeons ces variables aléatoires par ordre croissant, on notera dans la suite l'échantillon ordonné :

$$Y_{1,n} \leq \cdots \leq Y_{n,n}.$$

Remarquons que les statistiques d'ordre ne sont pas indépendantes par définition. Deux statistiques d'ordre sont particulièrement intéressantes pour l'étude des événements extrêmes : ce sont les deux statistiques extrêmes, autrement dit le minimum de l'échantillon $Y_{1,n}$ et le maximum $Y_{n,n}$. On notera qu'il est très facile de passer de l'un à l'autre à l'aide de la relation :

$$Y_{1,n} = -\max(-Y_1, \ldots, -Y_n).$$

Ainsi, la suite des développements du présent chapitre se concentrera sur l'étude du maximum. A partir de l'information apportée par ces variables aléatoires, on souhaite estimer des quantiles extrêmes. Soit $\overline{F}(y) = 1 - F(y)$ la fonction de survie, rappelons la définition d'un quantile.

Définition 1.1. *Le quantile d'ordre $1 - \alpha$ de la fonction de répartition F est défini par :*

$$q(\alpha) := \overline{F}^{\leftarrow}(\alpha) = \inf\{y : \overline{F}(y) \leq \alpha\} \quad avec \quad \alpha \in \,]0,1[,$$

où $\overline{F}^{\leftarrow}$ est l'inverse généralisée de $\overline{F}$. Par convention $\inf\{\varnothing\} = \infty$. Notons que l'inverse généralisée d'une fonction coïncide avec l'inverse classique lorsque la fonction est continue.

Définition 1.2. *Le quantile extrême d'ordre $1 - \alpha_n$ de la fonction de répartition F est défini par :*

$$q(\alpha_n) := \overline{F}^{\leftarrow}(\alpha_n) \quad avec \quad \alpha_n \to 0 \quad quand \quad n \to \infty.$$

En résumé, un quantile sera dit extrême si l'on remplace son ordre α par une suite $\alpha_n \to 0$ quand $n \to \infty$. Le fait que l'ordre $\alpha_n \to 0$ quand $n \to \infty$ indique que l'information la plus importante pour estimer des quantiles extrêmes est contenue dans la queue de distribution (voir Figure 1.1).

Statistiquement parlant, la question (1) se rapporte donc à l'estimation d'un quantile extrême ou niveau de retour en hydrologie. Quant à la question (2), elle se rapporte à l'estimation d'une "petite probabilité", ou de façon équivalente en hydrologie à une période de retour.

10

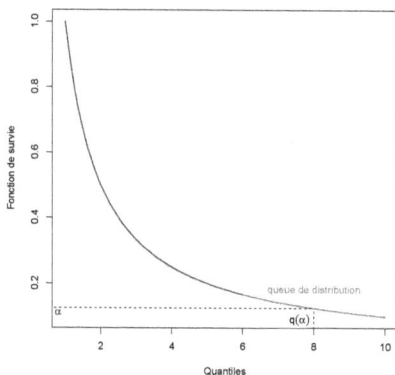

FIGURE 1.1: Quantiles extrêmes et queue de distribution.

Afin d'expliquer les notions de niveau de retour et de période de retour, considérons tout simplement que l'on dispose d'un dé à 6 faces parfaitement équilibré. Cet exemple banal est un cas classique en théorie des probabilités d'une variable aléatoire discrète suivant une loi Uniforme sur [1 : 6]. Si le dé n'est pas pipé, alors la probabilité de tomber sur une des 6 faces est de $1/6$. Prenons par exemple la face relative au chiffre 2. On peut alors s'attendre à obtenir cette face au bout d'un certain temps (certain nombre de lancers) ou plus précisément on peut s'attendre à l'obtenir en moyenne tous les $T = 6$ lancers. T est donc la période de retour.

Dans le cas d'une variable aléatoire continue Y, la probabilité que $Y = y$ est nulle : $\mathbb{P}(Y = y) = 0$. Cependant il y a une probabilité $\overline{F}(y) = \mathbb{P}(Y \geq y)$ que la variable aléatoire Y soit égale ou supérieure à y. On a alors la fonction appelée période de retour donnée par :

$$T(y) = \frac{1}{\overline{F}(y)}.$$

Elle représente le nombre d'observations tel que, en moyenne, il y ait une observation égale ou supérieure à y. Il est évident que la période de retour augmente lorsque y augmente. On peut alors définir la fonction niveau de retour comme l'inverse de la période de retour :

$$y(T) = \overline{F}^{\leftarrow}\left(\frac{1}{T}\right) = q\left(\frac{1}{T}\right).$$

Le niveau de retour représente le niveau (d'eau par exemple) qui sera atteint ou dépassé pour une certaine période de retour (de probabilité : $1/T$). Un niveau de retour à 1 an revient à calculer le quantile d'ordre $1/365.25$. Il est donc plus simple de s'exprimer en termes de niveau de retour à un an que de parler de quantile d'ordre 0.2737851%. Ainsi on peut mieux caractériser ce qu'est un événement extrême :

Un événement extrême est un événement dont le temps de retour est grand.

Quelle est alors la probabilité d'observer un événement extrême ayant une valeur plus grande que le maximum de l'échantillon ? Autrement dit, quelle est la probabilité que le quantile extrême soit plus grand que le maximum de l'échantillon ?

Afin de simplifier on supposera F continue. Comme les variables aléatoires sont indépendantes et identiquement distribuées, alors lorsque $\alpha_n \to 0$ on a :

$$
\begin{aligned}
\mathbb{P}(Y_{n,n} < q(\alpha_n)) &= \mathbb{P}\left(\bigcap_{i=1}^{n}\{Y_i \leq q(\alpha_n)\}\right) \\
&= \prod_{i=1}^{n}\mathbb{P}(Y_i \leq q(\alpha_n)) \\
&= F^n(q(\alpha_n)) \\
&= (1-\alpha_n)^n \\
&= \exp(n\log(1-\alpha_n)) \\
&= \exp(-n\alpha_n(1+o(1))).
\end{aligned}
\tag{1.1}
$$

La probabilité que le quantile extrême soit plus grand que le maximum de l'échantillon dépend donc du comportement asymptotique de $n\alpha_n$. Ainsi, lorsque l'on souhaite estimer des quantiles extrêmes, on doit faire la distinction entre deux cas qui sont fonction de la vitesse de convergence de α_n vers 0.

Premier cas : Si $n\alpha_n \to \infty$ alors, $\mathbb{P}(Y_{n,n} < q(\alpha_n)) \to 0$.

Dans ce cas, on cherche à estimer un quantile qui se trouve avec une grande probabilité dans l'échantillon. On est dans le cas où α_n converge lentement vers 0, autrement dit cela revient à supposer que le quantile $q(\alpha_n)$ ne tend pas trop vite vers l'infini quand $n \to \infty$. Dans une telle situation, l'estimation du quantile extrême requiert une interpolation à l'intérieur de l'échantillon. Un estimateur naturel de ce quantile est la $\lfloor n\alpha_n \rfloor$ ième plus grande observation de l'échantillon, autrement dit la statistique d'ordre supérieur $Y_{n-\lfloor n\alpha_n \rfloor+1,n}$ (où $\lfloor . \rfloor$ est la fonction partie entière). Cet estimateur est asymptotiquement gaussien (voir [50]). Remarquons que la condition $n\alpha_n \to \infty$ correspond à un temps de retour $T_n = 1/\alpha_n$ petit devant n

Second cas : Si $n\alpha_n \to 0$ alors, $\mathbb{P}(Y_{n,n} < q(\alpha_n)) \to 1$.

On cherche alors à estimer un quantile qui se trouve avec une grande probabilité en dehors de l'échantillon. Dans ce cas, l'estimateur de $q(\alpha_n)$ ne peut être obtenu en inversant simplement la fonction de répartition empirique :

$$\widehat{F}_n(y) = \frac{1}{n} \sum_{i=1}^{n} \mathbb{I}\{Y_i \leq y\},$$

car $\widehat{F}_n(y) = 1$ pour $y \geq Y_{n,n}$. On est dans le cas où α_n converge rapidement vers 0, autrement dit cela revient à supposer que le quantile $q(\alpha_n)$ tend suffisament vite vers l'infini quand $n \to \infty$. Remarquons que la condition $n\alpha_n \to 0$ correspond à un temps de retour T_n grand devant n. Cela nécessite d'extrapoler les résultats de l'échantillon là où il n'y a pas de données observées ; c'est ce qui se produit dans de nombreux domaines d'application, parmi lesquels citons la fiabilité (Ditlevsen [64]), l'hydrologie (Smith [156]), la finance (Embrechts *et al.* [71]), les assurances (Beirlant et Teugels [18] et Brodin et Rootzén [26]), ainsi que la climatologie (Rootzén et Tajvidi [153]).

"Many real life questions require extrapolation, but since no data or only few has been observed – as by definition extreme events are rare – essential estimations are more often based on feeling than on fact. Extreme value theory is a branch of statistics that deals with such rare situations and that gives a scientific alternative to pure guesswork.

Chavez–Demoulin et Armin Roehrl.

Le résultat (1.1) nous indique que pour d'estimer des quantiles extrêmes, on a besoin de connaître le comportement du maximum de l'échantillon. Ce comportement est caractérisé par la fonction de répartition du maximum que l'on notera $F_{Y_{n,n}}$. Toujours d'après le résultat (1.1), on a $F_{Y_{n,n}}(y) = F^n(y)$. La loi F du phénomène étant inconnue en pratique, le comportement de F^n sera encore plus difficile à étudier.

On peut cependant remarquer que :

$$\lim_{n\to\infty} F_{Y_{n,n}}(y) = \lim_{n\to\infty} [F(y)]^n = \mathbb{I}\{y \geq y_F\} = \begin{cases} 1 & \text{si} \quad y \geq y_F \\ 0 & \text{si} \quad y < y_F \end{cases} \tag{1.2}$$

où

$$y_F = \sup\{y \in \mathbb{R}, F(y) < 1\},$$

est le point terminal de la loi F avec la convention $\sup\{\varnothing\} = \infty$. Le point terminal y_F représente la borne supérieure du support de la loi. Le résultat (1.2) nous indique que la distribution du maximum $Y_{n,n}$ est une loi dégénérée. Ce résultat fournit très peu d'informations sur le comportement de $Y_{n,n}$. On aimerait obtenir une loi non dégénérée pour le maximum.

L'idée est de procéder à une transformation. La plus connue en statistique est la normalisation illustrée à travers l'exemple du théorème central limite qui, après normalisation, donne la loi asymptotique (non dégénérée) de la moyenne de n variables aléatoires.

Dans la Partie 1.2 on commencera par énoncer le résultat fondamental de la théorie des valeurs extrêmes univariées connu sous le nom de théorème de Fisher-Tippet-Gnedenko. Il établit la loi asymptotique du maximum de l'échantillon $Y_{n,n}$ convenablement renormalisé.

1.2 La loi des valeurs extrêmes

Historiquement, l'étude de la loi de probabilité du maximum d'un échantillon de n variables a été la première approche pour décrire les événements extrêmes. Fisher et Tippet [77] en 1928 ont, les premiers, déduit de manière heuristique les lois limites possibles pour le maximum d'une suite de variables aléatoires indépendantes et de même loi, avant que Gnedenko [97] en 1943 n'obtienne rigoureusement la convergence, dont la preuve fut simplifiée par de Haan [48] en 1976. Les travaux de Von Mises [164] en 1936 et Jenkinson [122] en 1955 ont permis de donner une forme unifiée à ce résultat. Les applications ont commencé suite aux travaux de Gumbel [108] en 1954, en particulier en hydrologie.

Le théorème ci-dessous est fondamental en théorie des valeurs extrêmes car il établit la loi asymptotique du maximum $Y_{n,n}$ convenablement normalisé d'un échantillon.

Théorème 1.3. *Soit* $(Y_n)_{n \geq 1}$ *une suite de variables aléatoires indépendantes et identiquement distribuées de fonction de répartition F. S'il existe deux suites normalisantes réelles* $(a_n)_{n \geq 1} > 0$ *et* $(b_n)_{n \geq 1} \in \mathbb{R}$ *et une loi non-dégénérée* $\mathcal{H}_\gamma$ *telle que :*

$$\lim_{n \to \infty} \mathbb{P}\left(\frac{Y_{n,n} - b_n}{a_n} \leq y\right) = \lim_{n \to \infty} F^n(a_n y + b_n) = \mathcal{H}_\gamma(y), \qquad (1.3)$$

alors à une translation et un changement d'échelle près on a

$$\mathcal{H}_\gamma(y) = \exp\left(-(1 + \gamma y)_+^{-1/\gamma}\right), \qquad (1.4)$$

où $\gamma \in \mathbb{R}$ *et* $z_+ = \max(0, z)$.

Le cas $\gamma = 0$ dans l'équation (1.4) peut être vu comme le cas limite lorsque $\gamma \to 0$. On retrouve alors la loi de Gumbel ayant pour fonction de répartition :

$$\mathcal{H}_0(y) = \exp\left(-\exp\left(-y\right)\right).$$

Le comportement limite du maximum normalisé est ainsi décrit par la fonction de répartition $\mathcal{H}_\gamma$ pour la plus grande partie des lois usuelles. $\mathcal{H}_\gamma$ est appelée fonction de répartition de la loi des valeurs extrêmes, en anglais "Generalized Extreme Value Distribution" notée GEV. Une preuve détaillée de ce théorème peut être trouvée dans Resnick [147] et dans Embrechts *et al.* [71].

Si l'on souhaite faire un parallèle avec le théorème central limite, la suite (a_n) jouerait le rôle d'un paramètre d'échelle ou de dispersion et la suite (b_n) celui d'un paramètre de position. Ces suites ne sont pas uniques. Pour plus d'exemples de suites de normalisation de chaque loi se référer à Embrechts *et al.* [71] page 145.

L'unification du comportement du maximum en une seule fonction de répartition facilite grandement l'étude du comportement du maximum. Cette loi dépend du seul paramètre de forme γ appelé indice des valeurs extrêmes ou indice de queue. Comme on le verra tout au long de cette thèse, γ est le paramètre clé de toute la théorie des valeurs extrêmes. L'estimation de γ nous fournira le comportement de la queue de distribution. En effet, selon son signe, on distingue trois domaines d'attraction dont quelques densités ont été représentées pour γ fixé sur la Figure 1.2.

- si $\gamma > 0$, on dit que F appartient au domaine d'attraction de Fréchet [79], que l'on notera $\mathcal{D}(\text{Fréchet})$. Il contient les lois dont la fonction de survie est à décroissance polynomiale, *i.e.* les lois à queues lourdes ou lois de type Pareto. Les lois de ce domaine ont un point terminal y_F infini.

- si $\gamma < 0$, on dit que F appartient au domaine d'attraction de Weibull, que l'on notera $\mathcal{D}(\text{Weibull})$. Toutes les lois de ce domaine d'attraction ont un point terminal y_F fini.

- si $\gamma = 0$, on dit que F est dans le domaine d'attraction de Gumbel, que l'on notera $\mathcal{D}(\text{Gumbel})$. Il contient les lois dont la fonction de survie est à décroissance exponentielle, *i.e.* les lois à queues légères.

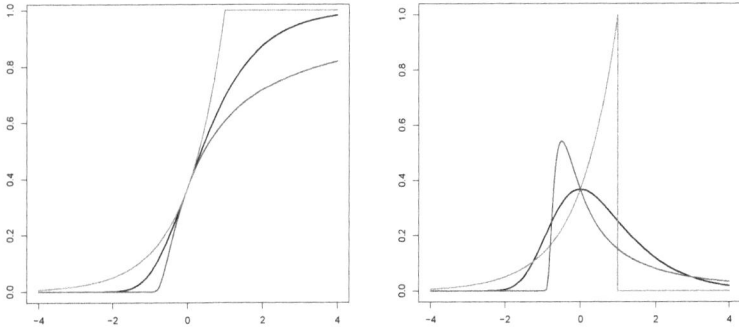

FIGURE 1.2: A gauche : $\mathcal{H}_\gamma$. A droite : les densités associées à la loi des valeurs extrêmes (noir : $\gamma = 0$, bleu : $\gamma = 1$ et rouge : $\gamma = -1$).

Un classement de nombreuses lois par domaine d'attraction est disponible dans Embrechts *et al.* [71] page 145. On donne une liste non exhaustive de l'appartenance des lois à leur domaine d'attraction dans le Tableau 1.1.

Illustrons le Théorème 1.3 à travers l'exemple d'une variable aléatoire Y suivant une loi exponentielle de paramètre 1. Sa fonction de répartition est donnée par :

$$F(y) = \begin{cases} 1 - e^{-y} & \text{si} \quad y \geq 0, \\ 0 & \text{si} \quad y < 0. \end{cases}$$

Fréchet ($\gamma > 0$)	Gumbel ($\gamma = 0$)	Weibull ($\gamma < 0$)
Pareto	Normale	Uniforme
Student	Exponentielle	Beta
Burr	Log-normale	ReverseBurr
Chi-deux	Gamma	
Fréchet	Weibull	
Log-gamma	Benktander-type-I	
Log-logistique	Benktander-type-II	
Cauchy	Logistique	
	Gumbel	

TABLE 1.1: Quelques lois et leurs domaines d'attraction

Le support de la loi étant $\mathbb{R}$ on a $y_F = +\infty$ d'où $Y_{n,n} \xrightarrow{\mathbb{P}} \infty$. Effectuons la normalisation suivante :

$$
\begin{aligned}
\mathbb{P}\left(\frac{Y_{n,n} - \log(n)}{1} \leq y\right) &= \mathbb{P}(Y_{n,n} \leq y + \log(n)) \\
&= (F(y + \log(n)))^n \\
&= (1 - \exp(-y - \log(n)))^n \\
&= \left(1 - \frac{\exp(-y)}{n}\right)^n \\
&\to \exp(-\exp(-y))
\end{aligned}
$$

quand $n \to \infty$.

Ainsi convenablement normalisé il apparait que $Y_{n,n}$ converge en loi vers une loi de Gumbel. La convergence du maximum normalisé d'une loi exponentielle vers une loi de Gumbel est illustrée dans la suite de figures données ci-après.

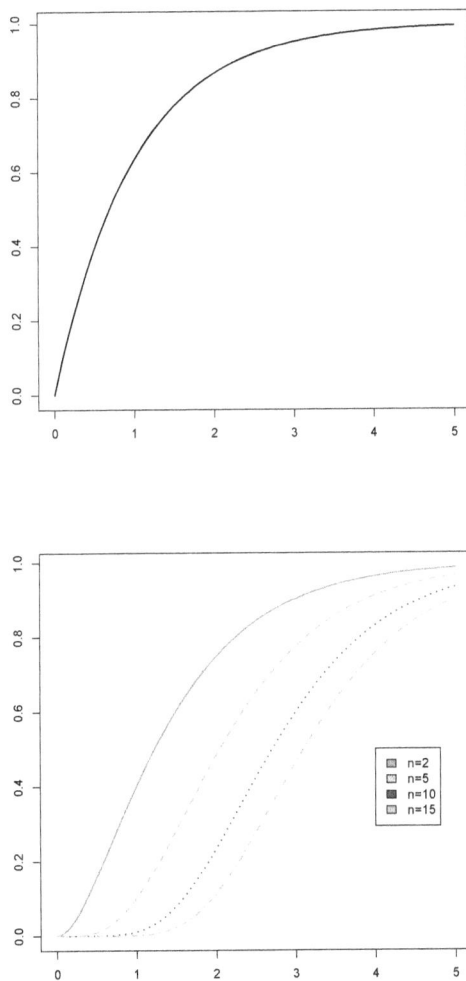

FIGURE 1.3: En haut : fonction de répartition de la loi exponentielle de moyenne 1. En bas : différentes puissances de fonctions de répartitions de la loi exponentielle de moyenne 1.

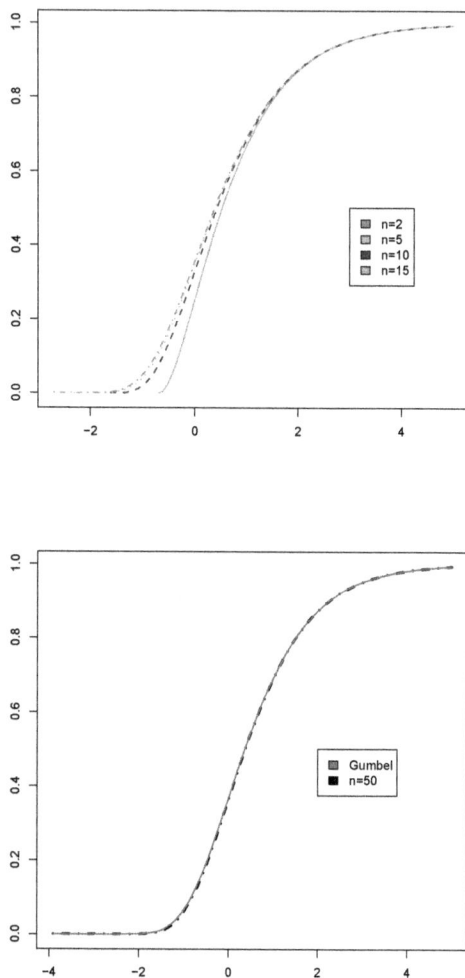

FIGURE 1.4: En haut : différentes puissances de fonctions de répartitions normalisées de la loi exponentielle de moyenne 1. En bas : convergence de la loi du maximum normalisé d'une loi exponentielle de moyenne 1 vers une loi de Gumbel.

Il est irréaliste de croire que seul le maximum de l'échantillon permet de modéliser le comportement des valeurs extrêmes. Les autres grandes valeurs de l'échantillon contiennent elles aussi de l'information sur la queue de distribution. L'approche par dépassements de seuil est une alternative à la loi GEV dans la modélisation du comportement du maximum d'un échantillon se basant sur les "grandes valeurs" de l'échantillon.

Elle se base sur le résultat mathématique (que nous détaillerons dans la partie suivante), affirmant qu'il existe une équivalence entre la loi GEV et la loi des dépassements de seuil aussi appelée loi des excès. La partie 1.3 est dédié au comportement limite des excès au-delà d'un seuil assez grand.

1.3 La loi des excès

L'approche par dépassements de seuil, en anglais "Peaks-Over-Threshold approach" notée POT, repose sur l'utilisation des statistiques d'ordre supérieur de l'échantillon. Elle consiste à ne conserver que les observations dépassant un certain seuil. L'excès au-delà du seuil est défini comme l'écart entre l'observation et le seuil.

Plus précisément, soit un échantillon de variables aléatoires *i.i.d.* $Y_1, \ldots, Y_n$. Soit u un seuil fixé (non aléatoire) tel que $u < y_F$. Considérons les N_u observations $Y_{i_1}, \ldots, Y_{i_{N_u}}$ dépassant le seuil u. On appelle excès au-delà du seuil u les $Z_j := Y_{i_j} - u$, où $j = 1, \ldots, N_u$ voir Figure 1.5 ci-dessous :

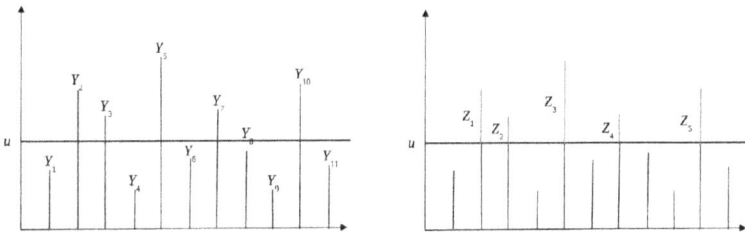

FIGURE 1.5: Excès au delà du seuil u.

On notera F_u la fonction de répartition de l'excès Z au delà du seuil u. La loi des excès est celle de variables aléatoires *i.i.d.* admettant pour fonction de répartition $F_u(y) = \mathbb{P}(Z \le y | Y > u)$ représentant la probabilité que la variable aléatoire Y ne dépasse pas le seuil u de au moins une quantité y sachant qu'elle dépasse u. F_u

décrit ainsi la loi de Z sachant que $Y > u$. On peut la réécrire en fonction de F à l'aide du résultat suivant.

On a pour $y \geq 0$:

$$F_u(y) = \mathbb{P}(Z \leq y | Y > u) = \mathbb{P}(Y - u \leq y | Y > u) = \frac{F(u+y) - F(u)}{1 - F(u)}, \quad (1.5)$$

ou de manière équivalente pour la fonction de survie :

$$\overline{F}_u(y) := \mathbb{P}(Z > y | Y > u) = 1 - F_u(y) = \frac{\overline{F}(u+y)}{\overline{F}(u)}. \quad (1.6)$$

L'idée de l'existence d'une équivalence entre la loi GEV et la loi des excès est la suivante. A l'aide du résultat donné dans le Théorème 1.3 pour n assez grand on a,

$$F^n(u) \approx \exp\left(-\left(1 + \gamma\left(\frac{u - b_n}{a_n}\right)\right)^{-1/\gamma}\right),$$

avec $a_n > 0$ et $(b_n, \gamma) \in \mathbb{R}^2$. Ainsi,

$$n \log(F(u)) \approx -\left(1 + \gamma\left(\frac{u - b_n}{a_n}\right)\right)^{-1/\gamma}. \quad (1.7)$$

Si u est assez grand alors un développement limité donne :

$$\log(F(u)) \approx -(1 - F(u)).$$

En remplaçant dans l'expression (1.7) on obtient pour u assez grand

$$1 - F(u) \approx \frac{1}{n}\left(1 + \gamma\left(\frac{u - b_n}{a_n}\right)\right)^{-1/\gamma}.$$

De même pour $y > 0$ on a,

$$1 - F(u+y) \approx \frac{1}{n}\left(1 + \gamma\left(\frac{u + y - b_n}{a_n}\right)\right)^{-1/\gamma}.$$

En remplaçant dans l'expression (1.6) on obtient :

$$F_u(y) \approx 1 - \left(1 + \gamma\frac{y}{\sigma}\right)^{-1/\gamma},$$

avec

$$\sigma = a_n + \gamma(u - b_n). \tag{1.8}$$

Les travaux de Balkema et de Haan [8] et de Pickands [141] donnent un résultat très précis sur l'approximation de cette fonction de survie (ou de manière équivalente de la fonction de répartition) lorsque le seuil u est proche du point terminal y_F.

Théorème 1.4. *(Balkema et de Haan [8], Pickands [141]) F appartient au domaine d'attraction de $\mathcal{H}_\gamma$ si et seulement si il existe $\sigma > 0$ et $\gamma \in \mathbb{R}$ tels que la loi des excès F_u peut être uniformément approchée par une loi de Pareto généralisée notée $\mathcal{G}_{\gamma,\sigma}$, i.e.*

$$\lim_{u \to y_F} \sup_{y \in]0, y_F - u[} |F_u(y) - \mathcal{G}_{\gamma,\sigma}(y)| = 0$$

où

$$\mathcal{G}_{\gamma,\sigma}(y) = 1 - \left(1 + \gamma \frac{y}{\sigma}\right)^{-1/\gamma} \tag{1.9}$$

définie pour $y \in \mathbb{R}^+$ si $\gamma \geq 0$ ou $[0, -\sigma/\gamma[$ si $\gamma < 0$.

Le cas $\gamma = 0$ dans l'expression (1.9) peut être vu comme le cas limite lorsque que $\gamma \to 0$. On a alors :

$$\mathcal{G}_{0,\sigma}(y) = 1 - \exp\left(-\frac{y}{\sigma}\right), \quad y \geq 0.$$

On retrouve une loi exponentielle de paramètre $1/\sigma$. Notons aussi que $\mathcal{G}_{-1,\sigma}(.)$ correspond à la loi uniforme sur $[0, \sigma]$. L'existence des moments de la GPD est liée à la valeur de γ. En effet, le moment d'ordre m existe si et seulement si $\gamma < 1/m$.

Le Théorème 1.4 établit l'équivalence en loi du maximum (convenablement normalisé) d'un échantillon vers une loi des valeurs extrêmes $\mathcal{H}_\gamma$ et la convergence en loi des excès au-delà d'un seuil vers une loi de Pareto généralisée $\mathcal{G}_{\gamma,\sigma}$, lorsque le seuil tend vers la limite supérieure du support de F.

Ainsi les paramètres de la loi de Pareto généralisée, en anglais "Generalized Pareto Distribution" notée GPD (voir expression (1.9)), ont un lien avec ceux de la GEV (voir expression (1.4)). Le paramètre d'échelle σ de la GPD est tel que $\sigma = a_n + \gamma(u - b_n)$ (voir expression (1.8)). Le paramètre de forme γ est le même que dans la loi GEV, il caractérise donc la lourdeur de la queue de la loi. La dualité qu'il existe entre la GPD et la GEV met en évidence le rôle prépondérant de γ dans le comportement des valeurs extrêmes.

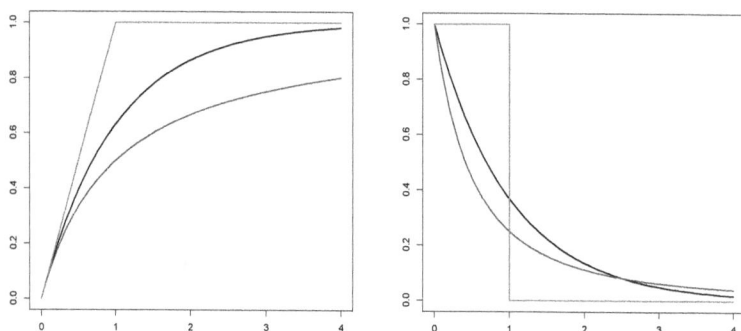

FIGURE 1.6: A gauche : $\mathcal{G}_{\gamma,1}$. A droite : les densités associées à la loi de Pareto généralisée (noir : $\gamma = 0$, bleu : $\gamma = 1$ et rouge : $\gamma = -1$).

En résumé le Théorème 1.4 suggère donc d'approcher la loi des excès de l'échantillon par une distribution GPD lorsque le seuil u est choisi suffisament grand.

L'idée est résumée dans l'article Mandelbrot's Extremism de Beirlant *et al.* [17]

Excess postulate : *Up to scale, the distribution of excesses over a high threshold stabilizes as the threshold u grows indefinitely large.*

Une application de la GPD à la prédiction de vents extrêmes est réalisée dans l'article de Brodin et Rootzén [26].

Dans la partie suivante on donnera les conditions pour que F appartienne à l'un des trois domaines d'attraction ainsi que ses suites de normalisation (a_n) et (b_n). On donnera de plus une caractérisation de la fonction quantile dans chacun des domaines. Ces conditions étant basées sur la notion de fonctions à variations régulières, on commencera par rappeler la définition de ces fonctions et quelques unes de leurs propriétés.

1.4 Caractérisation des domaines d'attraction

On définit les notions de fonctions à variations régulières et de fonctions à variations lentes qui nous seront utiles par la suite. Pour plus de détails, se référer à Bingham *et al.* [21] où de nombreux résultats sur les fonctions à variations régulières sont donnés.

1.4.1 Fonctions à variations régulières

Commençons par rappeler la définition d'une fonction à variations régulières.

Définition 1.5. *Une fonction $U : \mathbb{R}_+ \to \mathbb{R}_+$ mesurable au sens de Lebesgue, est à variations régulières à l'infini si et seulement si, il existe un réel δ tel que pour tout $\lambda > 0$ on a :*

$$\lim_{y \to \infty} \frac{U(\lambda y)}{U(y)} = \lambda^{\delta}. \tag{1.10}$$

On dit que la fonction U est à variations régulières d'indice $\delta \in \mathbb{R}$ à l'infini, et on notera par la suite $U \in \mathcal{RV}_{\delta}$.

Le lemme suivant nous renseigne sur l'inverse d'une fonction à variations régulières.

Lemme 1.6. *Inverse d'une fonction à variations régulières :*
- *Si U est à variations régulières d'indice $\delta > 0$, alors $U^{\leftarrow}(y)$ est à variations régulières d'indice $1/\delta$.*
- *Si U est à variations régulières d'indice $\delta < 0$, alors $U^{\leftarrow}(1/y)$ est à variations régulières d'indice $-1/\delta$.*

Pour une preuve du Lemme 1.6, on pourra se référer au Théorème 1.5.12 de l'ouvrage de Bingham *et al.* [21] ou à la Proposition 2.6 du livre de Resnick [147].

La notion de fonctions à variations régulières à l'infini est liée à celle des fonctions à variations lentes à l'infini.

Fonctions à variations lentes

Commençons par rappeler la définition d'une fonction à variations lentes à l'infini.

Définition 1.7. *Une fonction $\ell : \mathbb{R}_+ \to \mathbb{R}_+$ mesurable au sens de Lebesgue, est à variations lentes à l'infini si et seulement si, pour tout $\lambda > 0$ on a :*

$$\lim_{y \to \infty} \frac{\ell(\lambda y)}{\ell(y)} = 1. \tag{1.11}$$

Remarquons qu'une fonction à variations régulières à l'infini d'indice $\delta = 0$, est une fonction à variations lentes à l'infini (voir expression (1.10)), et on notera par la suite $\ell \in \mathcal{RV}_0$. On peut facilement montrer que toute fonction à variations régulières d'indice $\delta \in \mathbb{R}$ peut s'écrire sous la forme :

$$U(y) = y^\delta \ell(y), \quad \text{avec} \quad \ell \in \mathcal{RV}_0.$$

Ce résultat montre que l'étude des fonctions à variations régulières à l'infini se ramène à l'étude des fonctions à variations lentes à l'infini. On peut citer quelques exemples de fonctions à variations lentes à l'infini, par exemple :

– les fonctions possédant une limite strictement positive à l'infini,
– les fonctions de la forme $\ell : y \to |\log(y)|^d$ où $d \in \mathbb{R}$,
– les fonctions de la forme $\ell : y \to \exp(\log(y)^\eta)$ où $\eta < 1$,
– les fonctions ℓ telles que :

$$\exists M > 0, \quad \forall y \geq M, \quad \ell(y) = a + by^{-c}(1 + o(1)),$$

avec $(a,c) \in \mathbb{R}_+^2$ et $b \in \mathbb{R}$. L'ensemble de ces fonctions ℓ est appelé classe de Hall [111].

Un résultat intéressant à signaler et utile dans la suite est la proposition suivante.

Proposition 1.8. *(voir [21, Propriété 1.3.6]) Pour toute fonction à variations lentes à l'infini ℓ on a :*
$$\lim_{y \to \infty} \frac{\log(\ell(y))}{\log(y)} = 0.$$

On peut caractériser les fonctions à variations lentes de manière plus précise à l'aide du théorème de Karamata.

Théorème 1.9. *Toute fonction à variations lentes à l'infini ℓ peut s'écrire sous la forme :*
$$\ell(y) = c(y) \exp\left\{ \int_1^y \frac{\varepsilon(u)}{u} du \right\}, \tag{1.12}$$
où $c > 0$ et ε sont deux fonctions mesurables telles que :

$$\lim_{y \to \infty} c(y) = c > 0 \quad et \quad \lim_{y \to \infty} \varepsilon(y) = 0.$$

Cette représentation des fonctions à variations lentes est connue sous le nom de *représentation de Karamata* (voir Bingham *et al.* [21, Théorème 1.3.1]).

De plus, si la fonction c est constante, la fonction ℓ est dite normalisée. Si ℓ est normalisée alors d'après l'expression (1.12), ℓ est dérivable de dérivée ℓ' avec pour tout $y > 0$,

$$\ell'(y) = \frac{\varepsilon(y)\ell(y)}{y}.$$

En particulier on a :

$$\lim_{y \to \infty} \frac{y\ell'(y)}{\ell(y)} = 0.$$

A l'aide des différents résultats présentés sur les fonctions à variations régulières et variations lentes à l'infini, on va pouvoir caractériser les différents domaines d'attraction. Sachant la distribution F, on voudrait connaître son domaine d'attraction et ses constantes de normalisation. On rappelle les conditions nécessaires et suffisantes sur une fonction de répartition pour qu'elle appartienne à un domaine d'attraction.

1.4.2 Domaine d'attraction de Fréchet

Rappelons que le domaine d'attraction de Fréchet contient les lois dont la fonction de survie est à décroissance polynomiale, *i.e.* les lois à queues lourdes ou lois de type Pareto. Les lois de ce domaine ont un point terminal y_F infini. En effet, le résultat ci-dessous énoncé par Gnedenko [97] et dont on trouvera une démonstration simple dans le livre de Resnick [147, Proposition 1.11] assure que toute fonction appartenant au domaine d'attraction de Fréchet est une fonction à variations régulières (voir Définition 1.5) et inversement.

Théorème 1.10. *Une fonction de répartition F appartient au domaine d'attraction de Fréchet (avec un indice des valeurs extrêmes $\gamma > 0$) si et seulement si $y_F = \infty$ et si la fonction de survie $\overline{F}$ est à variations régulières d'indice $-1/\gamma$ qui s'écrit $\overline{F} \in \mathcal{RV}_{-1/\gamma}$ i.e.*

$$\forall y > 0, \quad \lim_{t \to \infty} \frac{\overline{F}(ty)}{\overline{F}(t)} = y^{-1/\gamma}.$$

Autrement dit, une fonction de répartition F appartenant au domaine d'attraction de Fréchet s'écrit sous la forme :

$$F(y) = 1 - y^{-1/\gamma}\ell(y) \quad \text{avec} \quad \ell \in \mathcal{RV}_0. \tag{1.13}$$

Les suites de normalisation (a_n) et (b_n) sont données dans ce cas pour tout $n > 0$
par :

$$a_n = \overline{F}^{\leftarrow}(1/n) \quad \text{et} \quad b_n = 0,$$

(voir Resnick [147, Proposition 1.11]). On peut facilement obtenir une caractérisation de la fonction quantile dans le domaine d'attraction de Fréchet. Pour cela
on a besoin, par définition du quantile (voir Définition 1.1), d'inverser la fonction
de survie. On peut alors à l'aide du Lemme 1.6 montrer que l'expression (1.13) est
équivalente à :

$$q(\alpha) = \alpha^{-\gamma} L(\alpha^{-1}) \quad \text{avec} \quad L \in \mathcal{RV}_0, \tag{1.14}$$

où $\alpha \in]0, 1[$.

Le domaine d'attraction de Fréchet regroupe une grande diversité de lois comptant
parmi elles des lois usuelles (loi de Student, loi du Chi-deux, loi Log-gamma, loi
de Fréchet) se reporter au Tableau 1.1 pour plus d'exemples de lois. Il est donc
sujet à de nombreuses applications, citons en particulier Gardes *et al.* [89], Gardes
et Girard [85] et Daouia *et al.* [44].

1.4.3 Domaine d'attraction de Weibull

Toutes les lois appartenant au domaine d'attraction de Weibull ont un point terminal y_F fini. Le résultat suivant (voir Gnedenko [97], Resnick [147, Proposition 1.13])
montre que l'on passe du domaine d'attraction de Fréchet (voir sous-Partie 1.4.2)
à celui de Weibull par un simple changement de variable dans la fonction de répartition.

Théorème 1.11. *Une fonction de répartition F appartient au domaine d'attraction de Weibull (avec un indice des valeurs extrêmes $\gamma < 0$) si et seulement si
$y_F < \infty$ et si la fonction de répartition F_* définie par :*

$$F_*(y) = \begin{cases} 0 & \text{si } y \leq 0 \\ F(y_F - 1/y) & \text{si } y > 0 \end{cases}$$

*appartient au domaine d'attraction de Fréchet avec un indice des valeurs extrêmes
$-\gamma > 0$ i.e.*

$$\forall y > 0, \quad \lim_{t \to \infty} \frac{\overline{F}(y_F - 1/(ty))}{\overline{F}(y_F - 1/t)} = \lim_{t \to \infty} \frac{\overline{F_*}(ty)}{\overline{F_*}(t)} = y^{+1/\gamma}.$$

Ainsi, une fonction de répartition F du domaine d'attraction de Weibull s'écrit pour $y \leq y_F$ sous la forme :

$$F(y) = 1 - (y_F - y)^{-1/\gamma} \ell((y_F - y)^{-1}) \quad \text{avec} \quad \ell \in \mathcal{RV}_0. \tag{1.15}$$

Comme on peut facilement passer du domaine d'attraction de Fréchet à celui de Weibull on a les suites de normalisation (a_n) et (b_n) données pour tout $n > 0$ par :

$$a_n = y_F - \overline{F}^{\leftarrow}(1/n) \quad \text{et} \quad b_n = y_F.$$

De même, il est facile d'obtenir une caractérisation de la fonction quantile associée

$$q(\alpha) = y_F - \alpha^{-\gamma} L(1/\alpha), \quad \text{avec} \quad L \in \mathcal{RV}_0, \tag{1.16}$$

où $\alpha \in]0,1[$.

Ce domaine d'attraction a été considéré notamment par Falk [74], Girard *et al.* [95] et Hall [112] pour estimer le point terminal d'une distribution.

1.4.4 Domaine d'attraction de Gumbel

Le domaine d'attraction de Gumbel contient les lois dont la fonction de survie est à décroissance exponentielle, *i.e.* les lois à queues légères. A contrario des deux autres domaines, il n'y a pas de représentation simple pour les lois appartenant au domaine d'attraction de Gumbel. Il peut être décrit à partir des fonctions de type Von Mises [164].

Le résultat ci-dessous démontré notamment dans Resnick [147, Proposition 1.4] donne une caractérisation plus précise.

Théorème 1.12. *Une fonction de répartition F appartient au domaine d'attraction de Gumbel si et seulement si il existe $t < y_F \leq \infty$ tel que :*

$$\overline{F}(y) = c(y) \exp\left\{ -\int_t^y \frac{1}{\delta(u)} du \right\} \quad où \quad t < y < y_F, \tag{1.17}$$

$c(y) \to c > 0$ *lorsque $y \to y_F$ et δ est une fonction positive et dérivable de dérivée δ' telle que $\delta'(y) \to 0$ lorsque $y \to y_F$.*

Dans ce cas, un choix possible pour les suites (a_n) et (b_n) pour tout $n > 0$ est :

$$a_n = q(1/n) \quad \text{et} \quad b_n = \frac{1}{\overline{F}(a_n)} \int_{a_n}^{y_F} \overline{F}(z)dz.$$

Il est difficile de caractériser la fonction quantile de lois appartenant au domaine d'attraction de Gumbel. Du fait que ce domaine d'attraction regroupe une grande diversité de lois, comptant parmi elles la plupart des lois usuelles (voir Tableau 1.1), il est sujet à de nombreuses applications particulièrement en hydrologie voir de Haan [49] et Gumbel [108, 109].

Le domaine d'attraction de Gumbel étant difficile à étudier dans toute sa généralité, de nombreux auteurs se sont concentrés sur une sous-famille facilement caractérisable, la famille de lois à queue de type Weibull.

Lois à queue de type Weibull

Cette famille englobe une grande variété de lois à queues légères ; par exemple la loi de Weibull, la loi Normale, la loi Gamma et les lois Logistiques sont des lois à queue de type Weibull, voir Galambos [80] pour plus de détails.

Ce type de lois intervient dans de nombreuses applications, en hydrologie notamment, mais aussi dans la modélisation de sinistres importants en assurance vie voir Beirlant et Teugels [18]. Comme ces lois appartiennent au domaine d'attraction de Gumbel, elles ont des fonctions de survie qui décroissent vers zéro à une vitesse exponentielle. De quelle manière plus précisément décroissent-elles vers zéro ?

Pour cela donnons la définition de lois à queue de type Weibull.

Définition 1.13. *Une fonction de répartition F a une queue de type Weibull si sa fonction de survie associée $\overline{F}$ satisfait la propriété suivante : Il existe $\beta > 0$ tel que pour tout $\lambda > 0$:*

$$\lim_{t \to \infty} \frac{-\log \overline{F}(\lambda t)}{-\log \overline{F}(t)} = \lambda^{1/\beta} \quad \text{autrement dit} \quad -\log(\overline{F}) \in \mathcal{RV}_{1/\beta}.$$

La queue de ces lois est contrôlée par le paramètre de forme $\beta > 0$, appelé coefficient à queue de type Weibull. On se référera à Beirlant *et al.* [19] pour un résumé plus général sur les lois à queue de type Weibull. De nombreuses publications récentes leurs sont consacrées, citons par exemple Goegebeur *et al.* [98] qui proposent des tests d'adéquation pour ce type de lois.

Les lois à queue de type Weibull correspondent au cas particulier où l'on suppose dans l'équation (1.17) que la dérivée de la fonction δ est à variations régulières d'indice strictement négatif. Plus présicément, si l'on suppose que $\delta' \in \mathcal{RV}_{-1/\beta}$ où β est l'indice de queue de Weibull, on montre facilement que l'équation (1.17) s'écrit :

$$\overline{F}(y) = \exp\left(-y^{1/\beta}\ell(y)\right) \quad \text{avec} \quad \ell \in \mathcal{RV}_0. \tag{1.18}$$

Toute fonction de répartition pouvant s'écrire sous la forme donnée dans l'expression (1.18) est dite à queue de type Weibull d'indice $\beta > 0$. Ainsi pour les lois à queue de type Weibull, il est facile d'obtenir une caractérisation de la fonction quantile associée :

$$q(\alpha) = (-\log(\alpha))^{\beta} L(-\log(\alpha)) \quad \text{avec} \quad L \in \mathcal{RV}_0 \tag{1.19}$$

où $\alpha \in]0,1[$.

On remarque que la loi Log-normale n'est pas une loi à queue de type Weibull. Elle appartient à une autre sous famille intéressante de lois, les lois à queue de type Log-weibull. Une variable aléatoire Y suit une loi à queue de type Log-weibull si $\log(Y)$ suit une loi à queue de type Weibull. La décroissance de la fonction de survie des lois à queue de type Log-weibull est plus lente que celle des lois à queue de type Weibull.

Depuis le début du chapitre, on a vu comment modéliser le comportement des valeurs extrêmes d'un échantillon à travers la loi des valeurs extrêmes dans la Partie 1.2 puis la loi des excès dans la Partie 1.3 et la caractérisation des domaines d'attraction dans la Partie 1.4. A l'aide de ces résultats, on va pouvoir s'intéresser à notre but premier qui est l'estimation de quantiles extrêmes. Dans la Partie 1.5 on présentera les différentes approches. La première est basée sur la loi des valeurs extrêmes (sous-Partie 1.2), la deuxième sur la loi des excès (sous-Partie 1.3) et la troisième sur une approche semi-paramétrique faisant appel à la caractérisation des différents domaines d'attraction (sous-Partie 1.4).

1.5 Estimation de quantiles extrêmes

Dans cette partie, on supposera que F appartient à l'un des domaines d'attraction défini précédemment. L'estimation de quantiles extrêmes en dehors de l'échantillon pose problème. En effet, on a vu que supposer que $n\alpha_n \to 0$ quand $n \to \infty$ implique que $\mathbb{P}(Y_{n,n} < q_{\alpha_n}) \to 1$. Par conséquent, comme évoqué dans la Partie 1.1 au début du chapitre (voir Second cas page 13) on ne peut pas estimer le quantile de manière empirique. Dans une telle situation, l'estimation du quantile extrême requiert une extrapolation au-delà de l'échantillon. Il existe en théorie des valeurs extrêmes différentes approches, nous présenterons les trois suivantes :

1. L'approche des maxima par bloc consiste à séparer l'échantillon en sous-blocs choisis arbitrairement assez grands puis à ajuster la loi des maxima de ces blocs à une loi des valeurs extrêmes. D'après le Théorème 1.3 on a $F^n(a_n y + b_n) \approx \mathcal{H}_\gamma(y)$. A partir de cette approximation on pourra estimer des quantiles extrêmes. Cette estimation dépendra de l'ajustement de la loi des valeurs extrêmes, on présentera donc les différentes méthodes d'estimation des paramètres de celle-ci.

2. L'approche par dépassements de seuil consiste à ajuster la loi des excès à une loi de Pareto généralisée. D'après le Théorème 1.4 on a $F_u(y) \approx \mathcal{G}_{\gamma,\sigma}(y)$. A partir de cette approximation on pourra estimer des quantiles extrêmes. Cette estimation dépendra de l'ajustement de F_u à $\mathcal{G}_{\gamma,\sigma}$ donc du choix du seuil et de l'estimation des paramètres γ et $\sigma > 0$. On présentera donc les différentes méthodes d'estimation de ces derniers.

3. L'approche semi-paramétrique :
   - si l'on se place dans le domaine d'attraction de Fréchet, on a la caractérisation de la fonction quantile (voir expression (1.14)). A partir de cette expression, Weissman [167] proposa un estimateur semi-paramétrique du quantile extrême dépendant de l'estimation du paramètre γ. On présentera donc des estimateurs de $\gamma > 0$ dont le plus célèbre est dû à Hill [116] en 1975.
   - si l'on se place dans le domaine d'attraction de Gumbel, et plus particulièrement dans le cas d'une loi à queue de type Weibull, on a la caractérisation de la fonction quantile (voir expression (1.19)). A partir de cette expression, Beirlant et al. [19] proposa un estimateur semi-paramétrique

du quantile extrême dépendant de l'estimation du paramètre β. On présentera donc des estimateurs de $\beta > 0$ dont le plus célèbre est dû à Beirlant *et al.* [19] en 1996.

Il s'avère qu'il existe une analogie entre toutes ces méthodes d'estimation de quantiles extrêmes. Ces méthodes sont basées sur des estimateurs des paramètres des lois GEV et GPD et en particulier sur des estimateurs de l'indice des valeurs extrêmes. Dans la suite de cette partie, on présentera les estimateurs les plus importants et on fera un rappel de la littérature.

1.5.1 L'approche par la loi des valeurs extrêmes

Guida et Longo [106] se sont basés sur cette approche pour estimer des quantiles extrêmes. On a, d'après le Théorème 1.3, l'approximation suivante :

$$\mathbb{P}\left(\frac{Y_{n,n} - b_n}{a_n} \le y\right) = F^n(a_n y + b_n) \approx \mathcal{H}_\gamma(y), \qquad (1.20)$$

ou de façon équivalente :

$$\mathbb{P}\left(Y_{n,n} \le z\right) \approx \mathcal{H}_\gamma\left(\frac{z - b_n}{a_n}\right). \qquad (1.21)$$

Dans la suite on introduit :

$$\mathcal{H}_{\gamma,a_n,b_n} = \mathcal{H}_\gamma\left(\frac{z - b_n}{a_n}\right).$$

L'équation (1.21) montre que la loi du maximum $Y_{n,n}$ peut être approchée par $\mathcal{H}_{\gamma,a_n,b_n}$. On peut réécrire l'équation (1.20) comme suit :

$$\lim_{n\to\infty} n \log(F(a_n y + b_n)) = \lim_{n\to\infty} n \log(1 - \overline{F}(a_n y + b_n)) = \log(\mathcal{H}_\gamma(y)).$$

On peut montrer que $a_n y + b_n \to y_F$ quand $n \to \infty$ donc $\overline{F}(a_n y + b_n) \to 0$. On peut alors faire un développement limité de $\log(1 + u)$ au premier ordre ce qui donne :

$$\overline{F}(a_n y + b_n) \simeq -\frac{1}{n} \log(\mathcal{H}_\gamma(y)).$$

Ce qui équivaut à :

$$\overline{F}(y) \simeq -\frac{1}{n} \log\left(\mathcal{H}_\gamma\left(\frac{y - b_n}{a_n}\right)\right) = -\frac{1}{n} \log\left(\mathcal{H}_{\gamma, a_n, b_n}(y)\right)$$

A l'aide de l'expression de $\mathcal{H}_\gamma$ donnée dans l'expression (1.4), on obtient ainsi une approximation de la fonction de survie en queue :

$$\overline{F}(y) \simeq \frac{1}{n}\left(1 + \gamma\left(\frac{y - b_n}{a_n}\right)\right)^{-1/\gamma}, \tag{1.22}$$

que l'on peut prolonger à $\gamma = 0$ en faisant tendre $\gamma \to 0$ dans l'équation (1.22) ce qui donne :

$$\overline{F}(y) \simeq \frac{1}{n} \exp\left(-\frac{y - b_n}{a_n}\right).$$

On souhaite estimer des quantiles, or par définition du quantile, (voir Définition 1.1) il nous faut inverser la fonction de survie de l'équation (1.22) ce qui nous permet d'approcher le quantile $q(\alpha)$ par :

$$q(\alpha) \simeq b_n + \frac{a_n}{\gamma}\left(\left(\frac{1}{n\alpha}\right)^\gamma - 1\right). \tag{1.23}$$

De même que précédemment, le cas $\gamma = 0$ dans l'expression (1.23) peut être vu comme le cas limite lorsque $\gamma \to 0$, on a alors :

$$q(\alpha) \simeq b_n - a_n \log(n\alpha).$$

On obtient ainsi un estimateur du quantile extrême donné dans la définition suivante.

Définition 1.14. *L'estimateur du quantile extrême de la loi GEV est défini par :*

$$\hat{q}_n^{gev}(\alpha_n) = \hat{b}_n + \frac{\hat{a}_n}{\hat{\gamma}_n}\left(\left(\frac{1}{n\alpha_n}\right)^{\hat{\gamma}_n} - 1\right),$$

où $(\hat{a}_n, \hat{b}_n, \hat{\gamma}_n)$ sont respectivement des estimateurs des paramètres (a_n, b_n, γ).

De même qu'auparavant, comme le cas $\gamma = 0$ peut être vu comme le cas limite lorsque $\gamma \to 0$. On a d'après l'expression (1.24) :

$$\hat{q}_n^{gev}(\alpha) = \hat{b}_n - \hat{a}_n \log(n\alpha).$$

Pour mettre en pratique cette approche basée sur la convergence en loi du maximum (convenablement normalisé) d'un échantillon vers une loi GEV, Jules Emile Gumbel a introduit en 1958 [109] l'approche des maxima par bloc, en anglais "Block maxima approach".

Ainsi si l'on dispose d'un échantillon *i.i.d.* $Y_1, \ldots, Y_n$, il nous faut tout d'abord obtenir des maxima. L'approche des maxima par bloc consiste à séparer l'échantillon en m sous-échantillons (blocs) disjoints, choisis arbitrairement assez grands. On extraira ainsi le maximum de chaque bloc nous donnant un échantillon de maxima noté $Z_1, \ldots Z_m$. La loi de ces maxima est alors approchée, pour une taille de chaque bloc assez grande, par une loi des valeurs extrêmes (Définition 1.4).

L'idée est résumée dans l'article Mandelbrot's Extremism de Beirlant *et al.* [17].

Block-maximum postulate : *Up to location and scale, the distribution of block maxima stabilizes as the block size grows indefinitely large.*

Une fois cet échantillon de maxima obtenu, on peut alors s'en servir pour estimer de diverses façons les paramètres (γ, a_n, b_n) de la loi GEV. On présentera dans le paragraphe suivant la méthode du maximum de vraisemblance et la méthode des moments pondérés.

Pour cela considérons un échantillon $Z_1, \ldots, Z_m$ de m maxima *i.i.d.* de loi $\mathcal{H}_{\gamma, a_n, b_n}$.

Estimation des paramètres par la méthode du maximum de vraisemblance

Prescott et Walden [142, 143] étudièrent au début des années 1980 l'estimation des paramètres par la méthode du maximum de vraisemblance.

La fonction de log-vraisemblance obtenue à partir de la Définition 1.4 s'écrit :

$$
\begin{aligned}
\log\left(\mathcal{L}(\gamma, a_n, b_n)\right) &= -m \log(a_n) - \left(1 + \frac{1}{\gamma}\right) \sum_{i=1}^{m} \log\left(1 + \gamma\left(\frac{Z_i - b_n}{a_n}\right)\right) \\
&\quad - \sum_{i=1}^{m} \left(1 + \gamma\left(\frac{Z_i - b_n}{a_n}\right)\right)^{-1/\gamma},
\end{aligned}
$$

avec

$$
1 + \gamma\left(\frac{Z_i - b_n}{a_n}\right) > 0 \quad \forall i \in \{1, \ldots, m\}.
$$

L'estimateur du maximum de vraisemblance n'est pas explicite. Jenkinson a proposé un algorithme itératif de maximisation de la fonction de vraisemblance. L'algorithme de Newton-Raphson correspondant est donné dans Hosking [118] et amélioré dans Macleod [129].

Les propriétés asymptotiques de l'estimateur du maximum de vraisemblance furent étudiées par Smith [157] en 1985. Il montre que si $\gamma > -1/2$, on a la consistance, l'efficacité et la normalité asymptotique de ces estimateurs.

Zhou [168] et Dombry [65] ont prouvé que l'estimateur du maximum de vraisemblance existe et est consistant pour $\gamma > -1$. Puis en 2010, Zhou [169] a également obtenu la normalité asymptotique pour $-1 < \gamma < -1/2$ et prouvé qu'il n'est pas consistant pour $\gamma < -1$.

Estimation des paramètres par la méthode des moments pondérés

En 1985, Hosking *et al.* [120] proposèrent d'utiliser la méthode des moments pondérés pour estimer les paramètres de la loi GEV.

On définit le moment pondéré d'ordre r par :

$$\mu_r = \mathbb{E}\left(Z\mathcal{H}^r_{\gamma,a_n,b_n}(Z)\right).$$

Cette quantité existe pour $\gamma < 1$ et est donnée par :

$$\mu_r = \frac{1}{r+1}\left(b_n - \frac{a_n}{\gamma}(1 - (r+1)^\gamma \Gamma(1-\gamma))\right),$$

où Γ est la fonction gamma d'Euler définie pour tout $t > 0$ par :

$$\Gamma(t) = \int_0^\infty u^{t-1}\exp(-u)du.$$

En utilisant la formule précédente, trois moments pondérés suffisent pour calculer a_n, b_n et γ. En effet, on a :

$$
\begin{aligned}
\mu_0 &= b - \frac{a_n}{\gamma}(1 - \Gamma(1-\gamma)), \\
2\mu_1 - \mu_0 &= -\frac{a_n}{\gamma}(1 - 2^\gamma)\Gamma(1-\gamma), \\
\frac{3\mu_2 - \mu_0}{2\mu_1 - \mu_0} &= \frac{3^\gamma - 1}{2^\gamma - 1}.
\end{aligned}
$$

Ainsi en remplaçant respectivement μ_r, $r \in \{0, 1, 2\}$ par son estimateur empirique

$$\hat{\mu}_{r,n} = \frac{1}{m} \sum_{i=1}^{m} Z_{i,m} \left(\frac{i-1}{m} \right)^r.$$

où les $Z_{1,m}, \ldots, Z_{m,m}$ sont les statistiques ordonnées associées à l'échantillon $Z_1, \ldots, Z_m$ et en résolvant le système précédent, on obtient les estimateurs des moments pondérés des paramètres a_n, b_n et γ.

Dans le cas d'échantillons de petite ou de moyenne taille, la méthode des moments pondérés donne de meilleurs résultats que la méthode du maximum de vraisemblance voir Hosking [118]. De plus les estimateurs des moments pondérés sont plus simples à calculer.

La mise en pratique de l'approche des maxima par bloc fait resurgir les défauts de cette dernière. La principale critique faite à cette méthode provient de la perte d'informations qui peut être conséquente lorsqu'on l'applique à un jeu de données. En effet, pour chaque bloc on ne retient qu'une seule observation, la plus grande, faisant ainsi fi de l'information contenue dans les autres grandes valeurs du bloc, autrement dit dans la queue de distribution. Ainsi, selon le découpage des blocs plusieurs valeurs extrêmes peuvent être contenues dans un même bloc, alors qu'un autre n'en contiendra pas, ou tout du moins pas du même ordre de grandeur.

De plus, l'approche maxima par bloc n'est facilement utilisable en pratique que sur des données horaires, journalières, annuelles ou sur un jeu de données structuré. Elle est adaptée lorsque les données sont recueillies de sorte qu'il soit facile d'en extraire des maxima. Ce qui est par exemple le cas pour des données issues de la climatologie (précipitations, températures). De ce constat surgit un autre problème de mise en pratique. Si l'on fait des blocs annuels par exemple, on aura alors besoin de décennies de données. Cette approche est très coûteuse. Que faire lorsque l'on dispose de "peu" de données ?

"These results seemed to imply that the theory only worked if you had around a million data points which appeared to rule out any real applications, but more recent research shows that it can work pretty well with just a few hundred. It took a long time for the theory to go beyond that assumption."

Richard Smith

Afin de résoudre cette principale critique Bakelma, de Haan et Pickands ont proposé l'approche POT ou l'approche par la loi des excès (voir Partie 1.3). On se fixe un seuil u arbitrairement grand, ce qui coupe notre échantillon en deux parties. On ne travaille plus que sur les plus grandes valeurs que l'on ajuste à une loi de Pareto généralisée. Inverser la fonction de survie de cette loi nous permet d'estimer des quantiles extrêmes.

1.5.2 L'approche par la loi des excès

L'approche par la loi des excès est basée sur l'idée suivante. On a d'après l'équation (1.6), pour tout $y \geq 0$ la relation :

$$\overline{F}(u+y) = \overline{F}(u)\overline{F}_u(y).$$

Si on effectue le changement de variable $z = u + y$, alors l'approximation de la queue de distribution donne :

$$\overline{F}(z) = \overline{F}(u)\overline{F}_u(z-u) \approx \overline{F}(u)\overline{\mathcal{G}}_{\gamma,\sigma}(z-u),$$

où $\overline{\mathcal{G}}_{\gamma,\sigma}$ est la fonction de survie de la loi de Pareto généralisée $\mathcal{G}_{\gamma,\sigma}$ qui nous est donnée dans le Théorème 1.4. On introduit alors la probabilité p que Y dépasse le seuil u, $p = \mathbb{P}(Y > u) = \overline{F}(u)$, d'où :

$$\overline{F}(z) \simeq p\overline{\mathcal{G}}_{\gamma,\sigma}(z - \overline{F}^{\leftarrow}(p)).$$

On obtient ainsi pour $\gamma \in \mathbb{R}$ une approximation de la fonction de survie en queue :

$$\overline{F}(z) \simeq p\left(1 + \gamma\left(\frac{z - \overline{F}^{\leftarrow}(p)}{\sigma}\right)\right)^{-1/\gamma}. \tag{1.24}$$

Le cas $\gamma = 0$ peut être vu comme le cas limite $\gamma \to 0$ dans l'équation (1.24) :

$$\overline{F}(z) \simeq p\exp\left(-\frac{z - \overline{F}^{\leftarrow}(p)}{\sigma}\right).$$

On souhaite estimer des quantiles, or par définition du quantile (voir Définition 1.1), il nous faut inverser la fonction de survie de l'équation (1.24) ce qui donne :

$$q(\alpha) \simeq \overline{F}^{\leftarrow}(p) + \frac{\sigma}{\gamma}\left(\left(\frac{\alpha}{p}\right)^{-\gamma} - 1\right), \tag{1.25}$$

et dans le cas $\gamma = 0$ on fait tendre $\gamma \to 0$ dans l'équation (1.25) ce qui donne :

$$q(\alpha) \simeq \overline{F}^{\leftarrow}(p) - \sigma \log\left(\frac{\alpha}{p}\right). \tag{1.26}$$

Lorsque l'on suppose $\gamma = 0$, deux variantes de cette méthode ont été présentées par Breiman *et al.* [25] en 1990 sous les appellations Exponential Tail (ET) et Quadratique Tail (QT).

On notera la similitude entre l'expression du quantile de la loi GEV (voir l'expression (1.23)) et celle du quantile de la loi GPD (voir l'équation (1.25)). Il y a trois paramètres inconnus dans chacune d'entre elles :

- l'indice des valeurs extrêmes γ qui est le même dans les deux expressions soulignant de fait son importance dans le comportement de la queue de distribution et donc celui des valeurs extrêmes,
- Le paramètre d'échelle σ joue le rôle de a_n dans l'approche GEV,
- Le seuil $u = \overline{F}^{\leftarrow}(p)$ joue le rôle de b_n dans l'approche GEV.

Pour pouvoir estimer des quantiles extrêmes, il nous faut donc estimer ces paramètres.

Le seuil u donné par $\overline{F}^{\leftarrow}(p)$ est un quantile se trouvant dans l'échantillon, facile à estimer par inversion de la fonction de survie empirique (voir Premier cas page 12). Ainsi si $p_n = k_n/n$, où k_n est le nombre d'excès (auparavant noté N_u) on estime $\overline{F}^{\leftarrow}(k_n/n)$ par $Y_{n-k_n+1,n}$. Une fois le seuil u choisi, il nous reste à estimer les paramètres γ et σ afin d'obtenir un estimateur du quantile extrême $q(\alpha_n)$.

Définition 1.15. *L'estimateur du quantile extrême de la loi GPD est défini par :*

$$\hat{q}_n^{gpd}(\alpha_n) = Y_{n-k_n+1,n} + \frac{\hat{\sigma}_n}{\hat{\gamma}_n}\left(\left(\frac{k_n}{n\alpha_n}\right)^{\hat{\gamma}_n} - 1\right).$$

où $\hat{\gamma}_n$ et $\hat{\sigma}_n$ sont des estimateurs des paramètres de forme et d'échelle.

Différentes valeurs du seuil u donneront différents échantillons d'excès plus ou moins grands, ce qui influencera l'estimation des quantiles extrêmes. La question étant jusqu'à quel point peut-on s'éloigner de l'échantillon, tout en restant dans la queue de distribution là où se situe l'information. Ce seuil doit être suffisament grand (k_n petit) pour que l'on puisse appliquer le Théorème 1.4, mais pas trop car sinon on utilisera peu d'excès donc peu d'informations.

Choix du seuil en pratique

Comme le font remarquer Davison et Smith [47], on ne dispose pas d'outils théoriques permettant de choisir de manière optimale le seuil. Sa détermination reste donc empirique. Généralement, on le détermine graphiquement.

Supposons que la loi des excès $Y - u_0$ au-delà d'un seuil u_0 puisse être approchée par une loi GPD $\mathcal{G}_{\gamma, \sigma_{u_0}}$, alors si $\gamma < 1$ on a :

$$e(u_0) = \mathbb{E}(Y - u_0 | Y > u_0) = \frac{\sigma_{u_0}}{1 - \gamma}.$$

Si la loi GPD est valide pour les excès au-delà d'un seuil u_0, elle l'est également pour tout seuil $u > u_0$ avec le même paramètre de forme γ et d'après l'équation (1.8), avec un paramètre d'échelle $\sigma_u = \sigma_{u_0} + \gamma(u - u_0)$. On a alors :

$$e(u) = \mathbb{E}(Y - u | Y > u) = \frac{\sigma_u}{1 - \gamma} = \frac{\sigma_{u_0} + \gamma(u - u_0)}{1 - \gamma}.$$

Ainsi $e(u)$ est une fonction linéaire en u et peut être estimée par la moyenne empirique des dépassements observés du seuil u soit :

$$\hat{e}_n(u) = \frac{1}{n_u} \sum_{i=1}^{n_u} (Y_i - u),$$

où $Y_1, \ldots, Y_{n_u}$ sont les n_u excès au-delà du seuil u. La recherche du seuil u_0 à partir duquel la loi GPD est valide se fait à l'aide du graphique :

$$\{(u, \hat{e}_n(u)) \, ; \, u \leq Y_{n_u, n_u}\} \quad \text{avec} \quad Y_{n_u, n_u} = \max_{i = \{1, \ldots, n_u\}} (Y_i).$$

Ce graphique est appelé "Mean residual life plot". Le seuil u_0 choisi est celui à partir duquel le Mean residual life plot est linéaire en u.

Il reste à estimer γ et σ, pour cela on présentera quatre grandes méthodes très utilisées en pratique :

– la méthode du maximum de vraisemblance,

– la méthode des moments,

- la méthode des moments pondérés,
- l'estimateur DEdH.

Pour cela considérons un échantillon $Z_1, \ldots, Z_{k_n}$ *i.i.d* de loi GPD $\mathcal{G}_{\gamma,\sigma}$.

Estimation des paramètres par la méthode du maximum de vraisemblance

La fonction de log-vraisemblance est obtenue à partir de la loi GPD $\mathcal{G}_{\gamma,\sigma}$ (voir Théorème 1.4) ce qui donne :

$$\log\left(\mathcal{L}(\gamma,\sigma)\right) = -k_n \log(\sigma) - \left(1 + \frac{1}{\gamma}\right) \sum_{i=1}^{k_n} \log\left(1 + \frac{\gamma}{\sigma} Z_i\right),$$

avec $1 + \gamma Z_i/\sigma > 0$ pour $i = 1, \ldots, k_n$ sinon $\mathcal{L}(\gamma,\sigma) = -\infty$.

On ne peut avoir d'expression explicite des estimateurs solutions des équations de vraisemblance. Dans la pratique on utilisera des méthodes de résolution numériques telles que l'algorithme de Newton-Raphson (voir [119]).

Sous l'hypothèse $\gamma > -1/2$, les estimateurs du maximum de vraisemblance sont asymptotiquement gaussiens et efficaces, voir Smith [158]. Pour un exemple d'estimation des paramètres par maximum de vraisemblance voir les travaux de Smith [157] en 1985.

Comme le font remarquer Davison et Smith [47] l'estimateur du maximum de vraisemblance est cependant peu utilisé en pratique car il pose des problèmes numériques et il est peu performant sur des échantillons de petite taille ($n < 500$). Il est préférable dans ce cas d'estimer les paramètres par l'une des trois méthodes suivantes.

Estimation des paramètres par la méthode des moments

La méthode des moments fut introduite par Hosking et Wallis [119] en 1987 afin d'estimer les paramètres de la loi GPD. Comme évoqué précédemment, pour que l'espérance et la variance d'une variable aléatoire Z de loi GPD $\mathcal{G}_{\gamma,\sigma}$ existent il faut que $\gamma < 1/2$. Dans ce cas on a :

$$\mathbb{E}(Z) = \frac{\sigma}{1-\gamma} \quad \text{et} \quad \text{Var}(Z) = \frac{\sigma^2}{(1-\gamma)^2(1-2\gamma)}.$$

On peut alors facilement exprimer les paramètres de la loi GPD γ et σ en fonction de l'espérance et de la variance de Z, soit :

$$\gamma = \frac{1}{2}\left(1 - \frac{\mathbb{E}(Z)^2}{\text{Var}(Z)}\right) \quad \text{et} \quad \sigma = \frac{\mathbb{E}(Z)}{2}\left(1 + \frac{\mathbb{E}(Z)^2}{\text{Var}(Z)}\right).$$

Ainsi en remplaçant $\mathbb{E}(Z)$ et $\text{Var}(Z)$ par leurs estimateurs empiriques :

$$\overline{Z} := \frac{1}{k_n}\sum_{i=1}^{k_n} Z_i \quad \text{et} \quad s^2(Z) := \frac{1}{k_n-1}\sum_{i=1}^{k_n}(Z_i - \overline{Z})^2.$$

On obtient les estimateurs des moments de γ et σ, soit :

$$\hat{\gamma}_n^m = \frac{1}{2}\left(1 - \frac{\overline{Z}^2}{s^2(Z)}\right) \quad \text{et} \quad \hat{\sigma}_n^m = \frac{\overline{Z}}{2}\left(1 + \frac{\overline{Z}^2}{s^2(Z)}\right).$$

Ces estimateurs sont asymptotiquement gaussiens si $\gamma < 1/4$ (voir [119]). Leur principal défaut est que leur domaine de validité est très limité.

Estimation des paramètres par la méthode des moments pondérés

Hosking et Wallis [119] en 1987 proposèrent aussi d'utiliser une méthode basée sur les moments pondérés pour estimer les paramètres de la loi GPD. Soit μ_r le moment pondéré d'ordre r de la loi GPD $\mathcal{G}_{\gamma,\sigma}$ défini par :

$$\mu_r := \mathbb{E}(Z(1 - \mathcal{G}_{\gamma,\sigma}(Z))^r) = \frac{\sigma}{(1+r)(1+r-\gamma)} \quad \text{avec} \quad \gamma < 1/r.$$

On peut facilement exprimer les paramètres de la loi GPD γ et σ en fonction de μ_0 et μ_1, soit

$$\gamma = \frac{\mu_0 - 4\mu_1}{\mu_0 - 2\mu_1} \quad \text{et} \quad \sigma = \frac{2\mu_0\mu_1}{\mu_0 - 2\mu_1}.$$

Ainsi en remplaçant respectivement μ_r, $r \in \{0,1\}$ par son estimateur empirique :

$$\hat{\mu}_{r,n} := \frac{1}{k_n}\sum_{i=1}^{k_n}\left(1 - \frac{i}{1+k_n}\right)^r Z_{i,k_n}$$

où $Z_{1,k_n}, \ldots, Z_{k_n,k_n}$ sont les statistiques ordonnées associées à $Z_1, \ldots, Z_{k_n}$. On obtient alors les estimateurs des moments pondérés de γ et σ, soit :

$$\hat{\gamma}_n^{mp} = \frac{\hat{\mu}_{0,n} - 4\hat{\mu}_{1,n}}{\hat{\mu}_{0,n} - 2\hat{\mu}_{1,n}} \quad \text{et} \quad \hat{\sigma}_n^{mp} = \frac{2\hat{\mu}_{0,n}\hat{\mu}_{1,n}}{\hat{\mu}_{0,n} - 2\hat{\mu}_{1,n}}.$$

Hosking et Wallis [119] ont prouvé que les estimateurs des moments pondérés sont asymptotiquement gaussiens pour $-1 < \gamma < 1/2$ et ont étudié leurs performances sur simulations. Pour des applications pratiques leur domaine de validité reste limité. Cependant Diebolt *et al.* [61, 62] ont introduit une méthode basée sur les moments pondérés généralisés permettant d'agrandir le domaine de validité à $-1 < \gamma < 3/2$

Estimation des paramètres par l'estimateur DEdH

Dekkers, Einmahl et de Haan (voir [55]) proposent d'estimer les paramètres de la loi GPD comme suit. Soit $(k_n)_{n\geq 1}$ une suite d'entiers avec $1 < k_n \leq n$, on a comme estimateur de $\gamma \in \mathbb{R}$:

$$\hat{\gamma}_n^M = \mathcal{M}_{k_n}^{(1)} + 1 - \frac{1}{2}\left(1 - \frac{\left(\mathcal{M}_{k_n}^{(1)}\right)^2}{\mathcal{M}_{k_n}^{(2)}}\right)^{-1}, \tag{1.27}$$

où

$$\mathcal{M}_{k_n}^{(r)} = \frac{1}{k_n - 1}\sum_{i=1}^{k_n-1}\left(\log(Z_i)\right)^r, \quad r \in \mathbb{R}.$$

L'estimateur $\hat{\gamma}_n^M$ a été introduit par Dekkers, Einmahl et de Haan [55] comme une généralisation de l'estimateur de Hill [116] à tous les domaines d'attraction permettant ainsi d'estimer $\gamma \in \mathbb{R}$. On notera que $\mathcal{M}_{k_n}^{(1)}$ correspond exactement à l'estimateur de Hill. Dans la sous-Partie suivante 1.5.3 on consacrera une grande partie du Paragraphe 1.5.3.1 à l'estimateur de Hill.

Il proposent également d'estimer $\sigma > 0$ par :

$$\hat{\sigma}_n = Y_{n-k_n+1,n}\mathcal{M}_n^{(1)}(1 - \hat{\gamma}_n^M + \mathcal{M}_n^{(1)}).$$

Si on insère ces deux estimateurs dans l'estimateur du quantile extrême de la loi GPD (voir Définition 1.15) on obtient l'estimateur DEdH donné par :

Définition 1.16. *Soit $(k_n)_{n \geq 1}$ une suite d'entiers avec $1 < k_n \leq n$, l'estimateur DEdH est défini par :*

$$\hat{q}_n^M(\alpha_n) = Y_{n-k_n+1,n} + Y_{n-k_n+1,n} \frac{\mathcal{M}_n^{(1)}(1 - \hat{\gamma}_n^M + \mathcal{M}_n^{(1)})}{\hat{\gamma}_n^M} \left(\left(\frac{k_n}{np_n} \right)^{\hat{\gamma}_n^M} - 1 \right). \ (1.28)$$

L'estimateur DEdH a été introduit en 1989 par Dekkers, Einmahl et de Haan [55] d'où son abréviation. Les auteurs établirent sa consistance forte, faible et sa normalité asymptotique. On l'appelle également estimateur des Moments car les $\mathcal{M}_{k_n}^{(r)}$ peuvent être interprétés comme des moments empiriques.

Quelle que soit l'approche choisie, l'élément clé réside dans l'estimation des paramètres de la loi modélisant le comportement des valeurs extrêmes, et en particulier de l'indice des valeurs extrêmes γ. Les estimateurs semi-paramétriques des quantiles extrêmes présentés dans la sous-partie suivante dépendent principalement de l'estimation de γ dans le cas du domaine d'attraction de Fréchet et de β dans le cas de loi à queue de type Weibull. On présentera alors différents estimateurs de ces derniers.

1.5.3 L'approche semi-paramétrique

Le plus connu des estimateurs de quantiles extrêmes basé sur une approche semi-paramétrique est l'estimateur de Weissman [167]. On verra qu'il repose sur l'estimation de $\gamma > 0$. Comme estimateur de l'indice des valeurs extrêmes $\gamma > 0$ on citera le plus connu d'entre eux qui est l'estimateur de Hill [116] ainsi que l'estimateur de Zipf [126, 155] qui est basé sur une approche par moindres carrés.

1.5.3.1 Lois à queues lourdes

Dans le domaine d'attraction de Fréchet, l'approche semi-paramétrique est basée sur la définition de la fonction quantile (voir expression 1.14). Pour tout $\gamma > 0$, on a

$$q(\alpha_n) = \alpha_n^{-\gamma} \ell(\alpha_n^{-1}) \quad \text{avec} \quad \ell \in \mathcal{RV}_0, \tag{1.29}$$

$$q(\beta_n) = \beta_n^{-\gamma} \ell(\beta_n^{-1}) \quad \text{avec} \quad \ell \in \mathcal{RV}_0. \tag{1.30}$$

En divisant (1.30) par (1.29) et à l'aide de la définition d'une fonction à variations lentes (voir Définition 1.7), si α_n est suffisament petit et $\beta_n < \alpha_n$ on obtient l'approximation suivante :

$$q(\beta_n) \simeq q(\alpha_n) \left(\frac{\alpha_n}{\beta_n} \right)^{\gamma}, \tag{1.31}$$

où $q(\alpha_n)$ est un quantile choisi dans l'échantillon, facile à estimer par inversion de la fonction de survie empirique (voir Premier cas page 12) et $q(\beta_n)$ un quantile choisi en dehors de l'échantillon (voir Second cas page 13). On va donc chercher à estimer $q(\beta_n)$ en extrapolant à partir de $q(\alpha_n)$.

Ces approximations sont des cas particuliers de l'approche GPD avec $\sigma = \gamma q(\alpha_n)$. On peut alors remplacer $q(\alpha_n)$ par son estimateur naturel $Y_{n-\lfloor n\alpha_n \rfloor+1,n}$ et γ par un estimateur quelconque $\hat{\gamma}_n$ estimant $\gamma > 0$. Ce qui nous permet d'obtenir l'estimateur de Weissman [167] introduit en 1978.

Définition 1.17. *L'estimateur de Weissman est défini par :*

$$\hat{q}_n^W(\beta_n) = Y_{n-\lfloor n\alpha_n \rfloor+1,n} \left(\frac{\alpha_n}{\beta_n} \right)^{\hat{\gamma}_n}. \tag{1.32}$$

Le terme $(\alpha_n/\beta_n)^{\hat{\gamma}_n}$ est le terme servant à l'extrapolation. Plus de détails sur les propriétés de cet estimateur sont disponibles dans Embrechts *et al.* [71], Weissman [167] et de Haan et Ferreira [50]. L'estimateur de Weissman repose sur l'estimation de $\gamma > 0$. Il existera ainsi autant d'estimateurs des quantiles extrêmes dans le domaine d'attraction de Fréchet qu'il existera d'estimateurs de $\gamma > 0$.

Il est donc normal qu'une grande partie de la littérature sur les valeurs extrêmes soit dédiée à l'estimation de $\gamma > 0$. Le plus connu de ces estimateurs étant l'estimateur de Hill [116].

Estimateur de Hill

Voici une idée possible pour la construction de l'estimateur de Hill. Passons au logarithme dans l'équation (1.31) ce qui donne :

$$\log(q(\beta_n) - \log(q(\alpha_n))) \simeq \gamma \log(\alpha_n/\beta_n).$$

44

On choisit comme précédemment, $\alpha_n = k_n/n$ et on considère plusieurs valeurs pour β_n. $\beta_n = i/n$ avec $i = 1, \ldots, k_n - 1$ tout en ayant $\beta_n < \alpha_n$. On obtient alors :

$$\log(q(i/n)) - \log(q(k_n/n)) \simeq \gamma \log(k_n/i).$$

Ainsi en estimant les quantiles par leurs équivalents empiriques on obtient :

$$\log(Y_{n-i+1,n}) - \log(Y_{n-k_n+1,n}) \simeq \gamma \log(k_n/i). \tag{1.33}$$

En sommant de part et d'autre sur $i = 1, \ldots, k_n - 1$, on obtient :

$$\gamma \simeq \frac{\sum_{i=1}^{k_n-1} \log(Y_{n-i+1,n}) - \log(Y_{n-k+1,n})}{\sum_{i=1}^{k_n-1} \log(k_n/i)}.$$

Le dénominateur se réécrit $\log(k_n^{k_n-1}/(k_n-1)!)$. En utilisant la formule de Stirling, il est équivalent à k_n au voisinage de l'infini. On obtient alors l'estimateur de Hill [116].

Définition 1.18. *Soit $(k_n)_{n\geq 1}$ une suites d'entiers avec $1 < k_n \leq n$, l'estimateur de Hill est défini par :*

$$H_n(k_n) = \frac{1}{k_n - 1} \sum_{i=1}^{k_n-1} \log\left(Y_{n-i+1,n}\right) - \log\left(Y_{n-k_n+1,n}\right).$$

Il fut introduit en 1975 afin d'estimer non-paramétriquement $\gamma > 0$. Historiquement, la construction de l'estimateur de Hill a été d'appliquer la méthode du maximum de vraisemblance sur l'ensemble des k_n plus grandes observations de l'échantillon, autrement dit les k_n statistiques d'ordre supérieur. D'autres méthodes pour la construction de l'estimateur de Hill sont données dans le livre de de Haan et Ferreira [50] et dans le livre de Beirlant *et al.* [16].

Le premier résultat sur les propriétés asymptotiques de cet estimateur est dû à Mason [130] en 1982 qui en a démontré la consistance faible. La consistance forte fut établie en 1988 par Deheuvels *et al.* [54].

Théorème 1.19. *Propriétés asymptotiques de l'estimateur de Hill : Soit $(k_n)_{n\geq 1}$ une suites d'entiers telle que $1 < k_n \leq n$, $k_n \to \infty$ et $k_n/n \to 0$ quand $n \to \infty$:*
- *alors $H_n(k_n)$ converge en probabilité vers γ (consistance faible),*
- *et si de plus $k_n/\log\log n \to \infty$ quand $n \to \infty$, alors $H_n(k_n)$ converge presque sûrement vers γ (consistance forte).*

La normalité asymptotique de l'estimateur de Hill a fait l'objet de nombreux travaux citons entre autre Csörgő et Viharos [40], Csörgo et Mason [42], Davis et Resnick [45], De Haan et Peng [51], Hall [113], Häusler et Teugels [115], Smith [158] et de Haan et Resnick [53]. En effet, une hypothèse sur la fonction à variations lentes ℓ est nécessaire. Cette condition porte sur la vitesse de convergence du rapport des fonctions à variations lentes vers 1 (voir Définition 1.7).

Condition du second ordre : Il existe $\rho < 0$ et $b(y) \underset{y \to \infty}{\longrightarrow} 0$ tels que uniformément localement pour $\lambda > 1$:

$$\log\left(\frac{\ell(\lambda y)}{\ell(y)}\right) \sim b(y) K_\rho(\lambda), \quad \text{lorsque} \quad y \to \infty,$$

où

$$K_\rho(x) = \int_1^y u^{\rho-1} du.$$

On remarque que nécessairement la fonction b (appelée aussi fonction de biais) est à variations régulières d'indice $\rho < 0$ (voir par exemple Geluk et de Haan [92]). Le paramètre de second ordre $\rho < 0$ contrôle la vitesse de convergence du ratio $\ell(\lambda x)/\ell(x)$ vers 1. Plus ρ sera proche de 0, plus la convergence sera lente et donc plus l'estimation de γ sera difficile.

De ce fait beaucoup d'auteurs se sont intéressés à l'estimation de ρ afin de réduire le biais asymptotique qui apparaît lorsque l'on estime $\gamma > 0$. Citons entre autre Alves *et al.* [3, 4], Gomes et Martins [104], Gomes *et al.* [105], Peng [140]. D'autres estimateurs de cet indice ont été proposés notamment par Beirlant *et al.* [12, 13] qui utilisent un modèle de régression exponentielle pour débiaiser l'estimateur de Hill et par Feuerverger et Hall [76] qui introduisent un estimateur des moindres carrés (voir le livre de Beirlant *et al.* [16] pour plus détails). Deme *et al.* [56] ont par la suite unifié ces travaux.

Cette condition du second ordre est la clef de voûte de toutes les preuves de normalité asymptotique en théorie des valeurs extrêmes. Elle est très souvent utilisée pour étudier le comportement asymptotique d'estimateurs d'indice ou de quantiles extrêmes. Beirlant *et al.* [12], Häusler et Teugels [115] et Hill [116] s'en servent pour prouver la normalité asymptotique de nombreux estimateurs de l'indice des valeurs extrêmes.

Théorème 1.20. *Normalité asymptotique de l'estimateur de Hill (voir [16]).*

Soit $(k_n)_{n \geq 1}$ une suite d'entiers telle que $1 < k_n \leq n$, $k_n \to \infty$ et $k_n/n \to 0$ quand $n \to \infty$. Si de plus la condition de second ordre est satisfaite avec $\sqrt{k_n}b(n/k_n) \to 0$ quand $n \to \infty$ alors :

$$\sqrt{k_n}\left(H_n(k_n) - \gamma\right) \xrightarrow{d} \mathcal{N}(0, \gamma^2).$$

Dans les Théorèmes 1.19 et 1.20, (k_n) est une suite d'entiers telle que :

$$\lim_{n \to \infty} k_n = \infty \quad \text{et} \quad \lim_{n \to \infty} k_n/n = 0, \tag{1.34}$$

Une suite vérifiant les deux conditions de l'équation (1.34) sera appelée suite intermédiaire d'entiers.

La première condition $k_n \to \infty$ nous assure que le nombre de statistiques d'ordre utilisé k_n est assez grand afin d'obtenir des estimateurs stables. Cependant si k_n est trop grand, le seuil estimé $Y_{n-k_n+1,n}$ est petit, on sort alors de "la zone" où la fonction de survie est approximativement une fonction polynomiale. Notre approximation n'est plus valable et dans ce cas l'estimateur de Hill a alors un grand biais.

A l'inverse, la seconde condition $k_n/n \to 0$ permet de rester dans la queue de distribution. Cependant si k_n est trop petit, le seuil estimé sera trop grand, on aura alors peu d'excès ce qui engendrera une grande variance dans l'estimation. On doit donc s'assurer de ne pas trop s'éloigner de la queue de distribution là où se trouve l'information importante.

Comme il est dit dans Embrechts *et al.* [71] : *"Let the tail speak for itself."*

Ces conditions se retrouvent dans toutes les approches basées sur un seuil, en particulier dans l'approche par la loi des excès (voir Partie 1.3). Dans cette dernière le seuil ne doit pas être trop grand (condition similaire à $k_n/n \to 0$) mais suffisamment grand pour avoir le Théorème 1.4 (condition similaire à $k_n \to \infty$).

Pour illustrer l'importance de k_n et rendre compte de la qualité de l'estimation, on trace l'estimateur de Hill en fonction de k_n, autrement dit la fonction $k_n \to H_n(k_n)$ (voir Figure 1.7).

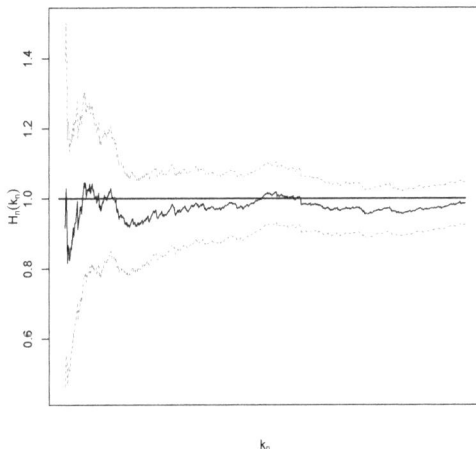

FIGURE 1.7: Graphique de l'estimateur de Hill $H_n(k_n)$, en fonction de k_n (trait noir) avec son intervalle de confiance à 95% (lignes rouge), $n = 1000$ réalisations d'une loi de Pareto standard pour laquelle $\gamma = 1$. La ligne horizontale représente la vraie valeur de γ. Dans ce cas la fonction à variations lentes est constante.

L'utilisation d'un noyau dans l'estimateur de Hill a été étudiée par Csorgo *et al.* [41]. Un estimateur efficace de l'indice des valeurs extrêmes a été proposé par Falk et Marohn [75]. Une liste plus détaillée des différents travaux sur l'estimation de l'indice des valeurs extrêmes est dressée par Csörgő et Viharos [40].

Une interprétation graphique de l'estimateur de Hill est possible (voir expression (1.33)), on l'appelle le "Pareto quantile plot". C'est le graphe des points :

$$(-\log(i/(n+1)), \log(Y_{n-i+1,n})) \quad \text{pour} \quad i = 1, \dots, k_n. \tag{1.35}$$

Cette représentation est très utile car elle permet de visualiser facilement si les observations sont distribuées selon une loi appartenant au domaine d'attraction de Fréchet. En effet, si un échantillon provient d'une loi appartenant à ce domaine, alors le Pareto quantile plot doit être approximativement linéaire avec une pente γ, pour les petites valeurs de i, autrement dit pour les valeurs extrêmes. Il devient linéaire à partir du point $(-\log(k_n/(n+1)), \log(Y_{n-k_n+1,n}))$. Si l'on utilise la méthode des moindres carrés en forçant la droite de regression à passer par ce point on retrouve l'estimateur de Hill.

Estimateur de Zipf

En 1996 deux travaux indépendants, Schultze et Steinebach [155] et Kratz et Resnick [126] conduirent à l'introduction du même estimateur de l'indice des valeurs extrêmes, l'estimateur de Zipf. Il consiste à utiliser la méthode des moindres carrés sur le précédent graphe des points (voir expression (1.35)).

Définition 1.21. *Soit* $(k_n)_{n \geq 1}$ *une suite d'entiers avec* $1 < k_n \leq n$, *l'estimateur de Zipf est défini par :*

$$\hat{\gamma}_n^Z = \frac{\frac{1}{k_n} \sum_{i=1}^{k_n} \left(\log\left(\frac{k_n+1}{i}\right) - \frac{1}{k_n} \sum_{i=1}^{k_n} \log\left(\frac{k_n+1}{i}\right) \right) \log\left(Y_{n-i+1,n}\right)}{\frac{1}{k_n} \sum_{i=1}^{k_n} \left(\log\left(\frac{k_n+1}{i}\right) \right)^2 - \left(\frac{1}{k_n} \sum_{i=1}^{k_n} \log\left(\frac{k_n+1}{i}\right) \right)^2} \tag{1.36}$$

Il a été introduit dans le but d'obtenir un biais asymptotique plus petit que les estimateurs précédemment introduits, notamment l'estimateur de Hill. Cependant, sa variance asymptotique est deux fois plus grande que celle de l'estimateur de Hill (voir Théorème 1.20).

Le paragraphe suivant est une courte synthèse bibliographique des méthodes d'estimation des quantiles extrêmes pour des lois à queue de type Weibull. Nous montrons comment cette problématique s'inscrit plus largement dans la théorie des valeurs extrêmes et les similitudes qui existent entre les estimateurs du coefficient à queue de type Weibull et l'estimateur de Hill.

1.5.3.2 Lois à queue de type Weibull

Le plus connu des estimateurs des quantiles extrêmes basé sur une approche semi-paramétrique est l'estimateur de Beirlant [19]. On verra qu'il repose sur l'estimation de $\beta > 0$.

Comme les lois à queue de type Weibull appartiennent au domaine d'attraction de Gumbel, elles ont un indice des valeurs extrêmes $\gamma = 0$. L'indice des valeurs extrêmes ne fournit donc aucune information sur la vitesse de décroissance de la fonction de survie à l'intérieur de cette famille de lois. C'est l'indice de queue de Weibull $\beta > 0$ qui donne cette information. Une valeur du paramètre de forme β

proche de zéro correspond à une décroissance rapide de la queue de distribution. Réciproquement une valeur de β proche de l'infini correspond à une décroissance lente de la queue de distribution. L'estimation des quantiles extrêmes pour des lois à queue de type Weibull passe alors par l'estimation de β.

Afin d'estimer des quantiles extrêmes, commençons par remarquer que pour des lois à queue de type Weibull on a d'après la définition de la fonction quantile (voir expression (1.19)) pour tout $\beta > 0$:

$$q(\alpha) = (-\log(\alpha))^{\beta} \ell(-\log(\alpha)) \quad \text{avec} \quad \ell \in \mathcal{RV}_0.$$

Ce qui donne en passant au logarithme :

$$\frac{\log q(\alpha)}{\log_2(1/\alpha)} = \beta + \frac{\log \ell(\log(1/\alpha))}{\log_2(1/\alpha)},$$

où $\log_2(.) = \log(\log(.))$.

Ainsi, en utilisant la Proposition 1.8 qui dit que $\log(\ell(x))/\log(x) \to 0$ lorsque $x \to \infty$, on en déduit que lorsque $\alpha \to 0$:

$$\log q(\alpha) \approx \beta \log_2(1/\alpha). \tag{1.37}$$

L'idée est la même que pour la construction de l'estimateur proposé par Weissman [167] (voir Définition 1.17). Elle est basée sur l'approximation donnée par l'équation (1.37) qui assure que pour n assez grand, si on a (k_n) une suite intermédiaire d'entiers (voir l'expression (1.34)) alors on a :

$$\log(q(\alpha_n)) \approx \beta \log_2(1/\alpha_n) \tag{1.38}$$

$$\log(q(k_n/n)) \approx \beta \log_2(n/k_n) \tag{1.39}$$

En soustrayant l'équation (1.39) à l'équation (1.38) on obtient :

$$\log(q(\alpha_n)) \approx \log(q(k_n/n)) + \beta(\log_2(1/\alpha_n) - \log_2(n/k_n)).$$

On applique alors la fonction exponentielle, ce qui donne :

$$q(\alpha_n) \approx q(k_n/n) \left(\frac{\log(1/\alpha_n)}{\log(n/k_n)} \right)^{\beta}. \tag{1.40}$$

Le quantile $q(k_n/n)$ se trouve dans l'échantillon (voir Premier cas page 12.), on peut alors l'estimer par son estimateur empirique soit la statistique d'ordre $Y_{n-k_n+1,n}$. Puis on remplace β par un estimateur quelconque $\hat{\beta}_n$ estimant $\beta > 0$. Ce qui nous permet d'obtenir l'estimateur de Beirlant [19] introduit en 1996.

Définition 1.22. *L'estimateur de Beirlant est défini par :*

$$\hat{q}_n^B(\alpha_n) = Y_{n-k_n+1,n} \left(\frac{\log(1/\alpha_n)}{\log(n/k_n)} \right)^{\hat{\beta}_n}. \tag{1.41}$$

Pour estimer des quantiles extrêmes on procède de la même façon que dans le cas de lois appartenant au domaine d'attraction de Fréchet (voir Définition 1.17), sauf que cette fois on remplace le coefficient à queue de Weibull β par l'un de ces estimateurs. On peut alors remplacer β dans l'expression (1.41) par n'importe quel estimateur de la littérature et ainsi obtenir autant d'estimateurs des quantiles extrêmes qu'il existe d'estimateurs de β.

Estimation de l'indice de queue de type Weibull

Il existe dans la littérature de nombreux estimateurs dédiés à l'estimation du coefficient de queue de type Weibull. Historiquement, la première approche est due à Berred [20] qui proposa un estimateur basé sur des valeurs records. A la suite de ces travaux deux grandes familles d'approches se sont développées.

- Une première famille d'approches (Beirlant *et al.* [9, 10], Broniatowski [27], Dierckx *et al.* [63]) est basée sur les logarithmes des excès au-dessus d'un seuil (log-excesses) des k_n statistiques d'ordre supérieur :

$$\log(Y_{n-i+1,n}) - \log(Y_{n-k_n+1,n}).$$

- Une seconde famille d'approches (Beirlant *et al.* [19], Diebolt *et al.* [59], Gardes et Girard [82, 83], Girard [93], Goegebeur *et al.* [98], Goegebeur et Guillou [101]) se base quant à elle sur les espacements entre logarithmes (log-spacings) des k_n statistiques d'ordre supérieur :

$$\log(Y_{n-i+1,n}) - \log(Y_{n-i,n}).$$

Le plus simple de ces estimateurs a été proposé dans Beirlant *et al.* [19]. Il peut être construit en remarquant que pour des lois à queue de type Weibull on a d'après l'expression (1.19) de la fonction quantile :

$$q(t) = (\log(1/t))^{\beta}\ell(\log(1/t)),$$
$$q(s) = (\log(1/s))^{\beta}\ell(\log(1/s)),$$

ainsi pour s et t proches de 0 on a :

$$\log(q(t)) - \log(q(s)) = \beta(\log_2(1/t) - \log_2(1/s)) + \log\left(\frac{\ell(\log(1/t))}{\ell(\log(1/s))}\right),$$
$$\simeq \beta(\log_2(1/t) - \log_2(1/s)).$$

L'approximation est justifiée par le fait que ℓ est une fonction à variations lentes à l'infini (voir Définition 1.7). On peut alors considérer l'estimateur de β suivant.

Définition 1.23. *Soit* $(k_n)_{n \geq 1}$ *une suite d'entiers avec* $1 < k_n \leq n$, *l'estimateur de Beirlant est défini par :*

$$\hat{\beta}_n^B = \frac{1}{\sum_{i=1}^{k_n-1}(\log_2(n/i) - \log_2(n/k_n))} \sum_{i=1}^{k_n-1}(\log(Y_{n-i+1,n}) - \log(Y_{n-k_n+1,n})). \quad (1.42)$$

La forme de cet estimateur est très proche de celle de l'estimateur de l'indice des valeurs extrêmes proposé par Hill [116] (voir définition (1.18)). En effet, seul le terme de normalisation (dénominateur) diffère.

Une interprétation graphique de cet estimateur est possible. En effet, rappelons que pour des lois à queue de type Weibull on a $\log q(\alpha) \sim \beta \log_2(1/\alpha)$ d'après l'équation (1.37). Ainsi, les points $(\log_2(n/i), \log(Y_{n-i+1,n}))$, $i = 1, \ldots, k_n - 1$ sont approximativement répartis sur une droite de pente β.

Comme dans le domaine d'attraction de Fréchet, il est alors aussi possible d'estimer β par l'estimateur des moindres carrés. L'estimateur $\hat{\beta}_n^Z$ ainsi obtenu est similaire à l'estimateur de l'indice des valeurs extrêmes de Zipf $\hat{\gamma}_n^Z$ dans le cas de lois à queue lourde (voir Définition 1.21).

Un autre estimateur est proposé dans Beirlant *et al.* [10], où β est estimé par :

$$\hat{\beta}_n^{B*} = \frac{\log(n/k_n)}{Y_{n-k_n+1,n}} \frac{1}{k_n - 1} \sum_{i=1}^{k_n-1}(Y_{n-i+1,n} - Y_{n-k_n+1,n}).$$

En remplaçant β par $\hat{\beta}_n^B$ ou $\hat{\beta}_n^{B*}$ dans l'équation (1.41) on obtient deux estimateurs de quantiles extrêmes. L'étude du comportement asymptotique de ces deux estimateurs a été unifiée par Gardes et Girard [81].

Il existe de nombreux estimateurs de β dans la littérature ; détaillons plus précisément deux familles d'estimateurs englobant $\hat{\beta}_n^B$.

Famille d'estimateurs utilisant des poids

La première famille qui nous intéressera est basée sur l'incorporation de poids dans l'estimateur $\hat{\beta}_n^B$ (voir définition 1.23). Elle fut introduite par Gardes et Girard [83]. Les estimateurs appartenant à cette famille sont des combinaisons linéaires de statistiques d'ordre c'est-à-dire des L-estimateurs. Plus précisément, on considère la famille d'estimateurs $\mathcal{B}_1 = \{\hat{\beta}_n(\zeta),\ \zeta = (\zeta_{1,n}, \ldots, \zeta_{k_n-1,n})\}$ avec :

$$\hat{\beta}_n(\zeta) = \sum_{i=1}^{k_n-1} \zeta_{i,n}(\log(Y_{n-i+1,n}) - \log(Y_{n-k_n+1,n})) \left/ \sum_{i=1}^{k_n-1} \zeta_{i,n}(\log_2(n/i) - \log_2(n/k_n)) \right. ,$$
(1.43)

où les $\zeta_{i,n}$ sont des poids.

En prenant $\zeta_{i,n} = 1$ pour tout $i = 1, \ldots, k_n - 1$ on retrouve l'estimateur $\hat{\beta}_n^B$ proposé par Beirlant *et al.* [19] (voir l'équation (1.42)).

L'estimateur des moindres carrés $\hat{\beta}_n^Z$ appartient également à la famille $\mathcal{B}_1$ (voir [83, Corollaire 2]) avec les poids :

$$\zeta_{i,n}^Z = \log_2(n/i) - \frac{1}{k_n - 1} \sum_{i=1}^{k_n-1} \log_2(n/i).$$

Famille d'estimateurs utilisant des suites de normalisation

Dans l'estimateur de Beirlant $\hat{\beta}_n^B$ (voir l'équation (1.42)), la somme des écarts entre les logarithmes des statistiques d'ordre est normalisée par la suite :

$$S_n^{(B)} = \sum_{i=1}^{k_n-1} (\log_2(n/i) - \log_2(n/k_n)).$$
(1.44)

On peut remplacer cette suite $(S_n^{(B)})$ par une suite positive quelconque (S_n) vérifiant :

$$S_n k_n \log(n/k_n) \to 1.$$
(1.45)

Cela nous permet de définir une nouvelle famille d'estimateurs :

$$\mathcal{B}_2 = \left\{ \hat{\beta}_n(S_n), \ S_n > 0 \text{ vérifiant } (1.45) \right\}$$

avec

$$\hat{\beta}_n(S_n) = \frac{1}{S_n} \sum_{i=1}^{k_n-1} \left(\log(Y_{n-i+1,n}) - \log(Y_{n-k_n+1,n}) \right). \qquad (1.46)$$

Cette famille a été introduite par Gardes et Girard [82] où il est aussi donné un résultat de normalité asymptotique.

Le terme de variance asymptotique est identique pour tous les estimateurs de la famille. Le biais dépend lui par contre du choix de la suite (S_n). Il n'existe cependant pas de choix annulant ce dernier. Il n'y a pas d'estimateur qui soit préférable dans toutes les situations envisageables. L'efficacité des différents estimateurs est illustrée sur simulations dans Gardes et Girard [87].

Un estimateur de β débiaisé a été proposé dans Diebolt *et al.* [59]. Il est basé sur un modèle de régression exponentielle inspiré de ceux proposés par Beirlant *et al.* [12, 13] et Feuerverger et Hall [76] afin d'estimer l'indice des valeurs extrêmes pour des lois du domaine d'attraction de Fréchet. Diebolt *et al.* [60] proposent alors de remplacer β par cet estimateur débiaisé [59] et obtiennent ainsi un estimateur de quantiles extrêmes débiaisé.

Pour une synthèse bibliographique plus poussée sur l'estimation de quantiles extrêmes pour les lois à queue de type Weibull voir Gardes et Girard [87].

1.6   Estimation de quantiles conditionnels extrêmes

Dans cette dernière partie, nous nous intéressons au cas où la variable aléatoire d'intérêt Y est mesurée conjointement avec une covariable x. Contrairement au problème d'estimation des quantiles de régression classique [124] qui a été largement considéré, peu d'attention a été accordée aux quantiles conditionnels extrêmes.

Ce problème n'a été considéré que récemment [46], et ce malgré de nombreuses applications notamment en finance et en hydrologie. En effet, l'ajout d'une covariable permet de modéliser plus de phénomènes. Par exemple en hydrologie, la variable Y peut représenter le niveau de pluie journalier en millimètres tombée en un point géographique caractérisé par sa position x=(latitude, longitude, altitude) [89]. Un autre exemple d'application possible est l'astrophysique, où Y représente la quantité d'un certain paramètre physique et x une courbe hyperspectrale [44].

Lorsque l'on travaille en présence d'une covariable on distingue deux cas selon la nature de cette dernière :

- Le modèle dit "à plan aléatoire" ou "design aléatoire" pour lequel les données sont des couples $\{(X_i, Y_i), i = 1, \dots, n\}$ de variables aléatoires réelles indépendantes et de même loi. Dans ce cas, on peut définir la fonction de répartition conditionnelle $F(.|x)$ par :

$$F(y|x) = \mathbb{P}(Y < y|X = x).$$

- Le modèle dit "à plan fixe" ou "design fixe" dont les données sont des couples $\{(x_i, Y_i), i = 1, \dots, n\}$ où les observations Y_i sont des variables aléatoires réelles indépendantes et les x_i sont des points d'observations non aléatoires. Dans ce cas, la fonction de répartition de la variable d'intérêt dépend de x et est notée également $F(.|x)$ par analogie avec le cas précédent.

Définition 1.24. *Le quantile conditionnel extrême d'ordre* $1 - \alpha_n$ *de* $F(.|x)$ *est défini par :*

$$q(\alpha_n|x) := \overline{F}^{\leftarrow}(\alpha_n|x) \quad avec \quad \alpha_n \to 0 \quad quand \quad n \to \infty.$$

Par analogie avec le cas sans covariable il est difficile d'estimer $q(\alpha_n|x)$ au-delà du point maximal du sous-échantillon des observations de Y prises dans un voisinage de x.

En présence d'une covariable, les paramètres des lois GEV et GPD dépendent de x. On a pu voir tout au long de ce chapitre la similitude qui existe entre les nombreux estimateurs des quantiles extrêmes dans le cas sans covariable. Dans cette partie, on se concentre sur l'approche POT (voir Partie 1.3) où dans ce cas la loi GPD dépendra des trois fonctions $u(x)$, $\sigma(x)$ et $\gamma(x)$. La fonction $\gamma(x)$ est appelée indice des valeurs extrêmes conditionnel ou indice de queue conditionnel.

Par analogie avec l'estimateur des quantiles extrêmes pour la loi GPD (voir la Définition 1.15) on a l'estimateur du quantile conditionnel extrême donné dans la définition suivante.

Définition 1.25. *L'estimateur du quantile conditionnel extrême est défini par :*

$$\hat{q}_n^{gpd}(\alpha_n|x) = \hat{u}_n(x) + \frac{\hat{\sigma}_n(x)}{\hat{\gamma}_n(x)} \left(\left(\frac{k_n}{n\alpha_n} \right)^{\hat{\gamma}_n(x)} - 1 \right),$$

où $\hat{\gamma}_n(x)$, $\hat{u}_n(x)$ et $\hat{\sigma}_n(x)$ sont des estimateurs respectifs de $\gamma(x)$, $u(x)$ et de $\sigma(x)$.

Lorsque l'on souhaite estimer des quantiles extrêmes dans le cas particulier de lois à queues lourdes conditionnelles, on retrouve l'estimateur de Weissman (voir Définition 1.17) adapté au cas conditionnel.

Définition 1.26. *L'estimateur de Weissman adapté au cas conditionnel est défini par :*

$$\hat{q}_n^W(\beta_n|x) = \hat{q}_n(\alpha_n|x) \left(\frac{\alpha_n}{\beta_n} \right)^{\hat{\gamma}_n(x)},$$

où dans ce cas $\hat{q}_n(\alpha_n|x)$ correspond à l'estimation d'un quantile conditionnel choisi dans un sous-échantillon des observations prises dans un voisinage de x.

Afin d'estimer des quantiles extrêmes conditionnels le but est alors comme précédemment d'estimer $\gamma(x), \sigma(x)$ et $u(x)$.

1.6.1 L'approche paramétrique

L'ajout d'une covariable est relativement récent dans la littérature. Les premiers travaux sont dus à Smith [159] qui propose de modéliser les maxima par une loi des valeurs extrêmes dont les paramètres sont des fonctions de la covariable. Une forme paramétrique est supposée sur ces fonctions et l'estimation est effectuée par maximum de vraisemblance ou par moindres carrés. Ce fut ensuite au tour de Davison et Smith [47] de proposer de modéliser les excès par une loi de Pareto généralisée dont les paramètres sont des fonctions de la covariable, les auteurs estimant ces derniers par maximum de vraisemblance.

1.6.2 L'approche semi-paramétrique

Beirlant et Goegebeur [14] ont été les premiers à utiliser une approche semi-paramétrique. Ils proposent de transformer tout d'abord les données dans le but d'obtenir des résidus suivant une loi de type Pareto puis de les utiliser dans un modèle de régression exponentielle où les paramètres du dit modèle sont estimés par la méthode du maximum de vraisemblance.

Dans le cas d'une covariable unidimensionnelle, Beirlant et Goegebeur [15] se proposent d'adapter les estimateurs de quantiles proposés par Matthys et Beirlant [132] au cas conditionnel en remplaçant les statistiques d'ordres par les quantiles estimés par la méthode des polynômes locaux, voir [124]. Ils proposent également une procédure pour choisir leur paramètre de lissage et leur seuil.

Wang et Tsai [166] estiment l'indice de queue conditionnel dans le cas d'une loi à queue lourde en utilisant une fonction de lien logarithme afin de relier l'indice de queue conditionnel au prédicteur linéaire induit par la covariable, ce qui constitue le modèle de régression pour l'indice de queue conditionnel. Ils estiment ensuite les paramètres de regression par maximum de vraisemblance. A la suite de ces travaux, Wang et al. [165] ont estimé des quantiles conditionnels extrêmes dans le cas de lois issues du modèle de Hall [111]. Dans ce cadre d'étude, Hall [110] a aussi proposé des estimateurs semi-paramétriques des quantiles conditionnels extrêmes.

1.6.3 L'approche non-paramétrique

Les premiers à proposer une approche non-paramétrique sont Davison et Ramesh [46]. Leur approche est basée sur des polynômes locaux. Beirlant et al. [16] ont étendu ces résultats aux covariables multidimensionnelles.

Ce fut ensuite Chavez-Demoulin et Davison [32] qui, en utilisant la méthode du maximum de vraisemblance pénalisé, proposèrent des estimateurs splines de quantiles extrêmes conditionnels dans le cas d'une covariable unidimensionnelle.

Dans le cas de lois à queues lourdes, on dénombre de nombreux travaux :

Tout d'abord Beirlant et al. [11] proposèrent d'estimer non-paramétriquement des quantiles conditionnels puis de les utiliser comme statistiques d'ordre supérieur pour estimer des quantiles conditionnels extrêmes.

Lorsque la covariable est déterministe fonctionnelle, Gardes et Girard [86] et Gardes *et al.* [89] ont proposé des estimateurs à noyau des quantiles conditionnels extrêmes. Tandis que Gardes et Girard [85] se sont penchés sur une approche par plus proches voisins dans le cas où la covariable est déterministe.

Dans le cas où la variable d'intérêt dépend d'une covariable aléatoire de dimension finie, Daouia *et al.* [44] proposent une estimation par noyau. Cette méthode a été généralisée à tous les domaines d'attraction par Daouia *et al.* [43] qui se sont basés sur des conditions dues à Von Mises (voir [50]) sur la fonction de survie conditionnelle.

Différents travaux ont eu pour but d'estimer l'indice de queue conditionnel de manière non-paramétrique. Citons Gardes *et al.* [90] qui proposent des estimateurs à noyau dépendant de paramètres de réglage. Dans le cas où la covariable est déterministe, une famille d'estimateurs non-paramétriques a été proposée par Gardes et Girard [84]. Ces estimateurs sont basés sur une moyenne pondérée des log-spacings entre les observations sélectionnées à l'aide d'une approche par fenêtre mobile pour la covariable et d'un seuil aléatoire pour la variable d'intérêt. Plus récemment, Gardes et Stupfler [91] se sont intéressés à l'estimation de l'indice de queue conditionnel en présence d'une covariable aléatoire de dimension finie. Ils proposent un estimateur de Hill local lissé adapté à la présence d'une covariable. Cet estimateur est basé sur un raffinement de l'approche par fenêtre mobile. On peut également citer les travaux de Goegebeur *et al.* [102] qui ont introduit une famille d'estimateurs non-paramétriques de l'indice de queue conditionnel en présence d'une covariable aléatoire.

Dans le but de réduire le biais asymptotique (voir condition du second ordre Paragraphe 1.5.3.1), Goegebeur et de Wet [100] et Goegebeur *et al.* [99] ont estimé le paramètre du second ordre non-paramétriquement en utilisant des estimateurs à noyau.

Afin d'estimer non paramétriquement des quantiles conditionnels extrêmes pour des lois à queue de type Weibull (voir Définition 1.13), Goegebeur *et al.* [98] ont introduit une nouvelle famille d'estimateurs du coefficient à queue de type Weibull dépendant d'une covariable. Cette famille d'estimateurs à noyau est obtenue en faisant une moyenne pondérée des excès au-delà d'un seuil aléatoire assez grand.

Chapitre 2

Estimation de quantiles extrêmes pour des lois à queues lourdes et légères

Résumé

Dans Gardes et al. [88], une nouvelle famille de lois est introduite, dépendant de deux paramètres τ et θ, qui englobe aussi bien les lois de type Pareto que les lois à queue de type Weibull. Des estimateurs pour θ et pour les quantiles extrêmes sont aussi proposés, mais ils dépendent tous deux d'un paramètre inconnu τ, les rendant inutiles dans des situations pratiques. On commencera dans la Partie 2.1 par une introduction motivant nos travaux. On rappellera ensuite dans la Partie 2.2 le cadre d'étude et le modèle de Gardes et al. [88]. Puis l'on présentera nos contributions théoriques dans la Partie 2.3. Ces contributions consistent dans un premier temps à proposer un estimateur de τ qui est indépendant de θ. A la suite de quoi insérer notre estimateur de τ dans les deux estimateurs précédents nous permet alors d'estimer des quantiles extrêmes pour des lois de type Pareto aussi bien que pour des lois à queue de type Weibull d'une même façon. Les lois asymptotiques de nos trois nouveaux estimateurs sont établies et leur efficacité est illustrée dans la Partie 2.4 sur des données simulées et sur un jeu de données réelles. On finira par des perspectives dans la Partie 2.5. En dernier lieu se trouve la Partie 2.6 contenant les preuves de nos résultats théoriques.

Sommaire

2.1 Introduction

"In applications the three different families give quite different representations of extreme value behaviour. In early applications of extreme value theory, it was usual to adopt one of the three families, and then to estimate the relevant parameters of that distribution. But there are two weakness : first, a technique is required to choose which of the three families is most appropriate for the data at hand ; second, once such a decision is made, subsequent inferences presume this choice to be correct, and do not allow for the uncertainty such a selection involves, even though this uncertainty may be substantial"

Stuart Coles

Soit $Y_1, \ldots, Y_n$ une suite de variables aléatoires *i.i.d* ayant pour fonction de répartition F et notons $Y_{1,n} \leq \cdots \leq Y_{n,n}$ les statistiques ordonnées associées à cet échantillon. Rappelons que le Théorème 1.4 nous assure que pour une grande partie des fonctions de répartition, le maximum $Y_{n,n}$ (après renormalisation) converge en loi vers une loi des valeurs extrêmes ayant pour paramètre de forme γ. Selon son signe, trois domaines d'attraction sont possibles pour F : Fréchet ($\gamma > 0$), Gumbel ($\gamma = 0$) et Weibull ($\gamma < 0$). Rappelons également que les lois appartenant au domaine d'attraction de Weibull ont une queue droite finie (point terminal fini), ce domaine d'attraction n'est de ce fait pas très utilisé dans la plupart des applications.

Dans ce chapitre, on se concentre sur les domaines d'attraction de Fréchet et Gumbel qui peuvent quant à eux avoir une queue droite infinie (point terminal infini). Rappelons qu'une sous famille intéressante du domaine d'attraction de Gumbel est la famille de lois à queue de type Weibull (voir sous-Partie 1.4.4 et plus particulièrement la Définition 1.13).

Comment choisir entre les domaines d'attraction que sont celui de Gumbel et celui de Fréchet pour modéliser le maximum d'un phénomène ? A-t-on une décroissance de la fonction de survie exponentielle ou polynômiale ? Si on se trouve dans le domaine d'attraction de Fréchet quelle est la valeur de l'indice des valeurs extrêmes γ ? Si on se trouve dans le domaine d'attraction de Gumbel, et plus particulièrement dans le cas d'une loi à queue de type Weibull, quelle est la valeur du coefficient β de queue de type Weibull ?

Gardes *et al.* [88] ont étudié plusieurs estimateurs de l'indice de queue et de quantiles extrêmes. Ils ont ainsi pu remarquer la grande similarité qui existe entre la plupart des estimateurs du coefficient à queue de type Weibull (par exemple l'estimateur de Beirlant voir Définition 1.42) et l'estimateur de Hill $H_n(k_n)$ (voir Définition 1.18). Cette similarité peut sembler surprenante puisque $H_n(k_n)$ a été construit dans le but d'estimer l'indice de queue γ pour des lois appartenant au domaine d'attraction de Fréchet.

Dans l'optique de faire de l'inférence sur la queue de la loi, la plupart des méthodes ou approches consistent à utiliser les k_n statistiques d'ordre supérieures $Y_{n-k_n+1,n} \leq \cdots \leq Y_{n,n}$, c'est le cas de l'estimateur de Hill. Cela semble naturel car l'information de la queue est seulement contenue dans la partie extrême supérieure de l'échantillon. Rappelons que (k_n) est une suite intermédiaire d'entiers (voir l'expression (1.34)).

En ce qui concerne l'estimation du coefficient à queue de type Weibull, des méthodes dédiées furent proposées. Historiquement, la première approche est due à Berred [20] qui proposa un estimateur basé sur des valeurs records. Rappelons que deux grandes familles d'approches se sont développées.

- Une première famille d'approches (Beirlant *et al.* [9, 10], Broniatowski [27], Dierckx *et al.* [63]) est basée sur les logarithmes des excès au-dessus d'un seuil (log-excesses) des k_n statistiques d'ordre supérieur :

$$\log(Y_{n-i+1,n}) - \log(Y_{n-k_n+1,n}).$$

- Une seconde famille d'approches (Beirlant *et al.* [19], Diebolt *et al.* [59], Gardes et Girard [82, 83], Girard [93], Goegebeur *et al.* [98], Goegebeur et Guillou [101]) se base quant à elle sur les espacements entre les logarithmes (log-spacings) des k_n statistiques d'ordre supérieur :

$$\log(Y_{n-i+1,n}) - \log(Y_{n-i,n}).$$

Tous ces estimateurs sont similaires à l'estimateur de Hill. En effet $H_n(k_n)$ (voir Définition 1.18) peut peut être vu aussi bien en termes de log-spacings :

$$H_n(k_n) = \frac{1}{k_n - 1} \sum_{i=1}^{k_n-1} \log(Y_{n-i+1,n}) - \log(Y_{n-k_n+1,n}),$$

qu'en termes de log-excesses :

$$H_n(k_n) = \frac{1}{k_n - 1} \sum_{i=1}^{k_n-1} i \left(\log(Y_{n-i+1,n}) - \log(Y_{n-i,n}) \right).$$

Comme exemple, on citera les trois estimateurs proposés dans Gardes et Girard [82] qui sont proportionnels à $H_n(k_n)$.

Pour expliquer ce résultat, Gardes *et al.* [88] introduirent en 2011 un modèle contenant une nouvelle famille de lois englobant notamment aussi bien tout le domaine d'attraction de Fréchet que les lois à queue de type Weibull. Ainsi, ils proposent d'unifier les domaines d'attraction de Fréchet et de Gumbel à travers une nouvelle famille de lois et d'inclure ainsi les lois à queue de type Weibull dans une famille de lois plus générale.

Dans la partie suivante, on exposera le cadre d'étude et le modèle de Gardes *et al.* [88]. On présentera ensuite nos contributions théoriques dans la Partie 2.3. Les lois asymptotiques de nos estimateurs sont établies et leur efficacité est illustrée dans la Partie 2.4 sur des données simulées et sur un jeu de données réelles. On finira par des perspectives dans la Partie 2.5. En dernier lieu, se trouve la Partie 2.6 contenant les preuves de nos résultats théoriques.

2.2 Cadre d'étude et présentation du modèle

Cette Partie 2.2 est une présentation du modèle de Gardes *et al.* [88] ; le but principal de cette dernière étant d'expliquer pourquoi les statistiques basées sur les log-spacings peuvent être utiles pour estimer les indices de queue aussi bien pour les lois à queue de type Weibull que pour les lois de type Pareto.

2.2.1 Modèle

Dans le but de comprendre la similarité qui existe entre la plupart des estimateurs du coefficient à queue de type Weibull et l'estimateur de Hill, une nouvelle famille de lois a été proposée dans Gardes *et al.* [88]. Cette famille dépend de deux paramètres $\tau \in [0, 1]$ et $\theta > 0$. Plus précisément, la famille de fonctions de survie considérée est donnée par :

$$(\mathbf{A}_1(\tau, \theta)) \quad \overline{F}(y) = \exp(-K_\tau^\leftarrow(\log H(y))) \text{ avec } y \geq y_* > 0$$

où

$$K_\tau(y) = \int_1^y u^{\tau-1} du \quad \text{avec} \quad \tau \in [0, 1].$$

Ici, H est une fonction croissante telle que $H^\leftarrow \in \mathcal{RV}_\theta$ où $\theta > 0$. Le paramètre τ nous permet quant à lui de représenter un large panel de lois allant des lois à queue de type Weibull aux lois appartenant au domaine d'attraction de Fréchet, en cela il est proche du paramètre de l'indice des valeurs extrêmes γ.

Mettons tout d'abord en avant le fait que la lourdeur de la queue de la fonction de survie $\overline{F}$ est principalement contrôlée par $\tau \in [0, 1]$ et ensuite par $\theta > 0$.

Proposition 2.1. *Soient $\overline{F}_{\tau_1, \theta_1}$ et $\overline{F}_{\tau_2, \theta_2}$ deux fonctions de survie satisfaisant respectivement $(\mathbf{A}_1(\tau_1, \theta_1))$ et $(\mathbf{A}_1(\tau_2, \theta_2))$.*

(i) Si $\tau_1 < \tau_2$ alors $\overline{F}_{\tau_1, \theta_1}(y)/\overline{F}_{\tau_2, \theta_2}(y) \to 0$ quand $y \to \infty$ pour tout $(\theta_1, \theta_2) \in]0, \infty[^2$.

(ii) Si $\tau_1 = \tau_2 = \tau$ et $\theta_1 < \theta_2$ alors $\overline{F}_{\tau, \theta_1}(y)/\overline{F}_{\tau, \theta_2}(y) \to 0$ quand $y \to \infty$.

Ainsi, plus grand sera τ, plus lourde sera la queue. En effet, considérons les deux cas extrêmes $\tau = 0$ et $\tau = 1$.

- Clairement, sous $(\mathbf{A}_1(0, \theta))$, on a $K_0(y) = \log(y)$ ainsi $K_0^\leftarrow(y) = \exp(y)$ d'où :

$$\overline{F}(y) = \exp(-H(y)) = \exp(-y^{1/\theta} L(y)),$$

où L est une fonction à variations lentes à l'infini. On est dans le cas d'une fonction de survie d'une loi à queue de type Weibull où θ coïncide avec l'indice de queue de type Weibull β (voir Définition 1.13).

- A l'opposé, $(\mathbf{A}_1(1, \theta))$ implique $K_1(y) = y - 1$ ainsi $K_0^\leftarrow(y) = y + 1$ d'où :

$$\overline{F}(y) = e^1/H(y) = y^{-1/\theta} \tilde{\ell}(y),$$

où $\tilde{\ell}$ est une fonction à variations lentes à l'infini. Par conséquent, F appartient au domaine d'attraction de Fréchet et θ coïncide avec l'indice de queue $\gamma > 0$ (voir l'équation (1.13)).

Au vu des remarques précédentes, les valeurs intermédiaires de $\tau \in \,]0,1[$ correspondent à des lois ayant des queues plus légères que des queues de type Pareto mais plus lourdes que des queues de type Weibull. En effet, on a :

$$\overline{F}(y) = \exp(-h(y)) \quad \text{avec} \quad h(y) \sim ((\tau/\theta)\log(y))^{1/\tau},$$

et ainsi $h(y)/y^a \to 0$ pour tout $a > 0$ tandis que $h(y)/\log(y) \to \infty$ quand $y \to \infty$, cette propriété caractérise une loi de "type exponentielle", voir Harris [114].

La proposition suivante nous donne une caractérisation plus précise et des exemples sont donnés.

Proposition 2.2.

(i) F vérifie $(\mathbf{A}_1(0, \theta))$ si et seulement si F est une loi à queue de type Weibull avec comme coefficient de queue de Weibull θ.

(ii) Si F vérifie $(\mathbf{A}_1(\tau, \theta))$, $\tau \in [0,1[$ et si H est deux fois dérivable alors F appartient au domaine d'attraction de Gumbel.

(iii) F vérifie $(\mathbf{A}_1(1, \theta))$ si et seulement si F est dans le domaine d'attraction de Fréchet avec un indice de queue égal à θ.

Au vu de la Proposition 2.2(i), les lois : Normale, Gamma, Weibull, Benktander II, Logistique et la loi des valeurs extrêmes vérifient toutes $(\mathbf{A}_1(0, \theta))$ puisqu'elles sont des exemples de lois à queue de type Weibull (voir Gardes et Girard [83], Tableau 1).

Des exemples de lois vérifiant $(\mathbf{A}_1(\tau, \theta))$ avec $\tau \in \,]0,1[$ incluent certaines lois à queue de type Log-weibull. Rappelons qu'une variable aléatoire Y suit une loi à queue de type Log-weibull si $\log(Y)$ suit une loi à queue de type Weibull.

Proposition 2.3. *Supposons que F vérifie $(\mathbf{A}_1(0, \theta))$ avec $\theta \in (0,1]$. Si, de plus, la fonction à variations lentes ℓ est dérivable et $\ell(t) \to \ell_\infty > 0$ quand $t \to \infty$ alors $F(\log .)$ verifie $(\mathbf{A}_1(\theta, \theta \ell_\infty))$.*

Comme exemple, on citera la loi Log-normale standard qui peut être vue comme une loi à queue de type Log-weibull et vérifiant alors $(\mathbf{A}_1(1/2, \sqrt{2}/2))$. De même, la loi Gamma vérifie $(\mathbf{A}_1(0, 1))$ et la loi Log-gamma appartient au domaine d'attraction de Fréchet, voir par exemple Embrechts *et al.* [71], Tableau 3.4.2. Enfin, d'autres exemples de lois satisfaisant $(\mathbf{A}_1(1, \theta))$ se trouvent dans le tableau mentionné.

Comme on l'a illustré dans les parties précédentes, le modèle $(\mathbf{A}_1(\tau,\theta))$ nous donne un nouvel outil pour l'analyse des estimateurs de queue basés sur les log-spacings. Cela nous permet d'englober les lois à queue de type Weibull dans un cadre plus général et d'expliquer ainsi pourquoi les estimateurs dédiés à l'estimation de leur indice de queue sont très similaires à l'estimateur de Hill (voir Définition 1.18) et dans le cas de quantiles extrêmes à l'estimateur de Weissman (voir Définition 1.17).

Nous allons maintenant présenter un estimateur $\widehat{\theta}_{n,\tau}(k_n)$ de θ pour cette nouvelle famille de lois et l'estimateur des quantiles extrêmes qui s'en déduit. La normalité asymptotique de ces estimateurs est établie dans la sous-Partie suivante 2.2.2 d'une seule et même façon.

2.2.2 Définition des estimateurs et leurs lois asymptotiques

Dans Gardes *et al.* [88], un estimateur de θ basé sur l'estimateur de Hill est introduit. En notant par (k_n) une suite intermédiaire d'entiers, cet estimateur de θ est donné par :

$$\widehat{\theta}_{n,\tau}(k_n) = \frac{1}{\mu_\tau(\log(n/k_n))}\frac{1}{k_n-1}\sum_{i=1}^{k_n-1}\left(\log(Y_{n-i+1,n}) - \log(Y_{n-k_n+1,n})\right) \qquad (2.1)$$

avec, pour tout $t > 0$,

$$\mu_\tau(t) = \int_0^\infty \left(K_\tau(y+t) - K_\tau(t)\right)e^{-y}dy.$$

Un point crucial est que l'estimateur (2.1) consiste essentiellement à faire la moyenne des log-excess entre les statistiques ordonnées supérieures. Il est important de noter que $\widehat{\theta}_{n,\tau}(k_n)$ diffère seulement de l'estimateur de Hill (voir Définition 1.18) par une suite normalisée déterministe :

$$\widehat{\theta}_{n,\tau}(k_n) = \frac{H_n(k_n)}{\mu_\tau(\log(n/k_n))}.$$

Cette similarité peut être vue à travers l'étude des log-spacings entre deux quantiles $q(u)$ et $q(v)$ de $\overline{F}$, avec $0 < u < v \leq 1$. Sous $(\mathbf{A}_1(\tau,\theta))$ on a :

$$\log q(u) - \log q(v) = \theta\left(K_\tau(-\log u) - K_\tau(-\log v)\right) + \log\left(\frac{\ell(\exp K_\tau(-\log u))}{\ell(\exp K_\tau(-\log v))}\right).$$
$$(2.2)$$

Puisque ℓ est une fonction à variations lentes, si les ordres u et v des quantiles sont assez petits, le second terme peut être négligé dans la partie droite de (2.2) pour obtenir :

$$\log q(u) - \log q(v) \simeq \theta \left(K_\tau(-\log u) - K_\tau(-\log v) \right), \qquad (2.3)$$

ce qui nous montre que les log-spacings sont approximativement proportionnels à θ. Puisque cette propriété est vérifiée pour tout $\tau \in [0,1]$, elle est ainsi partagée par les lois : de type Pareto, à queue de type Weibull et à queue de type Log-weibull. Notons que cette propriété peut être interprétée graphiquement sur un échantillon en traçant un graphique quantile-quantile. Cela consiste à tracer les points :

$$(K_\tau(\log(n/i)), \log(Y_{n-i+1,n})) \quad \text{pour} \quad i = 1, \ldots, k_n.$$

D'après (2.3), le graphique devrait être approximativement linéaire. De même, un estimateur des quantiles extrêmes (voir Définition 1.2) peut être déduit d'après (2.1) par :

$$\widehat{q}_n \left(\alpha_n, \widehat{\theta}_{n,\tau}(k_n) \right) = Y_{n-k_n+1,n} \exp \left(\widehat{\theta}_{n,\tau}(k_n) \left(K_\tau(\log(1/\alpha_n)) - K_\tau(\log(n/k_n)) \right) \right). \qquad (2.4)$$

Soulignons le fait que les estimateurs (2.1) et (2.4) sont d'un intérêt seulement théorique puisque dans des situations pratiques τ est inconnu, ce qui ne permet donc pas de les utiliser.

On montre dans la suite que la normalité asymptotique de $\widehat{\theta}_{n,\tau}(k_n)$ et $\widehat{q}_n \left(\alpha_n, \widehat{\theta}_{n,\tau}(k_n) \right)$ peut être établie pour tout $\tau \in [0,1]$ d'une même façon (résultats du travail de Gardes $et\ al.$ [88]). En ce sens, le comportement asymptotique de ces estimateurs est plus une conséquence de la propriété des log-spacings que du comportement de la queue de la loi (qui peut être exponentiel aussi bien que polynômial). Les sous-Parties 2.2.3 et 2.2.4 illustrent nos résultats sur ces deux cas extrêmes $\tau = 0$ et $\tau = 1$.

Pour établir la normalité asymptotique de $\widehat{\theta}_{n,\tau}(k_n)$, on introduit une condition de second ordre sur ℓ.

Condition du second ordre : $(\mathbf{A}_2(\rho))$

Il existe $\rho < 0$ et $b(y) \xrightarrow[y \to \infty]{} 0$ tels que uniformément localement pour $\lambda \geq \lambda_0 > 0$:

$$\log\left(\frac{\ell(\lambda y)}{\ell(y)}\right) \sim b(y) K_\rho(\lambda), \quad \text{lorsque} \quad y \to \infty,$$

avec $|b|$ asymptotiquement décroissante.

Rappelons que nécessairement la fonction b (appelée aussi fonction de biais) est à variations régulières d'indice $\rho < 0$ (voir par exemple Geluk et de Haan [92]). Rappelons également que le paramètre de second ordre $\rho < 0$ contrôle la vitesse de convergence du rapport $\ell(\lambda y)/\ell(y)$ vers 1. Une valeur de ρ proche de 0 implique une faible vitesse de convergence.

La condition $(\mathbf{A}_2(\rho))$ est la clef de voûte de toutes les preuves de normalité asymptotique en théorie des valeurs extrêmes. Elle est utilisée dans Beirlant *et al.* [12], Häusler et Teugels [115] et Hill [116] pour prouver la normalité asymptotique d'un grand nombre d'estimateurs de l'indice des valeurs extrêmes. Notons que la condition du second ordre utilisée pour prouver la normalité asymptotique de Hill diffère quelque peu de celle-ci. En effet, on n'a pas besoin que $|b|$ soit asymptotiquement décroissante (voir la condition du second ordre au Paragraphe 1.5.3.1).

Ainsi les auteurs Gardes *et al.* [88] obtiennent la normalité asymptotique de $\widehat{\theta}_{n,\tau}(k_n)$.

Théorème 2.4. *Supposons que les hypothèses $(\mathbf{A}_1(\tau,\theta))$ et $(\mathbf{A}_2(\rho))$ soient vérifiées. Soit (k_n) une suite intermédiaire d'entiers telle que :*

$$\sqrt{k_n}\, b(\exp K_\tau(\log(n/k_n))) \to \lambda. \tag{2.5}$$

Alors, en introduisant $a_{\tau,\rho} = 1$ si $\tau \in [0,1)$ et $a_{1,\rho} = 1/(1-\rho)$, on a :

$$\sqrt{k_n}\left(\widehat{\theta}_{n,\tau}(k_n) - \theta - a_{\tau,\rho}b(\exp K_\tau(\log(n/k_n)))\right) \xrightarrow{d} \mathcal{N}(0,\theta^2). \tag{2.6}$$

Il apparaît que la variance asymptotique de $\widehat{\theta}_{n,\tau}(k_n)$ donnée par $\mathcal{AV} = \theta^2/k_n$ est indépendante de τ. En particulier, elle reste constante quel que soit le domaine d'attraction de F. Le biais asymptotique au carré est donné par $\mathcal{ASB}(\tau,\rho) = a_{\tau,\rho}^2 b^2(\exp K_\tau(\log(n/k_n)))$. De plus, comme b^2 décroit asymptotiquement, alors

$\mathcal{ASB}$ est une fonction décroissante de $\tau \in [0, 1[$ avec un saut à $\tau = 1$. Ces remarques sont illustrées sur des données simulées dans l'article de Gardes *et al.* [88].

Le résultat suivant établi par Gardes *et al.* [88] permet d'établir la vitesse de convergence de $\widehat{\theta}_{n,\tau}(k_n)$ vers θ dans (2.6).

Proposition 2.5. *La condition (2.5) avec $\lambda \neq 0$ implique :*

$$\log(k_n) = -2\rho a_{\tau, 2\rho} K_\tau(\log n)(1 + o(1)).$$

La vitesse de convergence est ainsi d'ordre $\exp(-\rho a_{\tau, 2\rho} K_\tau(\log n)(1 + o(1)))$. Une vitesse de convergence géométrique est obtenue seulement dans le domaine d'attraction de Fréchet. En effet, $\tau = 1$ implique $\sqrt{k_n} = n^{-\rho/(1-2\rho)+o(1)}$ qui est consistant avec les conclusions de de Haan et Peng [52]. Les lois à queue de type Weibull donnent des vitesses de convergence logarithmiques. En effet, $\tau = 0$ implique $\sqrt{k_n} = (\log n)^{-\rho + o(1)}$ qui est consistant avec les résultats de Gardes et Girard [82]. Plus généralement, plus lourde sera la queue, meilleure sera la vitesse de convergence.

Gardes *et al.* [88] déduisent alors du Théorème 2.4 la normalité asymptotique de l'estimateur des quantiles extrêmes (2.4).

Théorème 2.6. *Supposons que les hypothèses du Théorème 2.4 soient vérifiées avec $\lambda = 0$. Si, de plus,*

$$(\log(n/k_n))^{1-\tau}(K_\tau(\log(1/\alpha_n)) - K_\tau(\log(n/k_n))) \to \infty \qquad (2.7)$$

alors on a :

$$\frac{\sqrt{k_n}}{K_\tau(\log(1/\alpha_n)) - K_\tau(\log(n/k_n))} \left(\frac{\widehat{q}_n\left(\alpha_n, \widehat{\theta}_{n,\tau}(k_n)\right)}{q(\alpha_n)} - 1 \right) \xrightarrow{d} \mathcal{N}(0, \theta^2).$$

Concentrons-nous sur les deux cas particuliers $\tau = 0$ (lois à queue de type Weibull) et $\tau = 1$ (domaine d'attraction de Fréchet).

2.2.3 Application aux lois à queue de type Weibull

Si $\tau = 0$, l'estimateur (2.1) coïncide avec $\widehat{\theta}_n^{(1)}$ introduit dans Gardes et Girard [82]. Notons également que les estimateurs $\widehat{\theta}_n^{(2)}$ et $\widehat{\theta}_n^{(3)}$ dans Gardes et Girard [82] peuvent être respectivement déduits de $\widehat{\theta}_{n,0}(k_n)$ en approchant μ_0 par une somme de Riemann ou en utilisant l'approximation du premier ordre $\mu_0(t) \sim 1/t$ lorsque $t \to \infty$ donnée dans le Lemme 2(i) de Gardes *et al.* [88].

Par ailleurs :

$$\widehat{q}_n\left(\alpha_n, \widehat{\theta}_{n,0}(k_n)\right) = Y_{n-k_n+1,n}\left(\frac{\log(1/\alpha_n)}{\log(n/k_n)}\right)^{\widehat{\theta}_{n,0}(k_n)} \tag{2.8}$$

est l'estimateur proposé dans Gardes et Girard [81]. La forme de l'estimateur (2.8) est similaire à celle de la famille d'estimateurs de quantiles extrêmes dans le cas de loi à queue de type Weibull que l'on a présenté dans le chapitre 1 (voir Définition 1.41). Comme conséquence du Théorème 2.4 et Théorème 2.6, Gardes *et al.* [88] obtiennent le corollaire suivant.

Corollaire 2.7. *Supposons que $(\mathbf{A}_1(0,\theta))$ et $(\mathbf{A}_2(\rho))$ soient vérifiées. Soit (k_n) une suite intermédiaire d'entiers telle que $\sqrt{k_n}\, b(\log(n/k_n)) \to 0$. Alors,*

$$\sqrt{k_n}\left(\widehat{\theta}_{n,0}(k_n) - \theta\right) \xrightarrow{d} \mathcal{N}(0, \theta^2).$$

Si, de plus :

$$\log(n/k_n)\left(\log_2(1/\alpha_n) - \log_2(n/k_n)\right) \to \infty \tag{2.9}$$

alors,

$$\frac{\sqrt{k_n}}{\log_2(1/\alpha_n) - \log_2(n/k_n)}\left(\frac{\widehat{q}_n\left(\alpha_n, \widehat{\theta}_{n,0}(k_n)\right)}{q(\alpha_n)} - 1\right) \xrightarrow{d} \mathcal{N}(0, \theta^2).$$

Ces résultats sont très semblables au Corollaire 3.1 dans Gardes et Girard [82] excepté que la condition (2.9) est plus faible que celle utilisée dans l'article mentionné.

2.2.4 Application au domaine d'attraction de Fréchet

Soit $\tau = 1$ remarquons que $\mu_1(t) = 1$ pour tout $t > 0$, l'estimateur (2.1) coïncide alors avec l'estimateur de Hill (voir Définition 1.18) de l'indice de queue. Par ailleurs :

$$\widehat{q}_n\left(\alpha_n, \widehat{\theta}_{n,1}(k_n)\right) = Y_{n-k_n+1,n}\left(\frac{k_n}{n\alpha_n}\right)^{\widehat{\theta}_{n,1}(k_n)} \tag{2.10}$$

est l'estimateur de Weissman (voir Définition 1.17). La forme de l'estimateur (2.10) est similaire à celle de la famille d'estimateurs de quantiles extrêmes dans le cas de loi appartenant au domaine d'attraction de Fréchet que l'on a présenté dans le chapitre 1 (voir Définition 1.17). Une application directe des théorèmes précédents donne les résultats classiques donnés dans le corollaire suivant.

Corollaire 2.8. *Supposons que* $(\mathbf{A}_1(1,\theta))$ *et* $(\mathbf{A}_2(\rho))$ *soient vérifiées. Soit* (k_n) *une suite intermédiaire d'entiers telle que* $\sqrt{k_n}\, b(n/k_n) \to 0$. *Alors :*

$$\sqrt{k_n}(\widehat{\theta}_{n,1}(k_n) - \theta) \xrightarrow{d} \mathcal{N}(0, \theta^2).$$

Si, de plus $k_n/(n\alpha_n) \to \infty$ *alors :*

$$\frac{\sqrt{k_n}}{\log(k_n/(n\alpha_n))}\left(\frac{\widehat{q}_n\left(\alpha_n, \widehat{\theta}_{n,1}(k_n)\right)}{q(\alpha_n)} - 1\right) \xrightarrow{d} \mathcal{N}(0, \theta^2).$$

Comme on l'a illustré dans les parties précédentes, le modèle $(\mathbf{A}_1(\tau,\theta))$ donne un nouvel outil pour l'analyse des estimateurs de l'indice de queue basés sur les log-spacings. Cela permet d'englober les lois à queue de type Weibull dans un cadre plus général et d'expliquer ainsi pourquoi les estimateurs dédiés à l'estimation de β sont très similaires à l'estimateur de Hill et ceux du quantile extrême à celui de Weissman.

Les estimateurs (2.1) et (2.4) présentés sont d'un intérêt seulement théorique car, dans des situations pratiques τ étant inconnu, ils ne peuvent être utilisés. Ma contribution sera tout d'abord de proposer un estimateur de τ qui est indépendant de θ. Insérer cet estimateur de τ dans les deux estimateurs précédents permet alors d'estimer des quantiles extrêmes pour des lois de type Pareto aussi bien que pour des lois à queue de type Weibull d'une même façon. La fin de ce chapitre est organisée comme suit. Les estimateurs sont définis dans la sous-Partie 2.3.1, leurs propriétés asymptotiques sont établies dans la sous-Partie 2.3.2. Le comportement asymptotique de l'estimateur des quantiles extrêmes est illustré sur des simulations en sous-Partie 2.4.1 et sur un jeu de données réelles dans la sous-Partie 2.4.2. Dans la Partie 2.5 on présentera quelques perspectives à donner à nos travaux. Les preuves de nos résultats sont exposées dans la Partie 2.6.

2.3 Contributions théoriques

La fin du chapitre constitue ma contribution au modèle. Elle a fait l'objet de l'article El Methni *et al.* [69] paru en 2012. On commence par proposer un estimateur $\widehat{\tau}_n$ de τ, indépendant de θ. En remplaçant τ par $\widehat{\tau}_n$ dans (2.1) et (2.4), on obtient deux nouveaux estimateurs qui peuvent être utilisés dans des situations pratiques. On est ainsi capable d'estimer des quantiles extrêmes de lois allant des lois de type Pareto aux lois à queue de type Weibull. Les lois asymptotiques des trois nouveaux estimateurs sont aussi établies.

2.3.1 Définition des estimateurs

Commençons par décrire la construction de l'estimateur de τ. Soient (k_n) et (k'_n) avec $k'_n > k_n$ deux suites d'entiers telles que

$$\begin{aligned}
\widehat{\theta}_{n,\tau}(k_n) &\xrightarrow{\mathbb{P}} \theta \\
\widehat{\theta}_{n,\tau}(k'_n) &\xrightarrow{\mathbb{P}} \theta
\end{aligned}$$

Il s'ensuit clairement que :

$$\frac{\widehat{\theta}_{n,\tau}(k_n)}{\widehat{\theta}_{n,\tau}(k'_n)} = \frac{H_n(k_n)}{H_n(k'_n)} \frac{\mu_\tau(\log(n/k'_n))}{\mu_\tau(\log(n/k_n))} \xrightarrow{\mathbb{P}} 1.$$

En introduisant pour tout $t > t' > 0$ la fonction définie par :

$$\psi(.;t;t') : \mathbb{R} \to (-\infty, \exp(t - t')) \quad \text{avec} \quad \psi(y;t,t') = \frac{\mu_y(t)}{\mu_y(t')},$$

il s'ensuit que :

$$\frac{H_n(k_n)}{H_n(k'_n)} \xrightarrow{\mathbb{P}} \psi(\tau; \log(n/k_n), \log(n/k'_n)). \tag{2.11}$$

De plus, on peut remarquer (voir Lemme 2.15 dans la Partie 2.6) que :

$$\psi(.; \log(n/k_n), \log(n/k_n'))$$

est une bijection de $\mathbb{R}$ dans $(-\infty, k_n'/k_n)$. Par conséquent, on peut considérer l'estimateur de τ suivant :

$$\widehat{\tau}_n = \begin{cases} \psi^{-1}\left(\frac{H_n(k_n)}{H_n(k_n')}; \log(n/k_n), \log(n/k_n')\right) & \text{si } \frac{H_n(k_n)}{H_n(k_n')} < \frac{k_n'}{k_n} \\ u & \text{si } \frac{H_n(k_n)}{H_n(k_n')} \geq \frac{k_n'}{k_n}, \end{cases} \quad (2.12)$$

où u est la réalisation d'une loi uniforme standard. En pratique, seule la première situation doit être considérée, puisque le Lemme 2.17 de la Partie 2.6 nous dit que, pour n assez grand, $H_n(k_n)/H_n(k_n')$ est presque sûrement plus petit que k_n'/k_n. Il est ainsi possible de remplacer τ par son estimateur $\widehat{\tau}_n$ dans (2.1) pour obtenir un nouvel estimateur de θ donné par :

$$\widehat{\theta}_{n,\widehat{\tau}_n}(k_n) = \frac{H_n(k_n)}{\mu_{\widehat{\tau}_n}(\log(n/k_n))}.$$

De même, en remplaçant τ et $\widehat{\theta}_{n,\tau}(k_n)$ par leurs estimateurs dans (2.4) cela nous donne le nouvel estimateur des quantiles extrêmes suivant :

$$\widehat{q}_n\left(\alpha_n, \widehat{\theta}_{n,\widehat{\tau}_n}(k_n)\right) = Y_{n-k_n+1,n} \exp\left(\widehat{\theta}_{n,\widehat{\tau}_n}(k_n)\left[K_{\widehat{\tau}_n}(\log(1/\alpha_n)) - K_{\widehat{\tau}_n}(\log(n/k_n))\right]\right).$$

Le comportement asymptotique des trois nouveaux estimateurs $\widehat{q}_n\left(\alpha_n, \widehat{\theta}_{n,\widehat{\tau}_n}(k_n)\right)$, $\widehat{\theta}_{n,\widehat{\tau}_n}$ et $\widehat{\tau}_n$ est établi dans la sous-Partie suivante.

2.3.2 Propriétés asymptotiques

Comme premier résultat, on établit la consistance de $\widehat{\tau}_n$ sous l'hypothèse suivante :

$$H^{\leftarrow}(t) = t^\theta \ell(t) = c\, t^\theta \exp\left(\int_1^y \frac{\varepsilon(u)}{u} du\right) \quad (2.13)$$

avec c une constante positive et $\varepsilon(s) \to 0$ lorsque $s \to \infty$. Mettons en évidence le fait que (2.13) implique $H^{\leftarrow} \in \mathcal{R}_\theta$ et que la fonction à variations lentes à l'infini ℓ est normalisée, voir Bingham et al. [21], page 15.

Proposition 2.9. *Supposons que* $(\mathbf{A}_1(\tau, \theta))$ *est vérifiée avec* ℓ *une fonction à variations lentes normalisée. Si* (k_n) *et* (k'_n) *sont deux suites intermédiaires d'entiers telles que* $k_n/k'_n \to 0$, *alors* $\widehat{\tau}_n \overset{\mathbb{P}}{\longrightarrow} \tau$.

On notera que la consistance de $\widehat{\tau}_n$ est établie pour tout $\theta > 0$ et $\tau \in [0, 1]$. C'est en ce sens, que le comportement asymptotique de cet estimateur est plus une conséquence de la propriété des log-spacings que du comportement de la queue (qui peut être exponentielle pour $\tau = 0$ aussi bien que polynômiale pour $\tau = 1$).

Enfin, pour établir la normalité asymptotique des trois estimateurs $\widehat{q}_n\left(\alpha_n, \widehat{\theta}_{n, \widehat{\tau}_n}(k_n)\right)$, $\widehat{\theta}_{n, \widehat{\tau}_n}$ et $\widehat{\tau}_n$ la condition de second d'ordre $(\mathbf{A}_2(\rho))$ sur ℓ est nécessaire.

Le Théorème 2.10 établit la normalité asymptotique de $\widehat{\tau}_n$.

Théorème 2.10. *Supposons que* $(\mathbf{A}_1(\tau, \theta))$ *et* $(\mathbf{A}_2(\rho))$ *soient vérifiées. Si* (k_n) *et* (k'_n) *sont deux suites intermédiaires d'entiers telles que* $k_n/k'_n \to 0$ *et*

$$\sqrt{k'_n}\, b(\exp K_\tau(\log n/k'_n)) \to 0, \tag{2.14}$$

$$\sqrt{k_n}\left(\log_2(n/k_n) - \log_2(n/k'_n)\right) \to \infty, \tag{2.15}$$

$$\log(n/k'_n)\left(\log_2(n/k_n) - \log_2(n/k'_n)\right) \to \infty, \tag{2.16}$$

alors

$$\sqrt{k_n}\left(\log_2(n/k_n) - \log_2(n/k'_n)\right)(\widehat{\tau}_n - \tau) \overset{d}{\longrightarrow} \mathcal{N}(0, 1).$$

La condition (2.14) est classique en théorie des valeurs extrêmes. Elle impose que le biais induit par la fonction à variations lentes est asymptotiquement négligeable. La condition (2.15) impose à la vitesse de convergence de $\widehat{\tau}_n$ de tendre vers l'infini. Finalement, la condition (2.16) est de même nature que la condition (2.15), elle impose un certain espacement minimal entre les deux suites (k_n) et (k'_n).

Par ailleurs, si $\tau = 0$, les conditions (2.14) et (2.15) impliquent que $yb(y) \to 0$ lorsque $y \to \infty$. Par conséquent, si $\tau = 0$ et $\rho > -1$, il n'est pas possible de choisir des suites (k_n) et (k'_n) qui satisfassent les hypothèses précédentes. Dans un tel cas, seule la consistance de $\widehat{\tau}_n$ peut être garantie.

Dans le résultat suivant, il est établi que $\widehat{\theta}_{n, \widehat{\tau}_n}$ hérite de la normalité asymptotique de $\widehat{\tau}_n$.

Théorème 2.11. *Supposons que les hypothèses du Théorème 2.10 soient vérifiées. Si, de plus,*

$$(\log_2(n/k_n) - \log_2(n/k_n')) / \log_2(n/k_n) \to 0, \tag{2.17}$$

$$\sqrt{k_n}\, (\log_2(n/k_n) - \log_2(n/k_n')) / \log_2(n/k_n) \to \infty, \tag{2.18}$$

alors

$$\frac{\sqrt{k_n}\, (\log_2(n/k_n) - \log_2(n/k_n'))}{\log_2(n/k_n)} \left(\widehat{\theta}_{n,\widehat{\tau}_n}(k_n) - \theta \right) \xrightarrow{d} \mathcal{N}(0, \theta^2).$$

Il apparait que l'estimation de τ a un coût en termes de vitesse de convergence. La condition (2.17) implique que $\widehat{\theta}_{n,\widehat{\tau}_n}(k_n)$ converge moins vite que $\widehat{\theta}_{n,\tau}(k_n)$, voir Lemme 2.19 dans la Partie 2.6. Comme précédemment, la condition (2.18) impose à la vitesse de convergence de $\widehat{\theta}_{n,\widehat{\tau}_n}(k_n)$ de tendre vers l'infini. On notera que cette condition implique la condition (2.15) dans le Théorème 2.10.

De même que pour le Théorème 2.10, on peut voir que, si $\tau = 0$, les conditions (2.14) et (2.18) impliquent $y \log(y)\, b(y) \to 0$ lorsque $y \to \infty$. Ainsi, encore une fois, il n'existe pas de suites (k_n) et (k_n') dans le cas où $\tau = 0$ et $\rho > -1$.

Si, $\tau \in \,]0,1]$ ou si $\tau = 0$ et $\rho < -1$, un choix possible pour les suites d'entiers est

$$\begin{cases} \log(k_n) & = a K_\tau(\log(n)) \\ \log(k_n') & = a' K_\tau(\log(n)) \end{cases}$$

avec les restrictions suivantes sur $(a, a') \in \mathbb{R}^2$ données par :

$$\begin{cases} 0 < a < a' < 2\rho/(2\rho - 1) & \text{si} \quad \tau = 1 \\ \quad 0 < a < a' < -2\rho & \text{si} \quad 0 < \tau < 1 \\ \quad 2 < a < a' < -2\rho & \text{si} \quad \tau = 0. \end{cases} \tag{2.19}$$

Enfin, dans le cas où $\tau = 0$ et $\rho = -1$, l'existence de suites (k_n) et (k_n') dépend de la loi sous jacente.

Le dernier théorème est dédié à la loi asymptotique de l'estimateur des quantiles extrêmes.

Théorème 2.12. *Supposons que les hypothèses du Théorème 2.11 soient vérifiées. Si, de plus,*

$$\sqrt{k_n}(\log_2(n/k_n) - \log_2(n/k'_n))/\log_2(1/\alpha_n) \to \infty, \tag{2.20}$$

$$(\log(n/k_n))^{1-\tau}[K_\tau(\log(1/\alpha_n)) - K_\tau(\log(n/k_n))] \to \infty, \tag{2.21}$$

$$\log_2(n/k_n)[K_\tau(\log(1/\alpha_n)) - K_\tau(\log(n/k_n))] \Big/ \int_{\log(n/k_n)}^{\log(1/\alpha_n)} \log(u)u^{\tau-1}du \to 0,$$
$$\tag{2.22}$$

alors

$$\frac{\sqrt{k_n}\left(\log_2(n/k_n) - \log_2(n/k'_n)\right)}{\int_{\log(n/k_n)}^{\log(1/\alpha_n)} \log(u)u^{\tau-1}du} \left(\frac{\widehat{q}_n\left(\alpha_n, \widehat{\theta}_{n,\widehat{\tau}_n}(k_n)\right)}{q(\alpha_n)} - 1\right) \xrightarrow{d} \mathcal{N}(0, \theta^2).$$

Une condition suffisante pour vérifier les conditions (2.21) et (2.22) est :

$$\log_2(1/\alpha_n)/\log_2(n/k_n) \to \infty.$$

Cela impose une borne supérieure sur l'ordre α_n du quantile extrême. A l'opposé, la condition (2.20) impose une borne inférieure sur α_n.

Un choix possible pour l'ordre α_n du quantile extrême est donné par $\log_2(1/\alpha_n) = [\log_2(n)]^\delta$ pour tout $\delta > 1$. Les performances de $\widehat{q}_n\left(\alpha_n, \widehat{\theta}_{n,\widehat{\tau}_n}(k_n)\right)$ sur des échantillons sont illustrées dans la partie suivante.

2.4 Simulations et illustrations sur données réelles

On commencera par illustrer l'efficacité de nos estimateurs à l'aide de simulations dans la sous-Partie 2.4.1, puis on appliquera nos estimateurs à un jeu de données réelles dans la sous-Partie 2.4.2.

2.4.1 Simulations

Dans cette partie, notre estimateur des quantiles extrêmes $\widehat{q}_n\left(\alpha_n, \widehat{\theta}_{n,\widehat{\tau}_n}(k_n)\right)$ sera comparé à l'approche POT (voir Définition 1.15). Rappelons que l'approche POT se base sur une approximation de la distribution des excès, au-desssus d'un seuil "élevé", par une loi de Pareto généralisée notée GPD. Cette approche a été conçue pour estimer des quantiles extrêmes dans tous les domaines d'attraction.

Parmi les nombreuses méthodes disponibles pour estimer les paramètres de la GPD, on se concentrera sur :
- la méthode des moments (voir sous-Partie 1.5.2),
- l'estimateur DEdH (voir Définition 1.16),

car ce sont celles qui donnent les meilleurs résultats sur nos simulations.

Il est important de signaler que l'estimateur des quantiles extrêmes $\widehat{q}_n \left(\alpha_n, \widehat{\theta}_{n,\widehat{\tau}_n}(k_n) \right)$ a besoin de l'inversion numérique de la fonction ψ. Ce calcul est effectué à l'aide d'une procédure par dichotomie puisque le Lemme 2.15(i) nous assure que ψ est croissante. Les simulations ont été réalisées sur le logiciel R Development Core Team [144]. En ce qui concerne l'estimation des paramètres de la GPD par la méthode des moments, on a utilisé le package de Ribatet [149]

Les simulations ont été effectuées sur les douze lois différentes suivantes :

- cinq lois à queue de type Weibull ($\tau = 0$) : la valeur absolue d'une loi Normale centrée réduite ($\theta = 1/2$ et $\rho = -1$), une loi de Weibull ayant un paramètre de forme égal à 2 ($\theta = 2$ et $\rho = -\infty$), une loi Gamma ayant un paramètre de forme égal à 1 ($\theta = 1$ et $\rho = -1$) et deux lois à queue de type Weibull ayant pour fonction quantile $\overline{F}^{\leftarrow}(y) = (-\log y)^{\theta}(1 + (\rho + \theta)(-\log y)^{\rho})$, $y \in]0,1[$ avec $\theta = 1/2$ et $\rho \in \{-1/2, -1/4\}$ (on les notera respectivement W1 et W2),

- deux lois à queue de type Log-weibull ($\tau = 1/2$), voir Gardes *et al.* [88], Paragraphe 2.2 : la loi Lognormale centrée réduite ($\theta = \sqrt{2}/2$ et $\rho = 0$) et la loi ayant pour fonction quantile $\overline{F}^{\leftarrow}(y) = \exp\{\sqrt{2}[(-\log y)^{1/2} - 1]\}$, $y \in]0,1[$ pour laquelle $\theta = \sqrt{2}/2$ et $\rho = -\infty$ que l'on appellera loi Log-weibull.

- cinq lois de type Pareto ($\tau = 1$) : la valeur absolue d'une loi de Cauchy standard ($\theta = 1$ et $\rho = -2$), une loi de Pareto standard ($\theta = 2$ et $\rho = -\infty$), la valeur absolue d'une loi de Student à deux degrés de liberté ($\theta = 1/2$ et $\rho = -2$) et deux lois de Burr ($\theta = 1/2$ et $\rho \in \{-1, -1/2\}$) ayant pour fonction quantile $\overline{F}^{\leftarrow}(y) = (y^{\rho} - 1)^{-\theta\rho}$, $y \in]0,1[$.

Ci-après se trouve le Tableau 2.1 résumant les différentes lois utilisées, et les valeurs de τ, θ et ρ. Ces lois représentent diverses situations :

$$\tau \in \{0, 1/2, 1\}, \quad \theta \in \{1/2, \sqrt{2}/2, 1, 2\} \quad \text{et} \quad \rho \in \{-\infty, -2, -1, -1/2, -1/4, 0\}$$

dans lesquelles la normalité asymptotique de nos estimateurs n'est pas toujours établie.

$\mathcal{DA}$	Type de loi	Exemples	τ	θ	ρ
Gumbel	Lois à queue de type Weibull	Gamma	0	1	-1
		W1	0	1/2	-1/2
		W2	0	1/2	-1/4
		Weibull	0	2	-∞
		Normale	0	1/2	1
	Lois à queue de type Log-weibull	Log-normale	1/2	$\sqrt{2}/2$	0
		Log-weibull	1/2	$\sqrt{2}/2$	-∞
Fréchet	Lois de type Pareto	Pareto	1	2	-∞
		Student	1	1/2	-2
		Cauchy	1	1	-2
		Burr	1	1/2	-1
		Burr	1	1/2	-1/2

TABLE 2.1: Tableau résumant les différentes lois utilisées pour les simulations.

Dans ce qui suit, on prend $\alpha_n = 10^{-3}$ et on simule $N = 100$ échantillons $(\mathcal{Y}_{n,j})_{j=1,\ldots,N}$ de taille $n = 500$. Pour chaque échantillon $\mathcal{Y}_{n,j}$, l'estimateur $\widehat{q}_n\left(\alpha_n, \widehat{\theta}_{n,\widehat{\tau}_n}(k_n)\right)$ est calculé pour $k'_n = 3, \ldots, 500$ et $k_n = 2, \ldots, 499$ avec $k_n \leq k'_n$. Pour toutes les lois considérées, les erreurs quadratiques moyennes associées aux estimateurs sont calculées comme des fonctions de k'_n et de k_n. Comme notre estimateur des quantiles extrêmes dépend de ces deux suites et que l'approche POT ne dépend que d'une suite, on a décidé de réduire notre estimateur à une suite en pratique.

Pour cela on a représenté l'erreur quadratique moyenne associée à $\widehat{q}_n\left(\alpha_n, \widehat{\theta}_{n,\widehat{\tau}_n}(k_n)\right)$ sous la forme d'une matrice avec k'_n en indice de ligne et k_n en indice de colonne. On a ensuite extrait la valeur $c \in [0, 1]$ telle que lorsque l'on somme les éléments de la matrice se situant sur la droite $k_n = \lfloor ck'_n \rfloor$ de pente c on obtienne la plus petite valeur. A la suite d'un grand nombre de simulations Monte-Carlo sur toutes les lois considérées, on a choisi la valeur $c = 0.1$.

Sur la Figure 2.1, on a représenté les déciles (voir échelle de couleur) des matrices des erreurs quadratiques moyennes associées à $\widehat{q}_n\left(\alpha_n, \widehat{\theta}_{n,\widehat{\tau}_n}(k_n)\right)$ pour la loi de Pareto et la loi Gamma évoquées précédemment (voir Tableau 2.1).

Avec un tel choix, notre estimateur et l'approche POT dépendent uniquement d'une seule suite d'entiers (k'_n). Pour toutes les lois considérées, les erreurs quadratiques moyennes associées aux estimateurs sont calculées comme des fonctions de k'_n et sont reportées sur les Figures 2.2 à 2.7.

Il apparaît que notre estimateur est plus performant que l'approche POT (que l'on estime les paramètres de la GPD avec l'estimateur des moments ou l'estimateur DEdH) pour presque toutes les valeurs de k'_n. Remarquons également que pour $k'_n \geq 50$, l'erreur quadratique moyenne vue comme une fonction de k'_n associée à notre estimateur est presque constante, quelle que soit la loi.

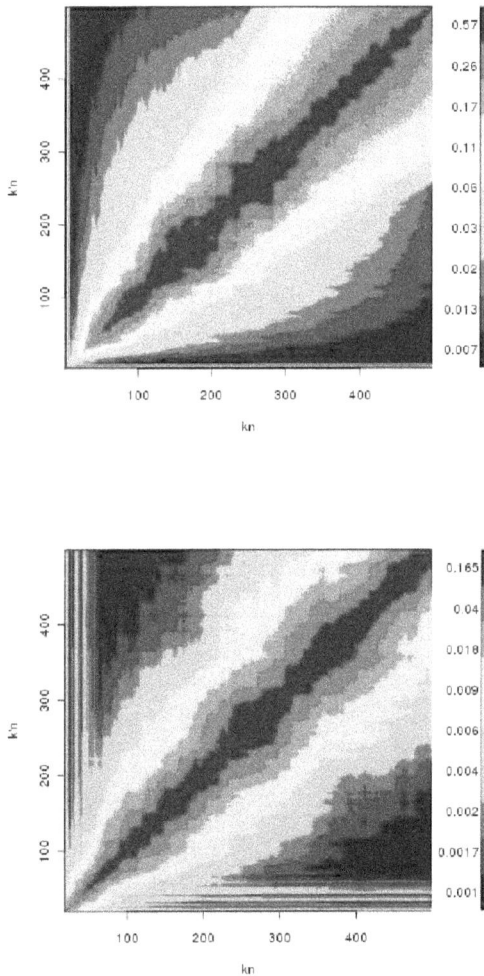

FIGURE 2.1: Déciles de l'erreur quadratique moyenne associée à $\widehat{q}_n\left(\alpha_n, \widehat{\theta}_{n,\widehat{\tau}_n}(k_n)\right)$ vue comme une fonction de k'_n et de k_n. Simulations réalisées sur 100 échantillons de taille 500. Les matrices sont obtenues par symétrie. En haut : loi de Pareto. En bas : loi Gamma.

80

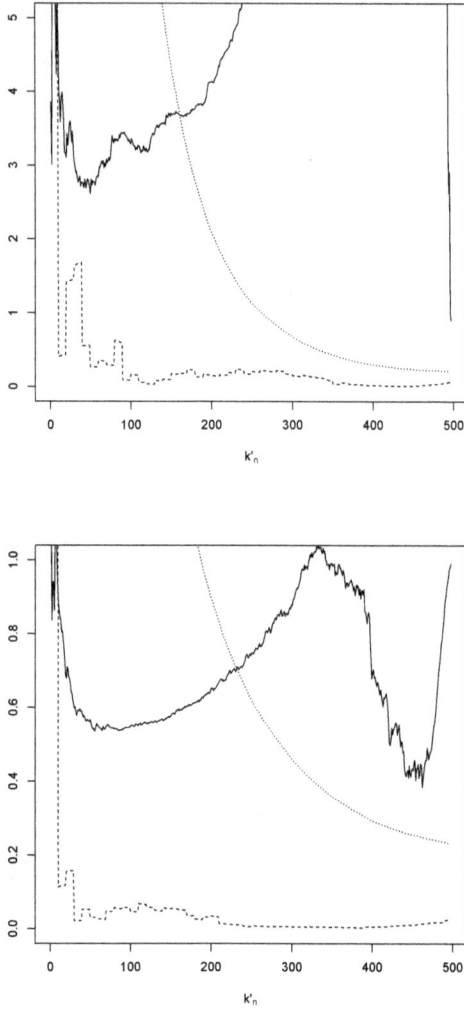

FIGURE 2.2: Erreur quadratique moyenne vue comme une fonction de k'_n associée à $\widehat{q}_n\left(\alpha_n, \widehat{\theta}_{n,\widehat{\tau}_n}(k_n)\right)$ (traits en pointillés), à l'approche POT : estimateur des Moments (traits en gras) et estimateur DEdH (traits pleins). Simulations réalisées sur 100 échantillons de taille 500. En haut : valeur absolue d'une loi de Cauchy. En bas : valeur absolue d'une loi de Student.

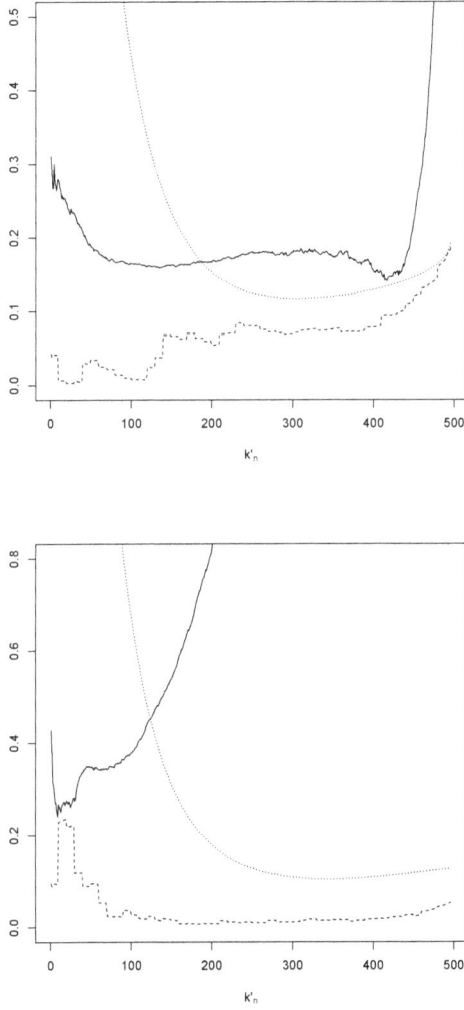

FIGURE 2.3: Erreur quadratique moyenne vue comme une fonction de k'_n associée à $\widehat{q}_n\left(\alpha_n, \widehat{\theta}_{n,\widehat{\tau}_n}(k_n)\right)$ (traits en pointillés), à l'approche POT : estimateur des Moments (traits en gras) et estimateur DEdH (traits pleins). Simulations réalisées sur 100 échantillons de taille 500. En haut : loi de Burr avec $\rho = -1$. En bas : loi de Burr avec $\rho = -1/2$.

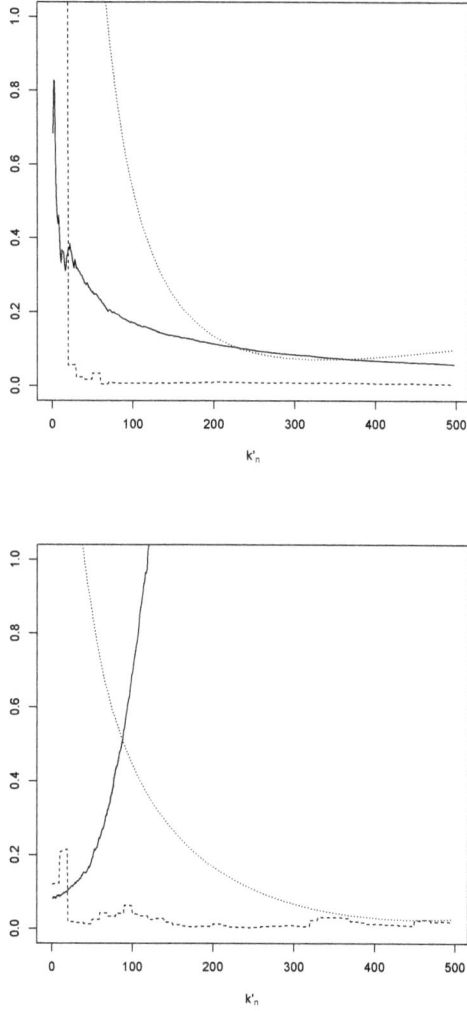

FIGURE 2.4: Erreur quadratique moyenne vue comme une fonction de k'_n associée à $\widehat{q}_n\left(\alpha_n, \widehat{\theta}_{n,\widehat{\tau}_n}(k_n)\right)$ (traits en pointillés), à l'approche POT : estimateur des Moments (traits en gras) et estimateur DEdH (traits pleins). Simulations réalisées sur 100 échantillons de taille 500. En haut : loi de Pareto. En bas : loi de Weibull.

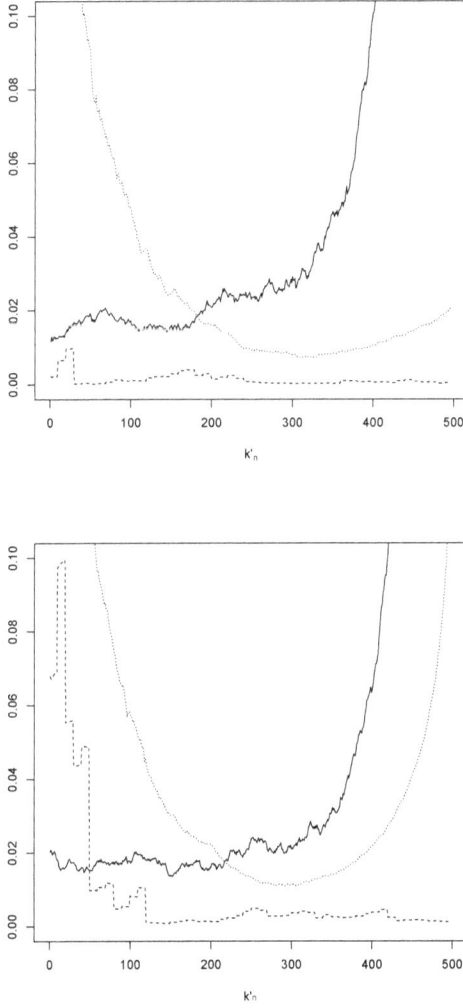

FIGURE 2.5: Erreur quadratique moyenne vue comme une fonction de k'_n associée à $\widehat{q}_n\left(\alpha_n, \widehat{\theta}_{n,\widehat{\tau}_n}(k_n)\right)$ (traits en pointillés), à l'approche POT : estimateur des Moments (traits en gras) et estimateur DEdH (traits pleins). Simulations réalisées sur 100 échantillons de taille 500. En haut : valeur absolue d'une loi Normale. En bas : loi Gamma.

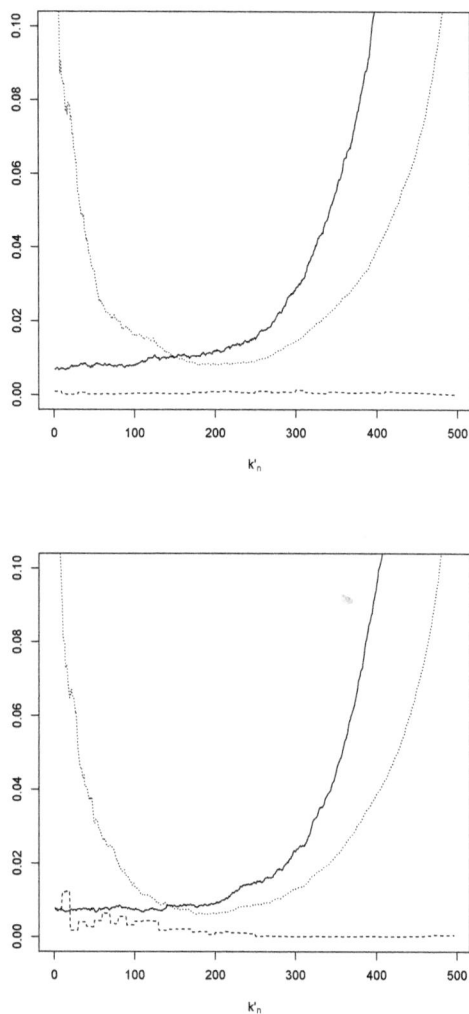

FIGURE 2.6: Erreur quadratique moyenne vue comme une fonction de k'_n associée à $\widehat{q}_n\left(\alpha_n, \widehat{\theta}_{n,\widehat{\tau}_n}(k_n)\right)$ (traits en pointillés), à l'approche POT : estimateur des Moments (traits en gras) et estimateur DEdH (traits pleins). Simulations réalisées sur 100 échantillons de taille 500. En haut : loi à queue de type Weibull W1 avec $\rho = -1/2$. En bas : loi à queue de type Weibull W2 avec $\rho = -1/4$.

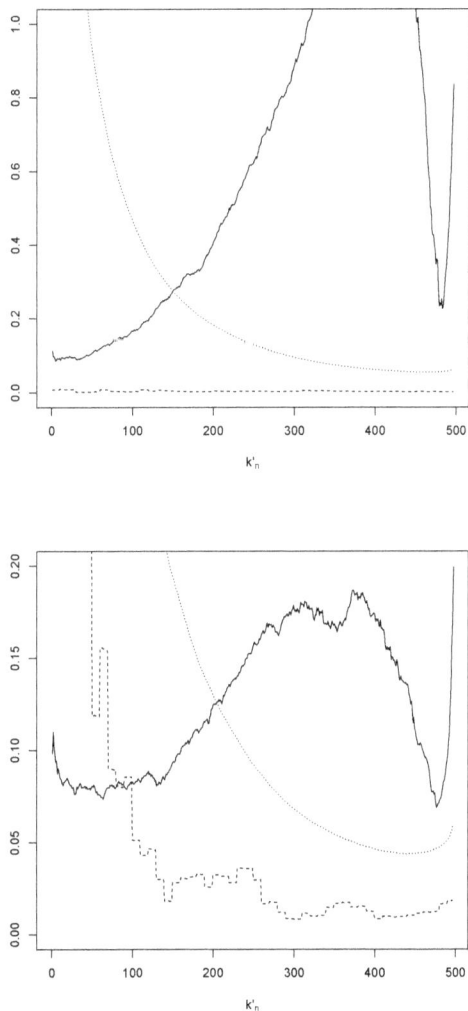

FIGURE 2.7: Erreur quadratique moyenne vue comme une fonction de k'_n associée à $\widehat{q}_n\left(\alpha_n, \widehat{\theta}_{n,\widehat{\tau}_n}(k_n)\right)$ (traits en pointillés), à l'approche POT : estimateur des Moments (traits en gras) et estimateur DEdH (traits pleins). Simulations réalisées sur 100 échantillons de taille 500. En haut : loi Log-normale. En bas : loi à queue de type Log-weibull avec $\rho = -1/4$.

2.4.2 Application aux crues d'une rivière

Les performances de nos estimateurs sont illustrées à travers l'analyse d'événements extrêmes d'un jeu de données de crues de la rivière Nidd provenant du rapport NERC [137]. Ce jeu de données est classique dans la littérature des valeurs extrêmes voir par exemple Davison et Smith [47] ou Hosking et Wallis [119]. Il consiste en 154 excès (crues) au-dessus du niveau $65m^3s^{-1}$ durant la période 1934-1969 (35 ans) de la rivière Nidd se situant dans le Yorkshire en Angleterre.

Il n'y a pas de consensus sur le domaine d'attraction de ce jeu de données. Dans Diebolt *et al.* [58], il est supposé qu'il appartient au domaine d'attraction de Fréchet, les lois à queues lourdes sont considérées comme un modèle possible pour ce type de données. Cependant, selon Hosking et Wallis [119], le jeu de données de la rivière Nidd peut raisonnablement être supposé provenir d'une loi appartenant au domaine d'attraction de Gumbel. Ce résultat est en accord avec Diebolt *et al.* [60] où il a été montré qu'une loi à queue de type Weibull peut être considérée pour modéliser ces données. L'estimation de τ est donc d'un grand intérêt.

Les estimations de τ et θ sont données sur la Figure 2.8 comme fonctions de k'_n (rappelons que $k_n = \lfloor 0.1k'_n \rfloor$). On voit que les estimateurs se stabilisent pour $k'_n \geq 80$ avec $\widehat{\tau}_n \simeq 1$ et $\widehat{\theta}_{n,\widehat{\tau}_n}(k_n) \simeq 0.3$. Ces résultats nous indiquent que les données peuvent être supposées provenir d'une loi dans le domaine d'attraction de Fréchet. Ils sont en accord avec ceux obtenus par des méthodes Bayésiennes dans Diebolt *et al.* [58], Figure 7 où l'indice de queue est aussi estimé avec une valeur de 0.3.

Rappelons que la quantité standard d'intérêt dans les études environnementales est le niveau de retour d'ordre N, défini comme étant le niveau qui sera dépassé en moyenne une fois toutes les N années. Ici, on s'intéresse à l'estimation des niveaux de retour à 50 et 100 ans.

Sur la Figure 2.9, notre estimateur des quantiles extrêmes est comparé avec l'approche POT. On a représenté le niveau de retour d'ordre N comme une fonction de k'_n pour $N = 50$ et $N = 100$. On voit que notre estimateur et l'approche POT dont les paramètres de la GPD ont été estimés avec l'estimateur DEdH donnent, des courbes similaires. L'estimation des paramètres de la GPD par l'estimateur des moments donne des résultats quelque peu différents. Cependant, en choisissant $k'_n \simeq 60$ pour toutes les méthodes, on obtient une estimation du niveau de retour à 50 ans qui appartient approximativement à l'intervalle $[340m^3s^{-1}, 375m^3s^{-1}]$, et une estimation du niveau de retour à 100 ans appartenant à l'intervalle $[400m^3s^{-1}, 470m^3s^{-1}]$. Encore une fois, ces résultats sont en accord avec les intervalles de crédibilité obtenus dans Diebolt $et\ al.$ [58], Tableau 1.

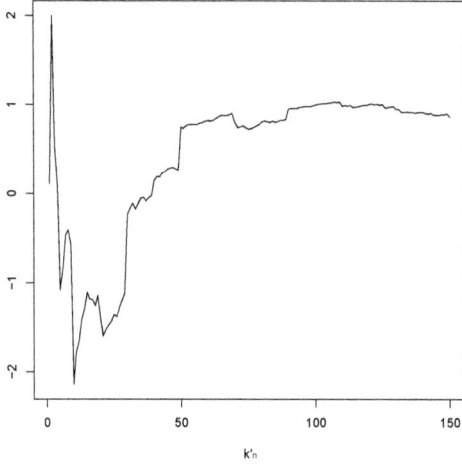

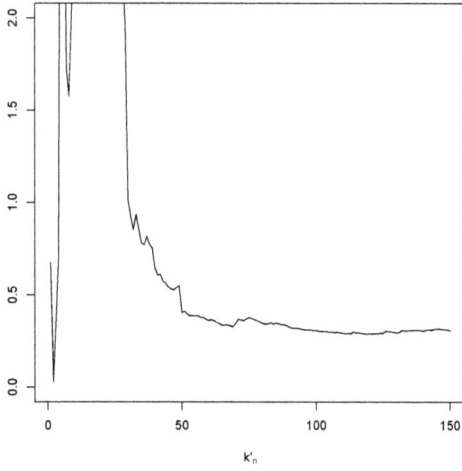

FIGURE 2.8: Résultats obtenus sur le jeu de données de la rivière Nidd En haut : estimation de τ comme fonction de k'_n. En bas : estimation de θ comme fonction de k'_n.

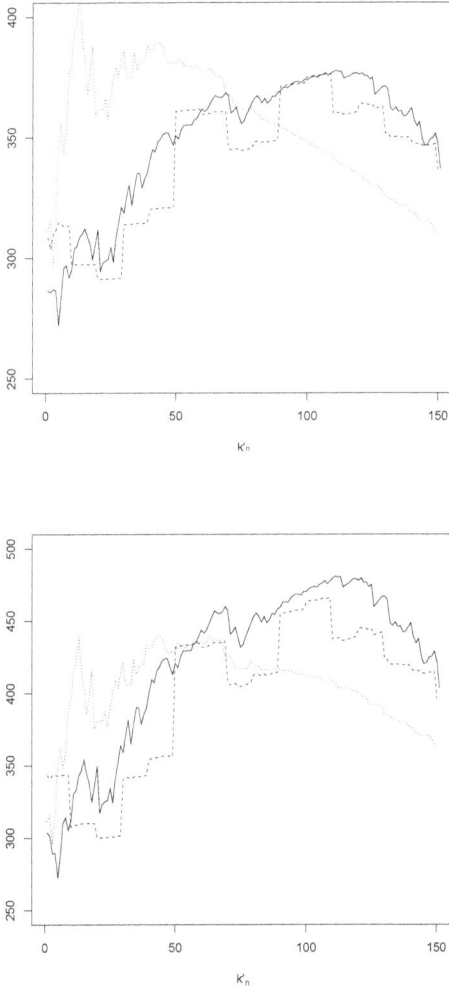

FIGURE 2.9: Résultats obtenus sur le jeu de données de la rivière Nidd. Le niveau de retour comme fonction de k'_n obtenu avec $\widehat{q}_n\left(\alpha_n, \widehat{\theta}_{n,\widehat{\tau}_n}(k_n)\right)$ (traits en pointillés), avec l'approche POT : estimateur des Moments (traits en gras) et estimateur DEdH (traits pleins). En haut : estimation du niveau de retour à 50 ans comme fonction de k'_n. En bas : estimation du niveau de retour à 100 ans comme fonction de k'_n.

90

2.5 Perspectives

Plusieurs perpectives à donner à nos travaux sont envisageables.

Parmi les suites explorables, on pourra envisager celle de la correction de biais basée sur l'estimation du paramètre du second ordre (Caeiro et Gomes [28], Gomes *et al.* [103]). Dans ce but, un modèle de régression exponentielle similaire à ceux de Beirlant *et al.* [12], Diebolt *et al.* [59, 60], Feuerverger et Hall [76] étendu aux lois appartenant à la famille de fonctions de survie $(\mathbf{A}_1(\tau, \theta))$ serait d'un grand intérêt.

Il serait aussi intéressant d'adapter nos résultats au cas $\tau > 1$ et de chercher des liens possibles avec des lois à queues "super-lourdes" (Fraga Alves *et al.* [78]).

Comme on a pu le voir dans la sous-Partie Simulations 2.4.1, nos estimateurs sont très performants, même pour des lois ayant des valeurs de τ où la normalité asymptotique de nos estimateurs n'est pas établie. En ce qui concerne le choix des suites (k_n) et (k'_n) il serait intéressant d'étudier le cas $\tau = 0$ et $\rho \geq -1$ de façon plus précise.

Ce travail peut également s'étendre à des variables aléatoires $Z = \psi(Y)$ où Y a une loi associée satisfaisant $(\mathbf{A}_1(\tau, \theta))$. Par exemple, en choisissant $\psi(y) = y_F - 1/y$, cela nous permettra de considérer des lois (ayant un point terminal fini y_F) dans le domaine d'attraction de Weibull (voir le passage du domaine d'attraction de Fréchet à celui de Weibull dans le Théorème 1.11). Cela pourrait ainsi permettre d'inclure l'estimateur de Hill négatif (voir par exemple Falk [74] ou de Haan et Ferreira [50], Paragraphe 3.6.2) dans notre modèle.

Finalement, nos travaux ouvrent la porte à la construction de tests d'hypothèses pour les queues de distributions. Pour un jeu de données réelles, on pourrait notamment décider s'il est issu d'une loi à queue lourde ou d'une loi à queue de type Weibull.

2.6 Démonstrations

Cette partie se subdivise en trois sous-Parties. Dans la première sous-Partie 2.6.1, on donne des résultats préliminaires. La seconde sous-Partie 2.6.2 est dédiée aux preuves de nos principaux résultats. Enfin, dans la troisième et dernière sous-Partie 2.6.3, on expose les preuves de nos résultats préliminaires.

2.6.1 Résultats préliminaires

Dans la suite, C est un sous ensemble compact tel que $[0,1] \subset C \subset] -\infty, 2[$. Le premier lemme est un résultat classique sur le comportement à l'infini des transformées de Laplace.

Lemme 2.13. *Soit $y \in C$ et $h_y \in C^\infty(\mathbb{R}^+)$. Soit $i(y) = \min \left\{ j \in \mathbb{N} / h_y^{(j)}(0) \neq 0 \right\}$. Si*

$$\sup_{\substack{y \in C \\ w \geq 0}} \left| h_y^{(i(y)+1)}(w) \right| < \infty,$$

alors :

$$\limsup_{t \to \infty} \sup_{y \in C} \left| t^{i(y)+1} \widetilde{h}_y(t) - h_y^{(i(y))}(0) \right| = 0,$$

avec $\widetilde{h}_y(t) = \int_0^{+\infty} \exp(-tu) h_y(u) du$ la transformée de Laplace de h_y.

Le Lemme 2.13 est l'outil clé pour établir les développements asymptotiques uniformes de μ_y et $\partial \mu_y / \partial y$ donnés dans le Lemme 2.14.

Lemme 2.14. *Pour tout $y \in C$ et $t > 0$, on a :*

$$(i) \quad \limsup_{t \to \infty} \sup_{y \in C} \left| \frac{\mu_y(t)}{t^{y-1}} - 1 \right| = 0,$$

$$(ii) \quad \limsup_{t \to \infty} \sup_{y \in C} \left| \frac{\frac{\partial}{\partial y}\mu_y(t) - \log(t)\mu_y(t)}{t^{y-2}} - 1 \right| = 0.$$

Comme conséquence des développements du Lemme 2.14, certaines propriétés importantes de ψ peuvent être obtenues dans les deux lemmes suivants.

Lemme 2.15. *Pour tout $t > t' > 0$ et $y \in \mathbb{R}$, on a :*

(i) $y \to \psi(y; t, t')$ est une fonction croissante,

(ii) $\lim_{y \to \infty} \psi(y; t, t') = \exp(t - t')$.

Lemme 2.16. *Pour tout $y \in C$ et $t > t' > 0$, on a :*

$$\frac{\partial}{\partial y}\psi(y; t, t') \;=\; \log(t/t')\psi(y; t, t')\left(1 + O\left(\frac{1}{t'\log(t/t')}\right)\right), \qquad lorsque \quad t' \to \infty.$$

Le lemme suivant nous assure que l'estimateur $\widehat{\tau}_n$ est bien défini. Dans (2.12), le cas où $H_n(k_n)/H_n(k'_n) \geq k'_n/k_n$ est finalement de probabilité asymptotiquement nulle.

Lemme 2.17. *Soient (k_n) et (k'_n) deux suites intermédiaires d'entiers telles que $k_n/k'_n \to 0$. Si $\widehat{\theta}_{n,\tau}(k_n)/\widehat{\theta}_{n,\tau}(k'_n) \overset{\mathbb{P}}{\longrightarrow} 1$ alors :*

$$\mathbb{P}\left(\frac{H_n(k_n)}{H_n(k'_n)} \geq \frac{k'_n}{k_n}\right) \to 0 \quad lorsque \quad n \to \infty.$$

Gardes *et al.* [88] n'ont pas montré que $\widehat{\theta}_{n,\tau}(k_n)$ est un estimateur consistant de θ quand τ est connu et sous des hypothèses générales. Prouvons le dans le lemme suivant.

Lemme 2.18. *Supposons que $(\mathbf{A}_1(\tau, \theta))$ est vérifiée avec une fonction à variations lentes ℓ normalisée. Si (k_n) est une suite intermédiaire d'entiers, alors : $\widehat{\theta}_{n,\tau}(k_n) \overset{\mathbb{P}}{\longrightarrow} \theta$.*

La normalité asymptotique de $\widehat{\theta}_{n,\tau}(k_n)$ et $\widehat{q}_n\left(\alpha_n, \widehat{\theta}_{n,\tau}(k_n)\right)$ a déjà été établie dans le cas particulier où τ est connu par Gardes *et al.* [88]. Citons deux résultats de ce travail.

Lemme 2.19. *(Théorème 1, Gardes* et al. *[88]).*
Supposons que $(\mathbf{A}_1(\tau, \theta))$ et $(\mathbf{A}_2(\rho))$ soient vérifiées. Si (k_n) est une suite intermédiaire d'entiers telle que $\sqrt{k_n}\, b(\exp K_\tau(\log(n/k_n))) \to 0$, alors :

$$\sqrt{k_n}\left(\frac{\widehat{\theta}_{n,\tau}(k_n)}{\theta} - 1\right) \overset{d}{\longrightarrow} \mathcal{N}(0, 1). \tag{2.23}$$

Lemme 2.20. *(Théorème 2, Gardes* et al. *[88]). Sous les hypothèses du Lemme 2.19 et si, de plus,*

$$(\log(n/k_n))^{1-\tau}(K_\tau(\log(1/\alpha_n)) - K_\tau(\log(n/k_n))) \to \infty,$$

alors :

$$\frac{\sqrt{k_n}}{K_\tau(\log(1/\alpha_n)) - K_\tau(\log(n/k_n))} \log\left(\frac{\widehat{q}_n\left(\alpha_n, \widehat{\theta}_{n,\tau}(k_n)\right)}{q(\alpha_n)}\right) \xrightarrow{d} \mathcal{N}(0, \theta^2).$$

Le lemme suivant établit que θ peut être remplacé par $\widehat{\theta}_{n,\tau}(k_n')$ dans (2.23) sans modifier la loi asymptotique.

Lemme 2.21. *Supposons que* $(\mathbf{A}_1(\tau, \theta))$ *et* $(\mathbf{A}_2(\rho))$ *soient vérifiées. Soient* (k_n) *et* (k_n') *deux suites intermédiaires d'entiers telles que :*

$$\sqrt{k_n'}b(\exp K_\tau(\log n/k_n')) \to 0 \quad et \quad k_n/k_n' \to 0.$$

On a :
$$\sqrt{k_n}\left(\frac{\widehat{\theta}_{n,\tau}(k_n)}{\widehat{\theta}_{n,\tau}(k_n')} - 1\right) \xrightarrow{d} \mathcal{N}(0, 1).$$

Le dernier lemme quantifie l'effet d'estimer τ dans $\widehat{\theta}_{n,\tau}(k_n)$.

Lemme 2.22. *Supposons que* $(\mathbf{A}_1(\tau, \theta))$ *et* $(\mathbf{A}_2(\rho))$ *soient vérifiées. Soient* (k_n) *et* (k_n') *deux suites intermédiaires d'entiers telles que :*

$$k_n/k_n' \to 0, \quad \sqrt{k_n}\left(\log_2(n/k_n) - \log_2(n/k_n')\right)/\log_2(n/k_n) \to \infty,$$

$$\sqrt{k_n'}b(\exp K_\tau(\log n/k_n')) \to 0 \quad et \quad \log(n/k_n')\left(\log_2(n/k_n) - \log_2(n/k_n')\right) \to \infty.$$

On a :

$$\frac{\sqrt{k_n}(\log_2(n/k_n) - \log_2(n/k_n'))}{\log_2(n/k_n)}\left(\frac{\widehat{\theta}_{n,\widehat{\tau}_n}(k_n)}{\widehat{\theta}_{n,\tau}(k_n)} - 1\right) \xrightarrow{d} \mathcal{N}(0, 1).$$

2.6.2 Preuves des principaux résultats

Preuve de la Proposition 2.9 − Pour tout $\varepsilon > 0$, écrivons :

$$\mathbb{P}\left(|\widehat{\tau}_n - \tau| > \varepsilon\right) = \mathbb{P}\left(\widehat{\tau}_n > \tau + \varepsilon\right) + \mathbb{P}\left(\widehat{\tau}_n < \tau - \varepsilon\right)$$

et considérons les deux termes séparément. Clairement, on a :

$$
\begin{aligned}
\mathbb{P}(\widehat{\tau}_n > \tau + \varepsilon) &= \mathbb{P}\left(\{\widehat{\tau}_n > \tau + \varepsilon\} \left| \left\{\frac{H_n(k_n)}{H_n(k_n')} \geq \frac{k_n'}{k_n}\right\}\right.\right) \mathbb{P}\left(\frac{H_n(k_n)}{H_n(k_n')} \geq \frac{k_n'}{k_n}\right) \\
&+ \mathbb{P}\left(\{\widehat{\tau}_n > \tau + \varepsilon\} \cap \left\{\frac{H_n(k_n)}{H_n(k_n')} < \frac{k_n'}{k_n}\right\}\right) \\
&\leq \mathbb{P}\left(\frac{H_n(k_n)}{H_n(k_n')} \geq \frac{k_n'}{k_n}\right) \tag{2.24} \\
&+ \mathbb{P}\left(\frac{H_n(k_n)}{H_n(k_n')} \geq \psi(\tau + \varepsilon; \log(n/k_n), \log(n/k_n'))\right). \tag{2.25}
\end{aligned}
$$

Concentrons nous sur la probabilité (2.24), notons que, $\widehat{\theta}_{n,\tau}(k_n)$ et $\widehat{\theta}_{n,\tau}(k_n')$ sont des estimateurs consistants de θ en probabilité par le Lemme 2.18.

Alors $\widehat{\theta}_{n,\tau}(k_n)/\widehat{\theta}_{n,\tau}(k_n') \xrightarrow{\mathbb{P}} 1$ et le Lemme 2.17 impliquent :

$$
\mathbb{P}\left(\frac{H_n(k_n)}{H_n(k_n')} \geq \frac{k_n'}{k_n}\right) \to 0.
$$

La seconde probabilité (2.25) tend vers 0 par (2.11) et le Lemme 2.15(i). En procédant de la même façon, on peut prouver que $\mathbb{P}(\widehat{\tau}_n < \tau - \varepsilon) \to 0$ ce qui achève la preuve. ∎

Preuve du Théorème 2.10 − Soit $v_n = \sqrt{k_n}\left(\log_2(n/k_n) - \log_2(n/k_n')\right)$, notre but est de prouver que

$$
\mathbb{P}\left(v_n(\widehat{\tau}_n - \tau) \leq s\right) \to \Phi(s),
$$

pour tout $s \in \mathbb{R}$ où Φ est la fonction de répartition d'une loi Normale centrée réduite. Pour cela, premièrement remarquons que le Lemme 2.21 implique

$$
\widehat{\theta}_{n,\tau}(k_n)/\widehat{\theta}_{n,\tau}(k_n') \xrightarrow{\mathbb{P}} 1.
$$

Ainsi, en introduisant $E_n(s) = \{v_n(\widehat{\tau}_n - \tau) \leq s\}$, on a :

$$
\begin{aligned}
\mathbb{P}(E_n(s)) &= \mathbb{P}\left(E_n(s) \cap \left\{\frac{H_n(k_n)}{H_n(k_n')} < \frac{k_n'}{k_n}\right\}\right) \\
&+ \mathbb{P}\left(E_n(s) \left| \left\{\frac{H_n(k_n)}{H_n(k_n')} \geq \frac{k_n'}{k_n}\right\}\right.\right) \mathbb{P}\left(\frac{H_n(k_n)}{H_n(k_n')} \geq \frac{k_n'}{k_n}\right) \\
&=: T_n^{(1)}(s) + o(1),
\end{aligned}
$$

par le Lemme 2.17. D'après la définition de $\hat{\tau}_n$ donnée dans (2.12) et en rappelant que,

d'après le Lemme 2.15(i), $\psi(.; \log(n/k_n), \log(n/k'_n))$ est une fonction croissante, on obtient :

$$
\begin{aligned}
T_n^{(1)}(s) &= \mathbb{P}\left(\left\{\frac{H_n(k_n)}{H_n(k'_n)} \leq \psi(\tau + s/v_n; \log(n/k_n), \log(n/k'_n))\right\} \cap \left\{\frac{H_n(k_n)}{H_n(k'_n)} < \frac{k'_n}{k_n}\right\}\right) \\
&= \mathbb{P}\left(\frac{H_n(k_n)}{H_n(k'_n)} \leq \min\left(\psi(\tau + s/v_n; \log(n/k_n), \log(n/k'_n)), \frac{k'_n}{k_n}\right)\right).
\end{aligned}
$$

Le Lemme 2.15(ii) implique alors :

$$
\begin{aligned}
T_n^{(1)}(s) &- \mathbb{P}\left(\frac{H_n(k_n)}{H_n(k'_n)} \leq \psi(\tau + s/v_n; \log(n/k_n), \log(n/k'_n))\right) \\
&= \mathbb{P}\left(\frac{H_n(k_n)}{H_n(k'_n)} \leq \frac{\mu_{\tau+s/v_n}(\log(n/k_n))}{\mu_{\tau+s/v_n}(\log(n/k'_n))}\right),
\end{aligned}
$$

et, d'après (2.1) et le fait que :

$$
\zeta_n := \sqrt{k_n}\left(\frac{\hat{\theta}_{n,\tau}(k_n)}{\hat{\theta}_{n,\tau}(k'_n)} - 1\right) \xrightarrow{d} \mathcal{N}(0, 1),
$$

(voir Lemme 2.21), on a :

$$
\begin{aligned}
T_n^{(1)}(s) &= \mathbb{P}\left(\zeta_n \leq \sqrt{k_n}\left(\frac{\mu_\tau(\log(n/k'_n))}{\mu_\tau(\log(n/k_n))}\frac{\mu_{\tau+s/v_n}(\log(n/k_n))}{\mu_{\tau+s/v_n}(\log(n/k'_n))} - 1\right)\right) \\
&= \mathbb{P}\left(\zeta_n \leq \sqrt{k_n}\frac{\mu_\tau(\log(n/k'_n))}{\mu_\tau(\log(n/k_n))}\left[\psi(\tau + s/v_n; \log(n/k_n), \log(n/k'_n))\right.\right. \\
&\quad \left.\left. - \psi(\tau; \log(n/k_n), \log(n/k'_n))\right]\right).
\end{aligned}
$$

Un développement de Taylor au premier ordre nous donne :

$$
\begin{aligned}
T_n^{(1)}(s) &= \mathbb{P}\left(\zeta_n \leq \frac{s}{(\log_2(n/k_n) - \log_2(n/k'_n))}\frac{\mu_\tau(\log(n/k'_n))}{\mu_\tau(\log(n/k_n))}\right. \\
&\quad \left. \times \frac{\partial}{\partial y}\psi(\tau_0; \log(n/k_n), \log(n/k'_n))\right),
\end{aligned}
$$

où $\tau_0 = \tau + s\eta_0/v_n$ avec $\eta_0 \in\ ]0,1[$. Comme $\tau_0 \to \tau$, pour n assez grand, $\tau_0 < 2$ et le Lemme 2.16 implique :

$$
\begin{aligned}
T_n^{(1)}(s) &= \mathbb{P}\left(\zeta_n \leq s\frac{\mu_{\tau_0}(\log(n/k_n))\,\mu_\tau(\log(n/k_n'))}{\mu_{\tau_0}(\log(n/k_n'))\,\mu_\tau(\log(n/k_n))}\,(1\right. \\
&\quad + \left. O\left(\frac{1}{\log(n/k_n')\,(\log_2(n/k_n) - \log_2(n/k_n'))}\right)\right)\Bigg) \\
&= \mathbb{P}\left(\zeta_n \leq s\frac{\mu_{\tau_0}(\log(n/k_n))\,\mu_\tau(\log(n/k_n'))}{\mu_{\tau_0}(\log(n/k_n'))\,\mu_\tau(\log(n/k_n))}(1 + o(1))\right).
\end{aligned}
$$

Par ailleurs, le Lemme 2.14(i) implique :

$$
\begin{aligned}
s\frac{\mu_{\tau_0}(\log(n/k_n))\,\mu_\tau(\log(n/k_n'))}{\mu_{\tau_0}(\log(n/k_n'))\,\mu_\tau(\log(n/k_n))} &= s\left(\frac{\log(n/k_n)}{\log(n/k_n')}\right)^{\tau_0-\tau}(1 + o(1)), \\
&= s\exp\left(\frac{s\eta_0}{\sqrt{k_n}}\right)(1 + o(1)) \xrightarrow[n\to\infty]{} s,
\end{aligned}
$$

et ainsi on a :

$$
\begin{aligned}
|T_n^{(1)}(s) - \Phi(s)| &= |\mathbb{P}(\zeta_n \leq s(1 + o(1))) - \Phi(s)| \\
&\leq |\mathbb{P}(\zeta_n \leq s(1 + o(1))) - \Phi(s(1 + o(1)))| + |\Phi(s(1 + o(1))) - \Phi(s)| \\
&\leq \sup_{y\in\mathbb{R}}|\Phi(y) - \mathbb{P}(\zeta_n \leq y)| + |\Phi(s(1 + o(1))) - \Phi(s)|
\end{aligned}
$$

par Embrechts *et al.* [71], page 552. Ceci achève la preuve du Théorème 2.10. ∎

Preuve du Théorème 2.11 − Dans un premier temps, le Lemme 2.19 montre que :

$$
\widehat{\theta}_{n,\tau}(k_n) - \theta = \frac{\zeta_n\theta}{\sqrt{k_n}} \quad \text{où} \quad \zeta_n \xrightarrow{d} \mathcal{N}(0,1),
$$

dans un second temps, le Lemme 2.22 implique :

$$
\frac{\widehat{\theta}_{n,\widehat{\tau}_n}(k_n)}{\widehat{\theta}_{n,\tau}(k_n)} - 1 = \frac{\delta_n \log_2(n/k_n)}{\sqrt{k_n}(\log_2(n/k_n) - \log_2(n/k_n'))} \quad \text{où} \quad \delta_n \xrightarrow{d} \mathcal{N}(0,1). \quad (2.26)
$$

En rassemblant ces résultats, il s'ensuit que :

$$
\begin{aligned}
\widehat{\theta}_{n,\widehat{\tau}_n}(k_n) - \theta &= \widehat{\theta}_{n,\tau}(k_n)\left(\frac{\widehat{\theta}_{n,\widehat{\tau}_n}(k_n)}{\widehat{\theta}_{n,\tau}(k_n)} - 1\right) + \left(\widehat{\theta}_{n,\tau}(k_n) - \theta\right) \\
&= \widehat{\theta}_{n,\tau}(k_n)\frac{\delta_n \log_2(n/k_n)}{\sqrt{k_n}(\log_2(n/k_n) - \log_2(n/k_n'))} + \frac{\zeta_n\theta}{\sqrt{k_n}}.
\end{aligned}
$$

Par conséquent, on a immédiatement :

$$\frac{\sqrt{k_n}(\log_2(n/k_n) - \log_2(n/k_n'))}{\log_2(n/k_n)}\left(\widehat{\theta}_{n,\widehat{\tau}_n}(k_n) - \theta\right) = \widehat{\theta}_{n,\tau}(k_n)\delta_n$$
$$+ \; \zeta_n\theta\frac{\log_2(n/k_n) - \log_2(n/k_n')}{\log_2(n/k_n)}$$

et le Théorème 2.11 en découle. ∎

Preuve du Théorème 2.12 – Considérons le développement suivant :

$$\log\left(\frac{\widehat{q}_n\left(\alpha_n, \widehat{\theta}_{n,\widehat{\tau}_n}(k_n)\right)}{q(\alpha_n)}\right) = \log\left(\frac{\widehat{q}_n\left(\alpha_n, \widehat{\theta}_{n,\widehat{\tau}_n}(k_n)\right)}{\widehat{q}_n\left(\alpha_n, \widehat{\theta}_{n,\tau}(k_n)\right)}\right) + \log\left(\frac{\widehat{q}_n\left(\alpha_n, \widehat{\theta}_{n,\tau}(k_n)\right)}{q(\alpha_n)}\right)$$
$$=: \; T_n^{(2)} + T_n^{(3)}.$$

Par (2.4), on a :

$$\begin{aligned}
T_n^{(2)} &= \widehat{\theta}_{n,\widehat{\tau}_n}(k_n)[K_{\widehat{\tau}_n}(\log(1/\alpha_n)) - K_{\widehat{\tau}_n}(\log(n/k_n))] \\
&- \widehat{\theta}_{n,\tau}(k_n)[K_\tau(\log(1/\alpha_n)) - K_\tau(\log(n/k_n))] \\
&= [K_\tau(\log(1/\alpha_n)) - K_\tau(\log(n/k_n))]\left(\widehat{\theta}_{n,\widehat{\tau}_n}(k_n) - \widehat{\theta}_{n,\tau}(k_n)\right) \\
&+ \widehat{\theta}_{n,\widehat{\tau}_n}(k_n)\left[\left(K_{\widehat{\tau}_n}(\log(1/\alpha_n)) - K_{\widehat{\tau}_n}(\log(n/k_n))\right)\right. \\
&- \left. (K_\tau(\log(1/\alpha_n)) - K_\tau(\log(n/k_n)))\right] \\
&=: \; T_n^{(2,1)} + T_n^{(2,2)}.
\end{aligned}$$

Concentrons nous sur le premier terme $T_n^{(2,1)}$. L'équation (2.26) nous donne :

$$T_n^{(2,1)} = \frac{\log_2(n/k_n)[K_\tau(\log(1/\alpha_n)) - K_\tau(\log(n/k_n))]}{\sqrt{k_n}\left(\log_2(n/k_n) - \log_2(n/k_n')\right)}\widehat{\theta}_{n,\tau}(k_n)\delta_n$$

ce qui implique :

$$\begin{aligned}
\frac{\sqrt{k_n}(\log_2(n/k_n) - \log_2(n/k_n'))}{\int_{\log(n/k_n)}^{\log(1/\alpha_n)} u^{\tau-1}\log(u)du}T_n^{(2,1)} &= \frac{\delta_n\log_2(n/k_n)\widehat{\theta}_{n,\tau}(k_n)}{\int_{\log(n/k_n)}^{\log(1/\alpha_n)} u^{\tau-1}\log(u)du} \\
&\times \; [K_\tau(\log(1/\alpha_n)) - K_\tau(\log(n/k_n))] \\
&= \; o_{\mathbb{P}}(1).
\end{aligned}$$

Considérons alors $T_n^{(2,2)}$. Le Théorème 2.10 affirme que :

$$\widehat{\tau}_n = \tau + \frac{\xi_n}{\sqrt{k_n}\left(\log_2(n/k_n) - \log_2(n/k_n')\right)} =: \tau + \xi_n\sigma_n \quad \text{où} \quad \xi_n \xrightarrow{d} \mathcal{N}(0,1).$$

En remplaçant dans $T_n^{(2,2)}$, on obtient :

$$
\begin{aligned}
T_n^{(2,2)} &= \widehat{\theta}_{n,\widehat{\tau}_n}(k_n)[(K_{\tau+\sigma_n\xi_n}(\log(1/\alpha_n)) - K_{\tau+\sigma_n\xi_n}(\log(n/k_n))) \\
&\quad - (K_\tau(\log(1/\alpha_n)) - K_\tau(\log(n/k_n)))].
\end{aligned}
$$

Par definition :

$$
K_\tau(\log(1/\alpha_n)) - K_\tau(\log(n/k_n)) = \int_{\log(n/k_n)}^{\log(1/\alpha_n)} u^{\tau-1} du,
$$

et donc il en découle immédiatement que :

$$
\begin{aligned}
T_n^{(2,2)} &= \widehat{\theta}_{n,\widehat{\tau}_n}(k_n) \int_{\log(n/k_n)}^{\log(1/\alpha_n)} \left(u^{\tau+\sigma_n\xi_n-1} - u^{\tau-1} \right) du \\
&= \widehat{\theta}_{n,\widehat{\tau}_n}(k_n) \int_{\log(n/k_n)}^{\log(1/\alpha_n)} u^{\tau-1} \left(u^{\sigma_n\xi_n} - 1 \right) du.
\end{aligned}
$$

Soit $\varphi(y) := \exp(y) - 1 - y$, on en déduit que :

$$
\begin{aligned}
T_n^{(2,2)} &= \widehat{\theta}_{n,\widehat{\tau}_n}(k_n)\sigma_n\xi_n \int_{\log(n/k_n)}^{\log(1/\alpha_n)} u^{\tau-1} \log(u)du \\
&\quad + \widehat{\theta}_{n,\widehat{\tau}_n}(k_n) \int_{\log(n/k_n)}^{\log(1/\alpha_n)} u^{\tau-1}\varphi(\sigma_n\xi_n \log(u))du.
\end{aligned}
$$

Il existe alors $c > 0$ tel que $y < \log(c)$ cela implique $|\varphi(y)| < \frac{c}{2}y^2$. Par conséquent, comme :

$$
\sigma_n \log_2(1/\alpha_n) \to 0 \quad \text{et} \quad \sigma_n \log_2(n/k_n) \to 0,
$$

pour n assez grand, on a :

$$
\begin{aligned}
\left| \int_{\log(n/k_n)}^{\log(1/\alpha_n)} u^{\tau-1}\varphi(\sigma_n\xi_n \log(u))du \right| &\le \int_{\log(n/k_n)}^{\log(1/\alpha_n)} u^{\tau-1}|\varphi(\sigma_n\xi_n \log(u))|du \\
&\le \frac{c}{2}\sigma_n^2\xi_n^2 \int_{\log(n/k_n)}^{\log(1/\alpha_n)} u^{\tau-1}[\log(u)]^2 du.
\end{aligned}
$$

Ainsi,

$$
\begin{aligned}
\frac{\left| \int_{\log(n/k_n)}^{\log(1/\alpha_n)} u^{\tau-1}\varphi(\sigma_n\xi_n \log(u))du \right|}{\sigma_n \int_{\log(n/k_n)}^{\log(1/\alpha_n)} u^{\tau-1}\log(u)du} &\le \frac{c\sigma_n\xi_n^2 \int_{\log(n/k_n)}^{\log(1/\alpha_n)} u^{\tau-1}[\log(u)]^2 du}{2\int_{\log(n/k_n)}^{\log(1/\alpha_n)} u^{\tau-1}\log(u)du} \\
&\le \frac{c\xi_n^2 \log_2(1/\alpha_n)}{2\sqrt{k_n}(\log_2(n/k_n) - \log_2(n/k_n'))} = o_{\mathbb{P}}(1),
\end{aligned}
$$

et, en remplaçant dans $T_n^{(2,2)}$, on obtient :

$$\frac{\sqrt{k_n}\left(\log_2(n/k_n) - \log_2(n/k_n')\right)}{\int_{\log(n/k_n)}^{\log(1/\alpha_n)} \log(u)u^{\tau-1}du} T_n^{(2,2)} = \xi_n \widehat{\theta}_{n,\widehat{\tau}_n}(k_n) + o_{\mathbb{P}}(1) \xrightarrow{d} \mathcal{N}(0,\theta^2).$$

Finalement, le Lemme 2.20 affirme que :

$$T_n^{(3)} = \frac{\varrho_n[K_\tau(\log(1/\alpha_n)) - K_\tau(\log(n/k_n))]}{\sqrt{k_n}} \quad \text{where} \quad \varrho_n \xrightarrow{d} \mathcal{N}(0,\theta^2),$$

et ainsi, sous nos hypothèses,

$$\frac{\sqrt{k_n}(\log_2(n/k_n) - \log_2(n/k_n'))}{\int_{\log(n/k_n)}^{\log(1/\alpha_n)} u^{\tau-1}\log(u)du} T_n^{(3)} = o_{\mathbb{P}}(1).$$

En combinant les résultats précédents et en utilisant la delta méthode, le Théorème 2.12 est prouvé. ∎

2.6.3 Preuves des résultats préliminaires

Preuve du Lemme 2.13 − Pour plus de simplicité dans la preuve on remplacera $i(y)$ par i. Un développement de Taylor à l'ordre $i+1$ nous donne :

$$h_y(u) = \frac{u^i}{i!}h_y^{(i)}(0) + \frac{u^{i+1}}{(i+1)!}h_y^{(i+1)}(\eta u),$$

avec $\eta \in \,]0,1[$ et par conséquent,

$$\begin{aligned}
\widetilde{h}_y(t) &= \int_0^\infty \exp(-tu)\frac{u^i}{i!}h_y^{(i)}(0)du + \int_0^\infty \exp(-tu)\frac{u^{i+1}}{(i+1)!}h_y^{(i+1)}(\eta u)du, \\
&=: \ T_y^{(1)}(t) + T_y^{(2)}(t).
\end{aligned}$$

Il s'ensuit que :

$$T_y^{(1)}(t) = \frac{h_y^{(i)}(0)}{i!}\int_0^\infty u^i \exp(-tu)du = \frac{h_y^{(i)}(0)}{t^{i+1}},$$

et le changement de variable $v = tu$ implique :

$$T_y^{(2)}(t) = \frac{1}{(i+1)!}\frac{1}{t^{i+2}}\int_0^\infty \exp(-v)v^{i+1}h_y^{(i+1)}\left(\eta\frac{v}{t}\right)dv.$$

Donc, on a, uniformément pour $y \in C$:

$$\left|T_y^{(2)}(t)\right| \leq \sup_{\substack{z \in C \\ w \geq 0}} \left|h_z^{(i+1)}(w)\right| \frac{1}{(i+1)!} \frac{1}{t^{i+2}} \int_0^\infty \exp(-v) v^{i+1} dv$$

$$= \frac{1}{t^{i+2}} \sup_{\substack{z \in C \\ w \geq 0}} \left|h_z^{(i+1)}(w)\right| = O\left(\frac{1}{t^{i+2}}\right),$$

et ainsi :

$$\widetilde{h}_y(t) = \frac{h_y^{(i)}(0)}{t^{i+1}} + O\left(\frac{1}{t^{i+2}}\right) = \frac{1}{t^{i+1}}\left(h_y^{(i)}(0) + O\left(\frac{1}{t}\right)\right),$$

ce qui conclut la preuve. ∎

Preuve du Lemme 2.14 − (i) Par définition, pour tout $y \in \mathbb{R}$ et $t > 0$, on a :

$$\mu_y(t) = \int_0^\infty (K_y(u+t) - K_y(t)) \exp(-u) du = \int_0^\infty \left(\int_t^{u+t} w^{y-1} dw\right) \exp(-u) du.$$

En utilisant le théorème de Fubini, il s'ensuit :

$$\mu_y(t) = \int_t^\infty w^{y-1} \left(\int_{w-t}^\infty \exp(-u) du\right) dw = \exp(t) \int_t^\infty w^{y-1} \exp(-w) dw, \quad (2.27)$$

et le changement de variable $u = w/t - 1$ implique :

$$\mu_y(t) = t^y \int_0^\infty \exp(-tu)(u+1)^{y-1} du = t^y \widetilde{h}_y(t)$$

avec $h_y(t) = (t+1)^{y-1}$. En appliquant le Lemme 2.13 avec $i = 0$ on conclut la preuve du point (i).

(ii) D'après (2.27) on obtient, pour $y \in \mathbb{R}$ et $t > 0$,

$$\mu_y(t) = \exp(t) \int_t^\infty w^{y-1} \exp(-w) dw = \exp(t)\Gamma(y,t), \quad (2.28)$$

où $\Gamma(y,t)$ est la fonction Gamma incomplète supérieure. On a ainsi (voir par exemple Artin [5]) :

$$\frac{\partial}{\partial y} \mu_y(t) = \exp(t) \int_t^\infty \exp(-w) \log(w) w^{y-1} dw, \quad (2.29)$$

et le changement de variable $u = w/t - 1$ implique :

$$
\begin{aligned}
\frac{\partial}{\partial y}\mu_y(t) &= \exp(t)\int_0^\infty \exp(-tu)\exp(-t)t^{y-1}(u+1)^{y-1}\log(t(u+1))t\,du \\
&= t^y \int_0^\infty \exp(-tu)(u+1)^{y-1}\log(u+1)\,du \\
&+ \log(t)t^y\int_0^\infty \exp(-tu)(u+1)^{y-1}\,du \\
&=: t^y\int_0^\infty \exp(-tu)g_y(u)\,du + \log(t)\mu_y(t),
\end{aligned}
$$

avec $g_y(u) := (u+1)^{y-1}\log(u+1)$. En appliquant le Lemme 2.13 avec $i = 1$, on conclut la preuve. ∎

Preuve du Lemme 2.15 − (i) Premièrement, remarquons que $\psi(y;t,t') > 0$ pour tout $y \in \mathbb{R}$ et $t > t' > 0$. Par ailleurs, un calcul classique nous montre que :

$$
\begin{aligned}
\frac{\partial}{\partial y}\psi(y;t,t') &= \psi(y;t,t')\left(\frac{\partial/\partial y(\mu_y(t))}{\mu_y(t)} - \frac{\partial/\partial y(\mu_y(t'))}{\mu_y(t')}\right) \qquad (2.30)\\
&=: \psi(y;t,t')\left(Q_y(t) - Q_y(t')\right),
\end{aligned}
$$

où, par (2.27) et (2.29),

$$
Q_y(z) = \frac{\int_z^\infty \log(w)w^{y-1}\exp(-w)\,dw}{\int_z^\infty w^{y-1}\exp(-w)\,dw}.
$$

Remarquons que Q_y est une fonction croissante sur $(0,\infty)$ car :

$$
Q_y'(z) = \frac{z^{y-1}\exp(-z)\int_z^\infty w^{y-1}\exp(-w)\log(w/z)\,dw}{\left(\int_z^\infty w^{y-1}\exp(-w)\,dw\right)^2} > 0.
$$

Par conséquent $t > t'$ implique :

$$
\partial/\partial y(\psi(y;t,t')) = \psi(y;t,t')(Q_y(t) - Q_y(t')) > 0
$$

et conclut la première partie de la preuve.

(ii) D'après (2.28), on a

$$
\frac{1}{\psi(y;t,t')}\frac{\exp(-t')}{\exp(-t)} - 1 = \frac{\mu_y(t')\exp(-t')}{\mu_y(t)\exp(-t)} - 1 = \frac{\int_{t'}^t w^{y-1}\exp(-w)\,dw}{\int_t^\infty w^{y-1}\exp(-w)\,dw} =: M_y(t,t').
$$

Par aileurs, en considérant les inégalités suivantes :

$$0 < \int_{t'}^{t} w^{y-1} \exp(-w) dw < t^{y-1} \left(\exp(-t') - \exp(-t) \right),$$

et

$$\int_{t}^{\infty} w^{y-1} \exp(-w) dw > \int_{2t}^{\infty} w^{y-1} \exp(-w) dw > (2t)^{y-1} \exp(-2t),$$

il s'ensuit que :

$$M_y(t,t') < 2^{1-y} \frac{\exp(-t') - \exp(-t)}{\exp(-2t)},$$

et ainsi $M_y(t,t') \to 0$ quand $y \to \infty$. La conclusion en découle. ∎

Preuve du Lemme 2.16 – Rappelons que C est un sous ensemble compact tel que $[0,1] \subset C \subset (-\infty, 2)$. D'après (2.30) et le Lemme 2.14(ii), on a :

$$\frac{\partial}{\partial y} \psi(y; t, t') = \log(t/t') \psi(y; t, t') \left(1 + \frac{1}{\log(t/t')} \frac{t^{y-2}}{\mu_y(t)} (1 + o(1)) \right.$$
$$\left. - \frac{1}{\log(t/t')} \frac{t'^{y-2}}{\mu_y(t')} (1 + o(1)) \right),$$

pour tout $y \in C$ lorsque $t' \to \infty$. De plus, une application directe du Lemme 2.14(i) implique $t^{y-2}/\mu_y(t) = (1/t)(1 + o(1))$. En remplaçant dans l'expression précédente et en rappelant que $t > t'$, alors :

$$\frac{\partial}{\partial y} \psi(y; t, t') = \log(t/t') \psi(y; t, t') \left(1 + O \left(\frac{1}{t' \log(t/t')} \right) \right).$$

Le résultat est prouvé. ∎

Preuve du Lemme 2.17 – Remarquons que :

$$\mathbb{P} \left(\frac{H_n(k_n)}{H_n(k'_n)} \geq \frac{k'_n}{k_n} \right) = \mathbb{P} \left(\frac{\widehat{\theta}_{n,\tau}(k_n)}{\widehat{\theta}_{n,\tau}(k'_n)} \geq \frac{k'_n \, \mu_\tau(\log(n/k'_n))}{k_n \, \mu_\tau(\log(n/k_n))} \right)$$
$$= \mathbb{P} \left(\frac{\widehat{\theta}_{n,\tau}(k_n)}{\widehat{\theta}_{n,\tau}(k'_n)} \geq \frac{k'_n}{k_n} \left(\frac{\log(n/k_n)}{\log(n/k'_n)} \right)^{1-\tau} (1 + o(1)) \right)$$

par le Lemme 2.14(i). On a $k'_n/k_n \to \infty$ qui implique $(\log(n/k_n)/\log(n/k'_n))^{1-\tau} \geq 1$ et comme par hypothèse $\widehat{\theta}_{n,\tau}(k_n)/\widehat{\theta}_{n,\tau}(k'_n) \xrightarrow{\mathbb{P}} 1$ alors la conclusion en découle. ∎

Preuve du Lemme 2.18 – Selon le Lemme 3 dans Gardes *et al.* [88], on a :

$$\widehat{\theta}_{n,\tau}(k_n) = \frac{1}{\mu_\tau(\log(n/k_n))}\left\{\theta\frac{1}{k_n-1}\sum_{i=1}^{k_n-1}\left[K_\tau(F_i+E_{n-k_n+1,n})-K_\tau(E_{n-k_n+1,n})\right]\right.$$
$$\left. +\frac{1}{k_n-1}\sum_{i=1}^{k_n-1}\log\left(\frac{\ell(\exp K_\tau(F_i+E_{n-k_n+1,n}))}{\ell(\exp K_\tau(E_{n-k_n+1,n}))}\right)\right\} (2.31)$$

De plus, le Lemme 2(ii) et le Lemme 5 dans Gardes *et al.* [88] impliquent :

$$\frac{1}{\mu_\tau(E_{n-k_n+1,n})}\frac{1}{k_n-1}\sum_{i=1}^{k_n-1}\left[K_\tau(F_i+E_{n-k_n+1,n})-K_\tau(E_{n-k_n+1,n})\right]\xrightarrow{\mathbb{P}}1. \quad (2.32)$$

De plus, comme la fonction à variations lentes ℓ est supposée normalisée, il s'ensuit que :

$$\log\left(\frac{\ell(\exp(K_\tau(F_i+E_{n-k_n+1,n})))}{\ell(\exp(K_\tau(E_{n-k_n+1,n})))}\right)=\int_{\exp(K_\tau(E_{n-k_n+1,n}))}^{\exp(K_\tau(F_i+E_{n-k_n+1,n}))}\varepsilon(u)\frac{du}{u},$$

avec $\varepsilon(s)\to 0$ lorsque $s\to\infty$. Ainsi pour tout $i=1,\ldots,k_n-1$, on a :

$$\left|\int_{\exp(K_\tau(E_{n-k_n+1,n}))}^{\exp(K_\tau(F_i+E_{n-k_n+1,n}))}\varepsilon(u)\frac{du}{u}\right|\leq\sup_{u\geq\exp(K_\tau(E_{n-k_n+1,n}))}|\varepsilon(u)|$$
$$\times\int_{\exp(K_\tau(E_{n-k_n+1,n}))}^{\exp(K_\tau(F_i+E_{n-k_n+1,n}))}\frac{du}{u}$$
$$=o_{\mathbb{P}}(1)\left[K_\tau(F_i+E_{n-k_n+1,n})-K_\tau(E_{n-k_n+1,n})\right].$$

Ainsi, (2.32) implique :

$$\frac{1}{\mu_\tau(\log(n/k_n))}\frac{1}{k_n-1}\sum_{i=1}^{k_n-1}\log\left(\frac{\ell(\exp K_\tau(F_i+E_{n-k_n+1,n}))}{\ell(\exp K_\tau(E_{n-k_n+1,n}))}\right)=o_{\mathbb{P}}(1). \quad (2.33)$$

En rassemblant (2.31)-(2.33), le Lemme 2.18 est prouvé. ∎

Preuve du Lemme 2.21 – Premièrement, notons que les deux conditions :

$$\sqrt{k'_n}b(\exp K_\tau(\log n/k'_n))\to 0 \text{ et } k_n/k'_n\to 0 \text{ impliquent } \sqrt{k_n}b(\exp K_\tau(\log n/k_n))\to 0$$

du fait que $|b|$ est asymptotiquement décroissante. Le Lemme 2.19 affirme que :

$$\widehat{\theta}_{n,\tau}(k_n)=\theta+\theta\zeta_n/\sqrt{k_n} \quad \text{où} \quad \zeta_n\xrightarrow{d}\mathcal{N}(0,1)$$

et

$$\widehat{\theta}_{n,\tau}(k_n') = \theta + \theta\zeta_n'/\sqrt{k_n'} \quad \text{où} \quad \zeta_n' \xrightarrow{d} \mathcal{N}(0,1).$$

Par conséquent, on a :

$$
\begin{aligned}
\frac{\widehat{\theta}_{n,\tau}(k_n)}{\widehat{\theta}_{n,\tau}(k_n')} &= \frac{1 + \zeta_n/\sqrt{k_n}}{1 + \zeta_n'/\sqrt{k_n'}} \\
&= \left(1 + \frac{\zeta_n}{\sqrt{k_n}}\right)\left(1 - \frac{\zeta_n'}{\sqrt{k_n'}} + o_{\mathbb{P}}\left(\frac{1}{\sqrt{k_n'}}\right)\right) \\
&= 1 + \frac{\zeta_n}{\sqrt{k_n}} + o_{\mathbb{P}}\left(\frac{1}{\sqrt{k_n}}\right),
\end{aligned}
$$

et donc :

$$\sqrt{k_n}\left(\frac{\widehat{\theta}_{n,\tau}(k_n)}{\widehat{\theta}_{n,\tau}(k_n')} - 1\right) = \zeta_n + o_{\mathbb{P}}(1).$$

Cela conclut la preuve. ∎

Preuve du Lemme 2.22 — Un développement de Taylor à l'ordre 1 implique :

$$\frac{\widehat{\theta}_{n,\widehat{\tau}_n}(k_n)}{\widehat{\theta}_{n,\tau}(k_n)} - 1 = \frac{\mu_\tau(\log(n/k_n))}{\mu_{\widehat{\tau}_n}(\log(n/k_n))} - 1 = (\tau - \widehat{\tau}_n)\,\frac{\partial/\partial y(\mu_y(\log(n/k_n)))\big|_{y=\tau_0}}{\mu_{\widehat{\tau}_n}(\log(n/k_n))},$$

avec $\tau_0 = \widehat{\tau}_n + \eta(\tau - \widehat{\tau}_n)$ et $\eta \in \,]0,1[$. Soit :

$$w_n := \frac{\sqrt{k_n}\,(\log_2(n/k_n) - \log_2(n/k_n'))}{\log_2(n/k_n)} \quad \text{et} \quad F_n(s) := \left\{w_n\left(\frac{\widehat{\theta}_{n,\widehat{\tau}_n}(k_n)}{\widehat{\theta}_{n,\tau}(k_n)} - 1\right) \leq s\right\}.$$

Rappelons que Φ est la fonction de répartition d'une loi Normale centrée réduite. Notre but est de prouver que $\mathbb{P}(F_n(s)) \to \Phi(s)$, pour tout $s \in \mathbb{R}$. En gardant à l'esprit que C est un sous ensemble compact tel que $[0,1] \subset C \subset (-\infty, 2)$ et $A_n = \{\tau_0 \in C\} \cap \{\widehat{\tau}_n \in C\}$, on a :

$$\mathbb{P}(F_n(s)) = \mathbb{P}(F_n(s) \cap A_n) + \mathbb{P}(F_n(s)\,|A_n^c)\,\mathbb{P}(A_n^c) =: T_n^{(4)}(s) + T_n^{(5)}(s),$$

où A_n^c est l'événement complémentaire de A_n. Premièrement considérons $T_n^{(5)}(s)$. Le Théorème 2.10 affirme que :

$$\sqrt{k_n}\,(\log_2(n/k_n) - \log_2(n/k_n'))\,(\widehat{\tau}_n - \tau) = \xi_n \xrightarrow{d} \mathcal{N}(0,1).$$

Par conséquent, sous les hypothèses du Théorème 2.10, $\hat{\tau}_n \xrightarrow{\mathbb{P}} \tau \in [0,1]$ et $\tau_0 \xrightarrow{\mathbb{P}} \tau \in [0,1]$. Ainsi, $\mathbb{P}(A_n^c) \to 0$ ce qui implique $T_n^{(5)}(s) \to 0$. Concentrons-nous sur $T_n^{(4)}(s)$. En se plaçant sous l'événement A_n, et en combinant le Lemme 2.14(ii) avec le Théorème 2.10, il s'ensuit que :

$$
\begin{aligned}
w_n\left(\frac{\widehat{\theta}_{n,\widehat{\tau}_n}(k_n)}{\widehat{\theta}_{n,\tau}(k_n)} - 1\right) &= w_n(\tau - \widehat{\tau}_n)\left(\frac{\partial/\partial y(\mu_y(\log(n/k_n)))\big|_{y=\tau_0}}{\mu_{\widehat{\tau}_n}(\log(n/k_n))}\right) \\
&= \xi_n \frac{\log_2(n/k_n)\mu_{\tau_0}(\log(n/k_n)) + \log(n/k_n)^{\tau_0-2}(1+o_{\mathbb{P}}(1))}{\log_2(n/k_n)\mu_{\widehat{\tau}_n}(\log(n/k_n))} \\
&= \xi_n \frac{\mu_{\tau_0}(\log(n/k_n))}{\mu_{\widehat{\tau}_n}(\log(n/k_n))}\left(1 + \frac{1+o_{\mathbb{P}}(1)}{\log(n/k_n)\log_2(n/k_n)}\right),
\end{aligned}
$$

d'après le Lemme 2.14(i). De plus, en se plaçant sous l'événement A_n, et en utilisant le Lemme 2.14(i) et le Théorème 2.10, on a :

$$
\begin{aligned}
\frac{\mu_{\tau_0}(\log(n/k_n))}{\mu_{\widehat{\tau}_n}(\log(n/k_n))} &= (\log(n/k_n))^{\tau_0-\widehat{\tau}_n}(1+o_{\mathbb{P}}(1)) \\
&= (\log(n/k_n))^{\eta(\tau-\widehat{\tau}_n)}(1+o_{\mathbb{P}}(1)) \\
&= \exp(\eta(\tau-\widehat{\tau}_n)\log_2(n/k_n))(1+o_{\mathbb{P}}(1)) \\
&= \exp\left(-\frac{\eta\xi_n\log_2(n/k_n)}{\sqrt{k_n}(\log_2(n/k_n)-\log_2(n/k_n'))}\right)(1+o_{\mathbb{P}}(1)) \\
&\xrightarrow{\mathbb{P}} 1.
\end{aligned}
$$

On obtient alors :

$$
w_n\left(\frac{\widehat{\theta}_{n,\widehat{\tau}_n}(k_n)}{\widehat{\theta}_{n,\tau}(k_n)} - 1\right) = \xi_n(1+o_{\mathbb{P}}(1)),
$$

et, en remplaçant dans $T_n^{(4)}(s)$, on obtient finalement :

$$
\begin{aligned}
T_n^{(4)}(s) &= \mathbb{P}(\{\xi_n \leq s(1+o_{\mathbb{P}}(1))\} \cap A_n) \\
&= \mathbb{P}(\xi_n \leq s(1+o_{\mathbb{P}}(1))) - \mathbb{P}(\{\xi_n \leq s(1+o_{\mathbb{P}}(1))\}\,|\,A_n^c)\mathbb{P}(A_n^c).
\end{aligned}
$$

En utilisant les mêmes arguments que dans la preuve du Théorème 2.10, on voit facilement que $\mathbb{P}(\xi_n \leq s(1+o_{\mathbb{P}}(1))) \to \Phi(s)$ et ainsi $T_n^{(4)}(s) \to \Phi(s)$ puisque $\mathbb{P}(A_n^c) \to 0$. En combinant les résultats précédents la preuve du Lemme 2.22 est achevée. ∎

Chapitre 3

Estimation non-paramétrique de mesures de risque extrêmes pour des lois conditionnelles à queues lourdes

Résumé

On commence dans la Partie 3.1 par une introduction sur la notion de mesure de risque où l'on motive nos travaux. On introduit ensuite dans la Partie 3.2 une nouvelle mesure de risque que l'on appelera le Conditional Tail Moment. Elle est définie comme le moment d'ordre $a \geq 0$ de la loi des pertes sachant que l'on se trouve au-dessus du quantile supérieur d'ordre α où $\alpha \in]0,1[$. Estimer le Conditional Tail Moment permet d'estimer toutes les mesures de risque basées sur les moments conditionnels telles que la Value-at-Risk, la Conditional Tail Expectation, la Conditional Value-at-Risk, la Conditional Tail Variance ou la Conditional Tail Skewness. Ici, on s'intéressera à l'estimation de ces mesures de risque dans le cas de pertes extrêmes (où $\alpha \to 0$ n'est plus fixé). On suppose aussi que la loi des pertes est à queue lourde et qu'elle dépend d'une covariable. Nos méthodes d'estimation combinent des méthodes d'estimation non-paramétrique à noyau avec des méthodes issues de la statistique des valeurs extrêmes. Dans la Partie 3.3, on établira le comportement asymptotique de nos estimateurs. On illustrera dans la Partie 3.4 ces comportements aussi bien sur des données simulées que sur des données réelles. Le jeu de données réelles est un *jeu de données pluviométriques provenant de la région Cévennes-Vivarais se situant dans le sud de la France. Enfin, on donnera quelques perspectives dans la Partie 3.5. Les preuves de nos résultats théoriques se trouvent dans la Partie 3.6.*

Sommaire

3.1 Introduction

"In the last fifty years, the ten most extreme days in the financial markets represent half the returns."

Nassim Nicholas Taleb

La maîtrise des risques est un sujet de préoccupation aussi bien en hydrologie qu'en finance et en actuariat. Se prémunir contre les risques en finance et en actuariat est primordial afin d'anticiper respectivement des crises financières ou d'importants sinistres coûteux pour les assurances. En hydrologie, l'étude des pluies et débits extrêmes est d'un grand intérêt afin de se prémunir contre des catastrophes telles que des inondations et ainsi permettre l'aménagement du territoire.

Pour cela, il existe des outils permettant de quantifier et de prédire le risque : les mesures de risque. Elles permettent d'évaluer un niveau de dangerosité d'un risque, mais également de comparer différents risques entre eux. La quantification, la prévention, la comparaison et la prédiction du risque sont des éléments essentiels de notre société.

Dans la suite, la variable aléatoire d'intérêt dont l'on souhaite quantifier le risque sera notée Y. Elle désignera également la variable aléatoire du montant de perte. Donnons à présent la définition précise d'une mesure de risque.

Définition 3.1. *On appelle mesure de risque une fonction $\mathcal{R}$ associant à Y une valeur positive ou nulle telle que :*

$$\mathcal{R} : Y \longrightarrow \mathbb{R}^+$$

De grandes valeurs de $\mathcal{R}(Y)$ indiqueront que Y est "dangereux". $\mathcal{R}(Y)$ peut être vu comme le capital à détenir pour faire face aux pertes Y.

Une des mesures de risque les plus connues, si ce n'est la plus connue, est la Value-at-Risk (notée VaR) introduite dans les années 90 par Morgan [135] (voir Jorion [123] pour plus de détails). C'est historiquement la plus utilisée des mesures de risque.

L'idée derrière le concept de la VaR est la suivante : on fixe un seuil probabiliste α et on calcule une valeur VaR(α) qui sera telle que la probabilité que la catastrophe survienne soit plus petite que α. On peut voir la VaR(α) comme le montant d'extra capital dont une entreprise a besoin afin de réduire à α la probabilité de faire faillite.

En termes statistiques, la VaR de niveau $\alpha \in]0,1[$ correspond au quantile de niveau $1 - \alpha$ de la fonction de répartition (voir Définition 1.1) de la loi des pertes.

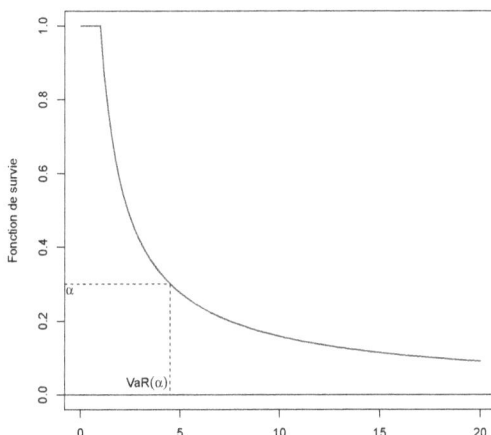

FIGURE 3.1: Graphique d'une fonction de survie modélisant la distribution des pertes. On a représenté une Value-at-Risk d'un certain niveau α.

Cette mesure de risque présente cependant plusieurs défauts.

En premier lieu, elle ne donne qu'une information ponctuelle au quantile $q(\alpha)$ et aucune information au-delà de ce point ; elle ne prend ainsi pas en compte l'importance du sinistre lorsqu'il survient mais seulement sa fréquence. De ce fait, comme elle ne prend pas en considération ce que serait la perte au-delà de ce quantile, elle ne fait donc pas la différence entre une catastrophe qui coûtera 1 million et celle qui coûtera 1 milliard d'euros. La VaR sous estime les pertes.

Un des principaux reproche fait à la VaR et que des variables aléatoires à queues légères et à queues lourdes (voir Tasche [162]) peuvent avoir la même VaR(α).

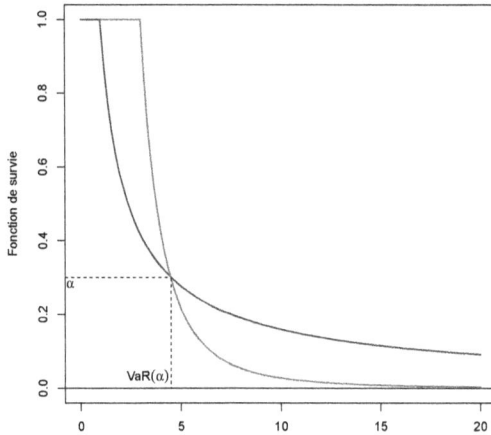

FIGURE 3.2: Illustration graphique de deux fonctions de survies distinctes ayant la même VaR(α).

"Value at Risk is to finance what body temperature is to a patient, an indication of bad health but not an instrument telling us what is wrong and for less a clue on how to get the patient system healthy again".

Paul Embrechts

Pour répondre à la nécessité de principes théoriques et pratiques, Artzner *et al.* [6, 7] ont cherché à caractériser ce qui ferait qu'une mesure de risque soit "performante". Pour cela ils ont introduit la notion de mesure de risque cohérente.

Définition 3.2. *Une mesure de risque $\mathcal{R}$ est dite cohérente si, pour deux variables aléatoires Z et T, elle satisfait les 4 propriétés suivantes :*

1. *Monotonie : si $\mathbb{P}(Z \leq T) = 1$, alors $\mathcal{R}(Z) \leq \mathcal{R}(T)$,*

2. *Homogénéité positive : $\mathcal{R}(aZ) = a\mathcal{R}(Z)$, $\forall a > 0$,*

3. *Invariance par translation : $\mathcal{R}(Z + b) = \mathcal{R}(Z) + b$, $\forall b > 0$,*

4. *Sous-additivité : $\mathcal{R}(Z + T) \leq \mathcal{R}(Z) + \mathcal{R}(T)$.*

111

La monotonie permet de s'assurer que si la variable aléatoire Z est presque sûrement plus petite que T alors le risque associé à Z est plus petit que celui associé à T.

L'homogénéité positive signifie que le fait de mesurer une proportion d'un risque revient à considérer la proportion de la mesure du risque seul.

De même, l'invariance par translation implique qu'ajouter une valeur positive au risque implique l'ajout de cette même valeur à la mesure du risque.

L'homogénéité et l'invariance par translation impliquent qu'une mesure de risque cohérente apprécie la nature aléatoire du risque.

La sous-additivité traduit le fait que considérer deux risques simultanément est moins risqué que traiter les risques séparément. Cela intégre donc l'idée de diversification du risque.

Le principal défaut de la Value-at-Risk est qu'elle n'est pas une mesure de risque cohérente car elle ne vérifie pas la condition de sous-additivité. Une mesure de risque cohérente est la Conditional Tail Expectation (notée CTE) [7], aussi appelée dans la littérature sur les mesures de risque Tail-Value-at-Risk, Average-Value-at-Risk, Tail Conditional Expectation ou Expected Shortfall dans le cas d'une loi continue des pertes.

La VaR s'intéresse aux probabilités d'événements extrêmes alors que la CTE s'intéresse à ce qui se passe en moyenne lorsque ces événements surviennnent. En effet, la CTE au niveau α est définie comme la perte moyenne attendue sachant que la VaR(α) est dépassée. Elle représente donc la moyenne des $(1 - \alpha)100\%$ sinistres les plus élevés et peut être vue comme le montant d'extra capital nécessaire afin de surmonter en moyenne les pires exercices.

Cette mesure de risque donne des informations sur la distribution de Y au-delà de la VaR(α). Ainsi, contrairement à la VaR(α), elle prend en compte l'information contenue dans la queue de la loi, ce qui est primordial aussi bien dans un contexte financier, actuariel ou hydrologique. L'épaisseur de la queue de la distribution des sinistres est un élément fondamental dans l'évaluation du niveau de danger d'un risque ayant une faible probabilité d'apparition. La Conditional Tail Expectation a été étudiée par Artzner et al. [7], Cai et Tan [29], Cai et al. [30], Tasche [162] et est fréquemment utilisée dans les investissements financiers ou dans l'actuariat voir Brazaukas et al. [24] et Landsman et Valdez [128].

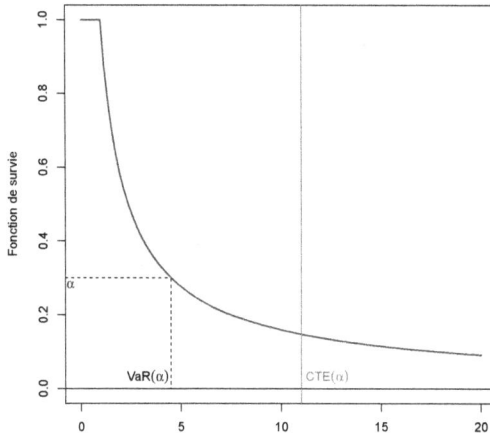

FIGURE 3.3: Graphique d'une fonction de survie modélisant la distribution des pertes. On a représenté une Value-at-Risk d'un certain niveau α et la CTE(α) correspondante à cette dernière.

A la suite de la VaR et de la CTE, Rockafellar et Uryasev [150] ont introduit une nouvelle mesure de risque cohérente, la Conditional-Value-at-Risk (notée CVaR) [151] définie comme la moyenne pondérée de la VaR et de la CTE.

Une autre mesure de risque basée sur la VaR et sur la CTE est la Stop-loss Premium réassurance (notée SP) avec un niveau de rétention égal à la VaR [29], voir la Partie 3.2 pour une définition plus précise.

Il existe de nombreuses autres mesures de risque, citons également, la Conditional Tail Variance (notée CTV) [163]. Elle représente la variance de la loi des pertes sachant que les pertes sont supérieures à la VaR. De même, la Conditional Tail Skewness (notée CTS) [117] est définie comme le coefficient d'asymétrie de la loi des pertes sachant que les pertes sont supérieures à la VaR. Le choix de la mesure la plus appropriée pour quantifier le risque en assurance comme en finance reste sujet à débat.

Dans ce chapitre, on commencera par introduire un nouvel outil permettant d'unifier l'estimation des mesures de risque mentionnées juste avant. Ce nouvel outil

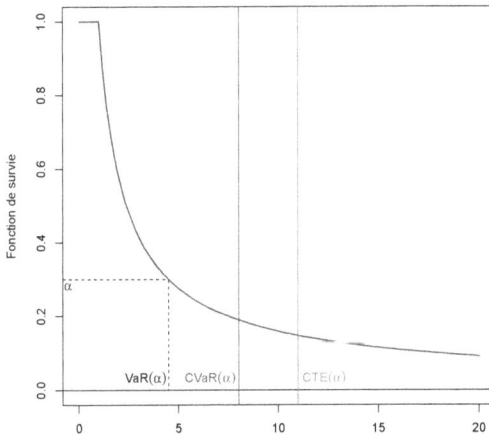

FIGURE 3.4: Graphique d'une fonction de survie modélisant la distribution des pertes. On a représenté une Value-at-Risk d'un certain niveau α, la CTE(α) associée ainsi que la CVaR(α) correnspondante à ces dernières.

sera appelé le Conditional Tail Moment (noté CTM). Il est défini comme le moment d'ordre $a \geq 0$ de la loi des pertes sachant que l'on se trouve au-dessus de la VaR de niveau α.

On montrera que l'estimation du CTM permet d'estimer toutes les mesures de risque basées sur les moments conditionnels d'ordre arbitraire sachant que les pertes sont supérieures à la VaR. Il est par exemple clair que le Conditional Tail Moment d'ordre un est la Conditional Tail Expectation.

Notre seconde contribution sera d'estimer le CTM dans le cas de pertes extrêmes, en se servant pour cela de la théorie des valeurs extrêmes. Bien que de nombreux liens entre la théorie des valeurs extrêmes et les mesures de risque aient fait l'objet de recherches citons notamment Embrechts [70], Embrechts *et al.* [71, 72, 73], McNeil *et al.* [133], l'estimation de mesures de risque est habituellement réalisée dans la littérature pour des valeurs fixées de α voir par exemple Deme *et al.* [57] et Necir *et al.* [136].

114

L'estimateur de mesures de risque extrêmes que l'on propose englobe également la présence d'une covariable. Dans ce contexte, notre nouvelle mesure de risque sera appelée le Regression Conditional Tail Moment (notée RCTM). En effet, en finance, la loi des pertes peut être affectée par de nombreux facteurs, tels que les taux d'intérêts ou l'inflation. De même les météorologues s'intéressent aux pluies extrêmes comme fonction de la position géographique [44, 85].

Le chapitre est organisé comme suit. La définition du RCTM et de ses liens avec les mesures de risque classiques sont donnés dans la Partie 3.2. Les propriétés asymptotiques de nos estimateurs sont établies dans la Partie 3.3. On illustrera l'efficacité de ces derniers sur des simulations et sur un jeu de données réelles dans la Partie 3.4. Enfin on donnera quelques perspectives dans la dernière Partie 3.5. Les preuves de nos résultats théoriques se trouvent dans la Partie 3.6.

Les contributions de ce chapitre ont fait l'objet du rapport de recherche El Methni *et al.* [68] soumis pour publication.

3.2 Le Regression Conditional Tail Moment : definition et estimation

3.2.1 Une nouvelle mesure de risque

Soit $Y \in \mathbb{R}$ une variable aléatoire de pertes. Pour $\alpha \in]0, 1[$, la Value-at-Risk de niveau α est la quantité $\mathrm{VaR}(\alpha)$ satisfaisant :

$$\mathbb{P}(Y > \mathrm{VaR}(\alpha)) = \alpha.$$

Comme expliqué dans l'introduction, la Value at Risk est la plus connue des mesures de risque [135] mais de nombreuses autres existent dans la littérature :

- La Conditional Tail Expectation [7] est définie par :

$$\mathrm{CTE}(\alpha) := \mathbb{E}(Y|Y > \mathrm{VaR}(\alpha)).$$

- La Conditional Tail Variance a été introduite par Valdez [163] et est définie par :

$$\mathrm{CTV}(\alpha) := \mathbb{E}\left((Y - \mathrm{CTE}(\alpha))^2 \,|Y > \mathrm{VaR}(\alpha)\right).$$

Elle mesure la variabilité conditionnelle de Y sachant que $Y > \mathrm{VaR}(\alpha)$ et nous dit à quel point les événements s'éloignent de la $\mathrm{CTE}(\alpha)$.

- La Conditional Tail Skewness a été définie dans [117] par :

$$\mathrm{CTS}(\alpha) := \mathbb{E}\left(Y^3 \,|\, Y > \mathrm{VaR}(\alpha)\right) \Big/ (\mathrm{CTV}(\alpha))^{3/2}.$$

- La Conditional-Value-at-Risk est définie par :

$$\mathrm{CVaR}_\lambda(\alpha) := \lambda \mathrm{VaR}(\alpha) + (1 - \lambda)\mathrm{CTE}(\alpha),$$

avec $0 \le \lambda \le 1$. Il est clair que $\mathrm{CVaR}_1(\alpha) = \mathrm{VaR}(\alpha)$ et $\mathrm{CVaR}_0(\alpha) = \mathrm{CTE}(\alpha)$. Cette mesure de risque permet de quantifier des risques au-delà de la $\mathrm{VaR}(\alpha)$ et elle est de plus cohérente (voir Définition 3.2) si $0 \le \lambda < 1$ (voir Rockafellar et Uryasev [151]). D'autres propriétés fondamentales de cette mesure de risque se trouvent dans Rockafellar et Uryasev [150].

- La mesure de rique Stop-loss Premium réassurance avec un niveau de rétention égal à $\mathrm{VaR}(\alpha)$ [29] est définie par :

$$\mathrm{SP}(\alpha) := \mathbb{E}((Y - \mathrm{VaR}(\alpha))_+) = \alpha\left(\mathrm{CTE}(\alpha) - \mathrm{VaR}(\alpha)\right).$$

Elle est proportionnelle à la différence entre la $\mathrm{CTE}(\alpha)$ et la $\mathrm{VaR}(\alpha)$. Cette mesure de risque permet ainsi de mettre en évidence les cas dangereux.

Le but premier de ce chapitre est d'unifier les définitions des mesures de rique énoncées juste auparavant. Pour cela, on introduit une nouvelle mesure de risque, le Conditional Tail Moment (noté CTM) définie par :

$$\mathrm{CTM}_a(\alpha) := \mathbb{E}(Y^a | Y > \mathrm{VaR}(\alpha)),$$

où $a \ge 0$ est tel que le moment d'ordre a de Y existe. Il est facile de voir que toutes les mesures de risque précédentes de niveau α peuvent être réécrites :

$$\Phi(\mathrm{VaR}(\alpha), \mathrm{CTM}_1(\alpha), \mathrm{CTM}_2(\alpha), \mathrm{CTM}_3(\alpha)),$$

où la fonction $\Phi : \mathbb{R}^4 \mapsto \mathbb{R}$ est prise dans le Tableau 3.1 ci-dessous :

De manière plus générale, le CTM peut être utilisé dans le but de définir n'importe quelle mesure de risque basée sur les moments conditionnels de la variable aléatoire

Mesure de risque	$\Phi(t_0, t_1, t_2, t_3)$
CTE(α)	t_1
CTV(α)	$t_2 - t_1^2$
CTS(α)	$t_3/(t_2 - t_1^2)^{3/2}$
CVaR(α)	$\lambda t_0 + (1 - \lambda)t_1, \ \lambda \in [0,1]$
SP(α)	$\alpha(t_1 - t_0)$

TABLE 3.1: Liens entre le CTM et les mesures de risque classiques.

des pertes sachant que les pertes sont supérieures à la VaR de niveau α. En effet, on peut par exemple introduire le Conditional Tail Kurtosis à l'aide de la fonction :

$$\Phi(t_0, t_1, t_2, t_3, t_4) = \frac{t_4}{(t_2 - t_1^2)^2}.$$

3.2.2 Pertes extrêmes et regression

Comme évoqué dans l'introduction, notre second but est d'adapter les mesures de risque classiques dans le cas de pertes extrêmes en présence d'une covariable $X \in \mathbb{R}^p$. Pour cela, le niveau fixé $\alpha \in \,]0,1[$ est remplacé par une suite $(\alpha_n) \in \,]0,1[$, telle que $\alpha_n \to 0$. De plus, si l'on note par $\overline{F}(.|x)$ la fonction de survie conditionnelle de Y sachant $X = x$, on peut alors définir la Regression Value-at Risk par :

$$\text{RVaR}(\alpha_n|x) := \overline{F}^{\leftarrow}(\alpha_n|x) = \inf\{t, \overline{F}(t|x) \leq \alpha_n\},$$

et le Regression Conditional Tail Moment d'ordre a par :

$$\text{RCTM}_a(\alpha_n|x) := \mathbb{E}(Y^a|Y > \text{RVaR}(\alpha_n|x), X = x),$$

où $a \geq 0$ est tel que le moment d'ordre a de Y existe. Notons que dans ce cadre d'étude, la RVaR($\alpha_n|x$) est le quantile conditionnel extrême de niveau $\alpha_n \in \,]0,1[$ (voir Définition 1.24 au chapitre 1).

Il est alors assez facile d'adapter les mesures de risque classiques dans le cas de pertes extrêmes en présence d'une covariable en appliquant la fonction adéquate (voir le Tableau 3.1) au vecteur :

$$(\text{RVaR}(\alpha_n|x), \text{RCTM}_1(\alpha_n|x), \text{RCTM}_2(\alpha_n|x), \text{RCTM}_3(\alpha_n|x)).$$

Cela nous donne les mesures de risque suivantes :

$$\text{RCTE}(\alpha_n|x), \ \text{RCTV}(\alpha_n|x), \ \text{RCTS}(\alpha_n|x), \ \text{RCVaR}(\alpha_n|x) \text{ et } \text{RSP}(\alpha_n|x).$$

3.2.3 Inférence

Soient (X_i, Y_i), $i = 1, \ldots, n$, des copies indépendantes du couple de variables aléatoires (X, Y). Afin d'estimer le RCTM, on commence par donner l'égalité suivante :

$$\text{RCTM}_a(\alpha_n|x) = \frac{1}{\alpha_n} \varphi_a(\varphi_0^{\leftarrow}(\alpha_n|x)|x), \tag{3.1}$$

où pour $y > 0$, le moment conditionnel d'ordre $a \geq 0$ est donné par :

$$\varphi_a(y|x) = \mathbb{E}\left(Y^a \mathbb{I}\{Y > y\}|X = x\right). \tag{3.2}$$

L'estimation du RCTM dépend ainsi de l'estimation du moment conditionnel. On propose d'utiliser un estimateur à noyau classique (voir Parzen [139] et Rosenblatt [154]) donné par :

$$\hat{\varphi}_{a,n}(y|x) = \sum_{i=1}^{n} K_h(x - X_i) Y_i^a \mathbb{I}\{Y_i > y\} \Big/ \sum_{i=1}^{n} K_h(x - X_i), \tag{3.3}$$

où $\mathbb{I}\{.\}$ est la fonction indicatrice et $h = h_n$ est une suite non aléatoire telle que $h \to 0$ lorsque $n \to \infty$. Dans le cas où $a = 0$ dans l'équation (3.3), on retrouve l'estimateur à noyau de la fonction de survie conditionnelle introduit par Collomb [36]. On a aussi introduit $K_h(t) = K(t/h)/h^p$ où K est une densité sur $\mathbb{R}^p$. Dans ce contexte d'étude, h est appelé paramètre de lissage.

Puisque $\hat{\varphi}_{a,n}(.|x)$ est une fonction décroissante, on peut définir un estimateur de $\varphi_a^{\leftarrow}(\alpha|x)$ pour $\alpha \in]0, 1[$ par :

$$\hat{\varphi}_{a,n}^{\leftarrow}(\alpha|x) = \inf\{t, \hat{\varphi}_{a,n}(t|x) < \alpha\}. \tag{3.4}$$

En remarquant que $\varphi_0(y|x) = \overline{F}(y|x)$, la RVaR de niveau α_n est alors estimée par :

$$\widehat{\text{RVaR}}_n(\alpha_n|x) = \hat{\varphi}_{0,n}^{\leftarrow}(\alpha_n|x).$$

On retrouve ainsi l'estimateur du quantile conditionnel extrême étudié par Daouia *et al.* [43, 44]. Pour plus d'exemples d'estimateurs du quantile conditionnel extrême, on pourra se reporter à la sous-Partie 1.6 du chapitre 1. Le RCTM d'ordre a est alors estimé par :

$$\widehat{\mathrm{RCTM}}_{a,n}(\alpha_n|x) = \frac{1}{\alpha_n}\hat{\varphi}_{a,n}(\hat{\varphi}_{0,n}^{\leftarrow}(\alpha_n|x)|x). \qquad (3.5)$$

Un estimateur de chaque mesure de risque mentionnée auparavant est alors donné par :

$$\Phi(\widehat{\mathrm{RVaR}}_n(\alpha_n|x), \widehat{\mathrm{RCTM}}_{1,n}(\alpha_n|x), \widehat{\mathrm{RCTM}}_{2,n}(\alpha_n|x), \widehat{\mathrm{RCTM}}_{3,n}(\alpha_n|x)), \qquad (3.6)$$

où la fonction Φ est choisie dans le Tableau 3.1. Les estimateurs obtenus seront notés :

$$\widehat{\mathrm{RCTE}}_n(\alpha_n|x), \ \widehat{\mathrm{RCTV}}_n(\alpha_n|x), \ \widehat{\mathrm{RCTS}}_n(\alpha_n|x), \ \widehat{\mathrm{RCVaR}}_{\lambda,n}(\alpha_n|x) \text{ et } \widehat{\mathrm{RSP}}_n(\alpha_n|x).$$

Comme exemple, on a l'estimateur de la RCTE qui est simplement donné par :

$$\widehat{\mathrm{RCTE}}_n(\alpha_n|x) = \frac{1}{\alpha_n}\hat{\varphi}_{1,n}(\hat{\varphi}_{0,n}^{\leftarrow}(\alpha_n|x)|x).$$

Comme on peut le voir dans l'équation (3.6), les mesures de risque classiques dépendent de la RVaR et du RCTM. En conséquence, on établira la loi jointe asymptotique des estimateurs du RCTM et de la RVaR dans la partie suivante. La loi asymptotique de toutes les mesures de risque classiques sera une conséquence directe de ce résultat.

3.3 Principaux résultats

Notre hypothèse principale est la suivante :

(F.1) On suppose que la fonction de survie conditionnelle de Y sachant $X = x$ est à queue lourde et admet une fonction de densité.

En résumé, **(F.1)** revient à supposer que la loi conditionnelle de Y sachant $X = x$ appartient au domaine d'attraction de Fréchet. L'hypothèse **(F.1)** équivaut à supposer que pour tout $y > 0$, $\overline{F}(y|x) = \mathbb{P}(Y > y|X = x)$ est à variations régulières à l'infini (voir Bingham *et al.* [21]) avec un indice $-1/\gamma(x)$ que l'on notera $\overline{F}(.|x) \in \mathcal{RV}_{-1/\gamma(x)}$ *i.e* pour tout $\lambda > 0$ on a :

$$\lim_{y \to \infty} \frac{\overline{F}(\lambda y|x)}{\overline{F}(y|x)} = \lambda^{-1/\gamma(x)}.$$

Dans ce contexte, $\gamma(.)$ est une fonction positive de la covariable x et sera appelée indice de queue conditionnel puisqu'elle contrôle la lourdeur de la queue de la loi conditionnelle de Y sachant $X = x$.

On peut alors remarquer que sous l'hypothèse **(F.1)**, une condition suffisante pour l'existence du $\text{RCTM}_a(1/.|x)$ est $a < 1/\gamma(x)$. Comme établi dans le Lemme 3.9, la condition **(F.1)** implique également que pour tout $a \in [0, 1/\gamma(x)[$, $\varphi_a(.|x) \in \mathcal{RV}_{a-1/\gamma(x)}$. Puisque de plus, $\overline{F}(.|x) \in \mathcal{RV}_{-1/\gamma(x)}$, on a alors : $\text{RCTM}_a(1/.|x) \in \mathcal{RV}_{a\gamma(x)}$. Cela équivaut à supposer que pour $a \in [0, 1/\gamma(x)[$ et pour tout $y > 0$,

$$\text{RCTM}_a(1/y|x) = y^{a\gamma(x)}\ell_a(y|x), \tag{3.7}$$

où pour x fixé, $\ell_a(.|x)$ est une fonction à variations lentes à l'infini, *i.e* pour tout $\lambda > 0$,

$$\lim_{y \to \infty} \frac{\ell_a(\lambda y|x)}{\ell_a(y|x)} = 1. \tag{3.8}$$

Afin d'établir la normalité asymptotique de (3.5), les conditions suivantes sont nécessaires. Premièrement, comme il est remarqué dans [21] p.15, puisque les fonctions à variations lentes sont d'un intérêt seulement asymptotique, on peut ainsi (sans perdre en généralité) supposer que dans (3.7) :

(F.2) $\ell_a(.|x)$ est normalisée pour tout $a \in [0, 1/\gamma(x)[$.

Dans ce cas, la représentation de Karamata (voir le Théorème 1.9) d'une fonction à variations lentes nous donne :

$$\ell_a(y|x) = c_a(x)\exp\left(\int_1^y \frac{\varepsilon_a(u|x)}{u}du\right), \tag{3.9}$$

où $c_a(.)$ est une fonction positive et $\varepsilon_a(y|x) \to 0$ lorsque $y \to \infty$. Ainsi, $\ell_a(.|x)$ est différentiable et la fonction auxiliaire est donnée par $\varepsilon_a(y|x) = y\ell'_a(y|x)/\ell_a(y|x)$. Cette fonction joue un rôle important en théorie des valeurs extrêmes car elle contrôle la vitesse de convergence dans l'équation (3.8), et plus généralement le biais des estimateurs en théorie des valeurs extrêmes. Comme estimateur à noyau de cette fonction, on pourra citer les travaux de Goegebeur *et al.* [99].

Goegebeur et de Wet [100] supposent que la fonction auxiliaire est à variations régulières à l'infini et s'intéressent à l'estimation de l'indice conditionnel de variations régulières. Ici, on se limite à faire l'hypothèse que pour tout $a \in [0, 1/\gamma(x)[$,

(F.3) $|\varepsilon_a(.|x)|$ est continue et décroissante à l'infini.

Une condition de type Lipschitz sur la fonction densité g de X est aussi nécessaire. Pour tout $(x, x') \in \mathbb{R}^p \times \mathbb{R}^p$, la distance entre x et x' sera notée $d(x, x')$. On peut introduire l'hypothèse suivante :

(L) Il existe une constante $c_g > 0$ telle que $|g(x) - g(x')| \leq c_g d(x, x')$.

L'hypothèse suivante est classique lorsque l'on fait de l'estimation par noyau.

(K) K est une densité bornée sur $\mathbb{R}^p$, de support S inclus dans la boule unité de $\mathbb{R}^p$.

Pour $\xi > 0$, la plus grande oscillation au point $(x, y) \in \mathbb{R}^p \times \mathbb{R}_*^+$ du moment conditionnel d'ordre $a \in [0, 1/\gamma(x)[$ est donnée par :

$$\omega(x, y, a, \xi, h) = \sup \left\{ \left| \frac{\varphi_a(z|x)}{\varphi_a(z|x')} - 1 \right|, \ z \in [(1-\xi)y, (1+\xi)y] \text{ and } \ x' \in B(x, h) \right\},$$

où $B(x, h)$ est la boule de centre x et de rayon h. Enfin, pour tout ensemble fini E, l'ensemble $\mathcal{L}(E)$ est défini par :

$$\mathcal{L}(E) = \{e_i + e_j, (e_i, e_j) \in E \times E\} \cup E.$$

On peut dès lors établir notre résultat principal.

Théorème 3.3. *Supposons que* **(F.1)**, **(F.2)**, **(L)** *et* **(K)** *soient vérifiées. Introduisons* $0 \leq a_1 < a_2 < \cdots < a_J$ *où* J *est un entier positif. Pour tout* $x \in \mathbb{R}^p$ *tel que* $g(x) > 0$ *et* $\gamma(x) < 1/(2a_J)$, *on introduit une suite* (α_n) *avec* $\alpha_n \to 0$ *et* $nh^p \alpha_n \to \infty$ *quand* $n \to \infty$. *S'il existe* $\xi > 0$ *tel que*

$$nh^p \alpha_n \left(h \vee \max_{a \in \mathcal{L}(\{0, a_1, \ldots, a_J\})} \omega(x, \varphi_0^{\leftarrow}(\alpha_n|x), a, \xi, h) \right)^2 \to 0,$$

alors, le vecteur aléatoire :

$$\sqrt{nh^p\alpha_n}\left\{\left(\frac{\widehat{\mathrm{RCTM}}_{a_j,n}(\alpha_n|x)}{\mathrm{RCTM}_{a_j}(\alpha_n|x)}-1\right)_{j\in\{1,\dots,J\}},\left(\frac{\widehat{\mathrm{RVaR}}_n(\alpha_n|x)}{\mathrm{RVaR}(\alpha_n|x)}-1\right)\right\}$$

est asymptotiquement Gaussien, centré, avec une matrice de covariance de taille $(J+1)\times(J+1)$ *donnée par* $\|K\|_2^2\gamma^2(x)\Sigma(x)/g(x)$ *où pour* $(i,j)\in\{1,\dots,J\}^2$ *on a :*

$$\Sigma_{i,j}(x)=\frac{a_ia_j(2-(a_i+a_j)\gamma(x))}{(1-(a_i+a_j)\gamma(x))},$$

$$\Sigma_{J+1,j}(x)=a_j,\quad \Sigma_{i,J+1}(x)=a_i,\quad et\quad \Sigma_{J+1,J+1}(x)=1.$$

Autrement écrit, la matrice de variance-covariance asymptotique est

$$\frac{\|K\|_2^2\gamma^2(x)}{g(x)}\left(\begin{array}{c|c}\frac{a_ia_j(2-(a_i+a_j)\gamma(x))}{(1-(a_i+a_j)\gamma(x))}&\begin{array}{c}a_1\\\vdots\\a_J\end{array}\\\hline a_1\cdots a_J&1\end{array}\right)$$

Elle est proportionnelle à $\gamma^2(x)$ ainsi si $\gamma(x)$ augmente (*i.e.* plus la queue est lourde) plus la variance de nos estimateurs augmente.

La densité $g(x)$ de la covariable est au dénominateur de la matrice de variance-covariance asymptotique ainsi moins il y a de point (*i.e.* plus la densité est faible) plus la variance des estimateurs sera grande.

La condition $nh^p\alpha_n\to\infty$ est nécessaire et suffisante pour qu'il y ait presque sûrement au moins une observation dans la région $B(x,h)\times[\varphi_0^\leftarrow(\alpha_n|x),+\infty[$ de $\mathbb{R}^p\times\mathbb{R}$.

La condition

$$\sqrt{nh^p\alpha_n}\left(h\vee\max_{a\in\mathcal{L}(\{0,a_1,\dots,a_J\})}\omega(x,\varphi_0^\leftarrow(\alpha_n|x),a,\xi,h)\right)\to0$$

implique que le biais induit par le lissage est négligeable en comparaison de l'écart type.

Le Théorème 3.3 permet d'établir la normalité asymptotique de n'importe quel estimateur d'une mesure de risque basée sur un moment arbitraire au-dessus d'un quantile conditionnel extrême.

En particulier, les estimateurs $\widehat{\mathrm{RCTE}}_n(\alpha_n|x)$, $\widehat{\mathrm{RCVaR}}_{\lambda,n}(\alpha_n|x)$ et $\widehat{\mathrm{RSP}}_n(\alpha_n|x)$ reposent sur le moment d'ordre un, leur normalité asymptotique peut donc être obtenue sous l'hypothèse $\gamma(x) < 1/2$.

Si $\alpha_n = \alpha$ fixé on retrouve la condition de normalité asymptotique classique : $nh^p \to \infty$.

En l'absence de covariable on retrouve la condition de normalité asymptotique classique en théorie des valeurs extrêmes : $n\alpha_n \to \infty$.

Corollaire 3.4. *Supposons que* **(F.1)**, **(F.2)**, **(L)** *et* **(K)** *soient vérifiées. Pour tout $x \in \mathbb{R}^p$ tel que $g(x) > 0$ et $\gamma(x) < 1/2$, introduisons une suite (α_n) avec $\alpha_n \to 0$ et $nh^p\alpha_n \to \infty$ as $n \to \infty$. S'il existe $\xi > 0$ tel que*

$$nh^p\alpha_n \left(h \vee \max_{a \in \{0,1,2\}} \omega(x, \varphi_0^{\leftarrow}(\alpha_n|x), a, \xi, h) \right)^2 \to 0,$$

alors on a :

$$\sqrt{nh^p\alpha_n} \left(\frac{\widehat{\mathrm{RCTE}}_n(\alpha_n|x)}{\mathrm{RCTE}(\alpha_n|x)} - 1 \right) \xrightarrow{d} \mathcal{N}\left(0, \frac{2\gamma^2(x)(1 - \gamma(x))}{1 - 2\gamma(x)} \frac{\|K\|_2^2}{g(x)} \right),$$

$$\sqrt{nh^p\alpha_n} \left(\frac{\widehat{\mathrm{RCVaR}}_{\lambda,n}(\alpha_n|x)}{\mathrm{RCVaR}_\lambda(\alpha_n|x)} - 1 \right) \xrightarrow{d} \mathcal{N}\left(0, \frac{\gamma^2(x)(\lambda^2 + 2 - 2\lambda - 2\gamma(x))}{1 - 2\gamma(x)} \frac{\|K\|_2^2}{g(x)} \right),$$

$$\sqrt{nh^p\alpha_n} \left(\frac{\widehat{\mathrm{RSP}}_n(\alpha_n|x)}{\mathrm{RSP}(\alpha_n|x)} - 1 \right) \xrightarrow{d} \mathcal{N}\left(0, \frac{\gamma^2(x)}{1 - 2\gamma(x)} \frac{\|K\|_2^2}{g(x)} \right).$$

L'estimateur de la $\mathrm{RCTV}(\alpha_n|x)$ repose sur le moment d'ordre deux. Afin d'obtenir sa normalité asymptotique, on a besoin d'une condition plus forte sur $\gamma(x)$ qui est $\gamma(x) < 1/4$.

Corollaire 3.5. *Supposons que* **(F.1)**, **(F.2)**, **(L)** *et* **(K)** *soient vérifiées. Pour tout $x \in \mathbb{R}^p$ tel que $g(x) > 0$ et $\gamma(x) < 1/4$, introduisons une suite (α_n) avec $\alpha_n \to 0$ et $nh^p\alpha_n \to \infty$ quand $n \to \infty$. S'il existe $\xi > 0$ tel que*

$$nh^p\alpha_n \left(h \vee \max_{a \in \{0,\dots,4\}} \omega(x, \varphi_0^{\leftarrow}(\alpha_n|x), a, \xi, h) \right)^2 \to 0,$$

alors on a :

$$\sqrt{nh^p\alpha_n} \left(\frac{\widehat{\mathrm{RCTV}}_n(\alpha_n|x)}{\mathrm{RCTV}(\alpha_n|x)} - 1 \right) \xrightarrow{d} \mathcal{N}\left(0, V(x)\frac{\|K\|_2^2}{g(x)} \right),$$

où

$$V(x) = \frac{8(1 - \gamma(x))(1 - 2\gamma(x))(1 + 2\gamma(x) + 3\gamma^2(x))}{(1 - 3\gamma(x))(1 - 4\gamma(x))}.$$

De même, l'estimateur de la RCTS($\alpha_n|x$) repose sur le moment d'ordre trois. Afin d'obtenir sa normalité asymptotique, on a besoin d'une condition encore plus forte sur $\gamma(x)$ qui est $\gamma(x) < 1/6$.

Corollaire 3.6. *Supposons que* **(F.1)**, **(F.2)**, **(L)** *et* **(K)** *soient vérifiées. Pour tout* $x \in \mathbb{R}^p$ *tel que* $g(x) > 0$ *et* $\gamma(x) < 1/6$, *introduisons une suite* (α_n) *avec* $\alpha_n \to 0$ *et* $nh^p\alpha_n \to \infty$ *quand* $n \to \infty$. *S'il existe* $\xi > 0$ *tel que*

$$nh^p\alpha_n \left(h \vee \max_{a \in \{0,\dots,6\}} \omega(x, \varphi_0^{\mathrm{i}}(\alpha_n|x), a, \xi, h) \right)^2 \to 0,$$

alors on a :

$$\sqrt{nh^p\alpha_n} \left(\frac{\widehat{\mathrm{RCTS}}_n(\alpha_n|x)}{\mathrm{RCTS}(\alpha_n|x)} - 1 \right) \xrightarrow{d} \mathcal{N}\left(0, \nu(x)\frac{\|K\|_2^2}{g(x)} \right),$$

où

$$\nu(x) = \frac{18(1 - 13\gamma(x) + 50\gamma^2(x) - 44\gamma^3(x) - 23\gamma^4(x) - 3\gamma^5(x))}{(1 - 3\gamma(x))(1 - 4\gamma(x))(1 - 5\gamma(x))(1 - 6\gamma(x))}.$$

Dans le Théorème 3.3, la condition $nh^p\alpha_n \to 0$ nous donne une borne inférieure sur le niveau de la mesure de risque que l'on souhaite estimer. Cette restriction est une conséquence de l'utilisation de l'estimateur à noyau (3.3) qui ne permet pas d'extrapoler au-delà du maximum de l'échantillon dans la boule $B(x, h)$. En conséquence α_n doit être un ordre de quantile extrême se trouvant dans l'échantillon.

Afin de passer outre cette restriction, on propose d'adapter l'estimateur de Weissman (initialement construit pour l'estimation de quantile non conditionnel, voir Définition 1.17) à l'estimation du RCTM :

$$\widehat{\mathrm{RCTM}}_{a,n}^{W}(\beta_n|x) = \widehat{\mathrm{RCTM}}_{a,n}(\alpha_n|x) \left(\frac{\alpha_n}{\beta_n} \right)^{a\hat{\gamma}_n(x)}, \tag{3.10}$$

où a est une valeur fixée, $0 < \beta_n < \alpha_n$ et $\hat{\gamma}_n(x)$ est un estimateur de l'indice de queue conditionnel $\gamma(x)$. Pour plus d'exemples d'estimateurs de l'indice de queue conditionnel, on pourra se reporter à la sous-Partie 1.6 du chapitre 1.

Comme illustré dans le théorème suivant, le facteur d'extrapolation $(\alpha_n/\beta_n)^{a\hat{\gamma}_n(x)}$ nous permet d'estimer le RCTM pour des niveaux β_n arbitrairement petits.

Théorème 3.7. *Supposons que les hypothèses du Théorème 3.3 soient vérifiées ainsi que la condition* (**F.3**). *Considérons $\hat{\gamma}_n(x)$ un estimateur de l'indice de queue tel que*

$$\sqrt{nh^p\alpha_n}(\hat{\gamma}_n(x) - \gamma(x)) \xrightarrow{d} \mathcal{N}\left(0, v^2(x)\right),$$

avec $v(x) > 0$. Si, de plus, $(\beta_n)_{n\geq 1}$ est une suite positive telle que $\beta_n \to 0$, $\beta_n/\alpha_n \to 0$ et $\sqrt{nh^p\alpha_n}\varepsilon_a(1/\alpha_n|x) \to 0$ quand $n \to \infty$, on a alors :

$$\frac{\sqrt{nh^p\alpha_n}}{\log(\alpha_n/\beta_n)}\left(\frac{\widehat{\mathrm{RCTM}}_{a,n}^W(\beta_n|x)}{\mathrm{RCTM}_a(\beta_n|x)} - 1\right) \xrightarrow{d} \mathcal{N}\left(0, (av(x))^2\right).$$

La condition $\sqrt{nh^p\alpha_n}\varepsilon_a(1/\alpha_n|x) \to 0$ implique que le biais induit par la fonction à variations lentes normalisée est négligeable en comparaison de l'écart type.

La condition $\beta_n/\alpha_n \to 0$ permet d'extrapoler et donc de choisir un ordre β_n arbitrairement petit.

Notons que la normalité asymptotique de :

$$\widehat{\mathrm{RVaR}}_n^W(\beta_n|x) = \widehat{\mathrm{RVaR}}_n(\alpha_n|x)\left(\frac{\alpha_n}{\beta_n}\right)^{\hat{\gamma}_n(x)}$$

a été établie par Daouia *et al.* [44]. Remarquons de plus que l'on retrouve exactement l'estimateur de Weissman adapté au cas conditionnel (voir Définition 1.26). Par conséquent, en remplaçant $\widehat{\mathrm{RVaR}}_n$ par $\widehat{\mathrm{RVaR}}_n^W$ et $\widehat{\mathrm{RCTM}}_{a,n}$ par $\widehat{\mathrm{RCTM}}_{a,n}^W$ dans (3.6) cela nous founit des estimateurs pour toutes les mesures de risque considérées dans ce chapitre pour des niveaux arbitrairement petits. Leurs normalités asymptotiques sont une simple conséquence du Théorème 3.7.

Dans la partie suivante, on appliquera nos estimateurs à un jeu de données pluviométriques afin d'estimer des mesures de risque associées à des pluies extrêmes.

3.4 Mesures de risque pour des extrêmes pluviométriques

Le jeu de données pluviométriques est décrit dans la sous-Partie 3.4.1. L'utilisation de nos estimateurs de mesures de risque nécessite de choisir nos deux paramètres de réglage h et α. Une procédure automatique est proposée dans la sous-Partie 3.4.2. L'efficacité de cette procédure est validée sur des simulations dans la sous-Partie 3.4.3. Finalement, dans la dernière sous-Partie 3.4.4, l'ensemble de nos résultats (procédure et estimateurs de mesures de risque) sont appliqués à ce jeu de données réelles.

3.4.1 Description du problème et du jeu de données réelles

Le comportement et l'efficacité de nos estimateurs sont illustrés sur un jeu de données pluviométriques provenant de la région Cévennes-Vivarais se situant au sud de la France. Ce jeu de données nous provient de Météo-France et consiste

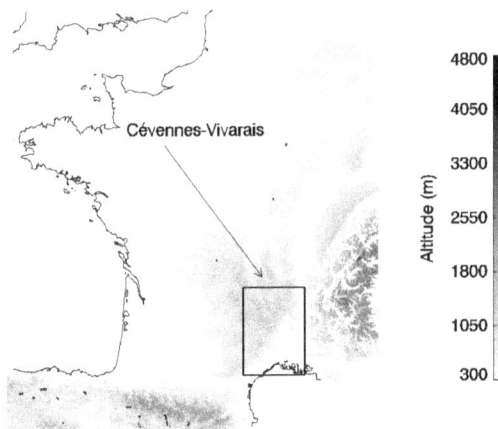

FIGURE 3.5: Carte situant la région Cévennes-Vivarais en France avec en échelle de couleur l'altitude.

en des relevés journaliers de pluie mesurés en $N = 523$ stations pluviométriques de 1958 à 2000. Dans ce contexte d'étude, la variable d'intérêt Y est la hauteur de pluie journalière mesurée en millimètres (mm). Le nombre de mesures varie en chaque station $t \in \{1, \ldots, N\}$, on le notera n_t. Le nombre total d'observations étant $n = \sum_{t=1}^{N} n_t = 5513734$. Pour X, on prendra les coordonnées géographiques des stations en trois dimensions (longitude, latitude et altitude). L'ensemble des stations est représenté sur la Figure 3.6. On notera les coordonnées des stations :

$$S = \{x_t = (x_{1,t}, x_{2,t}, x_{3,t}); t = 1, \ldots, N\},$$

où $(x_{1,t}, x_{2,t}, x_{3,t})$ représenteront respectivement la longitude, la latitude et l'altitude à la station x_t.

Des statistiques sur les pluies extrêmes sont très souvent utilisées lorsqu'une inondation survient pour quantifier la rareté d'un événement de cette ampleur. Un problème typique est d'estimer la quantité d'eau qu'il pleuvra un jour exceptionnel de fortes précipitations, qui est attendu en moyenne toutes les T années. Les hydrologues ont pour habitude de s'intéresser à la valeur $T = 100$, correspondant à un événement centennal. Rappelons qu'en termes statistiques, le problème est d'estimer un niveau de retour à T années ce qui revient à estimer un quantile des pluies journalières de niveau $\beta = 1/(365.25 \times T)$.

L'étude statistique de précipitations extrêmes a intéressé de nombreux auteurs, on citera Coles et Tawn [35] et Cooley *et al.* [39] qui ont modélisé les précipitations par une loi de Pareto Généralisée GPD (voir Partie 1.3). Les précipitations extrêmes dans la région Cévennes-Vivarais ont déjà fait l'objet de diverses études dont entre autres Bois *et al.* [22] et Gardes et Girard [85].

Les premiers contributeurs ont utilisé un jeu de données de pluies horaires mesurées entre les années 1948 et 1991 sur 48 stations. Ils se sont intéressés au niveau de retour à 10 ans des précipitations qu'ils ont estimé en ajustant une loi de Gumbel aux données et en utilisant une méthode de krigeage [127].

Les seconds contributeurs ont supposé que les pluies extrêmes pouvaient être modélisées par une loi à queue lourde. Partant d'un jeu de données de pluies horaires mesurées entre les années 1993 et 2000 sur 142 stations, ils ont estimé le niveau de retour à 10 ans des précipitations par la méthode des plus proches voisins. Les résultats obtenus permirent à ces auteurs de remettre en cause l'hypothèse selon laquelle la loi des précipitations dans la région Cévennes-Vivarais est une loi à queue légère.

Compte tenu de ce travail, nous avons alors supposé que la loi des pluies journalières dans cette région était à queue lourde. Le but de nos travaux est d'aller plus loin et d'estimer la moyenne des pluies se trouvant au-dessus du niveau de retour à T années, autrement dit la RCTE de niveau $\beta = 1/(365.25 \times T)$. Pour cela, on devra d'abord estimer $\gamma(x)$ pour pouvoir extrapoler (voir le résultat (3.10)) et ensuite calculer le niveau de retour à 100 ans.

Notre résultat sera l'estimation de mesures de risque pour des extrêmes pluviométriques en des sites où il n'y a pas de station.

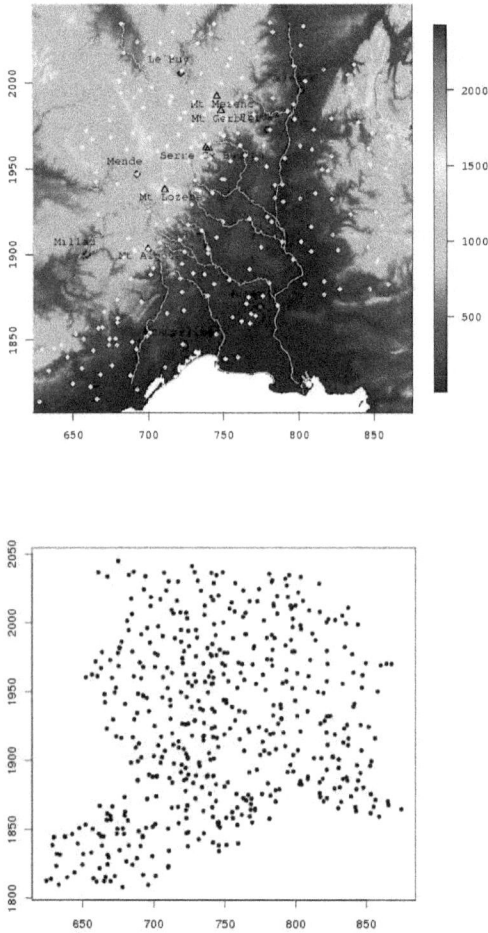

FIGURE 3.6: En haut : quelques stations d'observations (losanges blancs) repré-sentées en fonction de leurs coordonnées géographiques. Horizontalement on a la longitude (en kilomètres), verticalement la latitude (en kilomètres) et en échelle de couleurs l'altitude (en mètres). Sur la carte les montagnes sont représentées par des triangles, les cours d'eaux par des lignes grises et les principales villes par des losanges roses. En bas : l'ensemble des 523 stations d'intérêt.

3.4.2 Choix des paramètres de réglage

Nos estimateurs de mesures de risque dépendent principalement des deux paramètres de réglage h et α qui sont difficiles à choisir dans la pratique.

Le choix de la fenêtre h, qui contrôle le degré de lissage, est un problème récurrent en statistique non-paramétrique. De même, rappelons qu'en théorie des valeurs extrêmes, le choix du nombre de statistique d'ordre ou de manière équivalente le choix de α, est un problème classique d'une grande importance puisqu'il fait apparaître un compromis entre biais et variance. Choisir une grande valeur de α donne un biais important (puisque l'on sort de la queue de la distribution), alors que choisir une petite valeur de α nous engendrera une grande variance (car on dispose de peu d'observations), voir à ce propos le Théorème 3.3.

On se propose de mettre en place une procédure de type validation croisée afin de choisir de manière simultanée h et α. Plus précisément, notre procédure sera du type "leave-one-out cross validation". Elle a pour but de permettre la mise en application de nos estimateurs de manière efficace. Dans ce but, on considère deux ensembles de valeurs.

Le premier :

$$\mathcal{A} = \{\alpha_1 \leq \cdots \leq \alpha_R\}$$

est tel que $\alpha_1 > 1/\min(n_j)$ pour $j \in \{1, \ldots, N\}$ de sorte qu'il y ait au moins une observation utilisée dans l'estimation et $\alpha_R < 0.1$ pour s'assurer que l'on reste dans la queue de distribution.

Le second ensemble de valeurs :

$$\mathcal{H} = \{h_1 \leq \cdots \leq h_M\},$$

est tel qu'il y ait au moins une observation dans la boule $B(x, h_1)$ pour tout x.

Notre procédure est basée sur l'estimation du paramètre $\gamma(x)$ pour plusieurs raisons. Ce paramètre contrôle la lourdeur de la queue de la loi (voir hypothèse (**F.1**)) ainsi que la lourdeur du RCTM (voir l'équation (3.7)) et enfin l'extrapolation (voir l'équation (3.10)). De plus, il existe de nombreux estimateurs de ce paramètre dans la littérature des valeurs extrêmes auxquels se comparer.

Le principe de notre procédure est de choisir le couple empirique $(h_{emp}, \alpha_{emp}) \in \mathcal{H} \times \mathcal{A}$ pour lequel deux estimations différentes de l'indice $\gamma(x_t)$ en chaque station t coïncident approximativement. Pour les hydrologues il est primordial de combiner des informations locales et régionales pour cela nous avons choisis les deux estimateurs suivants.

Le premier estimateur, noté $\hat{\gamma}_{n,t}$, est l'estimateur de Hill (voir Définition 1.18), il dépend seulement de α et il est uniquement basé sur les mesures de pluies obtenues en chaque station t.

Le second estimateur, noté $\hat{\gamma}_n(x_t)$ est l'estimateur de l'indice de queue conditionnel introduit par Daouia et $al.$ [44]. Rappelons sa définition.

Définition 3.8. *Soit* $(\alpha_n)_{n\geq 1}$ *une suite positive telle que* $\alpha_n \to 0$ *et* $nh^p\alpha_n \to \infty$ *quand* $n \to \infty$. *Un estimateur à noyau de type Hill est donné pour tout* $J > 1$ *par :*

$$\hat{\gamma}_n(x) = \sum_{j=1}^{J}[\log \widehat{\mathrm{RVaR}}_n(\tau_j \alpha_n | x) - \log \widehat{\mathrm{RVaR}}_n(\tau_1 \alpha_n | x)] \Big/ \sum_{j=1}^{J} \log(\tau_1/\tau_j) \,,$$

où $(\tau_j)_{j\geq 1}$ *est une suite de poids positive et décroissante.*

Il dépend à la fois de α, h et de la suite $(\tau_j)_{j\geq 1}$. Il utilise toutes les mesures comprises dans la boule $B(x_t, h)$ à l'exception des mesures de la station courante t. On verra dans la sous-Partie suivante 3.4.3 les choix possibles pour la suite $(\tau_j)_{j\geq 1}$ en pratique.

En résumé, l'idée principale est de choisir le couple (h_{emp}, α_{emp}) pour lequel les estimations locales $\gamma(x_t)$ et celles prédites en utilisant les stations voisines $\hat{\gamma}_n(x_t)$ sont cohérentes. Pour être plus précis, l'algorithme mis en place est le suivant :

1. Début de la boucle sur toutes les paires $(h_i, \alpha_j) \in \mathcal{H} \times \mathcal{A}$ et sur toutes les stations $t \in \{1, \dots, N\}$.

2. Appliquer l'estimateur de Hill à la station t pour un niveau α_j pour obtenir $\hat{\gamma}_{n,t,j}$.

3. Appliquer l'estimateur de l'indice de queue conditionnel à l'aide des mesures contenues dans la boule $B(x_t, h_i) \setminus \{x_t\}$ pour un niveau α_j pour obtenir $\hat{\gamma}_{n,i,j}(x_t)$.

4. Calculer la distance : $W_{h_i,\alpha_j}(x_t) = (\hat{\gamma}_{n,t,j} - \hat{\gamma}_{n,i,j}(x_t))^2$.

5. Fin de la boucle.

6. La paire optimale est donnée par :

$$(h_{emp}, \alpha_{emp}) = \underset{(h_i, \alpha_j) \in \mathcal{H} \times \mathcal{A}}{\arg\min} \; \text{mediane} \left\{ W_{h_i, \alpha_j}(x_t), t \in \{1, \ldots, N\} \right\}.$$

3.4.3 Validation sur simulations

Dans cette partie, on teste la procédure précédente sur deux lois à queues lourdes conditionnelles : une loi de Fréchet et une loi de Burr. La fonction de survie conditionnelle de la loi de Fréchet est donnée par :

$$\overline{F}(y|x) = 1 - \exp(-y^{-1/\gamma(x)}), \quad \text{pour} \quad y \geq 0.$$

La RCTE associée peut s'écrire :

$$\text{RCTE}(\beta|x) = \frac{1}{\beta} \int_0^{\text{RVaR}(\beta|x)^{-1/\gamma(x)}} t^{\gamma(x)} \exp(-t) dt,$$

avec

$$\text{RVaR}(\beta|x) = (-\log(1-\beta))^{-\gamma(x)}.$$

La fonction de survie conditionnelle de la loi de Burr choisie est donnée par :

$$\overline{F}(y|x) = \left(1 + y^{1/\gamma(x)}\right)^{-1}, \quad \text{pour} \quad y \geq 0.$$

La RCTE associée peut s'écrire :

$$\text{RCTE}(\beta|x) = \mathcal{I}\left(\frac{\text{RVaR}(\beta|x)^{-1/\gamma(x)}}{1 + \text{RVaR}(\beta|x)^{-1/\gamma(x)}}, 1 - \gamma, 1 + \gamma\right),$$

avec

$$\text{RVaR}(\beta|x) = \beta^{-\gamma(x)}(1-\beta)^{\gamma(x)},$$

et où

$$\mathcal{I}(r, p, q) = \frac{B(r, p, q)}{B(p, q)} \quad \text{avec} \quad B(r, p, q) = \int_0^r w^{p-1}(1-w)^{q-1} dw$$

étant la fonction Beta incomplète et $B(p, q)$ la fonction Beta.

Pour notre validation sur simulation, on a choisi l'indice de queue conditionnel suivant :

$$\gamma : x \in [0,1] \rightarrow \gamma(x) = \frac{1}{2}\left(\frac{1}{10} + \sin\left(\pi x\right)\right)\left(\frac{11}{10} - \frac{1}{2}\exp\left(-64(x - 1/2)^2\right)\right),$$
(3.11)

dont on donne la représentation graphique dans la Figure 3.7 ci-après.

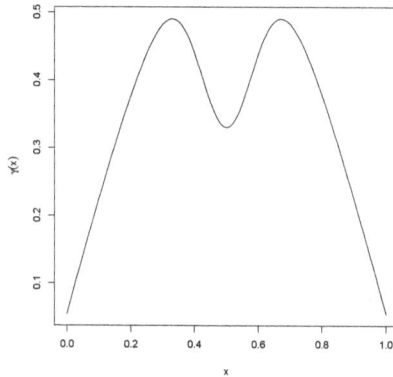

FIGURE 3.7: Représentation de la fonction $\gamma(x)$.

Si l'on garde en mémoire les restrictions sur $\gamma(x)$ dues à nos résultats asymptotiques (voir Théorème 3.3), ce choix de fonction rend l'estimation plus difficile. En effet, on peut remarquer que $\gamma(x)$ est proche de $1/2$ lorsque $x = 0.3$ or $x = 0.7$.

La fonction $\gamma(x)$ choisie étant définie sur l'intervalle unité $[0,1]$ (voir équation (3.11)) il nous faut normaliser les vecteurs que l'on utilisera comme covariable. La normalisation d'un vecteur positif $v = (v_i)_{i \in \{1,\dots,n\}} > 0$ en un vecteur $w = (w_i)_{i \in \{1,\dots,n\}} \in [0,1]$, est obtenue à l'aide de la transformation :

$$w_i = \frac{v_i - \min(v_1, \dots, v_n)}{\max(v_1, \dots, v_n) - \min(v_1, \dots, v_n)} \quad \text{pour} \quad i \in \{1, \dots, n\}.$$

Soient z_1, z_2 et z_3 respectivement la latitude, la longitude et l'altitude normalisées dans l'intervalle unité $[0,1]$. Deux choix de covariables x ont été utilisés pour $\gamma(x)$:

$$x_{euc} := \sqrt{(z_1^2 + z_2^2)/2} \quad \text{et} \quad x_{alt} := z_3.$$

133

Les paramètres de réglage sont choisis dans les ensembles :

$$\mathcal{A} = \{1/(6\times365.25), 1/(5\times365.25), \ldots, 1/365.25, 4.10^{-3}, 6.10^{-3}, \ldots, 10^{-2}, 2.10^{-2}, \ldots, 10^{-1}\}$$

et

$$\mathcal{H} = \{14, 15, \ldots, 30\}.$$

Sous certaines hypothèses, les auteurs Daouia *et al.* [44] (Corollaire 2) ont obtenu la normalité asymptotique de $\hat{\gamma}_n(x)$ (voir Définition 3.8). La variance asymptotique de l'estimateur vaut :

$$\frac{\gamma^2(x)\|K\|_2^2}{nh^p\alpha_n g(x)}V_j, \tag{3.12}$$

où

$$V_J = \left(\sum_{j=1}^{J}\frac{2(J-j)+1}{\tau_j} - J^2\right)\Big/\left(\sum_{j=1}^{J}\log(\tau_1/\tau_j)\right)^2.$$

On peut remarquer que la variance asymptotique de l'estimateur $\hat{\gamma}_n(x)$ est, à un facteur d'échelle $V_j\|K\|_2^2/g(x)$ près, identique à celle de l'estimateur classique de Hill dans le cas non conditionnel (voir Théorème 1.20). Ce facteur d'échelle fait intervenir les suites de poids $(\tau_j)_{j\geq1}$. Ainsi, un mauvais choix de ces suites aura forcément une influence sur la volatilité de l'estimateur.

Comme exemple de suites de poids nous proposons d'utiliser :

- la suite de poids harmonique définie pour tout $j = 1, \ldots, J$ par $\tau_j^{Ha} = 1/j$. Dans ce cas, $V_j^{Ha} = J(J-1)(2J-1)/(6\log^2(J!))$ est une fonction convexe de J. Son minimum qui est atteint en $J_{opt}^{Ha} = 9$ vaut $V_9^{Ha} \simeq 1.245$.

- la suite de poids géométrique définie par $\tau_j^G = (1/j)^{(j/J)}$ pour tout $j = 1, \ldots, J$. La fonction V_J^G est convexe et son minimum est atteint pour $J_{opt}^G = 15$ et $V_{15}^G \simeq 1.117$.

Dans les deux cas, le nombre de termes J a été choisi afin de minimiser la variance asymptotique de $\hat{\gamma}_n(x)$.

Enfin, on a choisi pour noyau, un noyau bi-quadratique :

$$K(x) := K(z_1, z_2) = \frac{15}{16}\left[1 - (z_1^2 + z_2^2)\right]^2\mathbb{I}\{z_1^2 + z_2^2 \leq 1\},$$

dont on donne la représentation graphique dans la Figure 3.9 ci-après.

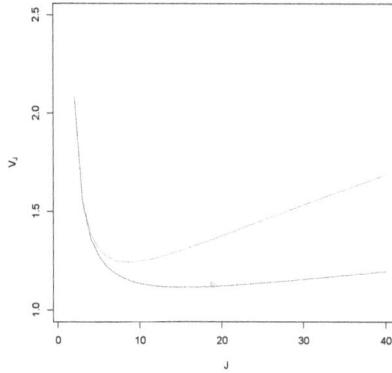

FIGURE 3.8: Représentation de V_j^{Ho} et V_j^G en fonction de J. En ordonnée on a la fonction V_j et en abscisse J. On remarquera que V_j^G croit moins vite que V_j^{Ho}.

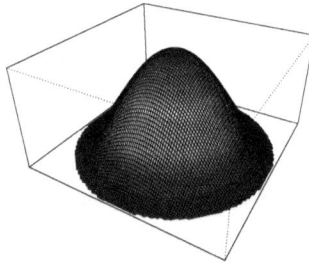

FIGURE 3.9: Représentation du noyau $K(z_1, z_2)$.

Pour s'assurer des performances de notre procédure, on la compare à une stratégie Oracle (choix optimal) (h_{opt}, α_{opt}) qui est basée sur la connaissance de la vraie fonction indice de queue conditionnel.

$$(h_{opt}, \alpha_{opt}) = \underset{(h_i, \alpha_j) \in \mathcal{H} \times \mathcal{A}}{\arg\min} \ \text{mediane}\{V_{h_i, \alpha_j}(x_t), t \in \{1, \ldots, N\}\},$$

où

$$V_{h_i,\alpha_j}(x_t) = (\gamma(x_t) - \hat{\gamma}_{n,i,j}(x_t))^2$$

est la distance à la vraie fonction indice de queue conditionnel. Les paramètres choisis par la procédure sont donnés dans le Tableau 3.2 ci-dessous.

Loi de Burr		Loi de Fréchet	
x_{euc} et τ_j^{Ha}	x_{alt} et τ_j^{G}	x_{euc} et τ_j^{G}	x_{alt} et τ_j^{Ha}
$h_{opt} = 22$	$h_{opt} = 24$	$h_{opt} = 22$	$h_{opt} = 26$
$h_{emp} = 24$	$h_{emp} = 22$	$h_{emp} = 20$	$h_{emp} = 24$
$\alpha_{opt} = 1/365.25$	$\alpha_{opt} = 1/(365.25 \times 2)$	$\alpha_{opt} = 1/(365.25 \times 3)$	$\alpha_{opt} = 1/365.25$
$\alpha_{emp} = 0.001$	$\alpha_{emp} = 1/365.25$	$\alpha_{emp} = 1/365.25$	$\alpha_{emp} = 0.004$

TABLE 3.2: Résultats de la procédure de sélection.

On peut voir que notre procédure de validation croisée choisit approximativement les mêmes paramètres de réglage que la stratégie Oracle pour tous les choix de lois, de covariable et de poids. Une remarque encore plus importante à faire est que l'on peut observer sur les Figures 3.10 et 3.11 que les lois des erreurs sur l'indice de queue sont très proches. Ces résultats nous indiquent que notre procédure de type validation croisée est presque aussi performante que la stratégie Oracle, qui elle connait la vraie valeur de l'indice de queue.

Des résultats similaires peuvent être observés sur la RCTE extrapolée définie par :

$$\widehat{\text{RCTE}}_n^W(\beta|x) = \widehat{\text{RCTE}}_n(\alpha|x) \left(\frac{\alpha}{\beta}\right)^{\hat{\gamma}_n(x)},$$

que l'on a calculé pour un niveau $\beta = 1/(365.25 \times 100)$ correspondant à une pluie centennale. Dans ce cas, la qualité de l'estimation est assurée grâce à l'erreur relative :

$$Q_n(x) = \left(\frac{\widehat{\text{RCTE}}_n^W(\beta|x)}{\text{RCTE}(\beta|x)} - 1\right)^2.$$

Les deux histogrammes de $Q_n(x_t)$, $t \in \{1, \ldots, N\}$ obtenus avec (h_{emp}, α_{emp}) et (h_{opt}, α_{opt}) sont représentés sur les Figures 3.12 et 3.13. Les deux ensembles de paramètres donnent approximativement les mêmes lois d'erreurs.

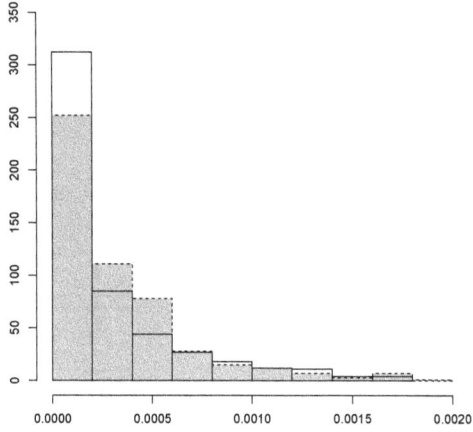

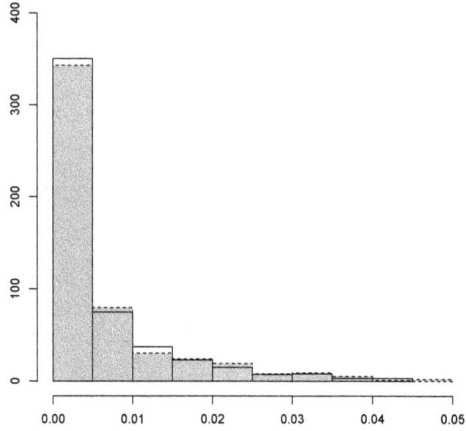

FIGURE 3.10: Histogrammes des erreurs $V_{h_{opt},\alpha_{opt}}(x_t)$ (traits pleins, barres blanches) et $V_{h_{emp},\alpha_{emp}}(x_t)$ (traits en pointillés, barres grises) calculés sur des données simulées pour une loi de Burr. En haut : x_{euc} et τ_j^{Ha}. En bas : x_{alt} and τ_j^G.

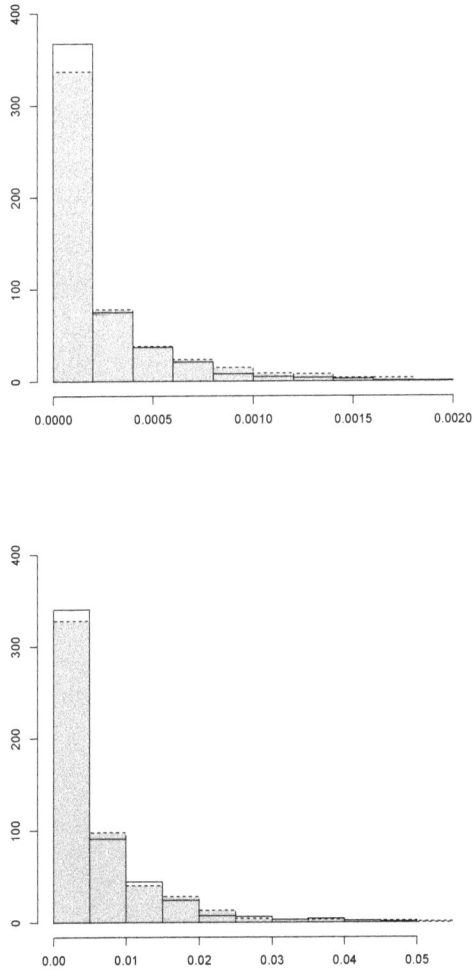

FIGURE 3.11: Histogrammes des erreurs $V_{h_{opt},\alpha_{opt}}(x_t)$ (traits pleins, barres blanches) et $V_{h_{emp},\alpha_{emp}}(x_t)$ (traits en pointillés, barres grises) calculés sur des données simulées pour une loi de Fréchet. En haut : x_{euc} et τ_j^G. En bas : x_{alt} et τ_j^{Ha}.

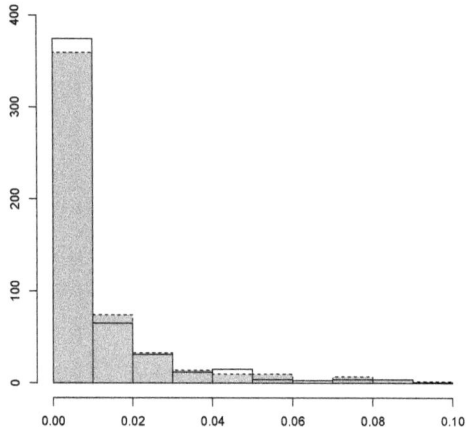

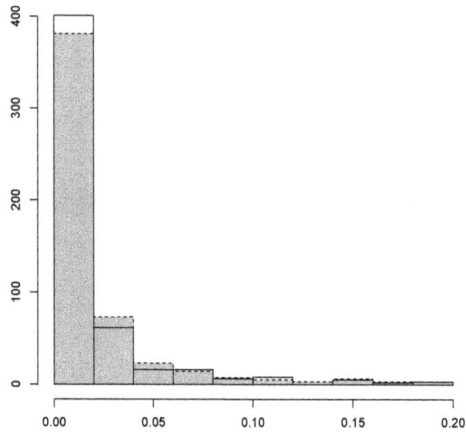

FIGURE 3.12: Histogrammes des erreurs obtenus sur les RCTE extrapolées sur des données simulées pour une loi de Burr. Jeu de paramètre (h_{opt}, α_{opt}) : traits pleins et barres blanches, (h_{emp}, α_{emp}) : traits en pointillés et barres grises. En haut : x_{euc} et τ_j^{Ha}. En bas x_{alt} et τ_j^{G}.

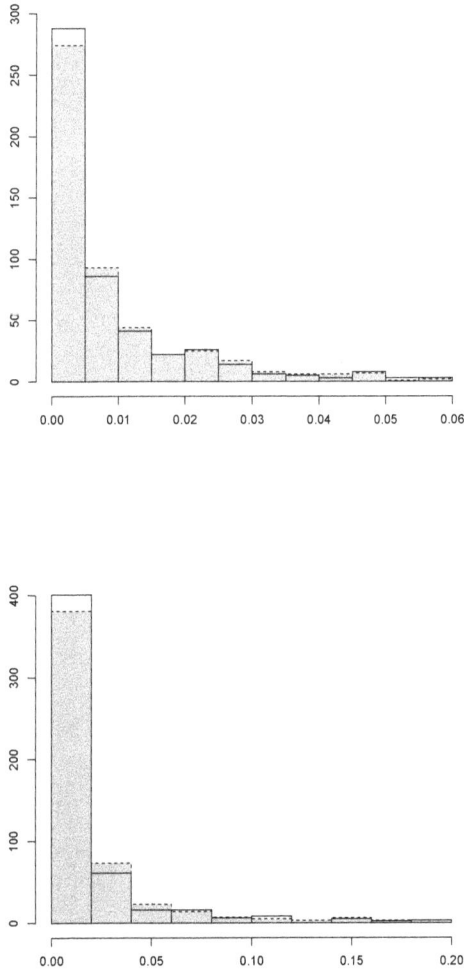

FIGURE 3.13: Histogrammes des erreurs obtenus sur les RCTE extrapolées sur des données simulées pour une loi de Fréchet. Jeu de paramètre (h_{opt}, α_{opt}) : traits pleins et barres blanches, (h_{emp}, α_{emp}) : traits en pointillés et barres grises. En haut : x_{euc} et τ_j^G. En bas x_{alt} et τ_j^{Ha}.

3.4.4 Mesures de risque estimées sur des extrêmes pluvio-métriques

L'estimation de l'indice de queue conditionel est effectué sur une grille régulière couvrant la région géographique d'intérêt. Cette grille consiste en 200×200 sites, voir Figure 3.14. Dans notre cas on se limite à une covariable X à p=2 dimensions qui dépend de la longitude et de la latitude. La distance d utilisée sera la distance euclidienne.

La procédure par validation croisée appliquée à notre jeu de données réelles avec τ_j^{Ha} donne comme valeurs pour nos paramètres de réglage $h_{emp} = 24$ et $\alpha_{emp} = 1/(365.25 \times 3)$. $h_{emp} = 24$ km correspond au rayon de la boule délimitant les stations utilisées pour lisser. $\alpha_{emp} = 1/(365.25 \times 3)$ correspond à un niveau de retour à 3 ans. Ces deux paramètres obtenus, on peut alors obtenir une estimation de $\gamma(x)$.

Pour illustrer notre estimation et donc la manière avec laquelle on interpole par noyau (voir Figure 3.14) on procède comme suit :
- **Etape 1 :** On se place au point g de la grille qui sera le centre de la boule.
- **Etape 2 :** A l'aide de notre procédure (voir sous-Partie 3.4.2) on fixe le rayon h de la boule de centre g que l'on notera $B(g, h)$.
- **Etape 3 :** On ne sélectionne que les stations x_t pour lesquelles $x_t \in B(g, h)$.

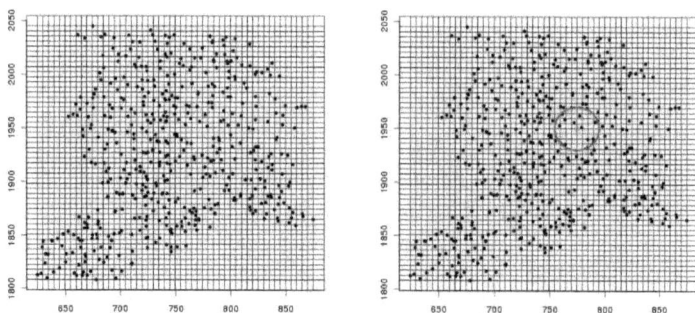

FIGURE 3.14: A gauche : les 523 stations et la grille régulière couvrant la région géographique d'intérêt. A droite : la boule $B(g, h)$ où l'on effectue l'interpolation.

On obtient ainsi une estimation de $\gamma(x)$ sur toute la grille pour les valeurs de nos paramètres dont la représentation est donnée Figure 3.15.

On souhaite vérifier si l'indice de queue conditionnel peut être considéré comme constant sur la région étudiée. A l'aide de la loi asymptotique de $\hat{\gamma}_n(x)$ établie dans [44], Corollaire 2, on peut construire des intervalles de confiance en chaque point de la grille. En effet, à l'aide de la variance asymptotique (voir équation (3.12)) où l'on estime γ par $\hat{\gamma}_n(x)$, la densité $g(x)$ par $\hat{g}_n(x)$ (voir expression (3.14)) et où l'on remplace V_j par $V_9^{Ha} \simeq 1.245$ (car on a utilisé la suite τ_j^{Ha}) on obtient, l'intervalle de niveau de confiance IC à $(1 - \eta)\%$ en chaque point de la grille :

$$\mathrm{IC}_{1-\eta}(x) = \hat{\gamma}_n(x) \left(1 \pm \|K\|_2 \Phi^{-1}\left(1 - \frac{\eta}{2}\right) \sqrt{\frac{V_9^{Ha}}{nh^2 \alpha_n \hat{g}_n(x)}} \right),$$

où Φ est la fonction de répartition de la loi Normale centrée réduite.

Pour un niveau de confiance de 95%, il s'est avéré qu'il n'y a aucune valeur commune aux intervalles, on voit donc qu'il est raisonnable de ne pas supposer $\gamma(x)$ constant sur toute la grille. On remarque que sur toute la grille, l'estimation de $\gamma(x)$ est significativement inférieure à $1/2$; ainsi on peut utiliser nos estimateurs de mesures de risque.

On peut maintenant passer à l'estimation de mesures de risque associées à une période de retour de 100 ans. On s'intéresse plus particulièrement à la RVaR$_n(\beta|x)$ et à la RCTE$_n(\beta|x)$ où $\beta = 1/(365.25 \times 100)$. Les résultats obtenus à l'aide de l'estimateur associé $\widehat{\mathrm{RVaR}}_n^W(\beta|x)$ sont donnés Figure 3.16. Il apparaît que le niveau de retour augmente globalement avec l'altitude. La dérive du taux de précipitations en fonction de l'altitude est en adéquation avec les statistiques descriptives des précipitations dans la région Cévennes-Vivarais réalisées par Molinié et al. [134]. Le niveau de retour à 100 ans estimé $\widehat{\mathrm{RVaR}}_n^W(\beta|x)$ est similaire aux résultats obtenus par Ceresetti et al. [31] où les auteurs utilisent des méthodes de krigeage [127].

On peut maintenant calculer la RCTE correspondante au niveau de retour à 100 ans à l'aide de l'estimateur $\widehat{\mathrm{RCTE}}_n^W(\beta|x)$. Elle est un complément au niveau de retour permettant de mieux mesurer la lourdeur de la queue de distribution et ainsi repérer les zones où les pluies sont plus importantes. Elle correspond à la moyenne des pluies se situant au-dessus du niveau de retour à 100 ans. Tout comme pour le niveau de retour, il apparaît que la RCTE augmente avec l'altitude, voir Figure 3.17. Il est intéressant de remarquer que la $\widehat{\mathrm{RCTE}}_n^W(\beta|x)$ peut être jusqu'à 150 millimètres plus haute que $\widehat{\mathrm{RVaR}}_n^W(\beta|x)$ dans les régions montagneuses. En effet, les amplitudes des précipitations sont très différentes pour les deux mesures de risque. Pour le niveau de retour on a un maximum qui se situe aux alentours de 350 mm alors que pour la RCTE correspondante il est proche de 500 mm. On peut aussi remarquer que les endroits à risque ne sont pas exactement les mêmes. Tous les résultats ont été obtenus sous hypothèse d'indépendance et de stationnarité temporelle.

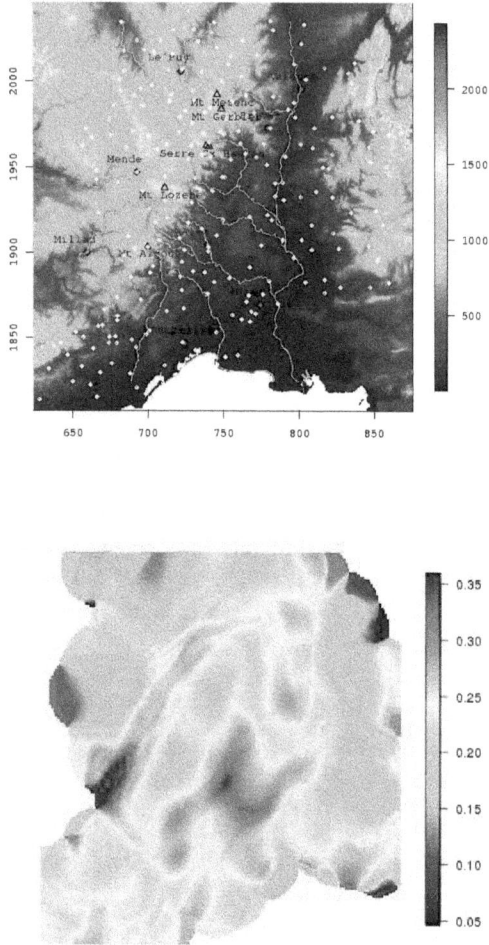

FIGURE 3.15: En haut : carte de la région géographique d'intérêt. En bas : $\hat{\gamma}_n(x)$.

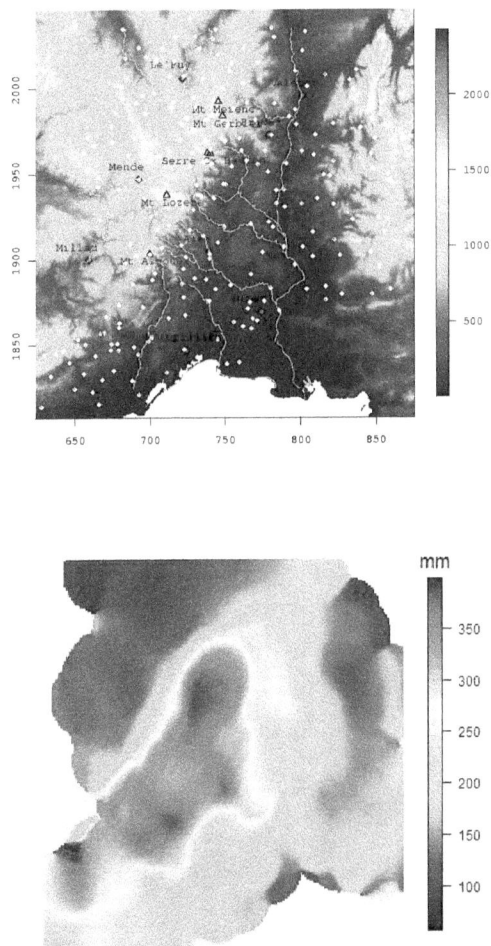

FIGURE 3.16: En haut : carte de la région géographique d'intérêt. En bas : $\widehat{\mathrm{RVaR}}_n^W (1/(100 \times 365.25)|x)$. L'échelle de couleur donne la hauteur d'eau en millimètres.

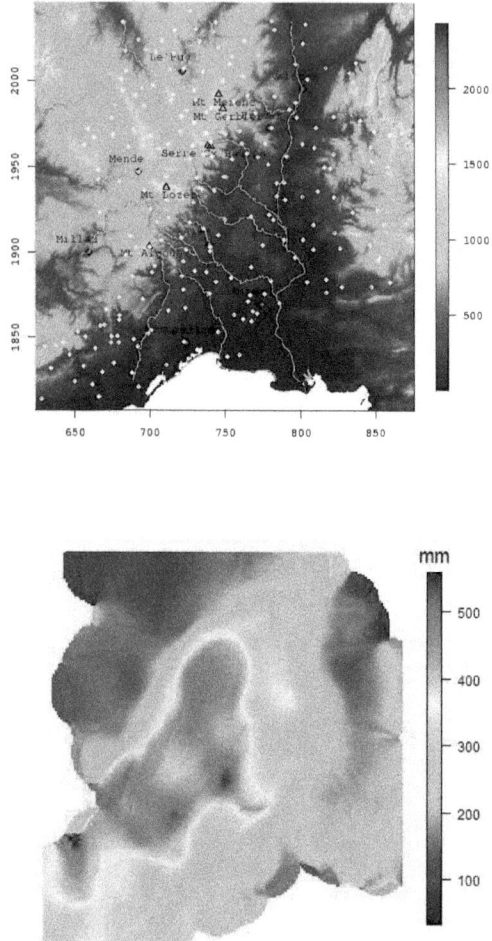

FIGURE 3.17: En haut : carte de la région géographique d'intérêt. En bas : $\widehat{\mathrm{RCTE}}_n^W\left(1/(100 \times 365.25)|x\right)$. L'échelle de couleur donne la hauteur d'eau en millimètres.

3.5 Perspectives

Ce travail nous a permis de faire le lien entre les mesures de risque utilisées en finance et en actuariat et le risque en hydrologie. Nous avons ainsi introduit une nouvelle méthode statistique permettant d'estimer des mesures de risque extrêmes en des sites où l'on ne dispose pas de stations de mesure. Plus particulièrement, on a pu présenter une application à la région Cévennes-Vivarais en comparant l'estimation du niveau de retour à 100 ans et de la RCTE correspondante.

Ces mesures de risque sont un nouvel outil dans la prévention des risques en hydrologie. Il serait très intéressant de prendre d'autres covariables en compte. Par exemple on pourrait tenir compte de l'altitude, l'orientation par rapport à la mer ou encore le type de temps. Pour cela il nous faudrait définir des nouvelles distances. Il serait aussi intéressant d'appliquer notre méthode à un nouveau type de données et de pouvoir estimer des mesures de risque dans d'autres domaines d'applications, par exemple en actuariat ou en finance.

Parmi les différentes suites à donner à ce travail, il serait intéressant d'essayer de lever la restriction sur $\gamma(x)$ dans nos théorèmes (voir Partie 3.3). Necir *et al.* [136] ont estimé la CTE pour des lois à queues lourdes (sans la présence d'une covariable) et ont obtenu la restriction $1/2 < \gamma < 1$. On pourrait essayer d'adapter leurs outils pour pallier à nos limitations sur $\gamma(x)$. Afin d'étendre nos résultats aux autres domaines d'attraction (Gumbel et Weibull), on pourrait s'inspirer des travaux de Daouia *et al.* [43]. Ces derniers ont estimé les quantiles conditionnels extrêmes en présence d'une covariable dans tous les domaines d'attraction en se basant sur des conditions dues à Von Mises (voir [50]) sur la fonction de survie conditionnelle. On pourrait alors estimer pour des pertes extrêmes et en présence d'une covariable le RCTM et ainsi toutes les mesures de risque classiques présentées dans ce chapitre.

Lorsque la covariable est non aléatoire de dimension infinie, Gardes *et al.* [89] ont proposé un estimateur du quantile conditionnel extrême pour des lois à queues lourdes. En se basant sur ces résultats, on pourrait envisager d'étendre nos travaux à ce cas et ainsi estimer toutes les mesures de risque classiques dans le cas d'une covariable non aléatoire de dimension infinie. Une autre piste très intéressante à explorer serait d'estimer $\gamma(x)$ à l'aide de combinaisons de différents ordres du RCTM. En effet, à l'aide du Lemme 3.9 on peut facilement obtenir un équivalent du RCTM et ainsi à l'instar des travaux de Girard *et al.* [94, 95, 96], on pourrait estimer $\gamma(x)$.

3.6 Démonstrations

3.6.1 Résultats préliminaires et leurs preuves

Ce lemme nous donne un équivalent de $\varphi_a(y|x)$ quand $y \to \infty$. On se réfère à Chen *et al.* [33, Corollaire 3.2] et à Pan *et al.* [138, Proposition 4.1] pour un résultat similaire dans un cas sans covariable.

Lemme 3.9. *Sous l'hypothèse* **(F.1)**, *si* $y \to \infty$, *alors pour* $a \in [0, 1/\gamma(x))$,

$$\varphi_a(y|x) = \frac{1}{1 - a\gamma(x)} y^a \overline{F}(y|x)(1 + o(1)).$$

De plus, si l'on ajoute la condition **(F.2)**, *la dérivée* $\varphi_a'(.|x)$ *de la fonction* $\varphi_a(.|x)$ *existe et est à variations régulières telle que :*

$$\varphi_a'(y|x) = \frac{a\gamma(x) - 1}{\gamma(x)} \frac{\varphi_a(y|x)}{y}(1 + o(1)).$$

Preuve – Premièrement, une intégration par partie nous donne :

$$a \int_y^\infty z^{a-1} \overline{F}(z|x) dz = \varphi_a(y|x) - y^a \overline{F}(y|x). \tag{3.13}$$

En utilisant le résultat de Resnick [147, équation (0.32)] avec :

$$y \to y^{a-1} \overline{F}(y|x) \in \mathcal{RV}_{a-1/\gamma(x)-1} \quad \text{où} \quad a - 1/\gamma(x) - 1 < -1$$

et $y \to \infty$ on obtient :

$$\int_y^\infty z^{a-1} \overline{F}(z|x) dz = \frac{\gamma(x)}{1 - a\gamma(x)} y^a \overline{F}(y|x)(1 + o(1)).$$

En remplaçant dans l'équation (3.13) et en divisant des deux cotés par :

$$\frac{1}{1 - a\gamma(x)} y^a \overline{F}(y|x)$$

on a :

$$\frac{\varphi_a(y|x)}{\frac{1}{1-a\gamma(x)} y^a \overline{F}(y|x)} - 1 + a\gamma(x) = a\gamma(x)(1 + o(1)),$$

ce qui conclut la première partie de la preuve. Deuxièmement, sous la condition **(F.2)**, en dérivant des deux cotés l'équation (3.13) on obtient :

$$\varphi_a'(y|x) = y^a \overline{F}'(y|x) = y^{a-1} \overline{F}(y|x) \frac{y \overline{F}'(y|x)}{\overline{F}(y|x)},$$

147

et en utilisant le corollaire du Théorème 0.6 dans [147], il s'ensuit que :

$$\frac{y\overline{F}'(y|x)}{\overline{F}(y|x)} = -\frac{1}{\gamma(x)}(1 + o(1)),$$

ce qui conclut la preuve. ∎

Comme conséquence du Lemme 3.9 et de l'équation (3.1), on obtient que

$$\mathrm{RCTE}(\alpha_n|x)/\mathrm{RVaR}(\alpha_n|x) \sim 1/(1 - \gamma(x))$$

qui est une extension du résultat sans covariable de Hua et Joe [121] et de Zhu et Li [170]. Le second lemme est aussi d'une nature analytique. Il nous donne un développement au second ordre du RCTM.

Lemme 3.10. *Supposons que les hypothèses* **(F.1)**, **(F.2)** *et* **(F.3)** *soient vérifiées. Soient* $0 < \beta_n < \alpha_n$ *deux suites telles que* $\alpha_n \to 0$ *lorsque* $n \to \infty$. *Alors,*

$$|\log \mathrm{RCTM}_a(\alpha_n|x) - \log \mathrm{RCTM}_a(\beta_n|x) + a\gamma(x)\log(\alpha_n/\beta_n)| = O\left(\log(\alpha_n/\beta_n)\varepsilon_a(1/\alpha_n)\right).$$

Preuve – En se servant de (3.7) et de l'hypothèse **(F.2)**, on a :

$$\log \mathrm{RCTM}_a(\alpha_n|x) = -a\gamma(x)\log(\alpha_n) + \log(c_a(x)) + \int_1^{1/\alpha_n} \frac{\varepsilon_a(u|x)}{u}du,$$

par conséquent :

$$\Delta_n := \log \mathrm{RCTM}_a(\alpha_n|x) - \log \mathrm{RCTM}_a(\beta_n|x) + a\gamma(x)\log(\alpha_n/\beta_n) = \int_{1/\beta_n}^{1/\alpha_n} \frac{\varepsilon_a(u|x)}{u}du.$$

A l'aide de **(F.3)**, on obtient $|\Delta_n| \leq |\varepsilon_a(1/\alpha_n)|\log(\alpha_n/\beta_n)$, la conclusion en découle. ∎

Remarquons que l'estimateur à noyau (3.3) du moment conditionnel peut être réécrit sous la forme :

$$\hat{\varphi}_{a,n}(y_n|x) = \hat{\psi}_{a,n}(y_n|x)/\hat{g}_n(x)$$

où

$$\hat{\psi}_{a,n}(y|x) = \frac{1}{n}\sum_{i=1}^{n} K_h(x - X_i)Y_i^a \mathbb{I}\{Y_i > y\},$$

est un estimateur de $\psi_a(y|x) = g(x)\varphi_a(y|x)$ et $\hat{g}_n(x)$ est l'estimateur à noyau classique de la densité $g(x)$:

$$\hat{g}_n(x) = \frac{1}{n}\sum_{i=1}^{n} K_h(x - X_i). \tag{3.14}$$

Lemme 3.11. *Supposons que les hypothèses* **(F.1)**, **(F.2)**, **(L)** *et* **(K)** *soient vérifiées. Soit $x \in \mathbb{R}^p$ tel que $g(x) > 0$ et soit $y_n \to \infty$ tel que $nh^p\overline{F}(y_n|x) \to \infty$.*

(i) *Soit $0 \leq a < 1/\gamma(x)$. Si $\omega(x, y_n, a, 0, h) \to 0$ alors*

$$\mathbb{E}(\hat{\psi}_{a,n}(y_n|x)) = \psi_a(y_n|x)(1 + O(h) + O(\omega(x, y_n, a, 0, h))).$$

(ii) *Soient $0 \leq a_1 < \cdots < a_{J+1} < 1/(2\gamma(x))$ où J est un entier positif. Considérons alors des suites $(y_{n,j})$, $j = 1, \ldots, J+1$ telles que :*

$$\max_{j \in \{1,\ldots,J+1\}} \left\{ \left| \frac{y_{n,j}}{y_n} - 1 \right| \right\} \to 0.$$

Si il existe, $\xi > 0$ tel que $\max_{a \in \mathcal{L}(\{a_1,\ldots,a_{J+1}\})} \omega(x, y_n, a, \xi, h) \to 0$ alors, le vecteur aléatoire :

$$\left\{ \sqrt{nh^p\overline{F}(y_n|x)} \left(\frac{\hat{\psi}_{a_j,n}(y_{n,j}|x) - \mathbb{E}(\hat{\psi}_{a_j,n}(y_{n,j}|x))}{\psi_{a_j}(y_{n,j}|x)} \right) \right\}_{j \in \{1,\ldots,J+1\}}$$

est asymptotiquement Gaussien, centré, avec une matrice de variance-covariance $\|K\|_2^2 \Sigma^{(1)}(x)/g(x)$ où

$$\Sigma_{i,j}^{(1)}(x) = \frac{(1 - a_i\gamma(x))(1 - a_j\gamma(x))}{1 - (a_i + a_j)\gamma(x)}, \ (i,j) \in \{1, \ldots, J+1\}^2.$$

Preuve – (i) Puisque les copies (X_i, Y_i), $i = 1, \ldots, n$ sont identiquement distribuées, il s'ensuit que :

$$\mathbb{E}(\hat{\psi}_{a,n}(y_n|x)) = \int_{\mathbb{R}^p} K_h(x-t)\varphi_a(y_n|t)g(t)dt = \int_S K(u)\varphi_a(y_n|x - hu)g(x - hu)du,$$

sous l'hypothèse **(K)**. Considérons :

$$|\mathbb{E}(\hat{\psi}_{a,n}(y_n|x)) - \psi_a(y_n|x)| \leq \varphi_a(y_n|x) \int_S K(u)|g(x-hu) - g(x)|du \qquad (3.15)$$

$$+ \varphi_a(y_n|x) \int_S K(u) \left| \frac{\varphi_a(y_n|x-hu)}{\varphi_a(y_n|x)} - 1 \right| g(x - hu)du. \qquad (3.16)$$

Sous l'hypothèse **(L)**, et puisque $g(x) > 0$, on a :

$$(3.15) \leq \varphi_a(y_n|x)c_g h \int_S d(u, 0)K(u)du = \varphi_a(y_n|x)O(h). \qquad (3.17)$$

Par ailleurs, au vu de l'équation (3.17) :

$$
\begin{aligned}
(3.16) \quad &\leq \quad \varphi_a(y_n|x)\omega(x,y_n,a,0,h)\int_S K(u)g(x-hu)du \\
&\leq \quad \varphi_a(y_n|x)g(x)\omega(x,y_n,a,0,h)(1+o(1)) \\
&\leq \quad \psi_a(y_n|x)\omega(x,y_n,a,0,h)(1+o(1)). \tag{3.18}
\end{aligned}
$$

Combiner les équations (3.17) et (3.18) permet de conclure la première partie de la preuve.

(ii) Soient $\beta \neq 0$ un vecteur de $\mathbb{R}^{J+1}$ et $\Lambda_n(x) = (nh^p\psi_0(y_n|x))^{-1/2}$. Considérons alors la variable aléatoire :

$$
\begin{aligned}
\Psi_n \quad &= \quad \sum_{j=1}^{J+1} \beta_j \left(\frac{\hat{\psi}_{a_j,n}(y_{n,j}|x) - \mathbb{E}(\hat{\psi}_{a_j,n}(y_{n,j}|x))}{\Lambda_n(x)\psi_{a_j}(y_{n,j}|x)} \right), \\
&= \quad \sum_{i=1}^{n} \frac{1}{n\Lambda_n(x)} \left\{ \sum_{j=1}^{J+1} \frac{\beta_j K_h(x-X_i)Y_i^{a_j}\mathbb{I}\{Y_i \geq y_{n,j}\}}{\psi_{a_j}(y_{n,j}|x)} \right. \\
&\quad - \quad \left. \mathbb{E}\left(\sum_{j=1}^{J+1} \frac{\beta_j K_h(x-X)Y^{a_j}\mathbb{I}\{Y \geq y_{n,j}\}}{\psi_{a_j}(y_{n,j}|x)} \right) \right\}, \\
&=: \quad \sum_{i=1}^{n} Z_{i,n}.
\end{aligned}
$$

Il est clair que $\{Z_{i,n}, \ i=1,\ldots,n\}$ est un ensemble de variables aléatoires centrées, indépendantes et identiquement distribuées de variance :

$$
\text{var}(Z_{1,n}) = \frac{1}{n^2 h^{2p}\Lambda_n^2(x)} \text{var}\left(\sum_{j=1}^{J+1} \beta_j K\left(\frac{x-X}{h}\right) \frac{Y^{a_j}\mathbb{I}\{Y \geq y_{n,j}\}}{\psi_{a_j}(y_{n,j}|x)} \right) = \frac{1}{n^2 h^p\Lambda_n^2(x)} \beta^t B\beta,
$$

où B est la matrice de variance-covariance de taille $(J+1) \times (J+1)$ définie par :

$$
B_{j,l} = \frac{A_{j,l}}{\psi_{a_j}(y_{n,j}|x)\psi_{a_l}(y_{n,l}|x)},
$$

pour tout $(j,l) \in \{1,\ldots,J+1\}^2$ et

$$
\begin{aligned}
A_{j,l} \quad &= \quad \frac{1}{h^p}\text{cov}\left(K\left(\frac{x-X}{h}\right)Y^{a_j}\mathbb{I}\{Y \geq y_{n,j}\}, K\left(\frac{x-X}{h}\right)Y^{a_l}\mathbb{I}\{Y \geq y_{n,l}\} \right), \\
&= \quad \|K\|_2^2 \mathbb{E}\left(\frac{1}{h^p}Q\left(\frac{x-X}{h}\right)Y^{a_j+a_l}\mathbb{I}\{Y \geq y_{n,j} \vee y_{n,l}\} \right) \\
&\quad - \quad h^p \mathbb{E}(K_h(x-X)Y^{a_j}\mathbb{I}\{Y \geq y_{n,j}\})\mathbb{E}(K_h(x-X)Y^{a_l}\mathbb{I}\{Y \geq y_{n,l}\}),
\end{aligned}
$$

avec $Q(.) := K^2(.)/\|K\|_2^2$ satisfaisant aussi l'hypothèse **(K)**. On peut alors utiliser la partie **(i)** de la preuve pour obtenir :

$$
\begin{aligned}
A_{j,l} &= \|K\|_2^2 \psi_{a_j+a_l}(y_{n,j} \vee y_{n,l}|x)(1 + O(h) + O(\omega(x, y_{n,j} \vee y_{n,l}, a_j + a_l, 0, h))) \\
&- h^p \psi_{a_j}(y_{n,j}|x)\psi_{a_l}(y_{n,l}|x)(1 + O(h) + O(\omega(x, y_{n,j}, a_j, 0, h))) \\
&\times (1 + O(h) + O(\omega(x, y_{n,l}, a_l, 0, h))).
\end{aligned}
$$

Soit $\xi > 0$ tel que :

$$
\max_{a \in \mathcal{L}(\{a_1, \dots, a_{J+1}\})} \omega(x, y_n, a, \xi, h) \to 0.
$$

En remarquant que $\omega(x, y_{n,j}, a_j, 0, h) \leq \omega(x, y_n, a_j, \xi, h)$ pour n assez grand, on obtient :

$$
\begin{aligned}
A_{j,l} &= \|K\|_2^2 \psi_{a_j+a_l}(y_{n,j} \vee y_{n,l}|x)(1 + O(h) + O(\omega(x, y_n, a_j + a_l, \xi, h))) \\
&- h^p \psi_{a_j}(y_{n,j}|x)\psi_{a_l}(y_{n,l}|x)(1 + O(h) + O(\omega(x, y_n, a_j, \xi, h))) \\
&\times (1 + O(h) + O(\omega(x, y_n, a_l, \xi, h))).
\end{aligned}
$$

Or on a,

$$
\max\left(\omega(x, y_n, a_j, \xi, h), \omega(x, y_n, a_l, \xi, h), \omega(x, y_n, a_j + a_l, \xi, h)\right) \leq \max_{a \in \mathcal{L}(\{a_1, \dots, a_{J+1}\})} \omega(x, y_n, a, \xi, h),
$$

ce qui donne :

$$
\begin{aligned}
B_{j,l} &= \frac{\|K\|_2^2 \psi_{a_j+a_l}(y_{n,j} \vee y_{n,l}|x)}{\psi_{a_j}(y_{n,j}|x)\psi_{a_l}(y_{n,l}|x)}(1 + O(h) + O(\omega_n(y_n, \xi))) \\
&- h^p(1 + O(h) + O(\omega_n(y_n, \xi))).
\end{aligned}
$$

Rappelons que puisque $\psi_a(.|x)$ est à variations régulières, il s'ensuit que :

$$
\psi_{a_j}(y_{n,j}|x) \sim \psi_{a_j}(y_n|x) \to 0
$$

pour tout $j \in \{1, \dots, J+1\}$. Le Lemme 3.9 implique ainsi :

$$
B_{j,l} = \frac{\|K\|_2^2}{\psi_0(y_n|x)} \frac{(1 - a_j\gamma(x))(1 - a_l\gamma(x))}{1 - (a_j + a_l)\gamma(x)}(1 + o(1)) = \frac{\|K\|_2^2}{\psi_0(y_n|x)} \Sigma_{j,l}^{(1)}(x)(1 + o(1)).
$$

De plus,

$$
\operatorname{var}(Z_{1,n}) \sim \|K\|_2^2 \beta^t \Sigma^{(1)}(x)\beta/n.
$$

Comme conclusion préliminaire on peut affirmer que la variance de Ψ_n converge vers $\|K\|_2^2 \beta^t \Sigma^{(1)}(x)\beta$. Afin d'utiliser le théorème de Lyapounov il reste à prouver qu'il existe $\eta > 0$ tel que :

$$
\sum_{i=1}^n \mathbb{E}|Z_{i,n}|^{2+\eta} = n\mathbb{E}|Z_{1,n}|^{2+\eta} \to 0.
$$

Un calcul immédiat nous donne :

$$\mathbb{E}\left|Z_{1,n}\right|^{2+\eta} = \left(\frac{1}{n\Lambda_n(x)}\right)^{2+\eta} \mathbb{E}\left|\sum_{j=1}^{J+1} \frac{\beta_j K_h\left(x-X\right) Y^{a_j}\mathbb{I}\{Y \geq y_{n,j}\}}{\psi_{a_j}(y_{n,j}|x)}\right.$$
$$- \left.\mathbb{E}\left(\sum_{j=0}^{J+1} \frac{\beta_j K_h\left(x-X\right) Y^{a_j}\mathbb{I}\{Y \geq y_{n,j}\}}{\psi_{a_j}(y_{n,j}|x)}\right)\right|^{2+\eta}.$$

Par ailleurs pour chaque couple de variables aléatoires (T_1, T_2) ayant un moment d'ordre $2+\eta$ fini, on a :

$$\mathbb{E}\left(|T_1+T_2|^{2+\eta}\right) \leq 2^{2+\eta} \max_{i=\{1,2\}} \mathbb{E}\left(|T_i|^{2+\eta}\right),$$

ce qui donne :

$$\mathbb{E}\left|Z_{1,n}\right|^{2+\eta} \leq \left(\frac{2}{n\Lambda_n(x)}\right)^{2+\eta} \mathbb{E}\left|\sum_{j=1}^{J+1} \frac{\beta_j K_h\left(x-X\right) Y^{a_j}\mathbb{I}\{Y \geq y_{n,j}\}}{\psi_{a_j}(y_{n,j}|x)}\right|^{2+\eta}.$$

En utilisant le Lemme 3.9 et le fait que $y_{n,j} = y_n(1+o(1))$ pour $j \in \{1, \ldots, J+1\}$ on a :

$$\mathbb{E}\left|Z_{1,n}\right|^{2+\eta} \leq \left(\frac{2}{n\Lambda_n(x)\psi_0(y_n|x)}\right)^{2+\eta}$$
$$\times \mathbb{E}\left|\sum_{j=1}^{J+1} \beta_j K_h\left(x-X\right)\mathbb{I}\{Y \geq y_{n,j}\}\left(\frac{Y}{y_{n,j}}\right)^{a_j}(1-a_j\gamma(x))\right|^{2+\eta}(1+o(1)).$$

Soient $\tilde{a} = \max\{a_1, \ldots, a_{J+1}\}$ et $\tilde{y}_n = \min\{y_{n,1}, \ldots, y_{n,J+1}\}$, il s'ensuit que pour n assez grand,

$$n\mathbb{E}\left|Z_{1,n}\right|^{2+\eta} \leq 2n\left(\frac{2(1-\tilde{a}\gamma(x))}{nh^p\Lambda_n(x)\psi_0(y_n|x)\tilde{y}_n^{\tilde{a}}}\right)^{2+\eta}$$
$$\times \sum_{j=1}^{J+1}|\beta_j|^{2+\eta}\mathbb{E}\left(K\left(\frac{x-X}{h}\right)Y^{\tilde{a}}\mathbb{I}\{Y \geq \tilde{y}_n\}\right)^{2+\eta}.$$

En choisissant η tel que $0 < \eta < -2 + 1/(\tilde{a}\gamma(x))$, le point **(i)** implique :

$$\mathbb{E}\left(K\left(\frac{x-X}{h}\right)Y^{\tilde{a}}\mathbb{I}\{Y \geq \tilde{y}_n\}\right)^{2+\eta} = h^p\|K\|_{2+\eta}^{2+\eta}\mathbb{E}\left(N_h\left(x-X\right)Y^{\tilde{a}(2+\eta)}\mathbb{I}\{Y \geq \tilde{y}_n\}\right),$$
$$= h^p\|K\|_{2+\eta}^{2+\eta}\psi_{\tilde{a}(2+\eta)}(\tilde{y}_n|x)(1+o(1)),$$

puisque $N(.) := K^{2+\eta}(.)/\|K\|_{2+\eta}^{2+\eta}$ vérifie aussi l'hypothèse **(K)**. En utilisant le Lemme 3.9 et le fait que $\tilde{y}_n = y_n(1+o(1))$, on obtient :

$$n\mathbb{E}\left|Z_{1,n}\right|^{2+\eta} = O\left(\Lambda_n^\eta(x)\right) \to 0,$$

lorsque $n \to \infty$ ce qui conclut la preuve. ∎

Les comportements asymptotiques de nos estimateurs $\hat{\varphi}_{a,n}(.|x)$ et $\hat{\varphi}^{\leftarrow}_{a,n}(.|x)$ sont établis dans les deux propositions suivantes.

Proposition 3.12. *Supposons que les hypothèses* **(F.1)**, **(F.2)**, **(L)** *et* **(K)** *soient vérifiées. Soit* $x \in \mathbb{R}^p$ *tel que* $g(x) > 0$ *et soient* $0 \le a_1 < \cdots < a_{J+1} < 1/(2\gamma(x))$ *où* J *est un entier positif. Considérons* $y_n \to \infty$ *tel que* $nh^p\overline{F}(y_n|x) \to \infty$ *lorsque* $n \to \infty$ *et les suites* $(y_{n,j})$, $j \in \{1, \ldots, J+1\}$ *telles que :*

$$\max_{j \in \{1,\ldots,J+1\}} \left| \frac{y_{n,j}}{y_n} - 1 \right| \to 0.$$

S'il existe $\xi > 0$ *tel que*

$$nh^p\overline{F}(y_n|x) \left(h \vee \max_{a \in \mathcal{L}(\{a_1,\ldots,a_{J+1}\})} \omega(x, y_n, a, \xi, h) \right)^2 \to 0$$

alors, le vecteur aléatoire :

$$\left\{ \sqrt{nh^p\overline{F}(y_n|x)} \left(\frac{\hat{\varphi}_{a_j,n}(y_{n,j}|x)}{\varphi_{a_j}(y_{n,j}|x)} - 1 \right) \right\}_{j \in \{1,\ldots,J+1\}}$$

est asymptotiquement Gaussien, centré, avec une matrice de variance-covariance :

$$\frac{\|K\|_2^2 \Sigma^{(1)}(x)}{g(x)}.$$

Preuve – En gardant à l'esprit les notations du Lemme 3.11, il s'ensuit les développements suivants :

$$\Lambda_n^{-1}(x) \sum_{j=1}^{J+1} \beta_j \left(\frac{\hat{\varphi}_{a_j,n}(y_{n,j}|x)}{\varphi_{a_j}(y_{n,j}|x)} - 1 \right) = \frac{\Delta_{1,n} + \Delta_{2,n} - \Delta_{3,n}}{\hat{g}_n(x)}, \qquad (3.19)$$

où

$$\Delta_{1,n} = g(x)\Lambda_n^{-1}(x) \sum_{j=1}^{J+1} \beta_j \left(\frac{\hat{\psi}_{a_j,n}(y_{n,j}|x) - \mathbb{E}(\hat{\psi}_{a_j,n}(y_{n,j}|x))}{\psi_{a_j}(y_{n,j}|x)} \right),$$

$$\Delta_{2,n} = g(x)\Lambda_n^{-1}(x) \sum_{j=1}^{J+1} \beta_j \left(\frac{\mathbb{E}(\hat{\psi}_{a_j,n}(y_{n,j}|x)) - \psi_{a_j}(y_{n,j}|x)}{\psi_{a_j}(y_{n,j}|x)} \right),$$

$$\Delta_{3,n} = \left(\sum_{j=1}^{J+1} \beta_j \right) \Lambda_n^{-1}(x) \left(\hat{g}_n(x) - g(x) \right).$$

Ainsi, à l'aide du Lemme 3.11(ii), le terme aléatoire $\Delta_{1,n}$ peut se réécrire :

$$\Delta_{1,n} = g(x)\|K\|_2\sqrt{\beta^t\Sigma^{(1)}(x)\beta}\,\xi_n, \tag{3.20}$$

où ξ_n converge vers une loi Normale centrée réduite. Le terme déterministe $\Delta_{2,n}$ est contrôlé par le Lemme 3.11(i) :

$$
\begin{aligned}
\Delta_{2,n} &= O\left(h\Lambda_n^{-1}(x)\right) + O\left(\Lambda_n^{-1}(x)\max_{a\in\mathcal{L}(\{a_1,\dots,a_{J+1}\})}\omega(x,y_n,a,\xi,h)\right)\\
&= O\left(nh^{p+2}\bar{F}(y_n|x)\right)^{1/2} + O\left(nh^p\bar{F}(y_n|x)\max_{a\in\mathcal{L}(\{a_1,\dots,a_{J+1}\})}\omega^2(x,y_n,a,\xi,h)\right)^{1/2}\\
&= o(1). \tag{3.21}
\end{aligned}
$$

Finalement, $\Delta_{3,n}$ est un terme classique lorsque l'on estime une densité par noyau. Il peut être borné par [44], Lemme 4 :

$$
\begin{aligned}
\Delta_{3,n} &= O(h\Lambda_n^{-1}(x)) + O_P(\Lambda_n^{-1}(x)(nh^p)^{-1/2}),\\
&= O\left(nh^{p+2}\bar{F}(y_n|x)\right)^{1/2} + O_P(\bar{F}(y_n|x))^{1/2} = o_P(1). \tag{3.22}
\end{aligned}
$$

En rassemblant les équations (3.19)–(3.22), on obtient :

$$\hat{g}_n(x)\Lambda_n^{-1}(x)\sum_{j=1}^{J+1}\beta_j\left(\frac{\hat{\varphi}_{a_j,n}(y_{n,j}|x)}{\varphi_{a_j}(y_{n,j}|x)}-1\right) = g(x)\|K\|_2\sqrt{\beta^t\Sigma^{(1)}(x)\beta}\,\xi_n + o_P(1).$$

Le dernier point et $\hat{g}_n(x)\xrightarrow{\mathbb{P}} g(x)$ donnent :

$$\sqrt{nh^p\bar{F}(y_n|x)}\sum_{j=1}^{J+1}\beta_j\left(\frac{\hat{\varphi}_{a_j,n}(y_{n,j}|x)}{\varphi_{a_j}(y_{n,j}|x)}-1\right) = \|K\|_2\sqrt{\frac{\beta^t\Sigma^{(1)}(x)\beta}{g(x)}}\,\xi_n + o_P(1),$$

ce qui prouve le résultat énoncé. ∎

Proposition 3.13. *Supposons que les hypothèses* **(F.1)**, **(F.2)**, **(L)** *et* **(K)** *soient vérifiées. Soit* $x\in\mathbb{R}^p$ *tel que* $g(x)>0$ *et soient* $0\le a_1<\cdots<a_{J+1}<1/(2\gamma(x))$ *où* J *est un entier positif. Considérons* $\alpha_n\to 0$ *tel que* $nh^p\alpha_n\to\infty$ *lorsque* $n\to\infty$. *Soient* $(\alpha_{n,j})$, $j=1,\dots,J+1$ *des suites telles que :*

$$\max_{j\in\{1,\dots,J+1\}}\left|\frac{\varphi_{a_j}^{\leftarrow}(\alpha_{n,j}|x)}{\varphi_0^{\leftarrow}(\alpha_n|x)}-1\right|\to 0,$$

S'il existe $\xi>0$ *tel que*

$$nh^p\alpha_n\left(h\vee\max_{a\in\mathcal{L}(\{a_1,\dots,a_{J+1}\})}\omega(x,\varphi_0^{\leftarrow}(\alpha_n|x),a,\xi,h)\right)^2\to 0$$

alors, le vecteur aléatoire :

$$\left\{ \sqrt{nh^p \alpha_n} \left(\frac{\hat{\varphi}^{\leftarrow}_{a_j,n}(\alpha_{n,j}|x)}{\varphi^{\leftarrow}_{a_j}(\alpha_{n,j}|x)} - 1 \right) \right\}_{j \in \{1,\ldots,J+1\}}$$

est asymptotiquement Gaussien, centré, avec une matrice de variance-covariance :

$$\frac{\|K\|_2^2 \Sigma^{(2)}(x)}{g(x)} \quad o\grave{u} \quad \Sigma^{(2)}_{i,j}(x) = \frac{\gamma^2(x)}{1 - (a_i + a_j)\gamma(x)}, \ (i,j) \in \{1,\ldots,J+1\}^2.$$

Preuve – Introduisons pour $j \in \{1,\ldots,J+1\}$, les termes suivants :

$$\sigma_{n,j}(x) = \varphi^{\leftarrow}_{a_j}(\alpha_{n,j}|x)(nh^p \alpha_n)^{-1/2},$$

$$v_{n,j}(x) = \alpha_{n,j}^{-1} \frac{\gamma(x)}{1 - a_j\gamma(x)}(nh^p \alpha_n)^{1/2},$$

$$W_{n,j}(x) = v_{n,j}(x)\left(\hat{\varphi}_{a_j}(\varphi^{\leftarrow}_{a_j}(\alpha_{n,j}|x) + \sigma_{n,j}(x)z_j)|x) - \varphi_{a_j}(\varphi^{\leftarrow}_{a_j}(\alpha_{n,j}|x) + \sigma_{n,j}(x)z_j)|x) \right),$$

$$t_{n,j}(x) = v_{n,j}(x)\left(\alpha_{n,j} - \varphi_{a_j}(\varphi^{\leftarrow}_{a_j}(\alpha_{n,j}|x) + \sigma_{n,j}(x)z_j)|x) \right),$$

où $(z_1,\ldots,z_{J+1}) \in \mathbb{R}^{J+1}$. Examinons le comportement asymptotique de la fonction de répartition définie par :

$$\begin{aligned} \Phi_n(z_1,\ldots,z_{J+1}) &= \mathbb{P}\left(\bigcap_{j=1}^{J+1} \left\{ \sigma_{n,j}^{-1}(x)(\hat{\varphi}^{\leftarrow}_{a_j,n}(\alpha_{n,j}|x) - \varphi^{\leftarrow}_{a_j}(\alpha_{n,j}|x)) \leq z_j \right\} \right), \\ &= \mathbb{P}\left(\bigcap_{j=1}^{J+1} \left\{ W_{n,j}(x) \leq t_{n,j}(x) \right\} \right). \end{aligned}$$

Concentrons nous d'abord sur les termes déterministes $t_{n,j}(x)$, $j \in \{1,\ldots,J+1\}$. D'après le Lemme 3.9, pour tout $a \in [0, 1/(2\gamma(x)))$, la fonction $\varphi_a(.|x)$ est dérivable ainsi, pour chaque $j \in \{1,\ldots,J+1\}$ il existe $\theta_{n,j} \in]0,1[$ tel que :

$$\varphi_{a_j}\left(\varphi^{\leftarrow}_{a_j}(\alpha_{n,j}|x)|x \right) - \varphi_{a_j}\left(\varphi^{\leftarrow}_{a_j}(\alpha_{n,j}|x) + \sigma_{n,j}(x)z_j|x \right) = -\sigma_{n,j}(x)z_j\varphi'_{a_j}(r_{n,j}|x), \quad (3.23)$$

où $r_{n,j} = \varphi^{\leftarrow}_{a_j}(\alpha_{n,j}|x) + \theta_{n,j}\sigma_{n,j}(x)z_j$. Il est ainsi évident que $r_{n,j} \sim \varphi^{\leftarrow}_{a_j}(\alpha_{n,j}|x) \to \infty$. De plus le Lemme 3.9 donne

$$\varphi'_{a_j}(r_{n,j}|x) = \frac{(a_j\gamma(x) - 1)\alpha_{n,j}}{\gamma(x)\varphi^{\leftarrow}_{a_j}(\alpha_{n,j}|x)}(1 + o(1)). \quad (3.24)$$

Au vu des deux équations (3.23) et (3.24), on termine avec :

$$t_{n,j}(x) = \frac{(1 - a_j\gamma(x))v_{n,j}(x)\sigma_{n,j}(x)\alpha_{n,j}z_j}{\gamma(x)\varphi^{\leftarrow}_{a_j}(\alpha_{n,j}|x)}(1 + o(1)) = z_j(1 + o(1)). \quad (3.25)$$

Penchons nous sur les termes aléatoires $W_{n,j}(x)$, $j \in \{1, \ldots, J+1\}$. Il est clair que les suites $y_{n,j} := \varphi_{a_j}^{\leftarrow}(\alpha_{n,j}|x) + \sigma_{n,j}(x)z_j$, $j = 1, \ldots, J+1$ et $y_n := \varphi_0^{\leftarrow}(\alpha_n|x)$ satisfont les hypothèses de la Proposition 3.12. Par conséquent on a,

$$W_{n,j}(x) = \frac{\gamma(x)}{1 - a_j\gamma(x)} \frac{\varphi_{a_j}(\varphi_{a_j}^{\leftarrow}(\alpha_{n,j}|x) + \sigma_{n,j}(x)z_j|x)}{\alpha_{n,j}} (nh^p\alpha_n)^{1/2} \left(\frac{\hat{\varphi}_{a_j}(y_{n,j}|x)}{\varphi_{a_j}(y_{n,j}|x)} - 1 \right).$$

De plus, puisque $\varphi_a(.|x)$ est à variations régulières, les équivalences suivantes sont vérifiées :

$$\frac{\varphi_{a_j}(\varphi_{a_j}^{\leftarrow}(\alpha_{n,j}|x) + \sigma_{n,j}(x)z_j|x)}{\alpha_{n,j}} = \frac{\varphi_{a_j}(\varphi_{a_j}^{\leftarrow}(\alpha_{n,j}|x)(1 + o_{\mathbb{P}}(1))|x)}{\alpha_{n,j}} = 1 + o_{\mathbb{P}}(1).$$

Comme conséquence du théorème de Slutsky, le vecteur aléatoire $(W_{n,1}, \ldots, W_{n,J+1})$ est égal à $A(x)\xi_n$ où

$$A(x) = \text{diag}\left(\frac{\gamma(x)}{1 - a_1\gamma(x)}, \ldots, \frac{\gamma(x)}{1 - a_{J+1}\gamma(x)} \right),$$

et ξ_n est un $(J+1)-$ vecteur aléatoire convergeant vers une loi Normale centrée de matrice de variance-covariance $\|K\|_2^2 \Sigma^{(1)}(x)/g(x)$. En tenant compte de l'équation (3.25), on obtient que $\Phi_n(z_1, \ldots, z_{J+1})$ converge vers une fonction de répartition d'une loi Normale centrée de matrice de variance-covariance

$$\frac{\|K\|_2^2 A(x)\Sigma^{(1)}(x)A(x)}{g(x)} = \frac{\|K\|_2^2\Sigma^{(2)}(x)}{g(x)}.$$

Ce qui est le résultat attendu. ∎

3.6.2 Preuves des principaux résultats

Preuve du Théorème 3.3.

Considérons pour $j \in \{1, \ldots, J\}$ les termes suivants :

$$
\begin{aligned}
v_{n,j}(x) &= \frac{(1 - a_j \gamma(x))(nh^p \alpha_n)^{1/2}}{\gamma(x)\varphi_0^{\leftarrow}(\alpha_n|x)}, \\
\sigma_{n,j}(x) &= \varphi_{a_j}(\varphi_0^{\leftarrow}(\alpha_n|x)|x)(nh^p\alpha_n)^{-1/2}, \\
\sigma_{n,0}(x) &= \varphi_0^{\leftarrow}(\alpha_n|x)(nh^p\alpha_n)^{-1/2}, \\
t_{n,j} &= v_{n,j}(x)\left(\varphi_0^{\leftarrow}(\alpha_n|x) - \varphi_{a_j}^{\leftarrow}\left(\varphi_{a_j}(\varphi_0^{\leftarrow}(\alpha_n|x)|x) + \sigma_{n,j}(x)z_j|x\right)\right), \\
W_{n,j}(x) &= v_{n,j}(x)\left(\hat{\varphi}_{a_j,n}^{\leftarrow}\left(\varphi_{a_j}(\varphi_0^{\leftarrow}(\alpha_n|x)|x) + \sigma_{n,j}(x)z_j|x\right)\right. \\
&\quad \left. - \varphi_{a_j}^{\leftarrow}\left(\varphi_{a_j}(\varphi_0^{\leftarrow}(\alpha_n|x)|x) + \sigma_{n,j}(x)z_j|x\right)\right), \\
W_{n,j}^{(0)}(x) &= v_{n,j}(x)\left(\hat{\varphi}_{0,n}^{\leftarrow}(\alpha_n|x) - \varphi_0^{\leftarrow}(\alpha_n|x)\right), \\
W_{n,0}^{(0)}(x) &= \sigma_{n,0}^{-1}(x)\left(\hat{\varphi}_{0,n}^{\leftarrow}(\alpha_n|x) - \varphi_0^{\leftarrow}(\alpha_n|x)\right),
\end{aligned}
$$

où $(z_0, z_1, \ldots, z_J) \in \mathbb{R}^{J+1}$. Regardons le comportement asymptotique de la fonction de répartition définie par :

$$
\begin{aligned}
&\Phi_n(z_0, z_1, \ldots, z_J) \\
&= \mathbb{P}\left(\left\{\bigcap_{j=1}^{J}\left\{\sigma_{n,j}^{-1}(x)(\hat{\varphi}_{a_j,n}(\hat{\varphi}_{0,n}^{\leftarrow}(\alpha_n|x)|x) - \varphi_{a_j}(\varphi_0^{\leftarrow}(\alpha_n|x)|x)) \leq z_j\right\}\right\} \bigcap \left\{W_{n,0}^{(0)}(x) \leq z_0\right\}\right), \\
&= \mathbb{P}\left(\left\{\bigcap_{j=1}^{J}\left\{W_{n,j}(x) - W_{n,j}^{(0)}(x) \leq t_{n,j}\right\}\right\} \bigcap \left\{W_{n,0}^{(0)}(x) \leq z_0\right\}\right).
\end{aligned}
$$

Concentrons-nous d'abord sur les termes déterministes $t_{n,j}(x)$, $j = 1, \ldots, J$. D'après le Lemme 3.9, pour tout $a \in [0, 1/(2\gamma(x)))$, $\varphi_a^{\leftarrow}(.|x)$ est une fonction à variations régulières dérivable telle que :

$$
(\varphi_a^{\leftarrow})'(y_n|x) = \frac{1}{\varphi_a'(\varphi_a^{\leftarrow}(y_n|x)|x)} = \frac{\gamma(x)\varphi_a^{\leftarrow}(y_n|x)}{(a\gamma(x) - 1)y_n}(1 + o(1)), \tag{3.26}
$$

lorsque $n \to \infty$. Pour tout $j \in \{1, \ldots, J\}$, un développement de Taylor à l'ordre un donne :

$$
\varphi_{a_j}^{\leftarrow}(\varphi_{a_j}(\varphi_0^{\leftarrow}(\alpha_n|x)|x)|x) - \varphi_{a_j}^{\leftarrow}\left(\varphi_{a_j}(\varphi_0^{\leftarrow}(\alpha_n|x)|x) + \sigma_{n,j}(x)z_j|x\right) = -\sigma_{n,j}(x)z_j q_{n,j}(x),
$$

où

$$
q_{n,j}(x) = (\varphi_{a_j}^{\leftarrow})'(\varphi_{a_j}(\varphi_0^{\leftarrow}(\alpha_n|x)|x) + \theta_{n,j}\sigma_{n,j}(x)z_j|x)
$$

avec $(\theta_{n,1}, \ldots, \theta_{n,J}) \in]0,1[^J$. Puisque :

$$\sigma_{n,j}(x)/\varphi_{a_j}(\varphi_0^{\leftarrow}(\alpha_n|x)|x) = (nh^p\alpha_n)^{-1/2} \to 0$$

lorsque $n \to \infty$, l'équation (3.26) implique :

$$q_{n,j}(x) = \frac{\gamma(x)\varphi_0^{\leftarrow}(\alpha_n|x)}{(a_j\gamma(x)-1)\varphi_{a_j}(\varphi_0^{\leftarrow}(\alpha_n|x)|x)}(1+o(1)).$$

Ainsi,

$$\varphi_{a_j}^{\leftarrow}(\varphi_{a_j}(\varphi_0^{\leftarrow}(\alpha_n|x)|x)|x) - \varphi_{a_j}^{\leftarrow}\left(\varphi_{a_j}(\varphi_0^{\leftarrow}(\alpha_n|x)|x) + \sigma_{n,j}(x)z_j|x\right) = \frac{z_j}{v_{n,j}(x)}(1+o(1)),$$
(3.27)

ce qui montre que pour tout $j \in \{1, \ldots, J\}$, $t_{n,j} \to z_j$ lorsque $n \to \infty$. Concentrons nous sur les termes aléatoires $W_{n,j}(x)$, $j = 1, \ldots, J$. Il est clair que :

$$W_{n,j}(x) = \frac{1-a_j\gamma(x)}{\gamma(x)}(nh^p\alpha_n)^{1/2}\left(\frac{\hat{\varphi}_{a_j,n}^{\leftarrow}\left(\varphi_{a_j}(\varphi_0^{\leftarrow}(\alpha_n|x)|x) + \sigma_{n,j}(x)z_j|x\right)}{\varphi_{a_j}^{\leftarrow}\left(\varphi_{a_j}(\varphi_0^{\leftarrow}(\alpha_n|x)|x) + \sigma_{n,j}(x)z_j|x\right)} - 1\right)(1+o(1)),$$

puisque d'après l'équation (3.27) :

$$\frac{\varphi_{a_j}^{\leftarrow}\left(\varphi_{a_j}(\varphi_0^{\leftarrow}(\alpha_n|x)|x) + \sigma_{n,j}(x)z_j|x\right)}{\varphi_0^{\leftarrow}(\alpha_n|x)} = 1 + \frac{z_j}{\varphi_0^{\leftarrow}(\alpha_n|x)v_{n,j}(x)}(1+o(1)) = 1 + o(1).$$

De plus, on a :

$$W_{n,j}^{(0)}(x) = \frac{1-a_j\gamma(x)}{\gamma(x)}(nh^p\alpha_n)^{1/2}\left(\frac{\hat{\varphi}_{0,n}^{\leftarrow}(\alpha_n|x)}{\varphi_0^{\leftarrow}(\alpha_n|x)} - 1\right).$$

Comme conséquence il en résulte qu'en appliquant la Proposition 3.13 avec $a_{J+1} = 0$, $\alpha_{n,j} = \varphi_{a_j}(\varphi_0^{\leftarrow}(\alpha_n|x)|x) + \sigma_{n,j}(x)z_j$ pour $j = 1, \ldots, J$ et $\alpha_{n,J+1} = \alpha_n$ cela implique

$$\left\{\left\{W_{n,j}(x) - W_{n,j}^{(0)}(x)\right\}_{j=1,\ldots,J}, W_{n,0}^{(0)}(x)\right\} = M(x)\xi_n,$$

où M est la matrice de taille $(J+1) \times (J+1)$ définie par :

$$M(x) = \left(\begin{array}{c|c} \tilde{A}(x) & \begin{array}{c} c_1(x) \\ \vdots \\ c_J(x) \end{array} \\ \hline 0\cdots0 & 1 \end{array}\right)$$

avec

$$\tilde{A}(x) = \text{diag}\left(\frac{1-a_1\gamma(x)}{\gamma(x)}, \ldots, \frac{1-a_J\gamma(x)}{\gamma(x)}\right) \quad \text{et} \quad c_j = -\frac{1-a_j\gamma(x)}{\gamma(x)}, \quad j \in \{1, \ldots, J\}$$

et où ξ_n est un vecteur Gaussien, centré de taille $(J+1)$ avec une matrice de variance-covariance $\|K\|_2^2\Sigma^{(2)}(x)/g(x)$. Puisque pour chaque $j \in \{1,\ldots,J\}$, $t_{n,j} \to z_j$ lorsque $n \to \infty$, la fonction de répartition Φ_n converge alors vers une fonction de répartition Gaussienne ayant une matrice de variance-covariance égale à

$$\frac{\|K\|_2^2 M(x)\Sigma^{(2)}(x)M(x)^t}{g(x)} = \frac{\|K\|_2^2\gamma^2(x)\Sigma(x)}{g(x)},$$

ce qui est le résultat escompté. ∎

Preuve du Corollaire 3.5. Il est clair que d'après le Théorème 3.3 on a pour $i = 1,2$,

$$\widehat{\mathrm{RCTM}}_{i,n}(\alpha_n|x) = \mathrm{RCTM}_i(\alpha_n|x)\left(1 + (nh^p\alpha_n)^{-1/2}\xi_{i,n}\right),$$

où le vecteur aléatoire $(\xi_{1,n}, \xi_{2,n})$ est asymptotiquement Gaussien, centré de matrice de variance-covariance $\Sigma^{(3)}$ définie par :

$$\Sigma_{i,j}^{(3)} = ij\gamma^2(x)\frac{2-(i+j)\gamma(x)}{1-(i+j)\gamma(x)}\frac{\|K\|_2^2}{g(x)},\ (i,j)\in\{1,2\}^2.$$

Ainsi,

$$\begin{aligned}
\widehat{\mathrm{RCTV}}_n(\alpha_n|x) - \mathrm{RCTV}(\alpha_n|x) &= (nh^p\alpha_n)^{-1/2}\left(\mathrm{RCTM}_2(\alpha_n|x)\xi_{2,n}\right.\\
&\quad -\ 2\mathrm{RCTM}_1^2(\alpha_n|x)\xi_{1,n}\\
&\quad \left.-\ (nh^p\alpha_n)^{-1/2}\mathrm{RCTM}_1^2(\alpha_n|x)\xi_{1,n}^2\right),\\
&= (nh^p\alpha_n)^{-1/2}\left(\mathrm{RCTM}_2(\alpha_n|x)\xi_{2,n}\right.\\
&\quad \left.-\ 2\mathrm{RCTM}_1^2(\alpha_n|x)\xi_{1,n}(1+o(1))\right).
\end{aligned}$$

Puisque pour $a \in [0, 1/(2\gamma(x)))$ et $b > 0$ le Lemme 3.9 implique :

$$\mathrm{RCTM}_a^b(\alpha_n|x) = \frac{(\varphi_0^{\leftarrow}(\alpha_n|x))^{ab}}{(1-a\gamma(x))^b}(1+o(1)),$$

on a alors :

$$\mathrm{RCTV}(\alpha_n|x) = \frac{\gamma^2(x)}{(1-2\gamma(x))(1-\gamma(x))^2}(\varphi_0^{\leftarrow}(\alpha_n|x))^2(1+o(1)).$$

Ainsi, d'après le Théorème 3.3 :

$$(nh^p\alpha_n)^{1/2}\left(\frac{\widehat{\mathrm{RCTV}}_n(\alpha_n|x)}{\mathrm{RCTV}(\alpha_n|x)} - 1\right) = \frac{4\gamma(x)-2}{\gamma^2(x)}\xi_{1,n}(1+o(1)) + \frac{(1-\gamma(x))^2}{\gamma^2(x)}\xi_{2,n}(1+o(1)),$$

est asymptotiquement Gaussien, centré de variance :

$$\left(\frac{4\gamma(x) - 2}{\gamma^2(x)}, \frac{(1 - \gamma(x))^2}{\gamma^2(x)} \right) \Sigma^{(3)} \left(\frac{4\gamma(x) - 2}{\gamma^2(x)}, \frac{(1 - \gamma(x))^2}{\gamma^2(x)} \right)^t.$$

La conclusion s'ensuit. ∎

Preuve du Corollaire 3.6. Il est clair que d'après le Théorème 3.3 on a pour $i = 1, 2, 3$,

$$\widehat{\mathrm{RCTM}}_{i,n}(\alpha_n|x) = \mathrm{RCTM}_i(\alpha_n|x) \left(1 + (nh^p\alpha_n)^{1/2}\xi_{i,n} \right),$$

où le vecteur aléatoire $(\xi_{1,n}, \xi_{2,n}, \xi_{3,n})$ est asymptotiquement Gaussien, centré de matrice de variance covariance $\Sigma^{(4)}$ définie par :

$$\Sigma^{(4)}_{i,j} = ij\gamma^2(x)\frac{\|K\|_2^2}{g(x)}\frac{2 - (i + j)\gamma(x)}{1 - (i + j)\gamma(x)}, \ (i, j) \in \{1, 2, 3\}^2.$$

D'après la preuve du Corollaire 3.5, on a :

$$\frac{\widehat{\mathrm{RCTV}}_n(\alpha_n|x)}{\mathrm{RCTV}(\alpha_n|x)} = 1 + (nh^p\alpha_n)^{-1/2}\left(\frac{4\gamma(x) - 2}{\gamma^2(x)}\xi_{1,n}(1 + o(1)) + \frac{(1 - \gamma(x))^2}{\gamma^2(x)}\xi_{2,n}(1 + o(1)) \right),$$

et ainsi on obtient :

$$\left(\frac{\widehat{\mathrm{RCTV}}_n(\alpha_n|x)}{\mathrm{RCTV}(\alpha_n|x)} \right)^{3/2} = 1 + \frac{3}{2}(nh^p\alpha_n)^{-1/2}\left(\frac{4\gamma(x) - 2}{\gamma^2(x)}\xi_{1,n}(1 + o(1)) + \frac{(1 - \gamma(x))^2}{\gamma^2(x)}\xi_{2,n}(1 + o(1)) \right).$$

Il est clair que d'après le Théorème 3.3,

$$(nh^p\alpha_n)^{1/2}\left(\frac{\widehat{\mathrm{RCTS}}_n(\alpha_n|x)}{\mathrm{RCTS}(\alpha_n|x)} - 1 \right) = \xi_{3,n} - \frac{3}{2}\left(\frac{4\gamma(x) - 2}{\gamma^2(x)}\xi_{1,n}(1 + o(1)) + \frac{(1 - \gamma(x))^2}{\gamma^2(x)}\xi_{2,n}(1 + o(1)) \right),$$

est asymptotiquement Gaussien, centré de variance :

$$\left(-\frac{3}{2}\frac{4\gamma(x) - 2}{\gamma^2(x)}, -\frac{3}{2}\frac{(1 - \gamma(x))^2}{\gamma^2(x)}, 1 \right) \Sigma^{(4)} \left(-\frac{3}{2}\frac{4\gamma(x) - 2}{\gamma^2(x)}, -\frac{3}{2}\frac{(1 - \gamma(x))^2}{\gamma^2(x)}, 1 \right)^t.$$

Le résultat est ainsi prouvé. ∎

Preuve du Théorème 3.7.

La preuve est basée sur le développement suivant :

$$\frac{\sqrt{nh_n^p\alpha_n}}{\log(\alpha_n/\beta_n)}\left(\log\widehat{\mathrm{RCTM}}_{a,n}^W(\beta_n|x) - \log\mathrm{RCTM}_a(\beta_n|x) \right) = \frac{\sqrt{nh_n^p\alpha_n}}{\log(\alpha_n/\beta_n)}(Q_{n,1} + Q_{n,2} + Q_{n,3}),$$

avec :

$$Q_{n,1} = a\sqrt{nh_n^p\alpha_n}(\hat{\gamma}_n(x) - \gamma(x)),$$

$$Q_{n,2} = \frac{\sqrt{nh_n^p\alpha_n}}{\log(\alpha_n/\beta_n)}\log\left(\widehat{\mathrm{RCTM}}_{a,n}(\alpha_n|x)/\mathrm{RCTM}_a(\alpha_n|x)\right),$$

$$Q_{n,3} = \frac{\sqrt{nh_n^p\alpha_n}}{\log(\alpha_n/\beta_n)}(\log\mathrm{RCTM}_a(\alpha_n|x) - \log\mathrm{RCTM}_a(\beta_n|x) + a\gamma(x)\log(\alpha_n/\beta_n)).$$

Considérons les trois termes séparément. Sous les hypothèses du Théorème 3.7, on a $Q_{n,1} \overset{d}{\to} \mathcal{N}(0,(av(x))^2)$. Le Théorème 3.3 implique :

$$\widehat{\mathrm{RCTM}}_{a,n}(\alpha_n|x)/\mathrm{RCTM}_a(\alpha_n|x) \overset{\mathbb{P}}{\to} 1$$

quand $n \to \infty$ et ainsi :

$$Q_{n,2} = \frac{\sqrt{nh_n^p\alpha_n}}{\log(\alpha_n/\beta_n)}\left(\frac{\widehat{\mathrm{RCTM}}_{a,n}(\alpha_n|x)}{\mathrm{RCTM}_a(\alpha_n|x)} - 1\right)(1 + o_p(1)) = \frac{O_p(1)}{\log(\alpha_n/\beta_n)}.$$

Comme conséquence, $Q_{n,2} \overset{\mathbb{P}}{\to} 0$ lorsque $n \to \infty$. Finalement, le Lemme 3.10 implique :

$$Q_{n,3} = O\left(\sqrt{nh_n^p\alpha_n}\varepsilon_a(1/\alpha_n|x)\right)$$

qui converge vers 0 par hypothèse. ∎

Conclusion et perspectives

"There are no serious competitor models to those provided by extreme value theory."

Stuart Coles

L'objectif de cette thèse était double.

Dans un premier temps, le but était de compléter le modèle de Gardes *et al.* [88] permettant d'estimer des quantiles extrêmes pour des lois de type Pareto aussi bien que pour des lois à queue de type Weibull d'une même façon. Ce modèle reposait sur un paramètre inconnu. Notre but premier fut de l'estimer, suite à quoi nous avons obtenu un nouvel estimateur des quantiles extrêmes utile dans des situations pratiques. Après avoir établi les lois asymptotiques de nos estimateurs on a pu illustrer leur efficacité sur des données simulées et sur un jeu de données réelles issu de l'hydrologie. Ces contributions ont fait l'objet de l'article El Methni *et al.* [69] paru en 2012.

Dans un second temps, le but était d'estimer les mesures de risque classiques que sont la Value-at-Risk, la Conditional Tail Expectation, la Conditional Value-at-Risk, la Conditional Tail Variance, ou encore la Conditional Tail Skewness dans le cas de pertes extrêmes et où l'on suppose également que la loi des pertes est à queue lourde et dépend d'une covariable aléatoire de dimension finie. Pour cela, on a introduit une nouvelle mesure de risque que l'on a appelé le Conditional Tail Moment. On a vu qu'estimer cette mesure de risque nous permettait d'estimer toutes les précédentes. Pour ce faire, on a introduit de nouvelles méthodes d'estimation, combinant des méthodes d'estimation non-paramétrique à noyau avec des méthodes issues de la statistique des valeurs extrêmes. Après avoir établi les lois asymptotiques de nos estimateurs, on a illustré leurs comportements sur des données simulées et sur un jeu de données réelles issu de l'hydrologie. Ces contributions ont fait l'objet du rapport de recherche El Methni *et al.* [68] soumis pour publication.

162

Cette thèse offre de nombreuses perspectives, aussi bien d'un point théorique avec les nouveaux axes de recherche qu'elle dessine que d'un point de vue pratique avec ses applications à l'hydrologie.

D'un point de vue théorique, on a vu dans les deux Parties 2.5 et 3.5 les perspectives possibles à donner à nos travaux à court terme.

- En ce qui concerne la première contribution, on pourra considérer la correction de biais basée sur l'estimation du paramètre du second ordre (Caeiro et Gomes [28], Gomes *et al.* [103]) parmi les suites explorables. Dans ce but, un modèle de régression exponentielle similaire à ceux de Beirlant *et al.* [12], Diebolt *et al.* [59, 60] et Feuerverger et Hall [76] étendu aux lois appartenant à la famille de fonctions de survie $(\mathbf{A}_1(\tau, \theta))$ serait d'un grand intérêt.

  Il serait aussi intéressant d'adapter nos résultats au cas $\tau > 1$ et de chercher des liens possibles avec des lois à queues "super-lourdes" (Fraga Alves *et al.* [78]). Comme on a pu le voir dans la sous-Partie Simulations 2.4.1, nos estimateurs sont très performants même pour des lois ayant des valeurs de τ où la normalité asymptotique de nos estimateurs n'est pas établie. En ce qui concerne le choix des suites (k_n) et (k'_n) il serait intéressant d'étudier le cas $\tau = 0$ et $\rho \geq -1$ de façon plus précise.

  Ce travail peut également s'étendre à des variables aléatoires $Z = \psi(Y)$ où Y a une loi associée satisfaisant $(\mathbf{A}_1(\tau, \theta))$. Par exemple, en choisissant $\psi(y) = y_F - 1/y$, cela nous permettra de considérer des lois (ayant un point terminal fini y_F) dans le domaine d'attraction de Weibull (voir le passage du domaine d'attraction de Fréchet à celui de Weibull dans le Théorème 1.11). Cela pourrait ainsi permettre d'inclure l'estimateur de Hill négatif (voir par exemple Falk [74] ou de Haan et Ferreira [50], Paragraphe 3.6.2) dans notre modèle.

  Finalement, nos travaux ouvrent la voie à la construction de tests d'hypothèses pour les queues de distributions. Pour un jeu de données réelles, on pourrait notamment décider s'il est issu d'une loi à queue lourde ou d'une loi à queue de type Weibull.

- Enfin pour la seconde contribution, parmi les différentes suites à donner à ce travail, il serait intéressant d'essayer de lever la restriction sur $\gamma(x)$ dans nos théorèmes (voir Partie 3.3). Necir *et al.* [136] ont estimé la CTE pour des lois à queues lourdes (sans la présence d'une covariable) et ont obtenu la restriction $1/2 < \gamma < 1$. On pourra essayer d'adapter leurs outils pour pallier nos limitations sur $\gamma(x)$.

163

Afin d'étendre nos résultats aux autres domaines d'attraction (Gumbel et Weibull), on pourrait s'inspirer des travaux de Daouia *et al.* [43]. Ces derniers ont estimé les quantiles conditionnels extrêmes en présence d'une covariable dans tous les domaines d'attraction en se basant sur des conditions dues à Von Mises (voir [50]) sur la fonction de survie conditionnelle. On pourrait alors estimer pour des pertes extrêmes et en présence d'une covariable le RCTM, et ainsi toutes les mesures de risque classiques présentées dans cette thèse.

Lorsque la covariable est non aléatoire de dimension infinie, Gardes *et al.* [89] ont proposé un estimateur du quantile conditionnel extrême pour des lois à queues lourdes. En se basant sur ces résultats, on pourrait envisager d'étendre nos travaux à ce cas, et ainsi estimer toutes les mesures de risque classiques dans le cas d'une covariable non aléatoire de dimension infinie.

Une autre piste très intéressante à explorer serait d'estimer $\gamma(x)$ à l'aide de combinaisons de différents ordres du RCTM. En effet, à l'aide du Lemme 3.9 on peut facilement obtenir un équivalent du RCTM, et ainsi à l'instar des travaux de Girard *et al.* [94, 95, 96] on pourrait estimer $\gamma(x)$.

En ce qui concerne la suite commune à donner à ces deux contributions, on pourrait envisager de faire le lien entre nos deux contributions en adaptant le modèle de Gardes *et al.* [88] à la présence d'une covariable et ainsi être capable d'estimer des quantiles conditionnels extrêmes pour des lois de type Pareto aussi bien que pour des lois à queue de type Weibull d'une même façon. On pourrait aussi envisager de proposer un estimateur du RCTM dans ce modèle, ce qui nous permettrait d'estimer toutes les mesures de risque classiques pour des lois de type Pareto aussi bien que pour des lois à queue de type Weibull d'une même façon. On vient de voir que l'on peut également étendre le modèle de Gardes *et al.* [88] au domaine d'attraction de Weibull, cela nous permettrait alors d'englober tous les domaines d'attractions.

D'un point de vue applicatif, on pu mettre en pratique nos estimateurs sur des données hydrologiques, soulignant encore une fois le fort lien historique qui unit théorie des valeurs extrêmes et hydrologie. En ce qui concerne la première contribution, on a pu appliquer nos estimateurs à un jeu de données de crues de la rivière Nidd en Grande Bretagne dont on donne les résultats dans la sous-Partie 2.4.2.

Pour la seconde contribution, on a fait le lien entre les mesures de risque utilisées en finance et en actuariat et le risque en hydrologie. On a ainsi introduit une nouvelle méthode statistique permettant d'estimer des mesures de risque extrêmes en des sites où l'on ne dispose pas de stations de mesure. Plus particulièrement, on a pu présenter une application à la région Cévennes-Vivarais en comparant l'estimation du niveau de retour à 100 ans et de la RCTE correspondante dont on donne les résultats dans la sous-Partie 3.4.4.

Ces mesures de risque sont un nouvel outil dans la prévention des risques en hydrologie. Il serait très intéressant de prendre d'autres covariables en compte. Par exemple on pourrait tenir compte de l'altitude, l'orientation par rapport à la mer ou encore le type de temps. Pour cela il nous faudrait définir des nouvelles distances. Il serait aussi intéressant d'appliquer notre méthode à un nouveau type de données et de pouvoir estimer des mesures de risque dans d'autres domaines d'applications, par exemple en actuariat ou en finance.

Enfin, il est primordial de garder à l'esprit que les résultats obtenus sont basés sur des modèles et qu'ils sont (le plus souvent) une simplification de la réalité ; il convient en conséquence d'adopter une certaine prudence dans l'interprétation des résultats obtenus.

" The key message is that extreme value theory cannot do magic–but it can do a whole lot better than empirical curvefitting and guesswork. My answer to the sceptics is that people aren't given well-founded methods like extreme value theory, they will just use dubious ones instead."

Jonathan Tawn

Bibliographie

[1] AARSSEN, K. et de HAAN, L. (1994). On the maximal life span of humans. *Mathematical Population Studies*, 4(4):259–281. 4

[2] ALVARADO, E., SANDBERG, D. et PICKFORD, S. (1998). Modeling large forest fires as extreme events. *Northwest Science*, 72:66–75. 4

[3] ALVES, M., de HAAN, L. et LIN, T. (2003a). Estimation of the parameter controlling the speed of convergence in extreme value theory. *Mathematical Methods of Statistics*, 12:155–176. 46

[4] ALVES, M., GOMES, M. et de HAAN, L. (2003b). A new class of semi-parametric estimators of the second order parameter. *Portugaliae Mathematica*, 60:193–214. 46

[5] ARTIN, E. (1964). *The gamma function*. Holt, Rinehart and Winston. 101

[6] ARTZNER, P., DELBAEN, F., EBER, J. et HEATH, D. (1997). Thinking coherently. *Risk Magazine*, 10:68–71. 111

[7] ARTZNER, P., DELBAEN, F., EBER, J. et HEATH, D. (1999). Coherent measures of risk. *Mathematical Finance*, 9:203–228. 111, 112, 115

[8] BALKEMA, A. et de HAAN, L. (1974). Residual life time at a great age. *The Annals of Probability*, 2(5):792–804. 22

[9] BEIRLANT, J., BOUQUIAUX, C. et WERKER, B. (2006). Semiparametric lower bounds for tail index estimation. *Journal of Statistical Planning and Inference*, 136:705–729. 51, 62

[10] BEIRLANT, J., BRONIATOWSKI, M., TEUGELS, J. et VYNCKIER, P. (1995). The mean residual life function at great age : Applications to tail estimation. *Journal of Statistical Planning and Inference*, 45:21–48. 51, 52, 62

[11] BEIRLANT, J., de WET, T. et GOEGEBEUR, Y. (2004a). Nonparametric estimation of extreme conditional quantiles. *Journal of statistical computation and simulation*, 74(8):567–580. 57

[12] BEIRLANT, J., DIERCKX, G., GOEGEBEUR, Y. et MATTHYS, G. (1999). Tail index estimation and an exponential regression model. *Extremes*, 2(2):177–200. 46, 54, 68, 91, 163

[13] BEIRLANT, J., DIERCKX, G., GUILLOU, A. et STAĂRICAĂ, C. (2002). On exponential representations of log-spacings of extreme order statistics. *Extremes*, 5(2):157–180. 46, 54

[14] BEIRLANT, J. et GOEGEBEUR, Y. (2003). Regression with response distributions of pareto-type. *Computational statistics & data analysis*, 42(4):595–619. 57

[15] BEIRLANT, J. et GOEGEBEUR, Y. (2004). Local polynomial maximum likelihood estimation for pareto-type distributions. *Journal of Multivariate Analysis*, 89(1):97–118. 57

[16] BEIRLANT, J., GOEGEBEUR, Y., SEGERS, J., TEUGELS, J., de WAAL, D. et FERRO, C. (2004b). *Statistics of Extremes : Theory and Applications*. John Wiley & Sons. 4, 5, 45, 46, 47, 57

[17] BEIRLANT, J., SCHOUTENS, W. et SEGERS, J. (2004c). Mandelbrot's extremism. *Wilmott Magazine*, March:97–103. 23, 34

[18] BEIRLANT, J. et TEUGELS, J. (1992). Modelling large claims in non-life insurance. *Insurance : Mathematics and Economics*, 11(1):17–29. 4, 13, 29

[19] BEIRLANT, J., TEUGELS, J. et VYNCKIER, P. (1996). *Practical analysis of extreme values*. Leuven university press, Leuven. 29, 31, 32, 49, 51, 53, 62

[20] BERRED, M. (1991). Record values and the estimation of the Weibull tail-coefficient. *Comptes-rendus de l'Académie des Sciences*, T. 312(Série I):943–946. 51, 62

[21] BINGHAM, N., GOLDIE, C. et TEUGELS, J. (1987). *Regular Variation*. Cambridge University Press. 24, 25, 73, 120

[22] BOIS, P., OBLED, C., de SAINTIGNON, M. et MAILLOUX, H. (1997). Atlas expérimental des risques de pluies intenses dans la région des Cévennes-Vivarais. *Pôle Grenoblois d'études et de recherche pour la prévention des risques naturels*, Grenoble 2éme édition. 127

[23] BOULEAU, N. (1991). Splendeurs et misères des lois de valeurs extêmes. *Revue Risques*, 4:85–92. 4

[24] BRAZAUKAS, V., JONES, B., PURI, L. et ZITIKIS, R. (2008). Estimating conditional tail expectation with actuarial applications in view. *Journal of Statistical Planning and Inference*, 128:3590–3604. 112

[25] BREIMAN, L., STONE, C. et KOOPERBERG, C. (1990). Robust confidence bounds for extreme upper quantiles. *Journal of Statistical Computation and Simulation*, 37(3-4):127–149. 38

[26] BRODIN, E. et ROOTZÉN, H. (2009). Univariate and bivariate GPD methods for predicting extreme wind storm losses. *Insurance : Mathematics and Economics*, 44(3): 345–356. 4, 13, 23

[27] BRONIATOWSKI, M. (1993). On the estimation of the Weibull tail coefficient. *Journal of Statistical Planning and Inference*, 35:349–366. 51, 62

[28] CAEIRO, F. et GOMES, I. (2002). A class of asymptotically unbiased semi-parametric estimators of the tail index. *Test*, 11(2):345–364. 91, 163

[29] CAI, J. et TAN, K. (2007). Optimal retention for a stop-loss reinsurance under the VaR and CTE risk measures. *Astin Bulletin*, 37(1):93. 112, 113, 116

[30] CAI, J.-J., EINMAHL, J., de HAAN, L. et ZHOU, C. (2012). Estimation of the marginal expected shortfall : the mean when a related variable is extreme. *submitted*. 112

[31] CERESETTI, D., URSU, E., CARREAU, J., ANQUETIN, S., CREUTIN, J., GARDES, L., GIRARD, S. et MOLINIÉ, G. (2012). Evaluation of classical spatial-analysis schemes of extreme rainfall. *Natural Hazards and Earth System Sciences*, 12:3229–3240. 4, 142

[32] CHAVEZ-DEMOULIN, V. et DAVISON, A. (2005). Generalized additive modelling of sample extremes. *Journal of the Royal Statistical Society : Series C (Applied Statistics)*, 54(1):207–222. 57

[33] CHEN, D., MAO, T., PAN, X. et HU, T. (2012). Extreme value behavior of aggregate dependent risks. *Insurance : Mathematics and Economics*, 50(1):99–108. 147

[34] COLES, S. (2001). *An introduction to statistical modeling of extreme values*. Springer. 5

[35] COLES, S. et TAWN, J. (1996). A bayesian analysis of extreme rainfall data. *Applied Statistics*, pages 463–478. 4, 127

[36] COLLOMB, G. (1980). Estimation non paramétrique de probabilités conditionnelles. *Comptes-rendus de l'Académie des Sciences*, 291:427–430. 118

[37] CONT, R. (2009a). Risques financiers : quelle modélisation mathématique ? *Pour la Science*, (375):24–27. 5

[38] CONT, R. (2009b). Les statistiques face aux événements extrêmes. *Pour La Science*, pages 24–27. 5

[39] COOLEY, D., NYCHKA, D. et NAVEAU, P. (2007). Bayesian spatial modeling of extreme precipitation return levels. *Journal of the American Statistical Association*, 102(479):824–840. 127

[40] CSÖRGŐ, S. et VIHAROS, L. (1998). Estimating the tail index. *In* SZYSZKOWICZ, B., éditeur : *Asymptotic Methods in Probability and Statistics*, pages 833–881. Test, North-Holland, Amsterdam. 46, 48

[41] CSORGO, S., DEHEUVELS, P. et MASON, D. (1985). Kernel estimates of the tail index of a distribution. *The Annals of Statistics*, 13(3):1050–1077. 48

[42] CSÖRGO, S. et MASON, D. (1985). Central limit theorems for sums of extreme values. *In Mathematical Proceedings of the Cambridge Philosophical Society*, volume 98, pages 547–558. Cambridge Univ Press. 46

[43] DAOUIA, A., GARDES, L. et GIRARD, S. (2013). On kernel smoothing for extremal quantile regression. *Bernoulli*. 58, 119, 146, 164

[44] DAOUIA, A., GARDES, L., GIRARD, S. et LEKINA, A. (2011). Kernel estimators of extreme level curves. *Test*, 20(2):311–333. 4, 27, 55, 58, 115, 119, 125, 131, 134, 142, 154

[45] DAVIS, R. et RESNICK, S. (1984). Tail estimates motivated by extreme value theory. *The Annals of Statistics*, pages 1467–1487. 46

[46] DAVISON, A. et RAMESH, N. (2000). Local likelihood smoothing of sample extremes. *Journal of the Royal Statistical Society : Series B (Statistical Methodology)*, 62(1):191–208. 54, 57

[47] DAVISON, A. et SMITH, R. (1990). Models for exceedances over high thresholds. *Journal of the Royal Statistical Society Series B*, 52(3):393–442. 39, 40, 56, 87

[48] de HAAN, L. (1976). Sample extremes : an elementary introduction. *Statistica Neerlandica*, 30(4):161–172. 14

[49] de HAAN, L. (1990). Fighting the arch–enemy with mathematics. *Statistica Neerlandica*, 44(2):45–68. 4, 29

[50] de HAAN, L. et FERREIRA, A. (2006). *Extreme Value Theory : An Introduction*. Springer Series in Operations Research and Financial Engineering, New York Inc. 13, 44, 45, 58, 91, 146, 163, 164

[51] DE HAAN, L. et PENG, L. (1998). Comparison of tail index estimators. *Statistica Neerlandica*, 52(1):60–70. 46

[52] de HAAN, L. et PENG, L. (1998). Comparison of tail index estimators. *Statistica Neerlandica*, 52(1):60–70. 69

[53] de HAAN, L. et RESNICK, S. (1998). On asymptotic normality of the Hill estimator. *Stochastic Models*, 14(4):849–866. 46

[54] DEHEUVELS, P., HAEUSLER, E. et MASON, D. (1988). Almost sure convergence of the Hill estimator. *Mathematical Proceedings of the Cambridge Philosophical Society*, 104(2):371–381. 45

[55] DEKKERS, A., EINMAHL, J. et de HAAN, L. (1989). A moment estimator for the index of an extreme-value distribution. *The Annals of Statistics*, 17(4):1833–1855. 42, 43

[56] DEME, E., GARDES, L. et GIRARD, S. (2013a). On the estimation of the second order parameter for heavy-tailed distributions. *REVSTAT - Statistical Journal*. 46

[57] DEME, E., GIRARD, S. et GUILLOU, A. (2013b). Reduced-bias estimator of the conditional tail expectation of heavy-tailed distributions. *http ://hal.inria.fr/hal-00823260*. 114

[58] DIEBOLT, J., EL-AROUI, M., GARRIDO, M. et GIRARD, S. (2005). Quasi-conjugate Bayes estimates for GPD parameters and application to heavy tails modeling. *Extremes*, 8:57–78. 87, 88

[59] DIEBOLT, J., GARDES, L., GIRARD, S. et GUILLOU, A. (2008). Bias-reduced estimators of the Weibull tail-coefficient. *Test*, 17(2):311–331. 51, 54, 62, 91, 163

[60] DIEBOLT, J., GARDES, L., GIRARD, S. et GUILLOU, A. (2008b). Bias-reduced extreme quantiles estimators of Weibull tail-distributions. *Journal of Statistical Planning and Inference*, 138:1389–1401. 54, 87, 91, 163

[61] DIEBOLT, J., GUILLOU, A. et RACHED, I. (2004). A new look at probability-weighted moments estimators. *Comptes Rendus de l'Académie des Sciences*, 338(Série I):629–634. 42

[62] DIEBOLT, J., GUILLOU, A. et RACHED, I. (2007). Approximation of the distribution of excesses through a generalized probability-weighted moments method. *Journal of Statistical Planning and Inference*, 137(3):841–857. 42

[63] DIERCKX, G., BEIRLANT, J., DE WAAL, D. et GUILLOU, A. (2009). A new estimation method for Weibull-type tails based on the mean excess function. *Journal of Statistical Planning and Inference*, 139:1905–1920. 51, 62

[64] DITLEVSEN, O. (1994, Balkema, Rotterdam). Distribution arbitrariness in structural reliability. *Structural Safety and Reliability*, pages 1241–1247. 4, 13

[65] DOMBRY, C. (2013). Maximum likelihood estimators for the extreme value index based on the block maxima method. *http ://hal.archives-ouvertes.fr/hal-00780279*. 35

[66] EINMAHL, J. et MAGNUS, J. (2008). Records in athletics through extreme-value theory. *Journal of the American Statistical Association*, 103(484):1382–1391. 4

[67] EINMAHL, J. et SANDER, S. (2011). Ultimate 100-m world records through extreme-value theory. *Statistica Neerlandica*, 65(1):32–42. 4

[68] EL METHNI, J., GARDES, L. et GIRARD, S. (2013). Nonparametric estimation of extreme risk measures from conditional heavy-tailed distributions. *http ://hal.archives-ouvertes.fr/hal-00830647*. 6, 115, 162

[69] EL METHNI, J., GARDES, L., GIRARD, S. et GUILLOU, A. (2012). Estimation of extreme quantiles from heavy and light tailed distributions. *Journal of Statistical Planning and Inference*, 142(10):2735–2747. 6, 72, 162

[70] EMBRECHTS, P. (2000). *Extremes and integrated risk management*. Risk Books. 4, 114

[71] EMBRECHTS, P., KLÜPPELBERG, C. et MIKOSCH, T. (1997). *Modelling extremal events for insurance and finance*. Springer Verlag. 13, 15, 16, 44, 47, 65, 97, 114

[72] EMBRECHTS, P., RESNICK, S. et SAMORODNITSKY, G. (1998). Living on the edge. *Risk*, 11(1):96–100. 114

[73] EMBRECHTS, P., RESNICK, S. et SAMORODNITSKY, G. (1999). Extreme value theory as a risk management tool. *North American Actuarial Journal*, 3(2):30–41. 4, 114

[74] FALK, M. (1995). Some best parameter estimates for distributions with finite endpoint. *Statistics : A Journal of Theoretical and Applied Statistics*, 27:115–125. 28, 91, 163

[75] FALK, M. et MAROHN, F. (1997). Efficient estimation of the shape parameter in Pareto models with partially known scale. *Statistics and Decisions-International Journal for Stochastic Methods and Models*, 15(3):219–230. 48

[76] FEUERVERGER, A. et HALL, P. (1999). Estimating a tail exponent by modelling departure from a Pareto distribution. *The Annals of Statistics*, 27(2):760–781. 46, 54, 91, 163

[77] FISHER, R. et TIPPET, L. (1928). Limiting forms of the frequency distribution of the largest or smallest member of a sample. *Proceedings of the Cambridge Philosophical Society*, 24:180–190. 14

[78] FRAGA ALVES, M., de HAAN, L. et NEVES, C. (2009). A test procedure for detecting super heavy tails. *Journal of Statistical Planning and Inference*, 139:213–227. 91, 163

[79] FRÉCHET, M. (1927). Sur la loi de probabilité de l'écart maximum. *Annales de la Société Polonaise de Mathématique*, 6:93–116. 16

[80] GALAMBOS, J. (1987). *The asymptotic theory of extreme order statistics*. R.E. Krieger publishing company. 29

[81] GARDES, L. et GIRARD, S. (2005). Estimating extreme quantiles of Weibull tail-distributions. *Communication in Statistics - Theory and Methods*, 34:1065–1080. 53, 70

[82] GARDES, L. et GIRARD, S. (2006). Comparison of Weibull tail-coefficient estimators. *REVSTAT - Statistical Journal*, 4(2):163–188. 51, 54, 62, 63, 69, 70

[83] GARDES, L. et GIRARD, S. (2008a). Estimation of the Weibull tail-coefficient with linear combination of upper order statistics. *Journal of Statistical Planning and Inference*, 138:1416–1427. 51, 53, 62, 65

[84] GARDES, L. et GIRARD, S. (2008b). A moving window approach for nonparametric estimation of the conditional tail index. *Journal of Multivariate Analysis*, 99:2368–2388. 58

[85] GARDES, L. et GIRARD, S. (2010). Conditional extremes from heavy-tailed distributions : an application to the estimation of extreme rainfall return levels. *Extremes*, 13(2):177–204. 4, 27, 58, 115, 127

[86] GARDES, L. et GIRARD, S. (2012). Functional kernel estimators of large conditional quantiles. *Electronic Journal of Statistics*, 6:1715–1744. 58

[87] GARDES, L. et GIRARD, S. (2013). Estimation de quantiles extrêmes pour les lois à queue de type Weibull : une synthèse bibliographique. *Journal de la Société Française de Statistique*. 54

[88] GARDES, L., GIRARD, S. et GUILLOU, A. (2011). Weibull tail-distributions revisited : a new look at some tail estimators. *Journal of Statistical Planning and Inference*, 141(1):429–444. 5, 59, 62, 63, 66, 67, 68, 69, 70, 77, 93, 104, 162, 164

[89] GARDES, L., GIRARD, S. et LEKINA, A. (2010). Functional nonparametric estimation of conditional extreme quantiles. *Journal of Multivariate Analysis*, 101:419–433. 27, 55, 58, 146, 164

[90] GARDES, L., GUILLOU, A. et SCHORGEN, A. (2012). Estimating the conditional tail index by integrating a kernel conditional quantile estimator. *Journal of Statistical Planning and Inference*, 142(6):1586–1598. 58

[91] GARDES, L. et STUPFLER, G. (2013). Estimation of the conditional tail index using a smoothed local Hill estimator. *Extremes*. 58

[92] GELUK, J. et de HAAN, L. (1987). Regular variation, extensions and tauberian theorems. *Center for Mathematics and Computer Science, Amsterdam*, 40:1–131. 46, 68

[93] GIRARD, S. (2004). A Hill type estimate of the Weibull tail-coefficient. *Communication in Statistics - Theory and Methods*, 33(2):205–234. 51, 62

[94] GIRARD, S., GUILLOU, A. et STUPFLER, G. (2012a). Estimating an endpoint with high order moments. *Test*, 21:697–729. 146, 164

[95] GIRARD, S., GUILLOU, A. et STUPFLER, G. (2012b). Estimating an endpoint with high order moments in the Weibull domain of attraction. *Statistics and Probability Letters*, 82:2136–2144. 28, 146, 164

[96] GIRARD, S., GUILLOU, A. et STUPFLER, G. (2013). Frontier estimation with kernel regression on high order moments. *Journal of Multivariate Analysis*, 116:172–189. 146, 164

[97] GNEDENKO, B. (1943). Sur la distribution limite du terme maximum d'une série aléatoire. *The Annals of Mathematics*, 44(3):423–453. 14, 26, 27

[98] GOEGEBEUR, Y., BEIRLANT, J. et de WET, T. (2010a). Generalized kernel estimators for the Weibull-tail coefficient. *Communications in Statistics - Theory and Methods*, 39(20):3695–3716. 30, 51, 58, 62

[99] GOEGEBEUR, Y., BEIRLANT, J. et de WET, T. (2010b). Kernel estimators for the second order parameter in extreme value statistics. *Journal of Statistical Planning and Inference*, 140:2632–2652. 58, 121

[100] GOEGEBEUR, Y. et de WET, T. (2012). Local estimation of the second order parameter in extreme value statistics and local unbiased estimation of the tail index. *Communications in Statistics-Theory and Methods*, 41:3575–3607. 58, 121

[101] GOEGEBEUR, Y. et GUILLOU, A. (2010). Goodness-of-fit testing for Weibull-type behavior. *Journal of Statistical Planning and Inference*, 140:1417–1436. 51, 62

[102] GOEGEBEUR, Y., GUILLOU, A. et SCHORGEN, A. (2013). Nonparametric regression estimation of conditional tails - the random covariate case. *Statistics*. 58

[103] GOMES, I., CAEIRO, F. et FIGUEIREDO, F. (2004). Bias reduction of a tail index estimator through an external estimation of the second-order parameter. *Statistics*, 38(6):497–510. 91, 163

[104] GOMES, M. et MARTINS, M. (2001). Generalizations of the Hill estimator-asymptotic versus finite sample behaviour. *Journal of Statistical Planning and Inference*, 93:161–180. 46

[105] GOMES, M., MARTINS, M. et NEVES, M. (2000). Semi-parametric estimation of the second order parameter, asymptotic and finite sample behaviour. *Extremes*, 3:207–229. 46

[106] GUIDA, M. et LONGO, M. (1988). Estimation of probability tails based on generalized extreme value distributions. *Reliability Engineering & System Safety*, 20(3):219–242. 32

[107] GUILLOU, A. et WILLEMS, P. (2006). Application de la théorie des valeurs extrêmes en hydrologie. *Revue de statistique appliquée*, 54(2):5–32. 4

[108] GUMBEL, E. (1954). *Statistical theory of extreme values and some practical applications : a series of lectures*. Numéro Applied Mathematics Series, 33. National Bureau of Standards, Washington. 4, 14, 29

[109] GUMBEL, E. (1958). *Statistics of extremes*. Columbia University Press, Columbia. 4, 29, 34

[110] HALL, P.and Tajvidi, N. (2000). Nonparametric analysis of temporal trend when fitting parametric models to extreme-value data. *Statistical Science*, pages 153–167. 57

[111] HALL, P. (1978). Representations and limit theorems for extreme value distributions. *Journal of Applied Probability*, pages 639–644. 25, 57

[112] HALL, P. (1982a). On estimating the endpoint of a distribution. *The Annals of Statistics*, 10(2):556–568. 28

[113] HALL, P. (1982b). On some simple estimates of an exponent of regular variation. *Journal of the Royal Statistical Society. Series B (Methodological)*, 44:37–42. 46

[114] HARRIS, R. (1996). Gumbel re-visited - a new look at extreme value statistics applied to wind speeds. *Journal of Wind Engineering and Industrial Aerodynamics*, 59:1–22. 65

[115] HÄUSLER, E. et TEUGELS, J. (1985). On asymptotic normality of Hill's estimator for the exponent of regular. *The Annals of Statistics*, 13:743–756. 46, 68

[116] HILL, B. (1975). A simple general approach to inference about the tail of a distribution. *The Annals of Statistics*, 3(5):1163–1174. 31, 42, 43, 44, 45, 46, 52, 68

[117] HONG, J. et ELSHAHAT, A. (2010). Conditional tail variance and conditional tail skewness. *Journal of Financial and Economic Practice*, 10(1):147–156. 113, 116

[118] HOSKING, J. (1985). Algorithm as 215 : Maximum-likelihood estimation of the parameters of the generalized extreme-value distribution. *Journal of the Royal Statistical Society. Series C (Applied Statistics)*, 34(3):301–310. 35, 36

[119] HOSKING, J. et WALLIS, J. (1987). Parameter and quantile estimation for the generalized Pareto distribution. *Technometrics*, 29(3):339–349. 40, 41, 42, 87

[120] HOSKING, J., WALLIS, J. et WOOD, E. (1985). Estimation of the generalized extreme-value distribution by the method of probability-weighted moments. *Technometrics*, 27(3):251–261. 35

[121] HUA, L. et JOE, H. (2011). Second order regular variation and conditional tail expectation of multiple risks. *Insurance : Mathematics and Economics*, 49(3):537–546. 148

[122] JENKINSON, A. (1955). The frequency distribution of the annual maximum (or minimum) values of meteorological elements. *Quarterly Journal of the Royal Meteorological Society*, 81(348):158–171. 14

[123] JORION, P. (2007). *Value at risk : the new benchmark for managing financial risk*. McGraw-Hill New York. 109

[124] KOENKER, R. et BASSETT, G. (1978). Regression quantiles. *Econometrica : journal of the Econometric Society*, pages 33–50. 54, 57

[125] KOTZ, S. et NADARAJAH, S. (2000). *Extreme value distributions : theory and applications*. London : Imperial college press. 4

[126] KRATZ, M. et RESNICK, S. (1996). The qq-estimator and heavy tails. *Stochastic Models*, 12(4):699–724. 43, 49

[127] KRIGE, D. (1951). A statistical approach to some basic mine valuation problems on the witwatersrand. *Journal of the Chemical, Metallurgical and Mining Society of South Africa*, 52:119–139. 127, 142

[128] LANDSMAN, Z. et VALDEZ, E. (2003). Tail conditional expectations for elliptical distributions. *North American Actuarial Journal*, 7:55–71. 112

[129] MACLEOD, A. (1989). A remark on algorithm as 215 : Maximum-likelihood estimation of the parameters of the generalized extreme-value distribution. *Applied Statistics*, 38(1):198–199. 35

[130] MASON, D. (1982). Laws of large numbers for sums of extreme values. *The Annals of Probability*, pages 754–764. 45

[131] MATTHEWS, R. (1996). Far out forecasting. *The New Scientist*, 2051(October 12):36–40. 5

[132] MATTHYS, G. et BEIRLANT, J. (2003). Estimating the extreme value index and high quantiles with exponential regression models. *Statistica Sinica*, 13(3):853–880. 57

[133] MCNEIL, A., FREY, R. et EMBRECHTS, P. (2005). *Quantitative risk management : concepts, techniques, and tools*. Princeton university press. 4, 114

[134] MOLINIÉ, G., YATES, E., CERESETTI, D., ANQUETIN, S., BOUDEVILLAIN, B., CREUTIN, J. et BOIS, P. (2012). Rainfall regimes in a mountainous mediterranean region : Statistical analysis at short time steps. *Journal of Applied Meteorology and Climatology*, 51:429–448. 142

[135] MORGAN, J. (1997). Creditmetric. Rapport technique, JP Morgan, New York. 109, 115

[136] NECIR, A., RASSOUL, A. et ZITIKIS, R. (2010). Estimating the conditional tail expectation in the case of heavy-tailed losses. *Journal of Probability and Statistics*, ID 596839:17 pages. 114, 146, 163

[137] NERC (1975). Flood studies report. Rapport technique, London, Natural Environement Research Council. 4, 6, 87

[138] PAN, X., LENG, X. et HU, T. (to appear, 2013). Second-order version of karamata's theorem with applications. *Statistics & Probability Letters*. 147

[139] PARZEN, E. (1962). On estimation of a probability density function and mode. *The Annals of Mathematical Statistics*, 33:1065–1076. 118

[140] PENG, L. (1998). Asymptotically unbiased estimators for the extreme-value index. *Statistics & Probability Letters*, 38(2):107–115. 46

[141] PICKANDS, J. (1975). Statistical inference using extreme order statistics. *The Annals of Statistics*, 3(1):119–131. 22

[142] PRESCOTT, P. et WALDEN, A. (1980). Maximum likelihood estimation of the parameters of the generalized extreme-value distribution. *Biometrika*, 67(3):723–724. 34

[143] PRESCOTT, P. et WALDEN, A. (1983). Maximum likelihood estimation of the parameters of the three-parameter generalized extreme-value distribution from censored samples. *Journal of Statistical Computation and Simulation*, 16(3-4):241–250. 34

[144] R DEVELOPMENT CORE TEAM (2008). *R : A Language and Environment for Statistical Computing*. R Foundation for Statistical Computing, Vienna, Austria. ISBN 3-900051-07-0. 77

[145] REISS, R.-D. (1989). *Approximate distributions of order statistics : with applications to nonparametric statistics*. Springer-Verlag New York. 4

[146] REISS, R.-D. et THOMAS, M. (2001). *Statistical analysis of extreme values : with applications to insurance, finance, hydrology and other fields*. Birkhäuser Verlag. 4

[147] RESNICK, S. (1987). *Extreme Values, Regular Variation, and Point Processes*. Springer Verlag. 15, 24, 26, 27, 28, 147, 148

[148] RESNICK, S. (1997). Discussion of the Danish data on large fire insurance losses. *ASTIN Bulletin*, 27:139–151. 4

[149] RIBATET, M. A. (2006). *A User's Guide to the POT Package (Version 1.0)*. 77

[150] ROCKAFELLAR, R. et URYASEV, S. (2000). Optimization of conditional value-at-risk. *Journal of Risk*, 2:21–42. 113, 116

[151] ROCKAFELLAR, R. et URYASEV, S. (2002). Conditional value-at-risk for general loss distributions. *Journal of Banking & Finance*, 26:1443–1471. 113, 116

[152] ROOTZÉN, H. et TAJVIDI, N. (1997). Extreme value statistics and wind storm losses : a case study. *Scandinavian Actuarial Journal*, 1997(1):70–94. 4

[153] ROOTZÉN, H. et TAJVIDI, N. (2001). Can losses caused by wind storms be predicted from meteorological observations? *Scandinavian Actuarial Journal*, 2001(2):162–175. 4, 13

[154] ROSENBLATT, M. (1956). Remarks on some nonparametric estimates of a density function. *The Annals of Mathematical Statistics*, pages 832–837. 118

[155] SCHULTZE, J. et STEINEBACH, J. (1996). On least squares estimators of an exponential tail coefficient. *Statistics and Decisions-International Journal for Stochastic Methods and Models*, 14(4):353–372. 43, 49

[156] SMITH, J. (1991). Estimating the upper tail of flood frequency distributions. *Water Resources Research*, 23:1657–1666. 4, 13

[157] SMITH, R. (1985). Maximum likelihood estimation in a class of nonregular cases. *Biometrika*, 72(1):67–90. 35, 40

[158] SMITH, R. (1987). Estimating tails of probability distributions. *The Annals of Statistics*, 15(3):1174–1207. 40, 46

[159] SMITH, R. (1989). Extreme value analysis of environmental time series : an application to trend detection in ground-level ozone. *Statistical Science*, 4(4):367–377. 56

[160] TALEB, N. (2007a). *The Black Swan : The Impact of the Highly Improbable*. Penguin Books. 5

[161] TALEB, N. (2007b). Black swans and the domains of statistics. *The American Statistician*, 61(3):198–200. 5

[162] TASCHE, D. (2002). Expected shortfall and beyond. *Journal of Banking & Finance*, 26:1519–1533. 110, 112

[163] VALDEZ, E. (2005). Tail conditional variance for elliptically contoured distributions. *Belgian Actuarial Bulletin*, 5:26–36. 113, 115

[164] VON MISES, R. (1954). La distribution de la plus grande de *n* valeurs. *American Mathematical Society, Providence, RI*, II(In Selected Papers):271–294. 14, 28

[165] WANG, H., LI, D. et HE, X. (2012). Estimation of high conditional quantiles for heavy-tailed distributions. *Journal of the American Statistical Association*, 107:1453–1464. 57

[166] WANG, H. et TSAI, C. (2009). Tail index regression. *Journal of the American Statistical Association*, 104(487):1233–1240. 57

[167] WEISSMAN, I. (1978). Estimation of parameters and large quantiles based on the k largest observations. *Journal of the American Statistical Association*, 73(364):812–815. 31, 43, 44, 50

[168] ZHOU, C. (2009). Existence and consistency of the maximum likelihood estimator for the extreme value index. *Journal of Multivariate Analysis*, 100(4):794–815. 35

[169] ZHOU, C. (2010). The extent of the maximum likelihood estimator for the extreme value index. *Journal of Multivariate Analysis*, 101(4):971–983. 35

[170] ZHU, L. et LI, H. (2012). Asymptotic analysis of multivariate tail conditional expectations. *North American Actuarial Journal*, 16(3):350–363. 148

www.ingramcontent.com/pod-product-compliance
Lightning Source LLC
Chambersburg PA
CBHW021047210326
41598CB00016B/1120